A VIRTUDE *do* MEDO

A VIRTUDE do MEDO

UM DOS MAIORES ESPECIALISTAS EM MENTES CRIMINOSAS APRESENTA HISTÓRIAS REAIS PARA VOCÊ PREVER SITUAÇÕES DE RISCO E SE PROTEGER

GAVIN DE BECKER

Traduzido por Débora Landsberg

SEXTANTE

Título original: *The Gift of Fear*

Copyright de miolo e do prefácio © 1997, 2021 por Gavin de Becker
Copyright da tradução © 2024 por GMT Editores Ltda.

Publicado mediante acordo com a Little, Brown and Company, Nova York, NY, EUA.

Todos os direitos reservados. Nenhuma parte deste livro pode ser utilizada ou reproduzida sob quaisquer meios existentes sem autorização por escrito dos editores.

coordenação editorial: Juliana Souza
produção editorial: Carolina Vaz
preparo de originais: Raquel Zampil
revisão: Hermínia Totti e Sheila Louzada
diagramação e capa: Ana Paula Daudt Brandão
imagem de capa: Svetolk/Shutterstock
impressão e acabamento: Associação Religiosa Imprensa da Fé

CIP-BRASIL. CATALOGAÇÃO NA PUBLICAÇÃO
SINDICATO NACIONAL DOS EDITORES DE LIVROS, RJ

B356v
  Becker, Gavin de, 1954-
    A virtude do medo / Gavin de Becker ; tradução Débora Landsberg. - 1. ed. - Rio de Janeiro : Sextante, 2024.
    352 p. ; 23 cm.

  Tradução de: The gift of fear
  Apêndice
  ISBN 978-65-5564-933-8

  1. Psicologia social. 2. Violência - Aspectos psicológicos. 3. Crimes violentos - Aspectos psicológicos. 4. Intuição. I. Landsberg, Débora. II. Título.

24-92911   CDD: 363.259555
                         CDU: 302.17

Gabriela Faray Ferreira Lopes - Bibliotecária - CRB-7/6643

Todos os direitos reservados, no Brasil, por
GMT Editores Ltda.
Rua Voluntários da Pátria, 45 – 14º andar – Botafogo
22270-000 – Rio de Janeiro – RJ
Tel.: (21) 2538-4100
E-mail: atendimento@sextante.com.br
www.sextante.com.br

*Às duas pessoas que mais me ensinaram
sobre coragem e bondade: minhas irmãs, Chrysti e Melissa.
E a minha mãe, meu avô e meu pai.*

Nota do autor

Homens de todas as idades e em todas as partes do mundo são mais violentos do que as mulheres. Por esse motivo, a linguagem deste livro se refere mais especificamente ao gênero masculino. No que diz respeito à violência, as mulheres devem se orgulhar de renunciar ao reconhecimento linguístico, pois, ao menos nesse quesito, o politicamente correto seria estatisticamente incorreto.

Todas as histórias deste livro são verdadeiras e 90% dos nomes usados são os nomes reais das pessoas envolvidas. Os outros foram trocados em prol da privacidade ou da segurança.

Sumário

Prefácio à edição brasileira   9

Prefácio à nova edição   11

1. Diante do perigo   15
2. A tecnologia da intuição   36
3. A escola das previsões   54
4. Sinais de alerta   67
5. Estranhos, mas não totalmente   89
6. Previsões de alto risco   102
7. Ameaças de morte   116
   (Como entender ameaças)
8. Persistência   132
   (Como lidar com pessoas que se recusam a desistir)
9. Perigos ocupacionais   155
   (Violência no local de trabalho)
10. Inimigos íntimos   187
    (Violência doméstica)
11. "Eu tentei rejeitá-lo sem ser indelicada"   209
    (Relacionamentos com stalkers)

12. Medo de crianças 226
    (Jovens violentos)

13. Melhor ser procurado pela polícia do que não ser procurado por ninguém 247
    (Ataques a pessoas públicas)

14. Perigos extremos 278

15. A virtude do medo 294

Epílogo 317
Agradecimentos 330

APÊNDICE UM: Sinais de alerta e recursos preditivos 333
APÊNDICE DOIS: Como obter ajuda em caso de violência 335
APÊNDICE TRÊS: Segurança com armas 337
APÊNDICE QUATRO: Preparando a mente para o combate 340
APÊNDICE CINCO: Gavin de Becker & Associates 341
APÊNDICE SEIS: Os elementos da previsão 342
APÊNDICE SETE: Perguntas para a escola do seu filho 347

Leituras recomendadas 350

Prefácio à edição brasileira

Todos sabemos que há várias razões para nos preocuparmos com a nossa segurança. A questão é: *Em que momento* devemos nos preocupar? Quando se trata de prever a violência, eu garanto que você já tem dentro de si tudo de que precisa: a sabedoria natural da nossa espécie, que é a expertise que mais importa.

A violência está presente em todas as culturas porque é inerente aos seres humanos, mas se apresenta de formas diferentes em cada região do mundo.

Este livro examina as peças do quebra-cabeça da violência sobretudo na sociedade americana. Embora grande parcela do comportamento humano seja comum a todos, alguns aspectos são específicos de cada cultura.

Por exemplo, os Estados Unidos são um país com mais armas do que adultos e onde tiroteios são a principal causa de morte entre meninos adolescentes. Embora a realidade do Brasil seja um pouco diferente dessa, há muito o que aprender com a experiência americana.

Alguns dos perigos que enfrentamos são universais. Nestas páginas, mostro como esses riscos realmente se apresentam (pode não ser como você imagina) e ofereço estratégias para que você se sinta mais seguro – pelo menos a respeito da sua própria capacidade de prever comportamentos violentos.

Você vai ser capaz de distinguir sinais de alerta reais dos infundados. Meu desejo é que, à medida que se tornar mais familiarizado com o risco, você também consiga se preocupar menos com ele.

OBSERVAÇÃO: Antes de se tornar comum em outros países, a internet já era amplamente utilizada nos Estados Unidos. Alguns predadores usam esse meio para se comunicar com possíveis vítimas, mas de forma alguma é sua principal via de contato. Com a mesma frequência, o telefone fixo, o celular e as mensagens de texto são usados para marcar encontros indesejados. O importante não é o método de comunicação, mas o conteúdo da mensagem. E o seu objetivo deve ser nunca estar na presença de alguém que possa lhe fazer mal. Este livro explora as estratégias que predadores usam quando estão se comunicando com suas vítimas, e esses artifícios são os mesmos, não importando se são via internet, e-mail, mensagens de texto, redes sociais, telefone ou cara a cara.

GAVIN DE BECKER
Los Angeles, CA

Prefácio à nova edição

Em 2009, quando Oprah Winfrey gentilmente dedicou um programa inteiro à comemoração do décimo aniversário de publicação deste livro, minha editora correu para imprimir mais exemplares. No total, *A virtude do medo* teve 25 edições ao longo de 24 anos, entre elas a primeira edição em capa dura, várias tiragens em brochura, dois audiolivros, a edição para Kindle e 18 traduções.

A cada nova edição eu refletia se deveria acrescentar conteúdo sobre os acontecimentos mundiais ou as transformações que ocorriam na época. Depois do 11 de Setembro, fiquei me perguntando se deveria falar mais sobre terrorismo. Seria uma boa ideia complementar o texto à medida que a internet e as redes sociais iam se tornando mais essenciais à vida moderna? Será que esta edição deveria incluir um novo material sobre o impacto dos lockdowns impostos pela covid-19, sobre divisão política e cultural, sobre o anonimato que as máscaras propiciam ou sobre os riscos causados pelo desemprego e pelas 12 mil manifestações em 2020 nos Estados Unidos?

Sempre que um novo assunto vinha à tona eu percebia que os fundamentos da violência humana – e os fundamentos da segurança a eles associados – continuavam os mesmos. Aqui há capítulos que falam de perseguição, stalkers e assédio, e, com o papel cada vez maior da internet na nossa vida, agora os criminosos têm muito mais opções do que tinham quando a primeira edição deste livro foi lançada em 1997. Além disso, a internet garante um anonimato maior a assediadores e menos privacidade a seus alvos. A tecnologia expandiu as maneiras de alguém perseguir aqueles que pretende assediar ou prejudicar e, ao mesmo tempo, tornou mais difícil que qualquer um se esconda. Os avanços tecnológicos deixaram videogames violentos mais populares e muito mais realistas.

As redes sociais mudaram a forma como as pessoas se conhecem e interagem e, embora deem às mulheres certa proteção no começo dos relacionamentos, esses serviços on-line também compartilham suas imagens e informações com um público muito maior do que seria aconselhável. Com a internet, muita gente se envolveu emocionalmente em relações virtuais. Embora pessoas em namoros virtuais não se conheçam, a ilusão de intimidade é tanta que algumas situações se agravam e fogem ao controle, muitas vezes de forma perturbadora, chegando até a assassinato.

Apesar de todas essas transformações e evoluções, os princípios básicos do comportamento humano não mudaram. Seja qual for o método de comunicação usado entre o predador e seu alvo, os verdadeiros desafios à segurança não acontecem on-line nem durante um telefonema – eles só acontecem pessoalmente, portanto o que de fato mudou é que agora os predadores têm mais métodos para convencer alguém a ter um encontro cara a cara. Este livro descreve as estratégias que os predadores usam para manipular e convencer seus alvos, e essas estratégias são sempre as mesmas, sejam elas aplicadas via internet, e-mail, mensagens de texto, redes sociais, telefone, correio convencional ou frente a frente.

A mídia muda; a natureza humana, não. Violência e atitudes predatórias fazem parte da humanidade há milênios – e as transformações ocorridas em meros 25 anos são irrelevantes. A melhor estratégia de segurança é exatamente a mesma de toda a nossa história: evite ficar perto de alguém que passe a impressão de que pode lhe fazer mal.

Eu poderia ter escrito um capítulo novo nos últimos anos sobre a evolução dos papéis e identidades de gênero – mas a verdade continuaria sendo que, na nossa cultura, quando um homem diz "não", a discussão está encerrada, e quando uma mulher diz "não", inicia-se uma negociação.

Enquanto escrevo este prefácio, o mundo se vê profundamente impactado pela convulsão social e econômica suscitada pela reação dos governos à covid-19. Embora o momento atual não altere a arquitetura do comportamento humano, o desemprego em massa e as rupturas nas cadeias de abastecimento influenciam, sim, as nossas escolhas. Um exemplo é que muito mais pessoas recorrerão ao crime para saciar suas necessidades básicas – gente que antes não teria nem pensado nessa possibilidade. Embora crime e violência não sejam sinônimos, a decadência geral da ordem social aumenta o medo e o desespero e acaba gerando mais violência.

Em 2015 começamos a produzir o que equivale a uma série de aulas sobre os conceitos deste livro. Além de entrevistar vários especialistas em violência e segurança, fizemos uma semana de discussões com 18 mulheres escolhidas ao acaso. Durante a produção, descobrimos que todas as participantes tiveram alguma experiência profunda de violência e predação. Imagino que esse seria o caso se juntássemos quaisquer 18 mulheres. Uma 19ª mulher, April Jace, estaria presente, mas cancelou de última hora. Algumas semanas depois, foi morta a tiros pelo marido na frente dos dois filhos – um lembrete da violência conjugal do qual não precisávamos.

Ao estudar qualquer assunto, a pessoa a certa altura para de achar novos problemas e passa a identificar padrões. No estudo do homicídio conjugal, por exemplo, não faltam dados: nos Estados Unidos, de poucas em poucas horas uma mulher é morta pelo marido ou namorado. Depois de extrair lições de, digamos, mil casos, e de ver a mesma dinâmica inúmeras vezes, é possível elaborar teorias que ligam todos eles – e muitas dessas teorias são debatidas neste livro. Curiosamente, algumas das informações-chave reveladas pelo estudo da violência humana já eram velhos conhecidos dos animais.

A natureza gerou sistemas de defesa incríveis, da carapaça que protege a tartaruga à colmeia que reage a intrusos com uma coordenação obstinada, cada abelha disposta a tudo para proteger a rainha. Assim como os animais da natureza, você também tem um sistema de defesa incrível. Você é o modelo mais moderno de ser humano, o resultado de séculos de pesquisas e avanços que fazem o computador mais fantástico parecer um ábaco. O investimento que a natureza fez em você foi grandioso demais para que o deixasse indefeso, e, embora nós, humanos, não tenhamos as garras mais afiadas nem a mandíbula mais forte, temos o cérebro maior. Você tem mais neurônios do que o número de grãos de areia da sua praia preferida e também tem perspicácia, destreza e criatividade – uma combinação poderosa quando se está em perigo – quando escuta sua intuição.

No entanto, por mais evoluído que um sistema de defesa seja, as presas ainda são pegas de surpresa, e por mais sofisticados que sejam os recursos do predador, eles também falham com alguma frequência. O que fazer para levar a melhor nessas interações perigosas? O primeiro passo é ser o lado mais bem informado.

Quando vistos como uma competição entre predador e presa, alguns ataques humanos têm muito em comum com os embates que vemos na natureza selvagem: a surpresa, o movimento repentino, a explosão de energia hostil, as tentativas de resistência, o desejo de fuga. Se um animal capturado por um predador pudesse falar depois do ataque, provavelmente diria: "Tudo aconteceu muito rápido, não tive tempo de fazer nada."

Mas com os seres humanos geralmente há tempo, bastante tempo, e muitos avisos. Ao descrever exatamente quais são os sinais de alerta, espero que estas páginas reconectem você com as defesas incríveis que são parte da sua natureza.

Gavin de Becker,
fevereiro de 2021

1
Diante do perigo

"Acima de tudo, recusar-se a ser vítima."
– Margaret Atwood

É provável que ele já a observasse havia algum tempo. Não temos certeza, mas sabemos que ela não foi sua primeira vítima. Naquele fim de tarde, querendo comprar tudo o que precisava de uma vez só, Kelly havia superestimado o que era capaz de carregar sem dificuldade para casa. Justificando sua decisão enquanto se atrapalhava com as sacolas pesadas, lembrou a si mesma que fazer duas viagens a obrigaria a sair à rua depois do anoitecer, e ela era cuidadosa demais com sua segurança para fazer isso. Ao subir os degraus da entrada do seu prédio, viu que alguém tinha deixado a porta destrancada (de novo). Seus vizinhos não tinham jeito, pensou ela, e, embora se irritasse com o descaso deles em relação à segurança, dessa vez ficou feliz de ser poupada do trabalho de pegar a chave na bolsa.

Ela entrou e bateu a porta, empurrando-a até ouvir o acionamento do trinco. Kelly tem certeza de que a trancou, o que significa que ele já devia estar dentro do prédio.

Em seguida vinham os quatro lances de escada, que ela queria subir de uma vez só. Já estava no terceiro andar quando uma das sacolas rasgou e latas de ração para gato se espalharam pelo chão, rolando escada abaixo quase como se tentassem escapar dela. A lata que tomou a dianteira chegou ao patamar do segundo andar, e Kelly ficou observando enquanto ela fazia a curva, ganhava velocidade e continuava sua descida aparentemente proposital, aos pulos, até desaparecer de vista.

– Peguei! Eu levo pra você – gritou alguém.

Kelly não gostou daquela voz. Desde o começo algo lhe pareceu errado, mas um rapaz simpático apareceu, subindo rapidamente os degraus enquanto recolhia as latas caídas pelo caminho.

– Eu te ajudo – disse ele.
– Não, não precisa, obrigada. Está tudo bem.
– Parece que não está, não. Para qual andar você vai?

Ela hesitou antes de responder.

– Para o quarto, mas não preciso de ajuda, é sério.

Sem dar ouvidos a Kelly, a essa altura as latas recolhidas estavam equilibradas entre o peito e um dos braços dele.

– Eu também estou indo para o quarto andar – disse ele –, e estou atrasado. A culpa não é minha, meu relógio quebrou... Então não vamos ficar aqui parados. E me dá isso aí.

Ele puxou uma das sacolas mais pesadas que ela estava carregando. Kelly insistiu:

– Não, é sério, obrigada, mas não precisa. Eu posso me virar sozinha.

Ainda tentando pegar a sacola de compras, ele disse:

– Você é muito orgulhosa, sabia?

Por um instante Kelly continuou segurando a sacola, mas em seguida a soltou, e essa troca aparentemente insignificante entre o estranho cordial e a destinatária de sua cordialidade foi o sinal (para ele e para ela) de que ela estava disposta a confiar nele. Ao ceder o controle da sacola, Kelly cedeu também o controle de si mesma.

– Melhor a gente ir logo – disse ele ao subir a escada na frente. – Tem um gato com fome lá em cima.

Apesar de ele dar a impressão de que só queria ajudar, ela estava apreensiva, e sem motivo algum, pensou ela. O homem era simpático e cavalheiro, e Kelly se sentiu culpada pela desconfiança. Não queria ser o tipo de pessoa que desconfia de todo mundo. Eles logo se aproximaram da porta do apartamento dela.

– Você sabia que um gato pode viver três semanas sem comida? – perguntou ele. – Vou te dizer como foi que descobri: uma vez esqueci que tinha prometido dar comida ao gato de um amigo que foi viajar.

Kelly estava parada na porta do apartamento, que ela tinha acabado de abrir.

– Daqui pra frente deixa comigo – disse ela, na esperança de que ele lhe entregasse as compras, aceitasse seu agradecimento e fosse embora.

Mas ele disse:

– Ah, não, eu não vim até aqui para deixar você derrubar tudo de novo.

Como Kelly continuou hesitando, ele deu uma risada.

– Ei, a gente pode deixar a porta aberta que nem as mulheres nos filmes antigos. Só vou deixar as sacolas e vou embora. Prometo.

Ela o deixou entrar, mas ele não cumpriu a promessa.

A ESSA ALTURA, depois de me relatar o estupro e as três horas de suplício que sofreu, Kelly faz uma pausa e chora em silêncio. Hoje ela sabe que ele matou uma de suas vítimas, a facadas.

O tempo todo, desde que nos sentamos lado a lado no jardinzinho contíguo ao meu escritório, Kelly segura minhas mãos. Ela tem 27 anos. Antes do estupro, era terapeuta infantil, mas desde então não voltou ao trabalho. O rapaz simpático lhe infligiu três horas de sofrimento em seu apartamento e pelo menos três meses de sofrimento em sua memória. A autoconfiança que ele afugentou ainda está oculta, a dignidade que dilacerou ainda está em processo de cura.

Kelly está prestes a descobrir que dar atenção a um único sinal de alerta salvou sua vida, assim como ignorar muitos outros foi o que a colocou em risco. Ela me encara com os olhos marejados mas cristalinos e diz que quer entender todas as estratégias que ele usou. Quer que eu lhe diga o que sua intuição percebeu que a salvou. Mas é ela quem vai me contar.

– Foi depois que ele já tinha apontado a arma para a minha cabeça, depois de me estuprar. Foi depois disso. Ele se levantou da cama, se vestiu e fechou a janela. Olhou o relógio e começou a agir como se estivesse com pressa. Ele disse: "Eu preciso ir a um lugar. Ei, não fica com essa cara assustada. Prometo que não vou te machucar."

Kelly tinha certeza absoluta de que ele estava mentindo. Sabia que o plano dele era matá-la e, embora seja difícil imaginar, essa foi a primeira vez desde que o incidente começara que ela sentiu um medo profundo.

– Ele agitou a arma e disse: "Fica quietinha, não faz nada. Eu vou até a cozinha pegar um copo d'água e depois vou embora. Prometo. Mas fica quietinha aí."

Ele não tinha qualquer razão para achar que Kelly desobedeceria às suas ordens, porque, desde o instante em que tinha soltado a sacola até aquele momento, ela estava sob seu completo domínio.

– Eu garanti a ele: "Você sabe que eu não vou sair daqui."

Mas, no instante em que ele saiu do quarto, Kelly se levantou e foi andando atrás dele, enrolada no lençol.

– Fiquei literalmente a dois passos dele, feito um fantasma, e ele não percebeu que eu estava ali. Atravessamos o corredor juntos. A certa altura, ele parou, e eu parei também. Ele ficou olhando para o meu aparelho de som, que estava ligado, e então aumentou o volume da música. Quando entrou na cozinha, eu me virei e cruzei a sala.

Kelly chegou a ouvir as gavetas sendo abertas ao sair pela porta do corredor, deixando-a entreaberta. Entrou direto no apartamento da frente (que por algum motivo ela sabia que estava destrancado). Levou o dedo à boca para sinalizar aos vizinhos, surpresos, que ficassem quietos e trancou a porta.

– Eu sabia que, se ficasse no quarto, ele voltaria da cozinha e me mataria, mas não sei como tive tanta certeza.

– Sabe, sim – digo a ela.

Kelly suspira e recapitula tudo.

– Ele se levantou e vestiu a roupa, fechou a janela, olhou o relógio. Prometeu que não me machucaria, e essa promessa veio do nada. Então foi à cozinha para beber alguma coisa, mas eu o ouvi abrindo as gavetas. Ele estava procurando uma faca, é claro, mas eu já sabia muito antes. – Ela faz uma pausa. – Acho que ele queria uma faca porque usar o revólver faria muito barulho.

– O que te faz pensar que ele estava preocupado com o barulho? – pergunto.

– Sei lá. – Ela fica pensativa, olhando para um ponto atrás de mim, revivendo aquele momento no quarto. – Ah... sei, sim. Agora entendi. A questão era o barulho... Foi por isso que ele fechou a janela. Foi assim que eu soube.

Como estava vestido e supostamente de saída, ele não teria nenhuma outra razão para fechar a janela do quarto. Foi esse sinal sutil que a alertou, mas foi o medo que lhe deu a coragem de se levantar sem hesitação e seguir atrás do homem que pretendia matá-la. Mais tarde, ela descreveu o próprio medo como tão absoluto que tomou conta de todas as outras sensações de seu corpo. Foi como se houvesse um animal à espreita dentro dela, e ele se levantou usando os músculos das pernas de Kelly.

– Não era eu ali – explica ela. – Era como se meu corpo estivesse se mexendo sozinho.

O que ela vivenciou foi o medo genuíno, não aquele de quando levamos um susto, não o medo que sentimos vendo um filme de terror ou o medo de falar em público. Esse medo é um aliado valioso, que diz: "Faça o que eu mandar." Às vezes, ele manda a pessoa se fingir de morta, prender a respiração, correr, gritar ou lutar, mas para Kelly ele disse: "Fique quieta e confie em mim, vou te tirar daqui."

Kelly me disse que sentia um novo tipo de confiança em si mesma por saber que tinha tomado uma atitude com base naquele sinal, por saber que tinha salvado a própria vida. Declarou estar cansada de ser apontada como culpada e de se culpar por tê-lo deixado entrar no apartamento. Disse que com tudo o que tinha aprendido em nossos encontros, nunca mais se permitiria ser uma vítima.

– Vai ver esse é o lado bom disso tudo – reflete ela. – O esquisito é que, com toda a informação que tenho hoje, agora sinto menos medo de andar por aí do que tinha antes do que aconteceu... Mas deve existir um jeito mais fácil de aprender.

A ideia já tinha me ocorrido. Sei que o que salvou a vida de Kelly pode salvar a sua. Em sua coragem, em seu compromisso de escutar sua intuição, em sua determinação de extrair algum sentido daquela tragédia, em sua vontade enorme de se libertar do medo injustificável, vi que as informações poderiam ser compartilhadas não só com as vítimas, mas também com quem não precisa ser vítima. Quero que este livro ajude você a ser uma dessas pessoas.

Devido ao meu estudo da violência e ao fato de ter previsto o comportamento de assassinos, stalkers, potenciais homicidas, namorados rejeitados, maridos dispensados, ex-funcionários enfurecidos, assassinos em massa e outros, sou considerado um especialista. Talvez eu tenha aprendido muitas lições, mas nestas páginas parto da premissa básica de que você também é um especialista em prever comportamentos violentos. Como qualquer animal, você tem como saber quando está em risco. Você tem a virtude de um brilhante guardião interno sempre a postos para alertá-lo dos perigos e guiá-lo em situações críticas.

Com o passar dos anos, aprendi algumas lições sobre segurança fazendo a pessoas que foram vítimas de violência a seguinte pergunta: "Você poderia ter previsto o que aconteceu?" Em geral, elas respondem: "Não, simplesmente aconteceu do nada", mas, se eu ficar em silêncio, se esperar um instante, eis que ouço mais informações: "Eu fiquei meio incomodada quando conheci o cara…", "Pensando bem, fiquei desconfiada quando ele me abordou" ou "Agora que me dei conta de que já tinha visto aquele carro".

É claro que, se essas pessoas se dão conta agora, elas sabiam na ocasião. Todos percebemos os sinais, porque existe um código universal da violência. Nos capítulos a seguir, você vai encontrar algumas informações de que precisa para decifrar esse código, mas a maior parte delas já está dentro de você.

SE PARARMOS PARA PENSAR, a água que ondula no mar não se move: é a energia que a atravessa. Da mesma forma, a energia da violência atravessa nossa cultura. Há quem a experimente como uma brisa leve, que, embora desagradável, é fácil de tolerar. Outros são destruídos por ela, como se atingidos por um furacão. Mas ninguém – ninguém – fica ileso. A violência faz parte do mundo e, mais do que isso, faz parte da nossa espécie. Está ao nosso redor e dentro de nós. Como os espécimes humanos mais fortes da história, chegamos ao ápice da cadeia alimentar mundial, por assim dizer. Sem enfrentar nenhum inimigo ou predador que nos imponha qualquer perigo digno de nota, descobrimos a única presa que nos resta: nós mesmos.

Para que não haja dúvidas, entre 1968 e 2017, houve 1,5 milhão de mortes por arma de fogo nos Estados Unidos – o número é maior que o de todos os soldados americanos mortos nas guerras em que o país se envolveu desde a Guerra de Independência, em 1775. Brasil e Estados Unidos figuram entre os países com mais mortes por arma de fogo no mundo.

Cidadãos comuns correm o risco de se deparar com a violência no emprego, e o homicídio já foi a principal causa de morte de mulheres no local de trabalho. Há algumas décadas, a ideia de um atirador no ambiente de trabalho era descabida; agora, casos assim aparecem nos noticiários com alguma regularidade.

No Brasil e nos Estados Unidos, mulheres e crianças são mortas com uma frequência alarmante. Na (triste) realidade, se um avião de grande porte colidisse com uma montanha e matasse todos a bordo, e se isso acontecesse todos os doze meses do ano, o número de mortos ainda não se equipararia ao número de mulheres assassinadas pelo marido ou namorado ao longo de um ano.

Estatísticas como essa tendem a nos distanciar das tragédias que cercam cada incidente porque nos impressionamos mais com os números do que com a realidade. Para facilitar o entendimento, a probabilidade de você conhecer uma mulher que já foi espancada é grande, e você provavelmente viu os sinais de alerta. Ela ou o marido trabalham na mesma empresa que você, moram no mesmo bairro, frequentam a mesma academia, atendem você no balcão da farmácia ou o ajudam a fazer a declaração do imposto de renda. Talvez você não saiba, no entanto, que é mais comum as mulheres irem ao pronto-socorro por conta de ferimentos provocados pelo marido ou namorado do que por ferimentos causados por acidentes de trânsito, assaltos e estupros somados.

Aos sistemas de justiça criminal faltam justiça e, muitas vezes, sensatez. Por exemplo, já faz alguns anos que os Estados Unidos têm cerca de 2 mil pessoas no corredor da morte, e no entanto o motivo mais comum de morte desses presidiários é "causas naturais". Isso acontece porque menos de 2% dos condenados à pena capital são executados. Na verdade, esses homens estão mais seguros vivendo no corredor da morte do que em alguns bairros de cidades americanas.

Abordo a pena capital aqui não para promovê-la, pois não a defendo, mas porque nossa atitude em relação a ela suscita uma questão fundamental para este livro: levamos realmente a sério a ideia de lutar contra o crime e a violência? Parece que não. Um exemplo do que aceitamos: se somarmos o tempo que suas vítimas teriam vivido, podemos dizer que, nos Estados Unidos, a cada ano os assassinos nos roubam quase 1 milhão de anos em vidas humanas.

Apresentei esses fatos sobre a constância da violência por um motivo: quero tentar convencê-lo de que é possível que você mesmo ou alguém de quem você gosta se torne uma vítima mais cedo ou mais tarde. Essa crença é essencial para que, diante do perigo, você o identifique. Ela se contrapõe à negação, o inimigo poderoso e sagaz das previsões bem-sucedidas. Mesmo já conhecendo muitos dos fatos que apresentei aqui, alguns leitores ainda vão compartimentalizar os riscos a fim de se excluir: "Claro, tem muita violência, mas é nos bairros mais pobres"; "É, tem muita mulher que é espancada, mas eu não estou namorando ninguém agora"; "A violência é um problema que atinge mais os jovens e os idosos"; "A pessoa só corre risco se estiver na rua tarde da noite"; "São as pessoas que se colocam em situação de risco", e assim por diante. Nós, em grande parte, somos verdadeiros especialistas em negação, um coro que poderia entoar uma canção intitulada "Essas coisas não acontecem comigo".

A negação tem um efeito colateral interessante e traiçoeiro. Apesar de toda a paz de espírito que os negacionistas acreditam conquistar dizendo que as coisas não são como são, o tombo que levam quando viram vítimas é muito, muito maior do que o das pessoas que aceitam essa possibilidade. A negação é um esquema de "poupe agora, pague depois", um contrato todo escrito em letras miúdas, pois a longo prazo o negacionista sabe da verdade, e isso lhe causa um nível de ansiedade baixo, porém constante. Milhões de pessoas sofrem dessa ansiedade, mas a negação as impede de tomar atitudes que poderiam diminuir os riscos (e a preocupação).

Se estudássemos qualquer outro animal na natureza e descobríssemos o histórico de violência intraespecífica dos seres humanos, sentiríamos repulsa. Consideraríamos isso uma grande perversão das leis naturais – mas não negaríamos os fatos.

Parados nos trilhos, só temos a possibilidade de evitar o trem que vem em nossa direção se estivermos dispostos a vê-lo e a prever que ele não vai frear. Mas, em vez de aprimorar as tecnologias preditivas, os Estados Unidos, por exemplo, aprimoram as tecnologias do conflito: armas, presídios, equipes táticas, aulas de defesa pessoal, spray de pimenta, armas de choque, gás lacrimogêneo. Assim, mais do que nunca precisamos de previsões mais assertivas. Pense só em como vivemos: passamos por inspeções com detectores de metais antes de embarcarmos em um avião, visitarmos o fórum, assistirmos a um show ou a um jogo no estádio. Edifícios públicos são cercados por barricadas e é preciso certo esforço para abrir a embalagem de determinados medicamentos. Tudo isso foi desencadeado pelos atos de poucos homens perigosos que conseguiram nossa atenção nos causando medo. Já que o medo é parte essencial da experiência humana, entender quando ele é uma virtude – e quando é uma maldição – vale muito a pena.

Os Estados Unidos são um país onde alguém com uma arma e muita audácia pode sabotar o direito democrático do povo de escolher seus líderes. O passaporte garantido rumo a um mundo de grandes peripécias é a violência, e a figura do agressor solitário com uma ideia grandiosa e uma arma na mão se tornou um ícone cultural. No entanto, comparativamente, poucas medidas foram tomadas para que se saiba mais a respeito desse sujeito, sobretudo se considerarmos o impacto que ele (às vezes ela) tem na vida dos cidadãos.

Muita gente acredita que não precisamos de mais informações sobre a violência, pois é a polícia, o judiciário e os especialistas que têm que lidar com ela. Embora atinja e diga respeito a todos nós e todo mundo tenha uma contribuição valorosa a dar para solucioná-la, deixamos essa investigação essencial na mão de pessoas que nos dizem que a violência é imprevisível, que o perigo é um jogo de azar e que a ansiedade é parte inevitável da vida.

Nenhuma dessas "sabedorias" convencionais é verdadeira.

AO LONGO DA VIDA, todos teremos que fazer previsões comportamentais importantes sozinhos, sem a ajuda de especialistas. Da ampla lista de pessoas com quem temos contato, selecionamos algumas para incluir na nossa vida – como patrões, funcionários, orientadores, sócios, amigos, namorados, cônjuges.

Seja pelo caminho mais fácil ou pelo mais difícil, você precisa entender que sua segurança depende apenas de você. Não é responsabilidade da polícia, do governo, da indústria, do síndico do prédio nem da empresa de segurança. Muitas vezes adotamos uma atitude preguiçosa e investimos nossa confiança sem nunca avaliar se ela é merecida. Todo dia, ao mandar os filhos para a escola, apostamos que lá a segurança deles está garantida, mas, conforme veremos no Capítulo 12, talvez isso não seja um fato. Confiamos em seguranças – mas foi desse grupo de profissionais que saíram o serial killer Filho de Sam, o assassino de John Lennon, os estranguladores de Hillside e mais incendiários e estupradores do que eu poderia citar neste livro. Você confia em empresas de segurança privada? E no governo? Mais do que um Departamento de Justiça, ou Ministério da Justiça, seria mais adequado termos um órgão governamental de prevenção à violência, porque é disso que precisamos e é isso que nos interessa. Justiça é ótimo, mas segurança é sobrevivência.

Assim como nos fiamos no governo e nos especialistas, também contamos com a tecnologia na busca de soluções para os problemas, mas sua solução pessoal para a violência não virá da tecnologia. Ela virá de uma fonte ainda mais grandiosa que sempre esteve aí, dentro de você: a sua intuição.

Talvez seja difícil aceitar sua relevância, pois em geral a intuição é vista por nós, ocidentais, com certo descaso. Com frequência é descrita como emocional, irracional ou inexplicável. Maridos censuram as esposas por causa da "intuição feminina" e não a levam a sério. Se uma mulher usa a intuição para justificar uma escolha ou explicar por que está cismada com uma questão, os homens reviram os olhos e não lhes dão ouvidos. Os homens preferem a lógica, a linha de pensamento fundamentada, explicável, racional, que termina em uma conclusão embasada. Em sua maioria, veneram a lógica mesmo quando ela é errada e negam a intuição mesmo quando ela é certeira.

Os homens, é claro, têm sua própria versão da intuição, não tão trivial e irrelevante quanto a intuição feminina, segundo afirmam a si mesmos. A intuição deles tem um nome mais visceral: "instinto". Mas não é apenas uma sensação. É um processo mais extraordinário e, no final das contas, mais lógico segundo a ordem natural do que o mais fantástico dos cálculos computacionais. É o nosso processo cognitivo mais complexo e ao mesmo tempo o mais simples.

A intuição nos conecta ao mundo natural e à nossa natureza. Livre das amarras dos julgamentos, casada apenas com a percepção, ela nos leva a fazer previsões que mais tarde nos deixam admirados. "Não entendo como, mas eu sabia", dizemos a respeito de um encontro casual que previmos, de um telefonema inesperado de um amigo distante, da improvável mudança de comportamento de alguém, da violência da qual escapamos ou, muitas vezes, da violência da qual escolhemos não escapar. "Não entendo como, mas eu sabia..." Assim como Kelly sabia e você é capaz de saber.

O marido e a esposa que marcam consulta comigo para discutir os telefonemas perturbadores e ameaçadores que andam recebendo querem que eu descubra quem está telefonando. Baseado no que o autor da ligação diz, é óbvio que se trata de alguém conhecido, mas quem? O ex-marido dela? O cara esquisito que alugava um quarto na casa deles? Um vizinho furioso por causa da obra que estão fazendo? O empreiteiro que demitiram?

Eles acham que o especialista vai lhes dizer quem está ligando, mas na verdade eles é que me dirão. É verdade que tenho experiência com milhares de casos, mas eles têm a experiência *deste* caso. Dentro deles, talvez escondidas num lugar de onde eu possa ajudá-los a desencavá-las, estão todas as informações necessárias para fazermos uma avaliação precisa da situação. A certa altura da nossa discussão sobre os possíveis suspeitos, a mulher sem dúvida dirá algo como: "Olha, tem uma outra pessoa, mas eu não tenho nenhum motivo palpável para pensar que é ela. É só uma sensação, e fico até chateada de insinuar uma coisa dessas, mas..." E nesse momento eu poderia mandá-los para casa e enviar a conta da minha consulta, porque a pessoa será essa. Seguimos a intuição da cliente até eu "solucionar o mistério". Sou muito elogiado pela minha habilidade, mas em geral eu apenas escuto e permito que os clientes se escutem. No começo das consultas, eu digo: "Nenhuma teoria é absurda demais para ser analisada, nenhuma pessoa está acima de qualquer suspeita, nenhum instinto é infundado demais." (Na verdade, como você vai perceber em breve, toda intuição é muito bem fundamentada.) Quando os clientes perguntam: "As pessoas que fazem essas ameaças são capazes de fazer tal e tal coisa?", eu respondo: "Às vezes sim", e assim os autorizo a analisar alguma teoria.

Quando entrevisto vítimas de ameaças anônimas, não pergunto "Quem você acha que mandou essas ameaças?", porque a maioria das vítimas não consegue imaginar que um conhecido tenha lhes feito as ameaças. Prefiro indagar "Quem *poderia* tê-las mandado?" para elaborarmos juntos uma lista de todo mundo que teria a possibilidade, independentemente de motivação. Em seguida, peço aos clientes que pensem numa motivação, mesmo que ridícula, para cada pessoa da lista. É um processo criativo que não os coloca sob a pressão de estarem corretos. É exatamente por isso que em praticamente todos os casos uma das teorias concebidas é a certa.

É bastante comum que minha grande contribuição para a solução do mistério seja minha recusa a chamá-lo de mistério. Prefiro dizer que é um quebra-cabeça em que as peças a nossa disposição são suficientes para revelar a solução. Pode até ser que eu reconheça as peças antes dos outros, por já tê-las visto muitas vezes, mas minha missão principal é botá-las na mesa.

À medida que exploramos as peças do quebra-cabeça da violência humana, vou mostrar quais são suas formas e cores. Devido ao seu próprio estudo do comportamento humano – vivenciado ao longo de toda a sua existência – e à sua própria humanidade, você perceberá que essas peças são familiares. Acima de tudo, espero que no final você saiba que todos os quebra-cabeças podem ser resolvidos bem antes de todas as peças estarem no lugar certo.

DIZEMOS QUE AS PESSOAS fazem coisas "do nada", "de repente", "sem qualquer razão aparente". Essas expressões embasam o mito popular de que prever o comportamento humano é impossível. No entanto, para enfrentar o trânsito matinal, fazemos grandes apostas quanto às atitudes de literalmente milhares de pessoas com uma precisão incrível. Sem perceber, interpretamos pequenos sinais que ninguém nos ensinou a enxergar: a leve inclinação da cabeça de um estranho ou o olhar fixo de uma pessoa a metros de distância nos informa que é seguro passar na frente da máquina de duas toneladas que ela dirige. Nós esperamos que todos os motoristas se comportem como nos comportaríamos, mas ainda assim nos mantemos alertas para detectar os poucos que se comportariam de outra forma – e portanto prevemos também os atos deles, por mais que os declaremos imprevisíveis. Então aqui estamos, percorrendo nosso caminho numa velocidade muito maior do que qualquer outra pessoa no início do século XX (a não ser que estivesse caindo de um despenhadeiro), nos esquivando de mísseis de aço gigantes em alta velocidade, adivinhando os planos de seus operadores com uma exatidão fantástica... e nos declarando incapazes de prever o comportamento humano.

Prevemos com certo sucesso como uma criança vai reagir a uma advertência, como uma testemunha vai reagir a uma pergunta, como o júri vai reagir a uma testemunha, como um consumidor vai reagir a um slogan, como a plateia vai reagir a uma cena, como o cônjuge vai reagir a um comentário, como o leitor vai reagir a uma expressão, e assim por diante. Antever comportamentos violentos é mais fácil do que qualquer um desses exemplos, mas, como fantasiamos que a violência humana é uma aberração levada a cabo por pessoas bem diferentes de nós, nos consideramos incapazes de prevê-los. Ao assistir a um documentário de Jane Goodall que mostra um grupo de chimpanzés perseguindo e matando os machos de outro grupo, dizemos que o ataque foi motivado por territorialismo ou controle populacional. É com uma certeza parecida que declaramos entender a causa e o objetivo da violência cometida por todas as criaturas da face da Terra – menos por nós mesmos.

A violência humana que mais abominamos e tememos, a que chamamos de "aleatória" e "sem sentido", não é nem uma coisa nem outra. Ela sempre tem objetivo e sentido, pelo menos para quem a comete. Podemos optar por não investigar ou entender o objetivo, mas ele existe, e enquanto lhe dermos o rótulo de "sem sentido", continuaremos sem entendê-lo.

Às vezes um ato violento é tão assustador que dizemos que quem o cometeu é um monstro, mas você verá que é encontrando a humanidade do criminoso – a similaridade entre ele, eu e você – que seus atos se tornarão previsíveis. Você está prestes a descobrir novos fatos e conceitos sobre pessoas violentas, mas verá que boa parte das informações ecoa suas próprias experiências. Você verá que até tipos enigmáticos de violência têm padrões distinguíveis e sinais de alerta. Também verá que os tipos mais comuns de violência, aqueles com os quais todos nós nos identificamos de alguma forma, como a violência motivada pela raiva, são tão conhecidos quanto o afeto entre amigos íntimos. (Na verdade, a violência tem menos variedades do que o amor.)

O noticiário na televisão exibe uma reportagem sobre um homem que matou a esposa a tiros quando ela estava no trabalho. Ele teve uma medida protetiva expedida contra ele junto com o pedido do divórcio, por coincidência no dia de seu aniversário. A matéria informa que o homem já tinha feito ameaças, que havia sido demitido do emprego, que apontara uma arma para a cabeça da esposa na semana anterior ao assassinato, que a perseguia. Apesar de todas essas ocorrências, o repórter encerra dizendo: "A polícia admite que ninguém poderia ter previsto que isso aconteceria."

Isso se deve ao fato de querermos acreditar que as pessoas são infinitamente complexas, com milhões de motivações e diversos tipos de comportamento, o que não é verdade. Queremos acreditar que com todas as combinações possíveis de seres humanos e sentimentos humanos, prever a violência é tão difícil quanto acertar os números da loteria, porém geralmente não existe dificuldade nenhuma nisso. Queremos acreditar que a violência humana escapa à nossa compreensão, pois, sendo um mistério, não temos o dever de evitá-la, investigá-la ou prevê-la. Não precisamos sentir nenhuma responsabilidade por não percebermos os sinais se esses sinais não existirem. Podemos nos convencer de que a violência acontece sem aviso prévio e de que geralmente só acontece aos outros, mas é por causa desses mitos convenientes que vítimas sofrem e criminosos seguem impunes.

A verdade é que todo pensamento é precedido por uma percepção, todo impulso é precedido por um pensamento, toda ação é precedida por um impulso, e o homem não é um ser tão singular a ponto de seu comportamento ser inédito e seus padrões, indetectáveis. Existem respostas para as perguntas mais importantes da vida: Essa pessoa vai tentar me fazer mal? O funcionário que preciso demitir vai ter uma reação violenta? Como lidar com a pessoa que se recusa a virar a página? Qual é a melhor forma de reagir a ameaças? Que perigo estranhos representam? Como saber se uma babá não vai fazer mal ao meu filho? Como saber se um amigo do meu filho é perigoso? Meu próprio filho está dando sinais de alerta de que será violento no futuro? E por fim: Como posso proteger as pessoas que amo?

Acredito que até o fim deste livro você conseguirá responder a essas perguntas e terá bons motivos para se fiar na sua capacidade aguçada de prever atos de violência.

Como posso dizer isso com tanta segurança? Porque há mais de quatro décadas venho aprendendo lições com os mestres mais qualificados.

Quando telefonei para Kelly para contar que tinha decidido dedicar um ano à escrita deste livro (e no final precisei de dois), aproveitei para agradecer pelo que ela havia me ensinado, como sempre faço com meus clientes. "Ah, eu acho que você não aprendeu nada de novo com o meu caso", disse ela. "Mas *com qual* caso você aprendeu mais?"

Com tantos para escolher, eu disse a Kelly que não sabia, mas assim que me despedi e desliguei o telefone me dei conta de que sabia, sim. Ao me lembrar do caso, minha sensação era de estar de volta à cena.

UMA MULHER APONTAVA a arma para o marido, que estava diante dela com os braços estendidos à frente. Nervosa, ela segurava com força a empunhadura da pistola semiautomática. "Agora eu vou te matar", repetia ela baixinho, quase como se falasse consigo mesma. Era uma mulher bonita, esbelta, de 33 anos, e vestia calça preta e camisa branca masculina. Havia oito balas na arma.

Eu estava parado ao lado da porta, vendo a cena se desenrolar. Como já tinha sido antes e voltaria a ser muitas vezes, eu era o responsável por prever se aconteceria ou não um assassinato ali, se a mulher naquele caso cumpriria ou não a promessa. Havia muito em jogo, pois, além do homem em risco, havia também duas crianças pequenas na casa.

Eu sabia que era fácil fazer ameaças como a dela, difícil era cumpri-las. Assim como em todas as ameaças, as palavras a traíam ao admitir seu fracasso na tentativa de influenciar os acontecimentos de outra forma, e como todo mundo que ameaça, ela precisava seguir em frente ou recuar. Talvez ficasse satisfeita com o medo causado por suas palavras e atitudes, talvez aceitasse a atenção que tinha conseguido sob a mira da arma e deixasse por isso mesmo.

Ou talvez puxasse o gatilho.

Para aquela mulher, as forças que inibem a violência e as que são capazes de provocá-la subiam e desciam como ondas turbulentas colidindo. Ela alternava entre a hostilidade e o silêncio. Num instante, a violência parecia a escolha mais óbvia; no seguinte, parecia ser a última coisa que faria na vida. Mas a violência é a última coisa que algumas pessoas fazem.

O tempo todo a pistola continuava apontada para o marido.

A não ser por sua respiração acelerada e ofegante, o homem sob a mira da arma não se mexia. As mãos estavam levantadas, rígidas, à frente do corpo, como se pudessem deter as balas. Lembro que por um instante me perguntei se levar um tiro doía, mas outra parte do meu cérebro me lançou de volta à missão que eu tinha aceitado. Não podia deixar escapar um único detalhe.

A mulher pareceu relaxar e voltou a ficar muda. Embora alguns observadores pudessem ver nessa atitude um sinal favorável, eu precisava avaliar se seus silêncios eram usados para recuperar a razão ou para contemplar o assassinato. Percebi que ela estava descalça, mas considerei essa observação irrelevante para a minha tarefa. Detalhes são fotografias instantâneas, não quadros, e eu precisava concluir rapidamente quais deles eram pertinentes para minha previsão e quais não eram. A bagunça de papéis espalhados pelo chão perto de uma mesa virada, o telefone fora do gancho, um copo quebrado, provavelmente atirado no início da discussão – tudo foi avaliado e descartado com rapidez.

Então vi um detalhe muito significativo, embora se tratasse de um movimento milimétrico. (Nessas previsões, talvez os grandes movimentos chamem sua atenção, mas é raro que sejam os mais relevantes.) Os poucos milímetros que o polegar dela percorreu até chegar ao gatilho deixou a mulher mais próxima do homicídio do que qualquer coisa que dissesse ou pudesse dizer. A partir desse novo lugar, ela começou um discurso raivoso. Um instante depois, engatilhou a pistola, um movimento não muito sutil que lhe garantiu uma credibilidade renovada. Suas palavras eram entrecortadas e cuspidas pelo ambiente, e, à medida que sua fúria aumentava, talvez a impressão fosse de que eu precisava me apressar. Na verdade, eu tinha tempo de sobra, pois as melhores previsões sempre se dão no tempo que há disponível. Quando eficaz, o processo é concluído pouco antes da linha que separa previsão e compreensão tardia, a linha entre o que pode acontecer e o que acabou de acontecer.

É como a previsão de alto risco que você faz quando vê um carro se aproximar, ao avaliar se é seguro atravessar a rua – um processo cuja complexidade é fantástica, mas que acontece numa fração de segundo. Embora não tivesse consciência disso naquele dia, automaticamente eu aplicava e reaplicava a ferramenta mais importante para qualquer previsão: os indicadores pré-incidente.

Os indicadores pré-incidente são os fatores detectáveis que ocorrem antes de se prever o resultado. Pisar no primeiro degrau de uma escada é um indicador pré-incidente significativo para se chegar ao topo; pisar no sexto degrau é um indicador ainda maior. Como tudo que uma pessoa faz é criado duas vezes – uma vez na cabeça e outra na realidade –, ideias e ímpetos são indicadores pré-incidente de ações. As ameaças de morte feitas pela mulher revelavam uma ideia que era o primeiro passo rumo a um resultado; a inserção da arma na briga com o marido era outro, assim como sua compra, meses antes.

Agora, a mulher estava se afastando do marido. Talvez outra pessoa acreditasse que estava recuando, mas minha intuição me dizia que aquele era o último indicador pré-incidente antes de ela puxar o gatilho. Como armas de fogo não exigem proximidade, seu desejo de se afastar um pouco da pessoa em quem planejava atirar foi o elemento que faltava para completar minha previsão. Eu agi depressa.

Recuei silenciosamente pelo corredor, passando pela cozinha, onde o jantar queimava, esquecido, e entrei no quarto pequeno onde uma garotinha cochilava. Ao cruzar o cômodo para acordar a menina, ouvi o tiro que havia previsto um instante antes. Tomei um susto, mas não fiquei surpreso. O silêncio que veio depois, no entanto, me deixou preocupado.

Meu plano era tirar a criança da casa, mas descartei a ideia e mandei que ela ficasse na cama. Aos 2 anos, ela provavelmente não entendia a gravidade da situação, mas eu tinha 10 e sabia tudo sobre essas coisas.

ESSA NÃO FOI a primeira vez que ouvi aquela arma disparar em casa; por acidente, minha mãe havia atirado na minha direção alguns meses antes, a bala passando rente à minha orelha, tão perto que ouvi um zunido antes que ela atingisse a parede.

Ao voltar para a sala da nossa casa, me detive ao sentir o cheiro de pólvora. Fiquei atento aos sons, tentando entender o que estava acontecendo sem precisar entrar na sala. O silêncio era absoluto.

Parado ali, atento a qualquer som, ouvi um estrondo: mais alguns tiros foram disparados. Esses eu não tinha previsto. Decidi entrar.

Meu padrasto estava ajoelhado no chão, minha mãe curvada sobre ele, aparentemente tentando ajudar. Vi o sangue nas mãos e nas pernas dele, e, quando ele ergueu os olhos para mim, tentei apaziguá-lo com minha calma. Sabia que ele nunca tinha vivido nada parecido, mas eu, sim.

A arma estava no chão, perto de mim, então a peguei pelo cano. Estava muito quente.

No que dizia respeito à previsão do que aconteceria depois, a cena que eu via era um bom sinal. O primeiro pensamento que me ocorreu foi o de pegar a arma e sair correndo pela porta dos fundos, mas, por causa de uma nova previsão, eu a escondi atrás de uma almofada do sofá. Concluí que minha mãe tinha descarregado boa parte de sua hostilidade e frustração junto com as balas. Pelo menos por um instante, ela não só estava sensata como mudara para o papel de esposa solidária, cuidando das feridas do marido como se não as tivesse infligido. Longe de ser uma pessoa que suscitasse apreensão, agora era a pessoa a quem nos sentíamos gratos por assumir o controle da situação. Ela cuidaria para que meu padrasto ficasse bem, lidaria com a polícia e a ambulância e colocaria nossa vida de volta nos eixos tão certo quanto se pudesse fazer aquelas balas voltarem à arma.

Fui ver como estava minha irmã. Ela tinha se sentado na cama, cheia de expectativa. Tendo aprendido que o momento após um incidente de grandes proporções oferecia um período de segurança e descanso, me deitei ao seu lado. É claro que eu não podia ignorar todas as previsões, mas baixei um pouco a guarda, e pouco depois adormecemos.

Quando nossa família se mudou daquela casa, um ano depois, havia nove balas cravadas nas paredes e no chão. Imagino que ainda estejam lá.

QUANDO O PROCURADOR-GERAL dos Estados Unidos e o diretor do FBI me concederam um prêmio pela criação do MOSAIC™, sistema de avaliação usado para filtrar as ameaças contra os ministros da Suprema Corte, tenho certeza de que nenhum deles atinou que na realidade ele foi inventado por um menino de 10 anos. A forma como eu destrinchava os componentes individuais da violência quando era criança se transformou na forma como os sistemas de intuição artificial mais sofisticados preveem a violência atualmente. Meus fantasmas foram meus professores.

Com frequência me perguntam como eu entrei nesse ramo. Em termos cinematográficos, a resposta pularia rapidamente de cena em cena: eu aos 11 anos correndo ao lado de uma limusine, gritando junto com outros fãs para ter um vislumbre de Elizabeth Taylor e Richard Burton; o interior da mesma limusine, onde me encontro trabalhando para o famoso casal oito anos depois; eu assistindo à posse do presidente Kennedy na televisão; a minha presença ao lado de outro presidente em sua posse, vinte anos depois, e de outro, doze anos mais tarde; eu assistindo boquiaberto às notícias do assassinato de Kennedy; meu trabalho colaborando com o governo para prever e evitar tais ataques; eu vendo as notícias do assassinato do senador Robert Kennedy, perplexo; meu trabalho desenvolvendo o sistema de avaliação usado para filtrar ameaças a senadores americanos.

Eu tentando impedir que um dos maridos da minha mãe batesse nela, mas sem sucesso; eu ensinando a centenas de detetives da polícia de Nova York novas formas de avaliar casos de violência doméstica; eu visitando minha mãe na ala psiquiátrica de um hospital, depois de uma nova tentativa de suicídio; eu em um tour por hospitais psiquiátricos, como assessor do governador da Califórnia. O que antes era uma vida dominada pelo medo agora é uma vida ajudando as pessoas a lidarem com esse sentimento.

Minha infância não foi um filme, é claro, mas teve suas cenas de perseguição, de luta, tiroteio, sequestro de avião, suspense de vida ou morte e suicídio. O enredo não fazia muito sentido para mim quando eu era pequeno, mas agora faz.

No fim, eu estava frequentando uma espécie de universidade, e, embora eu espere que as disciplinas tenham sido outras, sei que você também a frequentou. Independentemente de qual tenha sido seu curso, você também vem estudando as pessoas há muito tempo, desenvolvendo meticulosamente teorias e estratégias para prever o que elas podem fazer.

Até alguns dos meus clientes ficarão surpresos ao descobrir o que acabei de contar sobre meu treinamento mais precoce, mas quem vai ao meu escritório se surpreende de diversas formas. Afinal, trata-se de uma empresa bastante incomum. A Gavin de Becker & Associates tem uma gama de clientes muito diversa: órgãos do governo federal, promotores, abrigos para mulheres vítimas de violência conjugal, grandes corporações, universidades, celebridades e emissoras de TV, departamentos de polícia, municípios, estados, estúdios cinematográficos, figuras da indústria cultural, líderes religiosos, atletas, políticos, músicos, astros de cinema e universitários. Meus clientes vão das pessoas mais famosas do mundo às mais anônimas.

Funcionários da minha empresa vão a posses presidenciais em uma costa dos Estados Unidos e à entrega do Oscar e do Emmy na outra. Caminham atentos no meio de multidões de manifestantes enfurecidos num dia e entram furtivamente pelo estacionamento subterrâneo de um tribunal federal no seguinte. Já viajamos para a África, a Europa, a Ásia, o Oriente Médio, a América do Sul e a Oceania para aprender sobre a violência nesses lugares. Já viajamos de aviões particulares e de balão, já remamos no rio Amazonas, passeamos de limusine blindada, subimos no lombo de elefantes e em riquixás, fomos esmagados por multidões hostis e por multidões em êxtase. Já depomos em comitês do Senado e visitamos instalações secretas do governo americano. Já tivemos reuniões de equipe enquanto navegávamos por um rio no meio da selva na calada da noite. Já fizemos parte de caravanas presidenciais uma semana e, na seguinte, estávamos em ônibus que transportavam presidiários. Já assessoramos alvos de tentativas de homicídio e famílias de vítimas, inclusive a viúva de um presidente estrangeiro assassinado. Fomos perseguidos por repórteres de tabloides e os perseguimos também. Já estivemos dos dois lados das câmeras do programa *60 Minutes*, nos escondendo com a equipe de filmagem para uma matéria sobre uma fraude nacional e, em outra reportagem, respondendo às perguntas investigativas de Ed Bradley sobre um caso de assassinato.

Somos convocados pelo governo americano quando um fanático atira em um médico que faz abortos ou abre fogo contra autoridades públicas. Visitamos a cena do crime para orientar sobreviventes amedrontados – às vezes pouco tempo depois do crime. Assessoramos pessoas que sofreram ameaças e nós mesmos somos alvos frequentes de ameaças de morte.

O que une todas essas situações é a previsão. Minha empresa prevê o comportamento humano, principalmente em uma categoria: a violência. Com frequência ainda maior, prevemos a segurança. Orientamos líderes políticos e religiosos sobre a melhor maneira de lidar com o fato de serem alvos de ódio e amor excessivos. Orientamos empresas e órgãos governamentais sobre a gestão de funcionários que possam ter atitudes violentas. Orientamos pessoas famosas que são alvos de perseguidores e potenciais assassinos. A maioria das pessoas não se dá conta de que figuras midiáticas estão no olho de um furacão de stalkers desesperados e muitas vezes assustadores. Menos gente ainda entende que a perseguição a cidadãos comuns é uma epidemia que afeta centenas de milhares de pessoas por ano.

Entre todos os empreendimentos bizarros nos Estados Unidos, quem seria capaz de conceber a existência de um depósito de objetos alarmantes e indesejados que stalkers enviaram aos alvos de seu interesse rejeitado, coisas como mil páginas de ameaças de morte, cartas de amor da grossura de um dicionário, partes do corpo, animais mortos, réplicas de bombas, navalhas e bilhetes escritos com sangue? Quem teria imaginado a existência de um prédio que abriga mais de 350 mil mensagens obsessivas e ameaçadoras? Muitos dos meus funcionários trabalham nesse prédio. Ali, eles jogam luz sobre as partes mais sombrias da nossa cultura, procurando dia após dia aprimorar nossos conhecimentos sobre o perigo, e dia após dia ajudando as pessoas a lidarem com o medo.

Embora menos de 50 dos nossos inúmeros casos tenham ido parar nos noticiários e embora a maior parte do nosso trabalho seja sigilosa, participamos de muitas das previsões de alto risco feitas por indivíduos e nações. Para sermos os melhores nisso, sistematizamos a intuição, capturamos e domamos uma fraçãozinha de seu milagre.

Você tem um pouco desse milagre, e, por meio da análise de previsões de alto risco – as que têm como resultado a violência ou a morte –, aprenderá formas de viver com mais segurança. Depois de discutir como a intuição age a seu favor e como a negação age contra você, vou demonstrar que o medo, que pode ser essencial para a sua segurança, frequentemente é equivocado. Vou explorar o papel das ameaças na nossa vida e mostrar como distinguir um aviso real de promessas vazias. Vou identificar os sinais de alerta específicos que percebemos nas pessoas que podem nos fazer mal.

Como os sinais são mais facilmente camuflados quando o agressor é desconhecido, vou começar pelos perigos que pessoas estranhas representam. Essa é a violência que atrai nossa atenção e nosso medo, embora apenas 20% dos homicídios sejam cometidos por desconhecidos. Os outros 80% são cometidos por pessoas que conhecemos, portanto vou me concentrar naquelas que contratamos, com quem trabalhamos, que demitimos, com quem saímos, com quem nos casamos e das quais nos divorciamos.

Também vou falar de uma minoria ínfima porém influente cuja violência afeta todos nós: os assassinos. Por meio da história de um homem que não levou a cabo o plano de matar uma pessoa famosa (embora tenha matado outras cinco), apresento uma visão inédita da vida pública.

No Capítulo 15 você verá que, se sua intuição estiver bem treinada, o sinal de alerta vai soar quando necessário. Se você passar a acreditar nisso, não só estará mais seguro como conseguirá viver quase sem medo.

2
A tecnologia da intuição

"A tecnologia não vai nos salvar. Os computadores, as ferramentas, as máquinas não bastam. Temos que confiar na nossa intuição, no nosso eu verdadeiro."
– Joseph Campbell

– Entrei na loja de conveniência para comprar umas revistas e, por algum motivo, de repente... senti medo, dei meia-volta e saí dali. Não sei o que me fez sair, mas ouvi a notícia do tiroteio mais tarde.

O piloto de avião Robert Thompson está me contando como escapou da morte em terra firme. Pergunto o que ele viu, a que reagiu.

– Nada, foi só instinto. – Ele faz uma pausa. – Quer dizer, pensando bem, o cara atrás do balcão me lançou um olhar bem rápido, virou a cabeça para mim por um instante, e acho que já estou acostumado com o balconista me medindo da cabeça aos pés quando entro, mas esse estava olhando fixamente para outro cliente, e acho que foi isso que achei estranho. Devo ter percebido que ele estava aflito.

Quando nos libertamos dos julgamentos, passamos a respeitar a intuição alheia. Quando percebemos que alguém está naquele estado especial em que avalia o perigo, ficamos alertas, assim como acontece quando vemos o gato ou o cachorro acordar de supetão e olhar fixamente para o corredor às escuras.

– Reparei que o balconista estava focado em um cliente que usava um casaco largo, pesado – continua Thompson. – E, é claro, agora me dou conta de que estava fazendo muito calor, então ele devia estar escondendo a arma debaixo do casaco. Só depois que vi no noticiário que tipo de carro eles estavam procurando foi que lembrei que no estacionamento tinha dois caras em um utilitário com o motor ligado. Agora está tudo claro, mas naquele momento nada disso teve qualquer significado para mim.

– Na verdade, teve, sim – retruco.

Ao juntar o que parecia ser medo no rosto do balconista ao homem de casacão num dia de calor, aos homens no carro de motor ligado, ao conhecimento inconsciente de Thompson sobre assaltos a lojas de conveniência (adquirido ao longo de anos a fio de reportagens), à sua lembrança inconsciente das visitas frequentes da polícia àquela loja, pela qual já tinha passado centenas de vezes, e às inúmeras outras coisas que talvez a gente jamais descubra sobre as experiências e o conhecimento de Thompson, não é de espantar que ele tenha saído da loja segundos antes de um policial aparecer e ser morto por um tiro disparado pelo ladrão surpreendido em pleno roubo.

O que Robert Thompson e muitas outras pessoas querem descartar como coincidência ou instinto é na verdade um processo cognitivo mais ligeiro do que reconhecemos, bem diferente da reflexão passo a passo, à qual estamos acostumados e na qual nos fiamos de bom grado. Consideramos o pensamento consciente melhor, mas na verdade a intuição é um voo alto em comparação com o passo arrastado da lógica. A maior conquista da natureza, o cérebro humano, torna-se eficiente e centrado como nunca quando a pessoa sente que está em risco. Nesses momentos, a intuição é catapultada a um outro nível, um ápice em que pode ser chamada corretamente de elegante e até milagrosa. A intuição é uma jornada de A a Z sem nenhuma pausa em outra letra ao longo do caminho. É saber sem que se saiba o porquê.

No momento em que nossa intuição é mais básica, as pessoas tendem a achá-la incrível e sobrenatural. Uma mulher conta uma história simples como se fosse mística: "Quando o telefone tocou, tive certeza absoluta de que era a amiga com quem eu dividia apartamento na época da faculdade me ligando depois de anos sem a gente se falar." Embora as pessoas ajam como se previsões sobre quem está telefonando fossem milagrosas, é raro que isso seja verdade. Nesse caso, a ex-colega de apartamento se lembrou dela por conta das notícias da explosão de um ônibus espacial. É um milagre as duas mulheres terem assistido a reportagens sobre um mesmo fato, assim como bilhões de outras pessoas? É um milagre associarem o tema das viagens espaciais à convicção raivosa que compartilhavam na faculdade de que mulheres jamais seriam astronautas? Uma astronauta mulher tinha morrido na explosão do ônibus espacial naquele dia, e com isso uma pensou na outra, mesmo depois de uma década.

Essas intuições que ocorrem em momentos não críticos e que a princípio nos impressionam com frequência se revelam um tanto rudimentares, sobretudo se comparadas com o que a mente faz quando estamos em uma situação perigosa.

Em *Uma história natural dos sentidos*, a escritora Diane Ackerman diz: "O cérebro é um bom contrarregra. Continua fazendo o trabalho dele enquanto nós estamos ocupados interpretando nossas cenas. Quando vemos um objeto, todos os nossos sentidos despertam para analisar essa nova visão. Todos os lojistas do cérebro o avaliam do ponto de vista deles, todos os servidores públicos, todos os contadores, todos os estudantes, todos os agricultores, todos os mecânicos." Poderíamos acrescentar soldados e guardas à lista de Ackerman, pois são eles que avaliam o contexto em que as coisas acontecem, a adequação e o significado de literalmente tudo o que percebemos. Esses soldados e guardas separam o que é meramente incomum do que é incomum porém relevante. Ponderam a hora do dia, o dia da semana, a altura do som, a agilidade do movimento, o tipo de aroma, a textura da superfície, a situação como um todo. Descartam o que é irrelevante e dão valor ao que é significativo. Reconhecem os sinais de alerta que nem sabemos (conscientemente) que são sinais.

Depois de anos enaltecendo a intuição como pilar da segurança, descobri, para minha surpresa e felicidade, que intuição vem da palavra latina *intuitus*, particípio passado de *intueri*, que quer dizer "considerar, avaliar". Foi isso que Robert Thompson fez. Abalado por ter escapado por um triz, mais tarde ele se perguntou por que o policial não tinha intuído a mesma coisa que ele. Talvez o policial enxergasse coisas diferentes. Thompson só viu um carro no estacionamento, mas o policial viu dois, e provavelmente teve a impressão de que aquela era uma loja frequentada por poucos clientes. Embora o rosto do balconista tenha enviado um sinal de medo a Thompson, é provável que nesse mesmo rosto o policial, ao entrar na loja, tenha visto alívio. Também é possível que o policial experiente tenha sofrido da desvantagem que às vezes acomete os especialistas em algum assunto. Ele estava atuando com a informação precisa mas (nesse caso) enganosa de que roubos à mão armada são mais frequentes à noite, e não durante o dia.

Muitos especialistas perdem a criatividade e a imaginação dos menos informados. Têm uma familiaridade tão grande com padrões estabelecidos que podem não reconhecer ou considerar a importância de um novo aspecto. Afinal, o processo de aplicação da experiência é editar e deixar de fora os detalhes insignificantes em prol daqueles que sabemos ser relevantes. O mestre zen Shunryu Suzuki disse: "A mente do iniciante está vazia, livre dos hábitos do especialista, pronta para aceitar, questionar, aberta a todas as possibilidades." As pessoas agraciadas pela assim chamada sorte de principiante provam isso o tempo inteiro.

Até os cientistas se fiam na intuição, tanto consciente quanto inconscientemente. O problema é que os dissuadimos de fazê-lo. Imagine consultar um médico, um especialista em uma doença específica, e antes de você sequer entrar na sala de exame, ele dizer: "Você está ótimo. Por favor, pague à recepcionista na saída." Seria compreensível você achar que a opinião dada por ele com base na intuição não vale o pagamento, mas você aceitaria o mesmo diagnóstico depois de ser examinado com equipamentos sofisticados. Um amigo meu que é médico tem que provar seu conhecimento científico aos pacientes para que aceitem sua intuição. "Eu chamo esse processo de sapateado. Depois que dou alguns passinhos, os pacientes dizem: 'É, dá para perceber que o senhor sabe dançar', e então acreditam em mim."

O amador da loja de conveniência nos ensina que uma intuição ouvida vale muito mais que o mero conhecimento. A intuição é um dom que todo mundo tem, enquanto a retenção de conhecimento é uma habilidade. Raro é o especialista que reúne uma opinião embasada com um grande respeito pelas próprias intuição e curiosidade. Afinal de contas, a curiosidade é nossa resposta quando a intuição cochicha: "Aí tem coisa." Eu a uso o tempo inteiro no trabalho porque ela pode trazer à tona informações que os clientes escondem de si mesmos.

É muito comum eu retornar a detalhes da conversa que o cliente mencionou por alto. Eu me interesso sobretudo pelos elementos que não são cruciais à história, aqueles que parecem irrelevantes não fosse o fato de que foram mencionados. A esses detalhes extras dou o nome de satélites, lançados ao espaço para depois nos trazerem informações importantes. Eu sempre vou atrás deles.

Uma cliente que relatou estar sendo alvo de ameaças de morte anônimas depois de um processo longo e litigioso tinha quase certeza de que as recebia do homem que ela havia processado, mas incluiu em sua história alguns detalhes extras:

– Depois que o caso foi encerrado, eu sabia que o cara que tínhamos processado continuava furioso, mas me surpreendeu que ele ousasse me mandar ameaças de morte. Um dia eu estava discutindo o acordo com Tony, que era estagiário do meu advogado, mas não está mais trabalhando com ele... Bom, eu disse a ele: "Espero que o encerramento do caso realmente ponha um ponto-final neste assunto", e eu achava que isso aconteceria, mas então passei a receber as cartas com ameaças.

Qual é o satélite dessa história? *Um dia eu estava discutindo o acordo com Tony, que era estagiário do meu advogado, mas não está mais trabalhando com ele...* Esses detalhes sobre a pessoa a que minha cliente se referiu no comentário não são elementos-chave na história, mas considero o fato de ela incluí-los um sinal.

– Fale mais do cara que trabalhava com o seu advogado.

– Tony? Ele foi demitido, eu acho que essa foi uma das muitas baixas do caso. Ele era um amor comigo. Tinha ficado muito interessado pelo caso, mas parece que acabou deixando outras responsabilidades de lado. Mesmo depois de ser demitido, ele ia ao tribunal para me dar apoio, e eu fiquei muito agradecida. Quando ganhamos, meu advogado deu uma festa, mas Tony não foi convidado. Foi triste, porque ele me ligou e disse: "Espero que a gente mantenha contato." – Ela fez uma pausa. – Você está achando...?

Em seguida, minha cliente falou de outras coisas esquisitas que Tony tinha feito, e também revelou (mais precisamente, ela lembrou) que uma vez Tony lhe contou que estava ajudando uma conhecida que recebia ameaças do ex-namorado. E, assim, um personagem insignificante para a história – um detalhe que parecia irrelevante – tornou-se um suspeito, e no final das contas ficou provado que era ele quem a ameaçava. De certo modo, minha cliente sempre soube que Tony era o maior suspeito, mas negava, preferindo acusar o rival detestável ao aliado simpático.

Quantas vezes você já disse, depois de escolher um caminho: "Eu sabia que não devia ter feito isso"? Essa constatação significa que você percebeu o sinal, mas não o seguiu. Todos sabemos como respeitar a intuição, embora nem sempre a nossa. As pessoas tendem a atribuir muita intuição aos cachorros, por exemplo, fato de que me lembrei quando uma amiga me contou a seguinte história:

– A reação da Ginger ao novo empreiteiro do nosso prédio foi péssima: ela chegou a rosnar para ele. Parecia estar dizendo que ele não é digno de confiança, então vou fazer orçamento com outras pessoas.

– Deve ser isso mesmo – brinquei com ela. – A cachorra sente que você devia chamar outro empreiteiro porque esse não é honesto.

Em seguida, expliquei:

– O irônico é que é bem mais provável que Ginger esteja reagindo aos seus sinais do que você aos dela. Ginger é especialista em interpretar as suas reações e você é especialista em interpretar as de outras pessoas. Ginger, por mais esperta que seja, não faz a menor ideia de que um empreiteiro pode inflar o preço para se aproveitar de você, não sabe se ele é honesto, não sabe se é mais vantajoso pagar à vista ou pagar parte agora e o restante daqui a 30 dias, não sabe da recomendação meio hesitante que você ouviu de um antigo cliente do empreiteiro nem do carro chique demais em que ele chegou, e também não sabe da resposta hábil mas evasiva que ele deu a uma pergunta bem objetiva que você fez.

Minha amiga riu da revelação de que Ginger, cuja intuição ela não hesitou em superestimar, não entende nada de reformas. (Se existe algum cachorro tão intuitivo a ponto de detectar o que seu dono está lendo aqui, retiro tudo o que eu disse.)

Ao contrário do que se acredita sobre a intuição canina, a capacidade intuitiva do ser humano é muito superior (e, como você adquire experiência dia após dia, neste momento está no auge da sua forma). Ginger realmente percebe e reage ao medo nos humanos porque intuitivamente sabe que uma pessoa amedrontada (ou um animal amedrontado) tem uma propensão maior a ser perigosa, mas ela não tem nada que você não tenha. O problema, na verdade, é aquele algo a mais que você tem e o cachorro não: o julgamento, que atrapalha a percepção e a intuição. Com o julgamento vem o poder de desdenhar da própria intuição, a menos que ela tenha uma explicação lógica; vem a ânsia de julgar e condenar seus sentimentos em vez de honrá-los. Ginger não se distrai pensando em como as coisas poderiam ser, como eram ou como deveriam ser. Ela só percebe o que é. Nossa confiança na intuição dos cachorros muitas vezes é um jeito de nos permitirmos ter uma opinião que de outro modo poderíamos ser obrigados a chamar (Deus nos livre!) de infundada.

Você consegue imaginar um animal reagindo à virtude do medo como algumas pessoas reagem, com irritação e menosprezo em vez de atenção? Nenhum animal na selva de repente dominado pelo medo gastaria energia mental pensando: "Não deve ser nada." É muito normal repreendermos a nós mesmos por validar, ainda que de modo passageiro, a sensação de que tem alguém nos seguindo numa rua que parece vazia, ou de que o comportamento incomum de alguém talvez seja mal-intencionado. Em vez de ficar gratos por esse poderoso recurso interno, gratos pelo autocuidado, em vez de cogitar a possibilidade de que nossa mente esteja funcionando a nosso favor e não nos enganando, vamos logo ridicularizando nosso impulso. Nós, ao contrário de todos os outros animais na natureza, escolhemos não investigar – e até ignorar – sinais de alerta. A energia mental que usamos para buscar uma justificativa inocente para tudo poderia ser empregada de forma mais construtiva para avaliar o ambiente à procura de informações mais importantes.

Todos os dias pessoas que se engajam em engenhosamente desafiar a própria intuição se tornam, entre um pensamento e outro, vítimas de atos de violência e acidentes. Então, quando nos perguntamos por que somos vítimas com tanta frequência, a resposta é clara: porque somos muito bons nisso.

Uma mulher não poderia ser mais solidária ao seu possível agressor do que quando desperdiça seu tempo dizendo a si mesma: "Mas ele parece ser um cara legal." Porém, é isso que muita gente faz. Uma mulher está esperando o elevador e, quando a porta se abre, vê lá dentro um homem que a deixa apreensiva. Como não costuma sentir medo, talvez seja a hora tardia, o tamanho dele, a forma como ele a encara, o número de ataques na vizinhança, uma matéria de jornal que ela leu um ano atrás – não interessa o porquê. A questão é que ela sente medo. E como ela reage ao sinal de alerta mais forte da natureza? Ela o reprime, dizendo a si mesma: "Eu não vou viver desse jeito, não vou ofender esse cara deixando a porta se fechar na cara dele." E, quando o medo não desaparece, ela diz a si mesma que está sendo boba e entra no elevador.

Qual é a atitude mais tola: esperar o próximo elevador ou entrar em uma caixa de aço à prova de som com um estranho de quem ela sente medo? A voz interior é sábia, e parte do meu objetivo ao escrever este livro é dar às pessoas permissão para que a escutem.

Mesmo quando a intuição se manifesta de forma evidente, mesmo quando a mensagem é transmitida, é comum querer uma opinião alheia antes de darmos ouvidos a nós mesmos. Um amigo meu que é psiquiatra me contou que um paciente relatou o seguinte: "Ultimamente, quando minha esposa vai se deitar, eu arrumo uma desculpa para ficar no andar de baixo até ela dormir. Se ela ainda está acordada quando entro no quarto, fico um tempão no banheiro para ter certeza de que ela estará dormindo quando eu for para a cama. Você acha que inconscientemente eu estou evitando transar com a minha esposa?" O psiquiatra teve a astúcia de indagar: "Onde está a parte do inconsciente?"

Eu poderia fazer a mesma pergunta quando as vítimas me explicam depois do ocorrido que "inconscientemente" elas sabiam que havia algo errado: "Onde está a parte do inconsciente?"

A maneira estranha com que as pessoas avaliam os riscos joga luz sobre o porquê de frequentemente optarmos por não evitar o perigo. Tendemos a dar toda a nossa atenção aos riscos que fogem ao nosso controle (acidentes de avião, desastres em usinas nucleares), ao passo que ignoramos os riscos que estão sob nosso controle (morrer em decorrência do tabagismo, de hábitos alimentares ruins, de acidentes de trânsito), apesar de a probabilidade de estes últimos nos prejudicarem ser muito maior. Em *Why The Reckless Survive* (Por que os incautos sobrevivem), livro excepcional em que o Dr. Melvin Konner fala de mim e de você (e de todo ser humano), ele ressalta: "Nós bebemos, dirigimos sem cinto de segurança, acendemos mais um cigarro... e aí cancelamos a viagem à Europa por conta da probabilidade ínfima de haver um ataque terrorista." Muitas pessoas que não viajariam para ver as pirâmides por medo de morrerem no Egito correm um risco vinte vezes maior ficando em casa.

Apesar de corrermos alguns riscos voluntariamente, fazemos objeções àqueles que nos são impostos pelos outros. Konner observa que parecemos dizer: "Se eu quiser morrer de tanto fumar, o problema é meu, mas se uma empresa estiver tentando enfiar coisas no meu corpo, como amianto ou gases tóxicos, eu vou ficar muito bravo." Preferimos tolerar os riscos conhecidos aos desconhecidos. O sequestro de um avião em Atenas ocupa mais espaço na nossa cabeça do que um pai que mata um filho, embora o primeiro exemplo seja uma raridade e o segundo aconteça todo dia.

Nossa negação se deve ao fato de que somos criados para ver o que queremos ver. No livro *The Day the Universe Changed* (O dia em que o universo mudou), o historiador James Burke enfatiza que "é o cérebro que vê, não o olho. A realidade está no cérebro antes de ser vivenciada; se não fosse assim, os sinais que recebemos dos olhos não fariam sentido". Essa verdade ressalta a importância de já termos as peças do quebra-cabeça da violência na nossa mente antes de precisarmos delas, pois só assim somos capazes de reconhecer os sinais de alerta.

Sem dúvida nos importamos com esse assunto o suficiente para aprender os sinais: uma pesquisa feita com americanos pela Harris Poll revela que as áreas em que a imensa maioria percebe os principais riscos são o crime e a segurança pessoal. Se isso é verdade, então precisamos fazer novas perguntas sobre a violência e sobre nós mesmos. Por exemplo, é razoável que saibamos mais sobre o que leva um homem a comprar determinada marca de creme de barbear do que a comprar uma arma? E por que ficamos fascinados quando uma pessoa famosa é agredida por um perseguidor, o que acontece a cada dois ou três anos, e no entanto não nos interessamos quando uma mulher é assassinada pelo marido ou o namorado, o que acontece a cada duas horas? Por que nos Estados Unidos há milhares de centros de prevenção ao suicídio e nenhum centro de prevenção ao homicídio?

E por que incensamos fatos passados (como na constante reedição que a imprensa faz dos fatos do dia, da semana, do ano), mas não confiamos em previsões, que poderiam fazer diferença na nossa vida?

Uma razão é que não precisamos desenvolver nossas habilidades preditivas num mundo em que especialistas nos dizem o que fazer. Katherine, uma jovem de 27 anos, fez a mim (o especialista) uma pergunta que praticamente todas as mulheres da nossa sociedade devem ponderar:

– Como saber se o cara que estou namorando vai virar um problema? Existe uma lista de sinais de alerta em relação a stalkers?

Em vez de lhe dar uma resposta direta, pedi a ela que me desse um exemplo do que queria dizer.

– Bom – começou ela –, eu saí com um cara chamado Bryan, que ficou meio obcecado por mim e não me deixava em paz quando eu quis terminar. A gente se conheceu na festa de um amigo em comum e ele deve ter pedido o meu telefone para alguém que estava lá. Eu não tinha nem chegado em casa e já havia recebido três mensagens. Falei que não queria sair com ele, mas ele foi tão insistente que acabei cedendo. Saímos por um mês, mais ou menos. No começo, ele era superatencioso, parecia adivinhar o que eu queria. Ele se lembrava de tudo o que eu dizia. Era lisonjeiro, mas também me deixava meio incomodada. Como na vez em que mencionei que precisava de mais espaço para os meus livros e aí ele apareceu com prateleiras e uma furadeira e instalou tudo. Eu não tive como dizer não. E ele extrapolava o que eu dizia. Uma vez perguntou se eu não iria com ele a uma partida de basquete e respondi que talvez fosse. Mais tarde ele disse: "Você prometeu." Ele também saiu logo falando de coisas sérias, tipo morar junto, casar e ter filhos. Ele fez piada sobre essas coisas a primeira vez que a gente saiu, só que depois já não era mais piada. Então ele me deu um celular, dizendo que o meu estava "velho". Era presente, então eu ia falar o quê? E é claro que ele me ligava o tempo todo. E exigiu que eu jamais falasse com o meu ex-namorado naquele telefone. Depois passou a ficar bravo só de eu falar com o meu ex. Também tinha uns dois amigos meus que ele não queria que eu visse, e parou de sair com os próprios amigos. Por fim, quando eu falei que não queria mais nada com ele, ele se recusou a aceitar. Basicamente insistiu que deveríamos continuar namorando, e como eu não quis, ele resolveu me forçar, me ligando o tempo todo, aparecendo sem avisar, mandando presentes, falando com os meus amigos, indo ao meu trabalho. Fazia só um mês que a gente se conhecia, mas ele se comportava como se aquela fosse a relação mais importante da vida dele. Então, quais são os sinais de alerta em relação a um cara desses?

É claro que Katherine já tinha respondido à própria pergunta (falo mais sobre relacionamentos com stalkers no Capítulo 11). Talvez ela não tenha ficado satisfeita com o melhor conselho que eu tinha a lhe dar: "Ouça a si mesma." Os especialistas raramente nos dizem que já temos a resposta. Assim como nós queremos que eles nos deem um checklist, eles querem o nosso dinheiro.

Talvez os maiores especialistas em previsões de alto risco do cotidiano sejam os policiais. Quem tem experiência nas ruas já aprendeu sobre a violência e seus sinais de alerta, mas a negação absoluta da intuição é capaz de eclipsar todo esse conhecimento. O perito em sobrevivência e ex-policial Michael Cantrell comprovou isso inúmeras vezes ao longo de sua carreira.

Quando Cantrell estava no quarto ano como policial, seu parceiro, a quem daremos o nome de David Patrick, lhe contou um sonho que teve, no qual "um de nós levou um tiro".

– Bom, espero que você esteja bem atento nesse sonho – respondeu Cantrell –, porque não serei eu o alvo da bala.

Patrick abordou o assunto de novo, anunciando um dia:

– Tenho certeza de que vou levar um tiro.

Cantrell passou a acreditar nele, sobretudo por conta da postura imprudente que Patrick adotava como policial. Em uma das rondas que fizeram juntos, eles pararam um carro com três homens. Embora o motorista fosse cordial, Cantrell intuiu o perigo porque os outros dois olhavam fixamente para a frente. Ele ficou estarrecido porque o parceiro não estava atento aos possíveis riscos e parecia mais interessado em acender um cigarro, parado ao lado da patrulha. Cantrell mandou o motorista sair do carro e, quando o homem abriu a porta, Cantrell viu um revólver no chão e gritou "Arma!" para o parceiro, mas Patrick continuou desatento.

Eles sobreviveram, mas Cantrell não conseguia se livrar da sensação de que a premonição do parceiro era uma previsão certeira e acabou discutindo o assunto com seu supervisor. O sargento disse que ele estava exagerando. Nas várias vezes em que Cantrell pediu para discutir o assunto, o sargento o repreendeu:

– Escuta, em todo o tempo que estou na polícia, nunca precisei sacar minha arma, e nem lembro qual foi a última vez que a gente teve um tiroteio aqui.

Em uma das folgas de Cantrell, Patrick se reuniu com outros policiais para ouvir a descrição de dois homens envolvidos em vários roubos à mão armada. Poucas horas depois, Patrick (fazendo a ronda sozinho) viu dois sujeitos que batiam com a descrição feita na reunião. Um deles estava dentro de uma cabine telefônica, mas não parecia estar falando com ninguém. O segundo homem ficava repetidamente indo até a frente de um supermercado e olhando para o interior do estabelecimento. Patrick tinha motivos de sobra para pedir reforços, mas talvez temesse o constrangimento que passaria caso os dois não fossem os criminosos procurados. Os homens viram Patrick e saíram andando pela rua. Ele os seguiu com sua viatura. Sem pedir qualquer descrição ou solicitar reforços, ele gesticulou para que os homens se aproximassem. Patrick desceu do carro e pediu que um deles se virasse para ser revistado. Embora tivesse observado o suficiente para considerar suspeito o comportamento dos dois, embora reconhecesse e cogitasse conscientemente que os dois poderiam ser os homens que estavam procurando, Patrick continuou ignorando os sinais de alerta. Quando enfim registrou um sinal de grande perigo vindo do homem ao seu lado, já era tarde para tomar uma atitude. Pelo canto do olho, Patrick viu o revólver ser erguido lentamente e, um instante depois, a arma foi disparada. O homem apertou o gatilho seis vezes enquanto Patrick caía. O outro suspeito também sacou uma arma e deu um tiro nas costas de Patrick.

Depois que os dois criminosos fugiram, Patrick conseguiu chegar até o rádio. Quando a fita da chamada foi tocada para Cantrell, ele ouviu claramente o sangue gorgolejar na boca de Patrick enquanto ele ofegava:

– Fui baleado. Fui baleado.

O incrível é que Patrick se recuperou e retomou o trabalho como policial por um breve período. Ainda relutante em assumir a responsabilidade por sua segurança ou sua imprudência, mais tarde ele disse a Cantrell:

– Se você estivesse comigo, isso não teria acontecido.

Lembra do sargento que acusou Cantrell de estar exagerando? Ele tinha concluído que o risco era baixo baseado em apenas dois fatores: nunca ter precisado usar a arma ao longo de sua carreira e nenhum dos policiais da corporação ter sido baleado nos últimos tempos. Se esse último dado fosse um instrumento de previsão válido, os disparos contra Patrick deveriam ter feito o sargento mudar sua avaliação dos riscos. Mas aparentemente isso não aconteceu, pois, alguns meses depois, ele mesmo foi alvejado, em uma loja de conveniência.

Cantrell trocou a polícia pelo mundo corporativo, mas toda semana dedica um tempo para fazer o trabalho voluntário de ensinar a virtude do medo a policiais. Agora as pessoas lhe dão ouvidos quando ele lhes diz que escutem a si mesmas.

Além da negação absoluta dos sinais dados pela intuição, existe outra forma de nos colocarmos em situações arriscadas. Nossa intuição falha quando está carregada de informações imprecisas. Como somos os editores do que entra e do que ganha credibilidade, é importante avaliar nossas fontes de informação. Certa vez expliquei isso, durante uma apresentação, a centenas de funcionários da CIA que avaliam ameaças ao governo, reforçando meus argumentos ao recorrer a um risco à segurança raríssimo: ataques de canguru. Eu disse à plateia que, por ano, cerca de 20 pessoas são mortas por esses animais normalmente amistosos e que os cangurus sempre dão uma série de sinais específicos antes de atacar:

1. Exibem o que parece ser um sorriso largo e afável (mas na verdade estão mostrando os dentes).
2. Olham para a bolsa marsupial inúmeras vezes para ter certeza de que não estão carregando nenhum filhote (eles nunca atacam carregando filhotes).
3. Olham para trás (pois sempre fogem imediatamente depois de matar).

Após esses três sinais, eles atacam, espancam brutalmente o inimigo e vão embora.

Pedi a dois membros da plateia que se levantassem e repetissem os sinais de alerta, e os dois foram impecáveis ao descrever o sorriso, a verificação da bolsa e o olhar em busca de uma rota de fuga. Na verdade, todos os presentes (e agora você) vão se lembrar para sempre desses sinais de alerta. Se algum dia você se vir cara a cara com um canguru, esses três indicadores de um ataque iminente estarão na sua mente.

O problema, como eu disse à plateia da CIA, é que eu inventei esses sinais. Fiz isso para demonstrar o perigo das informações incorretas. A verdade é que não sei nada sobre o comportamento dos cangurus (então, se possível, esqueça esses três sinais – ou fique longe de cangurus hostis).

Na vida, somos constantemente bombardeados por sinais de cangurus que se passam por informações verídicas e temos que decidir a quais dar crédito para que a intuição possa agir. James Burke diz: "Você é o que você sabe." Ele explica que os europeus do século XV *sabiam* que tudo no céu girava em torno da Terra. Até que o telescópio de Galileu desmentiu essa verdade.

Hoje em dia, observa Burke, vivemos de acordo com outra verdade, e, "assim como as pessoas do passado, ignoramos fenômenos incompatíveis com a nossa visão porque são 'errados' ou ultrapassados. Assim como nossos ancestrais, sabemos a verdade factual".

No que diz respeito à segurança, há muitas "verdades factuais" para se contornar, e algumas dessas verdades põem as pessoas em risco. Por exemplo, é sempre melhor que a mulher perseguida pelo ex-marido peça uma medida protetiva? Essa sem dúvida é a crença geral, mas todos os dias mulheres são assassinadas por homens contra os quais são protegidas judicialmente, e com frequência a polícia acha o documento, agora inútil, da medida protetiva na bolsa ou no bolso da vítima (veremos mais sobre esse tópico no Capítulo 10).

Talvez a maior falsa verdade seja que certas pessoas simplesmente não são intuitivas, como se carecessem desse elemento-chave para a sobrevivência.

Cynthia é professora substituta em escolas, uma mulher divertida e bonita, que pouco lembra as professoras sem graça e muito hostilizadas que vêm à nossa mente quando pensamos na época do colégio. Um dia, enquanto almoçávamos, Cynthia lamentou não ser intuitiva.

– Eu só percebo os sinais quando já é tarde demais; não tenho aquela voz interior que algumas pessoas têm.

No entanto, lembrei a ela, várias vezes por semana ela entra em salas cheias de crianças de 6 ou 7 anos que ela nunca viu e sempre faz análises automáticas, inconscientes, do comportamento futuro de cada uma delas. Com uma precisão incrível, prevê quais dos 30 alunos vão testá-la mais, quais vão incentivar os colegas a se comportar bem ou mal, quem as crianças vão seguir, quais estratégias de disciplina vão funcionar melhor, e assim por diante.

– É verdade – confirmou ela. – Todo dia eu tenho que prever o que as crianças vão fazer, e me saio bem por motivos que não sei explicar. – Depois de uns instantes de reflexão, ela acrescentou: – Mas não sei prever o comportamento dos adultos.

Isso é interessante, pois o leque de comportamentos que as crianças podem ter é muito, muito maior que o dos adultos. Poucos adultos atiram um objeto no outro lado da sala e depois caem numa gargalhada incontrolável. Poucas mulheres levantam a saia e cobrem a cabeça com ela sem motivo aparente ou arrancam os óculos da cara de alguém. Poucos adultos despejam tinta no chão e a espalham com os pés. No entanto, todos esses comportamentos são conhecidos dos professores.

Na verdade, prever o comportamento rotineiro de adultos numa mesma cultura é tão simples que é raro nos darmos ao trabalho de fazê-lo conscientemente. Reagimos apenas ao anormal, que é um sinal de que pode haver algo que valha a pena prever. O homem que fica cinco horas ao nosso lado no avião só ganha nossa atenção quando percebemos que ele está lendo a nossa revista. A questão é que avaliamos as pessoas intuitivamente o tempo inteiro, com bastante atenção, mas elas só ganham nossa atenção consciente quando existe uma razão para isso. Vemos tudo, mas editamos, descartando quase tudo. Portanto, quando algo atrai nosso olhar, precisamos prestar atenção. Esse é o músculo que muitas pessoas não exercitam.

No almoço, eu disse a Cynthia que exemplificaria como é ouvir a intuição. Estávamos em um restaurante que nenhum de nós dois conhecia. O garçom era um homem um pouquinho subserviente demais, que imaginei ser originário do Oriente Médio.

– Olha o nosso garçom, por exemplo – sugeri. – Eu nunca o vi na vida e não sei nada sobre ele, mas dá para perceber que não é só um garçom... é o dono do restaurante. Ele é do Irã, onde a família tinha vários restaurantes bem-sucedidos antes de se mudar para os Estados Unidos.

Como não havia nenhuma expectativa de que eu tivesse razão quanto a nada do que afirmava, eu apenas disse o que me passou pela cabeça. Achei que estivesse inventando, criando. No entanto, o mais provável é que eu estivesse acessando essas informações, descobrindo-as.

Cynthia e eu continuamos conversando, mas mentalmente eu destruía as teorias que tinha acabado de verbalizar com tanta certeza. Do outro lado do salão, vi a imagem de um elefante na parede e pensei: "Ah, ele é da Índia, não do Irã. Faz sentido, porque um iraniano seria mais firme do que esse cara. E ele não é o dono, de jeito nenhum."

Quando ele retornou à nossa mesa, eu já havia concluído que todas as minhas previsões estavam erradas. Então perguntei a ele quem era o dono do restaurante.

– Sou eu.

– É o seu primeiro restaurante?

– É, mas minha família tinha vários restaurantes bem-sucedidos no Irã. Vendemos todos para vir para os Estados Unidos. – Voltando-se para Cynthia, ele disse: – E a senhora é do Texas.

Cynthia, que não tem sotaque texano, perguntou como ele sabia.

– A senhora tem o olhar dos texanos.

Não importa como adivinhei precisamente o status dele no restaurante, seu país de origem e seu histórico familiar, e não importa como ele soube que Cynthia era do Texas. O que importa é que sabíamos. Mas eu estaria disposto a apostar minha vida nessa metodologia? Eu aposto todos os dias, e você também, e sempre me saí bem melhor do que ao usar a lógica consciente.

Cynthia também falou do que chama de "linguagem corporal dos carros", seu dom de prever os prováveis movimentos de veículos.

– Sei quando um carro está prestes a entrar na minha pista sem dar seta. Sei quando o automóvel que está na minha frente vai virar ou não à esquerda.

A maioria das pessoas aceita esse dom de bom grado e dirige todo dia com uma fé absoluta nessa capacidade de interpretar os veículos. É claro que na verdade são especialistas em interpretar pessoas, mas, como não vemos as pessoas por inteiro, interpretamos sua intenção, seu nível de atenção, sua competência, sobriedade, cautela, tudo por meio dos movimentos minúsculos dos grandes objetos de metal que dirigem.

Então pensamos: podemos prever o que cangurus, crianças e carros vão fazer, mas não podemos prever o comportamento humano a fim de salvar nossa vida.

A HISTÓRIA DE CHINA LEONARD não é uma história de violência. No entanto, é de vida e morte, e de negação da intuição. Ela e o filho pequeno, Richard, tinham acabado de chegar à sala de pré-operatório do St. Joseph's Hospital, onde Richard faria uma pequena cirurgia no ouvido. Ele geralmente enchia os médicos de perguntas, mas quando o anestesista, Dr. Joseph Verbrugge Jr., entrou na sala, o menino se calou. Nem sequer respondeu quando o Dr. Verbrugge perguntou se ele estava nervoso.

– Olha pra mim! – ordenou o médico, mas Richard não obedeceu.

Era óbvio que o menino não tinha gostado do médico ríspido e antipático, e China também não, mas ela sentia algo além disso. Um forte ímpeto intuitivo lhe veio à mente: "Cancele a operação", a intuição lhe dizia. "Cancele a operação." Ela rapidamente reprimiu esse impulso e começou a procurar motivos para considerá-lo despropositado. Deixando de lado a intuição a respeito do Dr. Verbrugge em prol da lógica e da razão, ela se convenceu de que não se pode julgar alguém pela personalidade. Mas de novo veio aquele impulso: "Cancele a operação." Como não era do feitio de China Leonard se preocupar à toa, ela precisou fazer um esforço para calar sua voz interior. Não seja boba, pensou, este hospital é um dos melhores do estado, é um hospital-escola. É o hospital das Irmãs de Caridade, pelo amor de Deus. É de imaginar que o médico seja bom.

Depois de conseguir abafar a intuição, a operação começou conforme o programado. Richard morreu durante a cirurgia. Trata-se de uma história triste que nos ensina que as palavras "eu sei" são mais valiosas do que as palavras "eu sabia".

Mais tarde, veio à tona a informação de que os colegas do Dr. Verbrugge também tinham o pé atrás com ele. Disseram que era desatento no trabalho e, mais grave ainda, houve pelo menos seis ocasiões em que os colegas relataram que ele parecia estar dormindo durante a cirurgia. Para a equipe hospitalar, esses eram sinais claros, mas eu não tenho como saber o que foi que China e o filho perceberam. Só sei que eles estavam certíssimos, e acho que isso basta.

Há quem tenha ouvido e vetado a própria intuição na mesa de operação. O cirurgião disse a Verbrugge que a respiração de Richard estava ofegante, mas Verbrugge não tomou nenhuma providência. Uma enfermeira disse que estava ficando preocupada com a aflição do menino, mas "escolheu acreditar" na competência de Verbrugge.

Um dos médicos que analisou a atuação de todas as pessoas naquela sala de cirurgia poderia estar falando da negação de modo geral ao dizer: "É como acordar em casa com o quarto cheio de fumaça, abrir a janela para deixar a fumaça sair e voltar para a cama."

JÁ VI MUITAS VEZES QUE, quando o choque da violência começa a se dissipar, a cabeça das vítimas as leva de volta àquele corredor ou estacionamento, às imagens, aos cheiros e sons, a um momento em que ainda tinham escolha, antes de serem sujeitadas ao controle malévolo de outra pessoa, antes de negarem a virtude do medo. É normal dizerem, em referência a algum detalhe: "Agora eu percebo, mas não percebi naquela hora." É claro que, se aquilo está na cabeça delas agora, já estava antes. O que querem dizer é que só agora elas aceitam seu significado. Esse fato me ensinou que o processo intuitivo funciona, mas muitas vezes não tão bem quanto seu principal concorrente: o processo de negação.

Com a negação, os detalhes de que precisamos para fazer as melhores previsões passam por nós feito boias salva-vidas, mas, se o homem que caiu no mar pode desfrutar da crença confortável de que continua em sua cabine, ele logo vai pagar o preço por essa fantasia. Sei muito sobre isso; passei metade da minha infância e metade da fase adulta exercendo a previsão ao mesmo tempo que aperfeiçoava a negação.

3

A escola das previsões

"Sou capaz de tudo o que qualquer outro ser humano é capaz.
Essa é uma das grandes lições da guerra e da vida."
– Maya Angelou

Eu ainda não tinha completado 13 anos e já tinha visto um homem ser baleado, outro ser espancado até desmaiar, um amigo quase morrer com o rosto e a cabeça atingidos por um vergalhão de aço, minha mãe se tornar dependente de heroína, minha irmã ser espancada, e eu mesmo era um veterano das surras que levava desde pequeno. Os riscos das minhas previsões na época eram tão altos quanto são hoje – vida e morte –, e eu considerava responsabilidade minha garantir que todos nós sobrevivêssemos. Não saímos todos vivos, e por muito tempo me culpei, mas minha intenção ao dizer isso não é falar de mim mesmo – é falar de você. Porque, apesar de desencadeadas por situações diferentes, você experimentou as mesmas emoções que eu. Algumas foram dolorosas e outras assustadoras, mas nenhuma das minhas experiências teve mais impacto sobre mim do que as suas experiências tiveram sobre você.

Às vezes as pessoas afirmam não conseguir nem imaginar como deve ter sido viver determinada situação, mas somos capazes de imaginar todas as emoções humanas e, como você vai ver, é essa capacidade que nos torna peritos em prever o que os outros vão fazer.

Você quer saber como identificar pessoas propensas à violência, como se proteger diante do perigo. Bem, como você sabe tudo sobre o ser humano, essa expedição começa e termina em território conhecido. Você vem frequentando essa escola há anos e, para receber seu diploma em previsão de violência, precisa aceitar apenas uma verdade: não há mistério no comportamento humano que não possa ser solucionado na sua cabeça ou no seu coração.

Nicholas Humphrey, da Universidade de Cambridge, explica que a evolução nos deu a introspecção especificamente para podermos "tomar outros seres humanos como modelos e assim prever o comportamento deles". Para sermos bem-sucedidos nesse propósito, precisamos ser o que Humphrey chama de "psicólogos naturais". Precisamos saber, ele diz, "o que significa ser humano".

Quando a promotora Marcia Clark ainda era anônima, eu a auxiliei em sua brilhante acusação a Robert Bardo, que tinha assassinado a atriz Rebecca Schaeffer. Clark o condenou à prisão perpétua. Quando o entrevistei na cadeia, sua relativa normalidade me arrancou do âmbito seguro do NÓS e ELES – especialistas e assassinos – e me jogou no mundo de nossa humanidade compartilhada. Talvez isso não lhe chegue como uma boa notícia, mas há muito mais semelhanças do que diferenças entre você, eu e Bardo.

O distinto psiquiatra Karl Menninger disse: "Eu não acredito nessa tal de mente criminosa. Todo mundo tem uma mente criminosa; todos somos capazes de fantasias e pensamentos criminosos."

Duas das maiores mentes da história foram ainda mais longe. Numa correspondência extraordinária, Albert Einstein e Sigmund Freud exploraram o tópico da violência humana. Em uma carta, Einstein concluiu que "o homem tem dentro de si a necessidade de odiar e destruir".

Na réplica, Freud concorda "irrestritamente", acrescentando que os instintos humanos podem ser divididos em duas categorias: "os que buscam preservar e unir e os que buscam destruir e matar". Ele escreveu que o fenômeno da vida deriva do fato de os seres humanos "agirem em conjunto e uns contra os outros".

Algo que comprova as opiniões de Einstein e Freud é o fato de a violência e o homicídio ocorrerem em todas as culturas. No livro que escreveram sobre as origens da violência, *Demonic Males* (Machos demoníacos), Richard Wrangham e Dale Peterson afirmam que os seres humanos modernos são "os sobreviventes perplexos de um uso contínuo, por 5 milhões de anos, de agressões letais". Os cientistas que resolveram sair à procura de comunidades que refutassem a violência universal voltaram para casa frustrados. Os ilhéus do Pacífico Sul foram falsamente descritos como não violentos em *Coming of Age in Samoa* (Chegando à maioridade em Samoa), de Margaret Mead. A população de Fiji é corretamente vista hoje como a mais cordial do mundo, mas até pouco tempo atrás era uma das mais violentas. Os kung de Kalahari foram chamados de "povo inofensivo" nesse mesmo livro, mas Melvin Konner, cuja busca por respostas o levou a estudar mais de uma vez os caçadores-coletores da África, concluiu que "repetidas vezes, os etnógrafos descobriram o Eden nos cafundós, só para ter suas descobertas frustradas por dados mais precisos".

Apesar de vivermos na era espacial, nossa mentalidade ainda está na idade da pedra. Somos competitivos, territorialistas e violentos, assim como nossos ancestrais símios. Há quem insista que isso não é verdade, que jamais seria capaz de matar alguém, mas essas pessoas sempre acrescentam uma ressalva que diz tudo: "A não ser, claro, que a pessoa tentasse fazer mal a alguém que amo." Então a fonte da violência está em todo mundo; o que muda é a justificativa.

Faz muito tempo que aprendi, ao estudar e entrevistar aqueles que usam a violência para atingir seus objetivos, que é preciso encontrar neles alguma parte de mim e, embora isso às vezes seja incômodo, me achar numa parte deles. Preciso de um lugar onde prender a corda antes de mergulhar na mina escura de uma mente sombria; é preciso ter algo familiar em que me agarrar.

Um homem mata uma vaca com um machado, abre a carcaça e inspeciona suas entranhas; depois, usa o machado para matar o meio-irmão de 8 anos. Outro homem mata os pais atirando em seus olhos com uma espingarda. Usamos a palavra *desumano* para descrever esses assassinos, mas conheço os dois e sei que não são desumanos – são bem humanos. Conheço muitas outras pessoas parecidas com eles; conheço seus pais e os pais de suas vítimas. Seus atos violentos são repugnantes, sem dúvida, mas não desumanos.

Quando um ladrão de banco atira em um segurança, todos entendemos o porquê, mas no caso dos assassinatos hediondos, as pessoas resistem à ideia de uma humanidade compartilhada. Isso porque a noção de *NÓS* e *ELES* é bem mais cômoda. No meu trabalho, não posso me dar a esse luxo.

O risco de algumas previsões exige que eu reconheça intimamente e aceite o que observo nos outros, não importa quem sejam, o que tenham feito, o que possam vir a fazer, aonde isso me leva dentro de mim mesmo. Talvez chegue um momento na sua vida em que você também não possa se dar ao luxo de dizer que não percebe as intenções sinistras de alguém. Talvez sua sobrevivência dependa dessa percepção.

Há muito que os antropólogos se concentram nas diferenças entre os povos, porém é o reconhecimento das semelhanças que nos possibilita prever a violência com mais precisão. É claro que aceitar a humanidade de alguém não é justificar seu comportamento. Talvez essa lição seja mais gritante quando você passa tempo com as pessoas mais violentas e perigosas do mundo, aquelas que chamamos de monstros, que cometeram atos que você talvez ache que não seria capaz de imaginar. Muitas delas estão trancafiadas no Atascadero State Hospital, na Califórnia. Eu fundei e financio um programa que existe lá chamado Patient Pets, que possibilita que os pacientes cuidem de animais de pequeno porte. Muitos dos homens que estão na instituição vão passar a vida lá, sem receber visitas, e talvez só tenham a companhia de um ratinho ou um passarinho.

Eu me lembro da reação dos pacientes à morte de um porquinho-da-índia, que foi um dos primeiros bichinhos do programa. Quando perceberam que o animalzinho idoso estava doente, eles tentaram achar uma maneira de mantê-lo vivo, embora a maioria soubesse que era impossível. A coordenadora do programa, Jayne Middlebrook, me mandou o seguinte relatório:

"Um paciente, Oliver, assumiu a responsabilidade de dar ao animal fragilizado tudo de que necessitasse. Oliver pediu que o porquinho-da-índia ficasse em seu quarto, 'para que não morra sozinho'. Por fim, o porquinho-da-índia não conseguia mais andar e ficou com dificuldade de respirar. Oliver reuniu vários pacientes no meu escritório e o animalzinho morreu em seus braços, cercado por um grupo improvável de enlutados. Ninguém conseguiu conter as lágrimas à medida que os pacientes se despediam e saíam do escritório em silêncio."

Volta e meia compartilho com as pessoas o impacto desses acontecimentos sobre os pacientes, alguns dos quais, comovidos com a morte de um animal, choraram pela primeira vez pelo mal que fizeram às suas vítimas. Agora quero expressar alguns dos meus sentimentos. Sentado no meu escritório, observando os pacientes, todos condenados, muitos deles por crimes brutais, muitos perdidos em diversos vícios (opção não falta), transtornos mentais (escolha um) e vistos como a ralé da sociedade, avistei uma faísca de compaixão, um bocadinho de emoção e uma centelha de humanidade que a sociedade acredita faltar a esses homens (e geralmente falta mesmo). É verdade que, em sua maioria, eles estão exatamente onde deveriam estar; soltá-los na sociedade seria impensável. Mas não podemos desconsiderar a humanidade deles, pois creio que isso nos torna menos humanos.

Portanto, mesmo em um grupo de assassinos bárbaros existe algo de você e de mim. Quando aceitamos isso, temos mais chances de reconhecer o estuprador que tenta dar um jeito de entrar na nossa casa, a molestadora de crianças que se candidata a babá, o assassino da esposa no escritório, o homicida na multidão. Quando aceitamos que a violência é cometida por pessoas que se parecem conosco e agem como nós, calamos a voz da negação, a voz que sussurra: "Esse cara não parece um assassino."

Nosso julgamento pode até classificar uma pessoa como inofensiva ou sinistra, mas o que tem mais serventia para a sobrevivência é nossa percepção. O julgamento resulta em um rótulo, como chamar Robert Bardo de monstro e deixar por isso mesmo. Esses rótulos permitem que as pessoas se sintam à vontade para pensar que está tudo resolvido. Os rótulos também traçam uma linha nítida que separa aquele "maluco" de nós, mas a percepção pode levar você muito além.

Afinal, quando cientistas observam um pássaro que destrói os próprios ovos, eles não dizem: "Bom, isso não acontece nunca; esse pássaro é um monstro." Eles concluem corretamente que, se o pássaro agiu assim, talvez outros façam a mesma coisa, e deve existir um sentido para essa atitude na natureza, uma causa, uma previsibilidade.

QUEM COMETE GRANDES VIOLÊNCIAS escolhe seus atos entre várias opções. Não preciso fazer uma lista de horrores para provar isso – você pode encontrar as evidências dentro da sua cabeça. Imagine o que você acredita ser a pior coisa que um ser humano pode fazer a outro; imagine algo pior do que qualquer coisa que tenha visto no cinema, lido ou ouvido falar. Imagine algo *original*. Interrompa a leitura e evoque essa coisa tenebrosa.

Agora, em virtude do fato de ter conseguido concebê-la, tenha a certeza de que o ato provavelmente já foi cometido por alguém, pois tudo que pode ser feito por um ser humano a outro já foi feito. Atos de horror e violência extremos acontecem, e não é olhando para os comportamentos raros como se fossem algo estranho a nós que vamos descobrir por que eles acontecem. Essa ideia que você acabou de evocar estava em você, e portanto faz parte de nós. Para realmente trabalhar em prol da previsão e da prevenção, é preciso aceitar que esses atos são cometidos por pessoas incluídas no "nós" da humanidade, não por intrusos que conseguiram se infiltrar na sociedade.

Alguns anos atrás, o lendário cientista comportamental do FBI Robert Ressler, que cunhou o termo "serial killer", foi jantar na minha casa. Ressler escreveu o livro *Whoever Fights Monsters* (Quem luta contra monstros), cujo título vem de uma citação de Nietzsche sobre a qual volta e meia reflito: "Quem luta contra monstros deve tomar cuidado para não se tornar um. Pois quando você olha demais para o abismo, o abismo o olha de volta." Como tinha acabado de ler *O silêncio dos inocentes*, eu estava falando sobre o personagem fictício (assim eu acreditava) que matava mulheres jovens para arrancar sua pele e fazer para si um "traje feminino". Ressler foi direto ao ponto ao responder: "Ah, o caso do Ed Gein", e falou do homem que roubava cadáveres de cemitérios e esfolava e curava a pele deles para vesti-la. Ressler sabia que nada do que é humano é estranho. Seu conhecimento sobre os supostos monstros era suficiente para que soubesse que eles não estão em masmorras góticas ou florestas úmidas. Estão nos shoppings, nas escolas, na mesma cidade em que nós estamos.

Mas como achá-los antes que façam vítimas? Com os animais, a resposta depende da perspectiva: o gato é o monstro do passarinho e o passarinho é o monstro da larva. No caso dos homens, também é uma questão de perspectiva, mas é mais complicado porque o estuprador pode ser primeiro o estranho charmoso, o assassino pode ser primeiro o fã que admira. O predador humano, ao contrário dos outros, não tem uma aparência tão diferente da nossa a ponto de ser reconhecido à primeira vista.

Quem mantiver os olhos fechados, é claro, jamais vai reconhecê-los, e é por isso que dedico este capítulo e o próximo a abrir os seus olhos, leitor, a revelar as verdades e os mitos sobre os disfarces que alguém pode usar para vitimá-lo.

Vou começar com um mito banal, que você vai reconhecer de inúmeras reportagens da TV: "Os moradores daqui descrevem o assassino como um homem tímido e reservado. Afirmam que ele era um vizinho quieto e cordial."

Você não está cansado de ouvir? Um jeito mais preciso e sincero de os repórteres interpretarem as entrevistas triviais que fazem com os vizinhos seria relatar: "Os vizinhos não têm nenhuma informação relevante." Mas os jornalistas apresentam uma não informação como se fosse informação. Daria na mesma se dissessem (e às vezes eles dizem): "O operador do pedágio, que por anos recebeu o dinheiro das mãos dele, descreveu o assassino como uma pessoa comum e tranquila." Pela frequência desse clichê, quase dá para acreditar que uma aparente normalidade é um indicador pré-incidente de um crime abominável. Não é.

Um fator que serve de prognóstico da criminalidade violenta é a violência na infância. A pesquisa de Ressler, por exemplo, confirmou uma estatística espantosamente certeira no que diz respeito aos serial killers: todos eles, sem exceção, haviam sofrido maus-tratos quando crianças, fosse na forma de violência física, negligência ou humilhações.

Não é o que se pensaria a partir das reportagens televisivas sobre a vida familiar na infância do serial killer Ted Kaczynski, que ficou conhecido como o Unabomber. Essas matérias nos informaram que a mãe dele era "uma mulher simpática, benquista pelos vizinhos", como se isso tivesse alguma relevância. Os vizinhos geralmente só precisam cumprir um requisito para aparecer nos noticiários: estar dispostos a falar com os repórteres. Você não acha que podia estar acontecendo na casa alguma coisa que os vizinhos desconheciam quando Ted e o irmão, David, eram crianças?

Vejamos alguns dados sobre a família: os Kaczynskis criaram dois meninos, e os dois se retiraram da sociedade depois de adultos. Tiveram uma vida antissocial, isolada. Um deles viveu por um tempo em uma trincheira escavada no chão – e esse foi o filho *são*, David, que não matou ninguém. Se os promotores tiverem razão, o "maluco", Ted, virou um serial killer brutal que age a distância. Mas os vizinhos dizem aos jornalistas que não viam nada de extraordinário, os jornalistas dizem que a família era normal e o mito de que a violência surge do nada se perpetua.

Não quero acusar todos os pais que criam filhos violentos, pois existem casos em que atos horrendos são cometidos por pessoas com transtornos mentais orgânicos, que a National Alliance of Mental Illness chama de "doenças inimputáveis". (Também é verdade que muitas pessoas com transtornos mentais sofreram abusos na infância.) A predisposição genética também pode ter seu papel na violência, mas seja qual for o resultado dessa loteria genética, os pais têm no mínimo o que Daniel Goleman, autor de *Inteligência emocional*, chama de "janela de oportunidade".

Essa janela foi fechada na infância da maioria das pessoas violentas. Para entender quem essas crianças maltratadas se tornam, precisamos partir de onde elas começaram: como pessoas normais. Uma delas cresceu e estuprou Kelly e matou outra mulher, outra assassinou Rebecca Schaeffer, uma terceira matou um policial logo depois que Robert Thompson saiu da loja de conveniência e a quarta escreveu o livro que você está lendo. Uma infância difícil não é desculpa para nada, mas explica muito – assim como a sua infância. Pensar nisso introspectivamente é a melhor forma de aguçar sua capacidade de prever o que os outros vão fazer. Pergunte e responda por que você faz o que faz.

QUANDO O ASSASSINO Robert Bardo me contou que em casa era tratado como um bicho, alimentado e deixado sozinho no quarto, tive a ideia de pedir a ele que comparasse sua infância à vida que levava agora, na prisão.

> **BARDO**: É igual, no sentido de eu estar sempre isolado dentro de mim mesmo na minha cela, como eu fazia em casa.
> **EU**: Tem alguma diferença entre o que você faz aqui e o que fazia quando era criança?
> **BARDO**: Bom, aqui eu preciso ser mais sociável.
> **EU**: Em casa você não precisava ser sociável?
> **BARDO**: Não, isso eu aprendi na prisão.

Enquanto existirem pais preparando os filhos basicamente para uma vida encarcerada, não teremos problema para encher as cadeias. Enquanto a sociedade paga a conta, são as vítimas de crimes que, individualmente, pagam o preço mais alto.

Ao estudar a infância de Bardo, cheia de maus-tratos e negligência, foi impossível ignorar a similaridade de algumas de nossas experiências mais precoces. Também me espantei com a interseção extraordinária de nossas vivências enquanto adultos, ambos atraídos para lados opostos dos assassinatos.

Essa descoberta me lembrou Stacey J., um assassino em potencial que conheci muito bem. Por anos a fio, minha empresa conseguiu impedir que ele encontrasse com uma cliente minha por quem era obcecado. Conheci a família dele por conta das inúmeras vezes que precisei ligar e pedir que o buscassem em Los Angeles e das vezes que eles ligaram para avisar que Stacey estava indo ver minha cliente, ou que tinha roubado um carro, ou fugido da clínica psiquiátrica. Uma vez o encontrei encolhido em uma cabine telefônica, as roupas rasgadas, as duas pernas com feridas ensanguentadas, completamente desnorteado depois de uma semana sem tomar os remédios e com o rosto inteiro machucado. A caminho do pronto-socorro, ele contou da origem de seu interesse pelo assassinato: "Quando John Kennedy foi morto, eu soube; foi quando tudo começou." Stacey e eu fomos profundamente influenciados pelo mesmo acontecimento, quando os dois tinham 10 anos e se viram sentados na frente da TV no mesmíssimo instante. Em parte pelo que vimos naquela época, naquele momento nos encontrávamos juntos, um perseguindo uma figura pública, o outro protegendo essa figura.

Nos quinze anos em que minha empresa monitorou seu comportamento, Stacey melhorou um pouco, mas de vez em quando ainda exigia nossa atenção ou a do Serviço Secreto (pelas ameaças de morte que fez contra Ronald Reagan). Quando penso nele, alguns anos indo bem, outros indo de mal a pior, inchado e maltratado pelos efeitos colaterais dos remédios, minha mente se volta para ele aos 10 anos e fico reflexivo quanto aos rumos que a vida das pessoas toma.

APESAR DE NÃO TER me tornado um homem violento, me tornei uma espécie de embaixador entre os dois mundos, fluente nas duas línguas. Posso falar sobre a forma como os criminosos pensam porque ela é similar à forma como pensei durante boa parte da minha vida. Por exemplo, como minha infância foi toda baseada em previsões, aprendi a viver no futuro. Eu não sentia as coisas no presente porque queria ser um alvo móvel, que já estivesse no futuro antes que pudesse sentir algum golpe. Essa capacidade de viver no amanhã ou no ano seguinte me tornou imune à dor e à desesperança dos piores momentos, mas também me tornou imprudente com a minha segurança. A imprudência e a bravata são atributos de muitas pessoas violentas. Talvez alguns chamem isso de ousadia ou coragem, mas, como você verá no capítulo sobre assassinos, o "heroísmo" tem dois lados.

Quando criança, eu vivia com os passatempos que atravessam o tempo: me preocupar e fazer previsões. Eu conseguia ter uma visão de futuro melhor do que a maioria das pessoas porque o presente não me distraía. Essa determinação é outra característica comum a muitos criminosos. Mesmo coisas que amedrontariam a maioria das pessoas não me distraíam quando era menino, pois eu conhecia o perigo tão bem que ele já não me alarmava. Assim como um cirurgião, o criminoso violento perde a aversão ao sangue. Percebe-se essa característica em pessoas que não reagem como você reagiria a coisas chocantes. Quando todo mundo que acabou de testemunhar uma discussão hostil fica abalado, por exemplo, essa pessoa permanece calma.

Outro traço comum a criminosos predadores (e também a muitas outras pessoas) é a necessidade visível de controle. Pense em algum conhecido que você chamaria de controlador. Essa pessoa, assim como a maioria dos indivíduos violentos, foi criada em uma família caótica, violenta ou suscetível a vícios. No mínimo, era uma família em que os pais não tinham atitudes coerentes e confiáveis, um lugar onde o amor era incerto ou condicionado. Para ela, controlar os outros é a única forma de prever seus comportamentos. As pessoas podem se sentir muito motivadas a virar especialistas em controle, porque a incapacidade de prever comportamentos é insuportável para os seres humanos e para todos os animais sociais (o fato de a maioria ter comportamentos previsíveis é o que mantém a coesão das sociedades humanas).

Compartilhando essas características, não quero dizer que todos os homens imprudentes ou corajosos, todos os que se mantêm calmos quando outras pessoas ficam alarmadas e que procuram estar no controle têm propensão à violência; essas são apenas três pecinhas do quebra-cabeça da violência humana que vão colaborar com sua intuição.

Outra é que os assassinos não são tão diferentes de nós quanto gostaríamos. Vou proteger o anonimato da amiga que me contou uma experiência que teve aos 20 anos. Ela estava tão brava com um ex-namorado que fantasiou seu assassinato, embora soubesse que jamais levaria a cabo algo assim. Um dia, indo de carro para o trabalho, aconteceu uma coincidência incrível: o ex cruzou a rua bem na frente de seu carro. O fato de ele estar ali parecia um sinal, a raiva aflorou e a mulher pisou fundo no acelerador. O carro estava a cerca de 80 quilômetros por hora quando o atingiu, mas, graças a bons reflexos, ele só machucou a perna. Se não fosse pelo barulho do veículo, essa mulher hoje seria uma assassina. No entanto, ela é uma das pessoas mais famosas e admiradas do mundo, alguém que você conhece e que certamente jamais diria que parece uma assassina.

É provável que você conheça mais gente que tentou matar alguém do que imagina, como constatei mais uma vez quando Mark Wynn me contou uma história sobre seu padrasto violento (hoje ex-padrasto): "Eu e meu irmão resolvemos que não aguentávamos mais, só que a gente não tinha uma arma para atirar nele e sabia que não daria conta de esfaqueá-lo. Nós tínhamos visto um comercial na TV de um inseticida em spray e, como ele era tóxico, a gente achou a garrafa de vinho do nosso padrasto na mesa de cabeceira e jogou a lata inteira de spray lá dentro. Mais tarde, ele entrou na sala com a garrafa na mão e começou a beber. Ele nem percebeu que estava tomando veneno e bebeu até a última gota. Então a gente ficou esperando que ele caísse duro no chão."

O que torna a história de Mark Wynn ainda mais interessante é que ele é o sargento Mark Wynn, fundador da Divisão de Violência Doméstica de Nashville, considerada a mais inovadora dos Estados Unidos. Mark só não virou um assassino porque o padrasto sobreviveu, e, apesar de ter frequentado a "escola do crime", nas palavras dele, não se tornou um criminoso depois de adulto. (Explico melhor por que algumas pessoas viram criminosas e outras não no Capítulo 12.)

Eu garanto que você já se sentou ao lado de alguém cuja história, se a ouvisse, ia impressioná-lo. Talvez essa pessoa tenha até cometido o tipo de crime que aparece nos noticiários, o tipo de ato sobre o qual questionamos: "Quem faria esse tipo de coisa?" Bem, agora você já sabe: qualquer um.

EMBORA NOSSAS VIVÊNCIAS na infância tenham influência sobre muito do que fazemos, um histórico de violência não determina um futuro violento. Existe uma história sobre o dramaturgo David Mamet que é a mais pura genialidade no que diz respeito ao comportamento humano. Quando ouviu que dois atores famosos que atuavam em uma de suas peças andavam reclamando, ele brincou: "Se eles não queriam ser estrelas, que não tivessem tido uma infância horrível."

Não é nenhuma novidade que algumas pessoas que superaram imensos desafios quando pequenas criaram coisas grandiosas depois de adultas. De artistas a cientistas, passando até pelo presidente Clinton (que quando era pequeno levou um tiro do padrasto), pessoas com uma infância secreta são capazes de valiosas contribuições públicas. O menino que sofre violência e testemunha uma morte que poderia ter sido evitada talvez vire um homem que ajuda as pessoas a impedir violências e mortes. O menino cujo pai é assassinado por ladrões talvez vire um policial. A menina cuja mãe morre de Alzheimer talvez se torne uma neurologista famosa. O menino que foge do caos botando a imaginação para funcionar talvez use essa mesma imaginação para enriquecer a vida de milhões de cinéfilos. Essas pessoas não fazem o trabalho que fazem só pelo salário. Existem razões por que todos fazemos o que fazemos, e essas razões às vezes vêm à tona.

Infelizmente, muitos filhos da violência darão outra contribuição ao mundo: mais violência – contra os próprios filhos, contra a esposa, contra você ou contra mim. E é por isso que as questões da infância e da nossa humanidade compartilhada aparecem em um livro escrito com o intuito de ajudar você a viver com mais segurança.

Quando não conseguir achar nenhum outro denominador comum que o ajude nas previsões, lembre-se de que a imensa maioria das pessoas violentas começou igual a você, sentiu o mesmo que você, quis a mesma coisa que você. A diferença está nas lições que aprenderam. Fico triste em saber que, enquanto você lê estas palavras, uma criança está aprendendo que a violência existe e que, no que diz respeito à crueldade, é melhor dar do que receber.

Não fosse pelos lembretes que tenho no meu trabalho, talvez eu não desse a mínima para o assunto, mas conheci gente demais que foi brutalizada na infância e devolveu à sociedade essa brutalidade multiplicada por 10. Essas pessoas podem ter crescido de forma semelhante aos outros, mas mandam sinais sutis que revelam suas intenções.

4

Sinais de alerta

"As pessoas deveriam aprender a ver e assim evitar todos os perigos. Assim como um sábio mantém distância de cachorros loucos, não se deve fazer amizade com homens ruins."
– Buda

Kelly ficou apreensiva desde o instante em que ouviu a voz do estranho, e agora pede que eu lhe diga o porquê. Acima de tudo, foi o simples fato de haver alguém ali, pois, como não tinha ouvido nenhuma porta se abrir antes de o homem aparecer, Kelly entendeu (pelo menos intuitivamente) que ele devia estar esperando escondido, fora do seu campo de visão. Só durante nossa conversa foi que ela se deu conta de que, ao declarar que iria para o quarto andar, ele não dera um motivo. Foi Kelly quem preencheu as lacunas, concluindo que ele visitaria os Klines, moradores do apartamento em frente ao seu. Agora, enquanto conversamos, ela compreende que, se os Klines tivessem aberto a porta pelo interfone, ela teria ouvido o zumbido da fechadura eletrônica sendo destrancada e a Sra. Kline estaria no patamar da escada, para recepcionar a visita. Foi por causa de tudo isso que a intuição de Kelly lhe avisou que ela precisava ser cautelosa.

Kelly justifica que não deu ouvidos a si mesma porque não havia nada no comportamento do homem que explicasse o medo que sentia. Assim como só dá para acreditar em algumas coisas vendo, é preciso acreditar em algumas coisas para vê-las. O comportamento do estranho não condizia com a imagem que Kelly fazia de um estuprador, e seria impossível ela reconhecer conscientemente algo que não conhecia. Você também não é capaz disso, então um jeito de diminuir os riscos é aprender a reconhecê-los.

O criminoso competente na interação pessoal é especialista em impedir que a vítima veja os sinais de alerta, mas são justamente os métodos que ele usa para escondê-los que podem revelá-los.

VÍNCULO FORÇADO

Kelly me pergunta que sinais seu agressor enviou, e eu começo com um a que me refiro como "vínculo forçado", que se pode perceber por seu uso do "nós" ou "a gente" ("Melhor a gente ir logo"). O vínculo forçado é um jeito eficaz de estabelecer uma confiança prematura, porque todo mundo acha difícil rechaçar a atitude de *estamos no mesmo barco* sem parecer rude. É compreensível que compartilhar uma situação desagradável, como ficar presos no elevador ou chegar juntos à porta de uma loja que acabou de fechar, faça as pessoas deixarem de lado os limites sociais. Mas o vínculo forçado não é questão de coincidência: é intencional, direcionado e é uma das manipulações mais sofisticadas que existem. O sinal detectável do vínculo forçado é a projeção de um propósito ou experiência em comum onde não existe nada: "Nós dois"; "trabalho em equipe", "o que a gente vai fazer agora?", "agora a gente conseguiu", etc.

O jogo de emoções, filme de David Mamet, é uma investigação incrível de trapaceiros e farsantes que mostra bem como funciona o vínculo forçado. Um jovem soldado entra no escritório da empresa de serviços financeiros Western Union no fim do dia. Está ansioso, sem saber se o dinheiro de que precisa para uma passagem de ônibus vai chegar antes de a Western Union fechar. Outro homem se encontra ali, aparentemente com o mesmo problema. Os dois se lamentam enquanto aguardam, até que o homem diz ao soldado: "Ei, se o meu dinheiro entrar primeiro, eu te dou a quantia de que você precisa. Você me devolve quando voltar para o quartel." O soldado se comove com a gentileza, mas o estranho atenua sua emoção dizendo: "Você faria o mesmo por mim."

Na verdade, o estranho *não* está no mesmo barco que ele, não está esperando o envio de dinheiro algum. É um golpista. Previsivelmente, o dinheiro do soldado é o único que chega e, quando o escritório fecha, ele insiste que o estranho aceite parte do dinheiro. Os melhores golpistas fazem a vítima dar seus bens voluntariamente.

Kelly não reconheceu conscientemente o que sua intuição sabia muito bem, por isso não pôde lançar mão de uma defesa simples em caso de vínculo forçado, que é recusar de forma explícita a tentativa de parceria: "Eu não preciso e nem quero a sua ajuda." Como muitas das melhores defesas, essa tem como preço uma aparente grosseria. Agora Kelly sabe que se trata de um preço baixo, em termos comparativos.

A segurança é a principal preocupação de todas as criaturas e é claro que justifica uma resposta aparentemente brusca e negativa de vez em quando. De qualquer forma, a grosseria é relativa. Se, enquanto você espera em uma fila, uma pessoa pisa no seu pé pela segunda vez e você berra "Ei!", ninguém vai achar sua reação grosseira. Pode-se até considerar que foi comedida. Isso porque a conveniência de uma reação é relativa ao comportamento que a provocou. Se as pessoas vissem o vínculo forçado como o comportamento inconveniente que é, talvez nos preocupássemos menos com nossa possível rudeza diante dele.

O vínculo forçado acontece em muitos contextos, por muitas razões, mas, quando imposto por um estranho a uma mulher em situação vulnerável (por exemplo, quando ela está sozinha em um lugar isolado ou deserto), é sempre inadequado. Não se trata de uma parceria ou uma coincidência, e sim de criar conexão, e isso pode ser ou não ser legal, dependendo do *motivo* para se buscar essa conexão.

De modo geral, a atitude de criar conexão tem uma reputação melhor do que merece. É vista como admirável quando na verdade quase sempre ocorre em causa própria. Embora as razões por que a maioria das pessoas busca a conexão não sejam sinistras, como quando você tem uma conversa agradável com alguém que acabou de conhecer em uma festa, isso não significa que uma mulher deva interagir com todos os estranhos que a abordam. Talvez a razão mais admirável para alguém buscar uma conexão seja a tentativa de deixar a outra pessoa à vontade, mas, se esse for o único objetivo do estranho, é mais fácil simplesmente deixar a mulher em paz.

CHARME E GENTILEZA

O charme é outra habilidade superestimada. Observe que chamei de habilidade, não de característica inerente à personalidade de alguém. O charme quase sempre é um instrumento gerenciado, que, assim como a criação da conexão, é motivado. Ter charme é compelir, controlar por meio do encanto ou da atração. Pense como sendo um verbo, e não um traço de personalidade. Se você diz a si mesmo, conscientemente: "Essa pessoa está tentando me seduzir", e não "Essa pessoa é charmosa", consegue entender melhor. Na maior parte das vezes, quando olhamos o que está por trás do charme, não vemos nada sinistro, mas em outros momentos você ficará feliz de ter olhado.

Muitos sinais estão na cara, explico a Kelly. Intuitivamente, ela interpretou o rosto de seu agressor, assim como agora interpreta o meu, assim como eu interpreto o dela. O psicólogo Paul Eckman, da Universidade da Califórnia em São Francisco, diz: "O rosto nos mostra sutilezas de emoções que só um poeta consegue traduzir em palavras." Uma das formas de sedução é o sorriso, que Eckman afirma ser o sinal de intenção mais importante. Ele acrescenta que o sorriso também é "o disfarce típico usado para mascarar as emoções".

A psiquiatra Leslie Brothers, da Universidade da Califórnia em Los Angeles, diz: "Se estou tentando enganar alguém, essa pessoa precisa ser só um pouquinho mais esperta que eu para perceber minha má-fé. O que significa que temos uma espécie de corrida armamentista."

O predador faz o possível para que essa corrida armamentista pareça um cessar-fogo. "Ele foi tão simpático" é o comentário que sempre ouço quando as pessoas descrevem o homem que, momentos ou meses depois de se mostrar simpático, as atacou. Precisamos aprender e ensinar aos nossos filhos que gentileza não equivale a bondade. A gentileza é uma decisão, uma tática de interação social, não é um traço de caráter. Quem tenta controlar os outros quase sempre começa passando a imagem de boa pessoa. Assim como a criação do vínculo, o charme e o sorriso enganoso, a gentileza não solicitada geralmente tem um motivo oculto que vamos descobrir mais tarde.

Kelly assente e me lembra que seu agressor era "muito simpático". Eu recito um versinho de Edward Gorey, o mestre do humor ácido:

O inspetor compra para o aluno iguarias
E espera que o menino não vá resistir
Quando tentar praticar baixarias
Que poucos nem sequer sabem existir.

Sim, o inspetor é tão legal que compra guloseimas para o menino, e também é legal em vários outros aspectos, mas isso não é certificado de boas intenções.

Em 1859, em um livro chamado *Self Help* (Autoajuda), pioneiro desse gênero, Samuel Smiles diz que a personalidade por si só é "apenas um veículo de progresso pessoal". Ele escreveu que "homens cujos atos contradizem diretamente suas palavras não impõem respeito e sua palavra tem pouco valor". Infelizmente, isso não é verdade em nossos dias. Ao contrário das pessoas que viviam em pequenas comunidades e não conseguiam escapar de suas condutas passadas, nós vivemos em uma época de encontros anônimos, isolados, e muitas pessoas viraram especialistas na arte da persuasão rápida. A confiança, antigamente conquistada por meio de atitudes, agora é adquirida com truques de mágica e palavras enganosas.

Eu incentivo as mulheres a rechaçarem explicitamente abordagens indesejadas, mas sei que é difícil pôr a ideia em prática. Na nossa cultura, assim como a criação de conexão tem uma boa reputação, tudo que é explícito e direto tem uma reputação tenebrosa quando vindo de mulheres. A mulher clara e objetiva é considerada fria, uma megera, ou as duas coisas. Da mulher se espera, acima de tudo, uma reação a qualquer tentativa de comunicação da parte de um homem. E espera-se que essa reação seja repleta de boa vontade e atenção. É considerado atraente que ela se mostre um pouco indecisa (o contrário de explícita). Espera-se que as mulheres sejam simpáticas e receptivas, e, no contexto das abordagens de estranhos do sexo masculino, a simpatia prolonga o encontro, aumenta as expectativas do homem, intensifica seu investimento e, na melhor das hipóteses, desperdiça tempo. Na pior das hipóteses, ajuda o homem que tem um objetivo sinistro, pois lhe proporciona informações que serão necessárias para ele avaliar e depois controlar sua potencial vítima.

EXCESSO DE DETALHES

Quem quer enganar alguém, explico a Kelly, geralmente usa uma técnica simples com um nome simples: excesso de detalhes. O uso que o homem fez da história do gato que ele esqueceu de alimentar no apartamento do amigo: excesso de detalhes. Sua referência a deixar a porta aberta, "que nem as mulheres nos filmes antigos": excesso de detalhes. O fato de ter dito que estava atrasado ("A culpa não é minha, meu relógio quebrou"): excesso de detalhes.

Quando alguém está falando a verdade, não sente que sua palavra vai ser posta em dúvida, portanto não vê necessidade de reforço extra em forma de detalhes. Mas quando uma pessoa mente, ainda que o que diz pareça verossímil a você, *para ela mesma não parece*, por isso continua falando.

Cada detalhe pode ser apenas um preguinho jogado na rua, mas, juntos, os preguinhos podem parar um caminhão. A defesa está em permanecer conscientemente atenta ao contexto em que os detalhes são apresentados.

O contexto é sempre evidente no começo da interação e em geral também no fim, mas o excesso de detalhes pode nos fazer perdê-lo de vista. Imagine olhar pela janela de um trem que parte da estação. Os detalhes passam por você, ou você por eles, a princípio lentamente. Quando o trem acelera um pouco, você percebe mais detalhes, porém o tempo em que vê cada um deles é menor: um pátio vazio, uma frase pichada, crianças brincando na rua, um canteiro de obras, o campanário de uma igreja, até que o trem alcança uma velocidade que faz com que os elementos individuais se tornem... uma vizinhança. Essa mesma transição pode acontecer quando uma conversa vira... um roubo. Todos os golpistas contam com a possibilidade de nos distrair do que é óbvio.

Tantos detalhes foram atirados em cima de Kelly que ela perdeu de vista o contexto mais simples: o homem era um completo desconhecido. Sempre que o trem ficava tão acelerado que ela se sentia incomodada, sempre que estava perto de entender o que estava acontecendo, como no momento em que ele pegou a sacola de compras de sua mão apesar de ela ter dito não, ele desacelerava o trem com alguma nova irrelevância. Usou detalhes interessantes para ser percebido como alguém familiar, alguém de confiança. Mas ela o conhecia artificialmente; conhecia o golpe, não o golpista.

A pessoa que reconhece a estratégia do Excesso de Detalhes enxerga a floresta ao mesmo tempo que consegue ver as poucas árvores realmente relevantes. Quando for abordada por um estranho ao andar na rua à noite, por mais encantador que ele seja, não perca de vista o contexto: ele é um estranho que a abordou. Um bom exercício é de vez em quando lembrar a si mesma onde você está e qual é a sua relação com as pessoas ao redor.

Com o homem com quem teve um encontro amoroso e que já deveria ter ido embora, por exemplo, por mais divertido ou charmoso que ele seja, a mulher pode se manter concentrada no contexto pensando simplesmente: "Eu já pedi para ele ir embora duas vezes." A defesa contra o excesso de detalhes é simples: traga o contexto para o primeiro plano da sua consciência.

ESTEREOTIPAGEM

Outra estratégia usada pelo estuprador de Kelly se chama estereotipagem. O homem põe na mulher um rótulo levemente crítico na esperança de que ela se sinta coagida a provar que a opinião dele é equivocada. "Você deve esnobar caras como eu o tempo todo", talvez o homem diga, de modo que a mulher se recusa a vestir a camisa de "esnobe" e conversa com ele. O homem diz à mulher: "Você não parece ser do tipo que acompanha as notícias", e ela se dispõe a provar que é inteligente e bem-informada. Quando Kelly recusou a ajuda do agressor, ele disse "Você é muito orgulhosa, sabia?", e ela refutou o rótulo aceitando seu auxílio.

A estereotipagem sempre engloba um leve insulto que geralmente é fácil de refutar. Mas o homem que rotula busca a reação, por isso a defesa é o silêncio, é agir como se ele não tivesse falado nada. Se você der trela, pode provar que ele está errado, mas talvez perca algo maior. Não que a opinião de um estranho sobre você tenha alguma importância, mas nem o rotulador acredita que é verdade o que está falando. Ele só acredita que o truque vai funcionar.

AGIOTAGEM

O sinal que explico em seguida para Kelly é o que chamo de agiotagem: "Ele queria que você aceitasse ajuda porque assim ficaria em dívida com ele, e fica mais difícil você pedir que a deixe em paz se deve alguma coisa à pessoa." O agiota mais tradicional empresta uma quantia de bom grado, mas tem a crueldade de recolher uma quantia muito maior. O criminoso predador também tem a generosidade de oferecer ajuda, mas está sempre calculando a dívida. A defesa é trazer ao primeiro plano de sua consciência dois fatos que raramente são lembrados: foi ele quem me abordou e eu não pedi ajuda nenhuma. Portanto, ainda que o sujeito possa se revelar apenas um estranho gentil, fique atenta a outros sinais.

Todos conhecemos bem o estranho que oferece ajuda a uma mulher que carrega as compras; em geral, ele é um agiota pouco sofisticado tentando conseguir alguma recompensa. A dívida que ele registra em sua caderneta geralmente é fácil de pagar: um bate-papo já basta. Mas ele tem um ponto em comum com o criminoso predador que impõe sua falsa caridade a alguém: a motivação. Não existe nenhum movimento com o objetivo espiritual de amenizar o fardo das mulheres carregando suas sacolas de compras. Na melhor das hipóteses, a agiotagem é uma estratégia equivalente a perguntar a uma mulher: "Você vem sempre aqui?" Na pior delas, explora o senso de obrigação e justiça da vítima.

Não trato aqui do criminoso que simplesmente chega, mostra a arma e exige dinheiro. Esse é um criminoso muito mais óbvio do que aqueles que usam as estratégias que descrevi.

É importante esclarecer que o vínculo forçado, o excesso de detalhes, o charme, a gentileza, a estereotipagem e a agiotagem são táticas usadas diariamente por pessoas sem qualquer intenção sinistra. Talvez você já tenha reconhecido algumas dessas estratégias como as que são muito usadas por homens que buscam apenas uma oportunidade de puxar conversa com uma mulher. Não quero acabar com a imagem de nenhum Don Juan tosco, mas os tempos agora são outros e não tenho dúvidas de que os homens (inclusive eu) podem bolar novas abordagens que não sejam impregnadas de falsidade e manipulação.

A PROMESSA NÃO SOLICITADA

Para tratar do sinal seguinte, peço a Kelly que volte ao momento em que relutou em deixar o agressor entrar no apartamento. Ele disse: "Só vou deixar as sacolas e vou embora. *Prometo.*"

A promessa não solicitada é um dos sinais mais confiáveis porque quase sempre tem uma motivação questionável. Promessas são usadas para nos convencer de uma intenção, mas não são garantia de nada. O que garante uma promessa é o oferecimento de alguma compensação caso ela seja descumprida; ele se compromete a pôr tudo em ordem de novo se as coisas não saírem como ele diz. Mas promessas não oferecem essa garantia. São os instrumentos de fala mais rasos que existem, pois não demonstram nada além do desejo do falante de convencê-lo de alguma coisa. Então, além de ouvir com ceticismo todas as promessas não solicitadas (quer sejam ou não relativas à segurança), vale a pena você se perguntar: Por que essa pessoa precisa me convencer? A resposta, no fim das contas, não tem a ver com ele – tem a ver com você. A razão para uma pessoa prometer alguma coisa, a razão por que precisa convencê-la, é que ela percebe que você não está convencida. Você desconfia (e a desconfiança é mensageira da intuição), provavelmente porque tem seus motivos para isso. A grande virtude da promessa não solicitada é que o próprio falante diz isso a você!

Na verdade, a promessa levanta um espelho em que você tem uma segunda chance de ver seu próprio sinal intuitivo; a promessa é a imagem e o reflexo da sua desconfiança. Sempre, em qualquer contexto, desconfie de promessas não solicitadas. Quando disse que iria embora depois de pegar alguma coisa para beber na cozinha, o estuprador de Kelly percebeu a desconfiança dela, por isso acrescentou: "Prometo."

A defesa contra isso é, quando alguém lhe disser "Eu prometo", afirmar (pelo menos na sua cabeça): "Tem razão, estou na dúvida se devo confiar em você ou não, e talvez eu tenha um bom motivo para duvidar. Obrigada por me mostrar isso."

DESCONSIDERAÇÃO PELA PALAVRA "NÃO"

É tarde, e sugiro a Kelly que a gente discuta o restante no dia seguinte, mas ela quer um outro sinal antes de interrompermos a conversa. Como todas as vítimas de um crime pavoroso, está ansiosa para decifrá-lo, entendê-lo, dominá-lo. Então falo de mais um sinal, talvez o mais universalmente significativo de todos: um homem ignorar ou desconsiderar o conceito de *não*. O estuprador de Kelly o ignorou diversas vezes, de várias formas. Primeiro ela disse que não, não queria a ajuda dele. Depois ela demonstrou o não quando não soltou a sacola imediatamente.

As atitudes são muito mais eloquentes e determinantes do que as palavras, sobretudo uma palavra curta e subestimada como "não" e principalmente quando dita com hesitação ou sem convicção. Portanto, quando

Kelly disse não e, em seguida, concordou, sua resposta deixou de ser uma negativa. "Não" é uma palavra que jamais deve ser negociada, porque a pessoa que escolhe ignorá-la está tentando controlar você.

Em situações em que ofertas não solicitadas de ajuda são adequadas, como uma abordagem por parte de vendedores ou comissários de bordo, é simplesmente irritante ter que recusar três vezes. Com um estranho, no entanto, a recusa a ouvir um não pode ser um sinal de alerta importante, assim como é no caso de um pretendente, um amigo, um namorado ou até seu marido.

Recusar-se a escutar "não" é sinal de que alguém está buscando controle ou se negando a cedê-lo. Com estranhos, mesmo aqueles com as melhores intenções, nunca, jamais abra mão do "não", pois isso dá espaço para mais tentativas de controle. Deixar que alguém a convença a desistir do "não" é o mesmo que usar uma placa dizendo: "Quem está no comando é você."

A pior reação quando alguém não aceita o "não" é fazer recusas cada vez mais brandas e depois ceder. Outra reação comum que satisfaz o criminoso é negociar ("Eu agradeço muito a oferta, mas primeiro vou tentar me virar sozinha"). Negociações abrem possibilidades, e dar acesso a alguém que lhe causa apreensão não é uma possibilidade que você queira deixar aberta. Eu incentivo as pessoas a lembrarem que "não" é uma frase completa.

O processo de seleção da vítima por um criminoso, que eu chamo de "entrevista", é parecido com o do tubarão que rodeia a possível presa. Criminosos predadores de todos os tipos estão procurando alguém, uma pessoa vulnerável que lhes permita ficar no controle, e, assim como estão sempre mandando sinais, estão sempre lendo sinais.

O homem no estacionamento do subsolo que se aproxima de uma mulher que coloca as compras no porta-malas do carro e oferece ajuda pode ser um cavalheiro ou pode estar conduzindo uma entrevista. A mulher cujos ombros tensionam ligeiramente, que parece intimidada e diz, acanhada, "Não, obrigada, acho que dou conta", pode ser sua vítima. Mas a mulher que se vira para ele, levanta as mãos como quem diz PARE e diz, sem rodeios, "Não quero sua ajuda" tem menos probabilidade de se tornar vítima dele.

Um homem decente entenderia a reação ou, mais provavelmente, nem se aproximaria de uma mulher sozinha, a não ser que a necessidade de ajuda fosse óbvia. Se um homem não entende essa reação e vai embora chateado, também não tem problema. Na verdade, qualquer reação – até a raiva – de um homem decente que não tem nenhuma intenção sinistra é preferível à atenção de um homem violento que poderia tirar proveito de sua preocupação em não ser rude.

É muito melhor para a mulher sozinha que esteja precisando de ajuda escolher alguém e pedir auxílio do que esperar uma oferta de ajuda espontânea. É pouquíssimo provável que a pessoa escolhida ofereça tanto perigo quanto a que escolhe seu alvo. Isso acontece porque é muito remota a probabilidade de que inadvertidamente você escolha um criminoso para o qual seria a vítima perfeita. Eu incentivo as mulheres a pedirem ajuda a outras mulheres quando necessário e também afirmo que é mais seguro aceitar o apoio de outras mulheres do que de um homem. (Infelizmente, me parece raro que as mulheres ofereçam esse tipo de ajuda a outras. Seria ótimo se isso fosse mais comum.)

Quero deixar claro que muitos homens oferecem ajuda sem nenhum objetivo sinistro ou egoísta, sem ter em mente nada além da gentileza e do cavalheirismo, mas trato aqui daqueles momentos em que os homens se recusam a ouvir a palavra "não". Essa atitude não é de cavalheirismo – ela é perigosa.

Quando alguém ignora sua negativa, pergunte a si mesma: Por que esse sujeito está querendo me controlar? O que ele está querendo? O melhor é você se afastar totalmente, mas, se isso não for possível, a reação que prioriza a segurança é aumentar bastante sua insistência, pulando vários degraus de educação: "Eu disse *NÃO*!"

Quando me deparo com pessoas que se apegam à aparente grosseria dessa resposta (e muitas pessoas fazem isso), imagino a conversa a seguir depois que uma mulher diz *Não* a um estranho que a abordou:

HOMEM: Mas que mal-educada. Qual é o seu problema? Eu só estava me oferecendo para dar uma mãozinha a uma moça bonita. Para que essa paranoia toda?

MULHER: Tem razão. Eu não devia ficar ressabiada. Estou exagerando. Só porque um homem se aproxima sem ser chamado e insiste em ajudar uma mulher num subsolo, numa sociedade em que os crimes contra mulheres aumentaram quatro vezes mais rápido do que o número de crimes em geral e três em cada quatro mulheres vão ser vítimas de algum crime violento; só porque ouvi histórias de horror de todas as amigas que já tive na vida; só porque tenho que pensar muito bem onde estaciono, por onde ando, com quem falo e com quem saio, pois um homem pode me matar, me estuprar ou me agredir; só porque várias vezes por semana alguém me dirige comentários inconvenientes, fica me encarando, me assedia, me persegue ou emparelha o carro com o meu; só porque sou obrigada a aguentar o síndico do meu prédio, que me dá calafrios sem que eu sequer saiba o porquê, mas, pelo jeito como ele me olha, sei que, se tivesse a chance, ele faria alguma coisa que levaria nós dois aos noticiários da noite; e só porque essas são questões de vida ou morte das quais a maioria dos homens não sabe absolutamente nada e por isso me faz me sentir uma idiota por ficar ressabiada, apesar de viver no olho de um furacão de possíveis riscos, *NÃO QUER DIZER QUE UMA MULHER DEVA DESCONFIAR DE UM ESTRANHO QUE IGNORA A PALAVRA "NÃO"*.

Não importa se os homens são ou não capazes de concordar com isso, acreditar ou aceitar: é assim que as coisas são. As mulheres, sobretudo nas cidades grandes, vivem em constante estado de alerta. A vida delas está literalmente em jogo de maneiras que não fazem parte da experiência masculina. Pergunte a um homem que você conhece: "Qual foi a última vez que você teve medo de que outra pessoa lhe fizesse mal?" Muitos homens não conseguem se lembrar de nenhum incidente ao longo de muitos anos. Faça a mesma pergunta a uma mulher e a maioria vai lhe dar um exemplo recente ou dizer: "Ontem à noite", "Hoje" ou até "Todo dia".

No entanto, a preocupação das mulheres com a segurança é um alvo frequente de comentários críticos por parte dos homens com quem convivem. Uma mulher me contou do deboche e do sarcasmo constantes do namorado sempre que ela discutia sobre medo ou segurança. Ele chamou as precauções dela de bobas e perguntou: "Como é que você aguenta viver assim?" Ao que ela retrucou: "Como *não* viver assim?"

Tenho um recado para as mulheres que se sentem obrigadas a defender a preocupação que têm com a própria segurança: digam ao *Senhor Eu-Sei--Tudo-Sobre-Perigo* que ele não tem nenhuma contribuição a dar sobre o assunto da sua segurança pessoal. Digam que seu instinto de sobrevivência é um dom da natureza, que sabe muito mais sobre a sua segurança do que ele. E digam que a natureza não precisa da aprovação dele.

É compreensível que o ponto de vista de homens e mulheres no que diz respeito à segurança seja tão discrepante – homens e mulheres vivem em mundos diferentes. Eu não lembro onde ouvi pela primeira vez essa descrição muito simples sobre o contraste radical entre os gêneros, mas ela é de uma exatidão impressionante: no fundo, os homens têm medo de que as mulheres riam deles enquanto, no fundo, as mulheres têm medo de que os homens as matem.

CERTA VEZ TIVE a oportunidade de observar de perto algumas das estratégias que acabei de resumir. Estava num voo de Chicago para Los Angeles, sentado ao lado de uma adolescente que viajava sozinha. Um homem na faixa dos 40 anos que a observava do outro lado do corredor tirou os fones de ouvido e disse a ela, no tom de quem está numa festa:

– O volume deste troço não é *alto* o suficiente pra mim!

Então ele esticou o braço na direção dela e se apresentou:

– Meu nome é Billy.

Embora talvez não pareça à primeira vista, sua declaração era uma pergunta, e a menina reagiu dando exatamente a informação que Billy queria: disse seu nome. Em seguida, esticou a mão, que ele segurou por mais tempo do que o necessário. Na conversa que se seguiu, ele não pediu nenhuma informação diretamente, mas conseguiu muitas.

– Detesto aterrissar numa cidade sem saber se alguém vai me buscar no aeroporto – afirmou ele.

A menina respondeu a essa pergunta dizendo que não sabia como iria do aeroporto para a casa onde se hospedaria. Billy fez outra pergunta indireta:

– Às vezes os nossos amigos são uma decepção.

– As pessoas com quem vou ficar [que não eram parentes, portanto] acham que vou chegar num voo mais tarde – explicou ela.

– Amo a independência de chegar a uma cidade sem que ninguém saiba que estou chegando – disse Billy, contradizendo o que tinha falado um momento antes, ao afirmar que detestava que ninguém fosse buscá-lo no aeroporto. – Mas você não deve ser tão independente assim.

Ela reagiu dizendo que viajava sozinha desde os 13 anos.

– Você parece uma mulher que conheci na Europa, está mais para mulher do que para adolescente – disse ele ao lhe passar seu drinque (uísque), que a comissária tinha acabado de servir. – Você parece seguir suas próprias regras.

Eu torci para que ela recusasse a bebida, e a princípio foi o que ela fez, mas ele insistiu:

– Vamos lá, você pode fazer o que bem entender.

E ela tomou um gole do uísque.

Olhei para Billy, para seu físico musculoso, a tatuagem antiga aparecendo no punho e as bijuterias baratas. Observei que ele estava tomando uma bebida alcoólica num voo matutino e não tinha mala de mão. Olhei para as botas novas de caubói, a calça jeans nova e a jaqueta de couro. Deduzi que tinha saído da prisão fazia pouco tempo. Ele reagiu ao meu olhar astuto em tom assertivo:

– Como é que vai, camarada? Saindo de Chicago?

Eu assenti.

Quando se levantou para ir ao banheiro, Billy colocou mais uma isca na armadilha, chegando bem perto da menina, abrindo lentamente um sorriso e dizendo:

– Seus olhos são *incríveis*.

Num intervalo de poucos minutos, eu tinha visto Billy usar o vínculo forçado (ninguém ia buscar os dois no aeroporto, afirmou ele), o excesso de detalhes (os fones de ouvido e a mulher que conheceu na Europa), a agiotagem (a oferta da bebida), o charme (o elogio aos olhos da menina) e a estereotipagem ("você não deve ser tão independente assim"). Eu também o vira ignorar o "não" da adolescente quando ela recusou a bebida.

Quando Billy se afastou rumo ao banheiro, perguntei à menina se poderíamos conversar um instantinho e ela disse que sim, apesar da hesitação. Aqui fica claro o poder das estratégias predatórias: embora tenha conversado tranquilamente com Billy, ela desconfiou do passageiro (eu) que pediu permissão para se dirigir a ela.

– Esse homem vai te oferecer uma carona do aeroporto até em casa – eu lhe disse –, e ele não é um cara legal.

Vi Billy outra vez na esteira da bagagem, onde ele se aproximou da menina. Embora não conseguisse escutá-los, a conversa era óbvia. Ela balançava a cabeça e dizia não enquanto ele insistia. Ela foi firme e ele por fim se afastou com um gesto raivoso, demonstrando que não era o cara "legal" que tinha sido até então.

Não havia filmes naquele voo, mas graças a Billy pude assistir a uma entrevista clássica, que, só pelo contexto (um estranho de 40 anos e uma adolescente sozinha), era de alto risco.

Lembre-se, o cara mais legal, o cara sem nenhum objetivo em causa própria, o que não quer nada de você, não vai abordá-la de jeito nenhum. Você não está comparando o homem que a aborda a todos os homens, que, em sua imensa maioria, não têm nenhuma intenção sinistra. Você o está comparando a outros homens que abordam mulheres sozinhas sem serem convidados, ou a outros homens que não escutam quando você diz não.

Na minha empresa, quando fazemos previsões complexas, de alto risco, parte da análise também envolve a comparação. Vamos imaginar que estamos prevendo se um ex-namorado vai cometer alguma violência contra a mulher que ele está perseguindo. Primeiro tentamos identificar características que o diferenciem da população geral. Para fazer isso, imagine um círculo contendo 240 milhões de pessoas. No meio estão os poucos milhares de homens que matam as mulheres que perseguem. Partindo figurativamente do círculo maior, de 240 milhões de pessoas, eliminamos todas as que não são homens, que são jovens demais, velhas demais ou podem ser desqualificadas por outros fatores. Então buscamos decidir se o comportamento do homem em questão é mais similar ao dos que estão no centro do círculo.

É claro que uma previsão sobre segurança não é meramente estatística ou demográfica. Se fosse, a mulher que atravessasse uma praça sozinha no fim da tarde poderia calcular seu risco da seguinte maneira: há 200 pessoas na praça; 100 delas são crianças, ou seja, não geram preocupação. Das outras 100, só 20 não estão em casal; 5 desses 20 indivíduos são mulheres, isto é, ela teria razão de se preocupar com 15 indivíduos que poderia encontrar (homens sozinhos). Mas em vez de se basear apenas na demografia, a intuição da mulher vai se concentrar no comportamento desses 15 (e no contexto desse comportamento). Qualquer homem sozinho pode chamar a atenção dela por um instante, mas, entre esses, só os que fazem certas coisas serão deslocados para o centro do círculo preditivo. Homens que a encaram, que demonstram um interesse especial por ela, que a seguem, que parecem furtivos ou a abordam estarão bem mais perto do centro do que aqueles que caminham sem interesse aparente, que brincam com o cachorro, que andam de bicicleta ou tiram um cochilo no banco.

Por falar em atravessar praças sozinhas, com frequência vejo mulheres violando as regras de segurança mais básicas da natureza. A mulher que corre com fones de ouvido, curtindo música, se priva do sentido mais eficaz em alertá-la quanto a aproximações perigosas: a audição. Para piorar a situação, os fios que sobem até as orelhas deixam sua vulnerabilidade clara para quem quiser ver. Outro exemplo é que, embora as mulheres não andem por aí de olhos vendados, obviamente, muitas não tiram todo o proveito que poderiam da visão: elas relutam em olhar nos olhos de estranhos que lhes inspiram receio. Acreditando estar sendo seguida, a mulher talvez dê uma olhadela hesitante, na esperança de descobrir se há alguém ao alcance de sua visão periférica. O melhor é virar-se completamente, observar o ambiente todo e olhar direto para quem a preocupa. Assim você não só capta informações como comunica à pessoa que não é uma "vítima de plantão", vacilante e amedrontada. Você é um animal da natureza, dotado de audição, visão, intelecto e defesas contra perigos. Você não é uma presa fácil, então não aja como se fosse.

AS PREVISÕES A RESPEITO de crimes cometidos por desconhecidos devem ser baseadas em alguns detalhes, mas mesmo o crime de rua mais simples é precedido por um processo de escolha da vítima que segue um protocolo. Já em crimes mais complicados, como aqueles cometidos pelo estuprador e assassino em série do qual Kelly escapou, algumas condições têm que ser cumpridas. Certos aspectos da escolha da vítima (ter a aparência ou "tipo" certo, por exemplo) geralmente fogem à influência da vítima, mas aquelas que têm a ver com ficar disponível para o criminoso, como a acessibilidade, o ambiente e as circunstâncias (tudo isso faz parte do contexto), são determináveis. Em outras palavras, você tem como influenciá-las. Acima de tudo, pode controlar sua reação aos testes que o entrevistador faz. Você vai iniciar uma conversa com o estranho mesmo que não queira? Você pode ser manipulada pela culpa ou pela sensação de que está em dívida com a pessoa só porque ela ofereceu ajuda? Você cede à vontade do outro só porque ele quer, ou sua firmeza é reforçada quando alguém tenta controlar sua conduta? E o mais importante: você vai respeitar sua intuição?

Ver a entrevista como o que ela de fato é, enquanto se desenrola, não significa que você enxergue todos os encontros inesperados como se fossem parte de um crime, mas que você reage aos sinais se eles ocorrem e à medida que ocorrem. Acredite que o alarme provavelmente foi disparado por alguma razão, porque, no que diz respeito ao perigo, a intuição está sempre certa em pelo menos dois aspectos importantes:

1. É sempre a reação a alguma coisa.
2. Ela sempre defende seus interesses.

Depois de dizer que a intuição tem sempre razão, imagino algumas leitoras resistindo, portanto esclareço o que quero dizer. A intuição está sempre certa nos sentidos que observei, mas nossa interpretação da intuição nem sempre está certa. É claro que nem tudo o que prevemos acontece, mas como a intuição é sempre desencadeada por algum fato, em vez de ir logo fazendo um esforço para explicar ou negar o possível perigo, a atitude mais sensata (e mais natural) é se esforçar para identificar o perigo, caso ele exista.

Se não houver perigo algum, não perdemos nada e acrescentamos uma nova diferenciação à nossa intuição, para que seu alarme não dispare de novo na mesma situação. O processo de acréscimo de novas diferenciações é um dos motivos por que no começo é difícil dormir numa casa nova: sua intuição ainda não classificou todos os ruídos do lugar. Na primeira noite, o barulho de algo na rua ou no corredor do prédio pode parecer um invasor. Na terceira noite, sua cabeça já sabe que esses ruídos não são nada e não acorda mais. Você pode até achar que a intuição não funciona enquanto você dorme, mas funciona, sim. Um livreiro que conheço vira e mexe volta de madrugada de suas viagens e sua esposa não acorda. Ele conta: "Eu posso entrar na garagem, abrir e fechar a porta dos fundos, subir a escada, abrir a porta do quarto, abrir minha mala, tirar a roupa e me deitar na cama – e ela não acorda. Mas, se o nosso filho de 4 anos abrir a porta do quarto dele no meio da noite, ela pula da cama num piscar de olhos."

A INTUIÇÃO VIVE um aprendizado constante, e, embora às vezes mande um sinal que se revela pouco urgente, tudo que ela comunica é importante. Ao contrário da preocupação, ela jamais vai ser um desperdício de tempo. A intuição pode até mandar vários tipos de mensageiros para chamar sua atenção, e, como diferem segundo a urgência, é bom que você saiba qual é a relevância de cada um deles. O sinal intuitivo de primeira ordem, o que é mais urgente, é o medo, portanto deve ser sempre ouvido (falo mais sobre isso no Capítulo 15). O segundo nessa classificação é a apreensão, depois a desconfiança, em seguida a hesitação, a dúvida, o instinto, os pressentimentos e a curiosidade. Há também sensações incômodas, pensamentos insistentes, sensações físicas, o espanto e a angústia. Ao encarar esses sinais de mente aberta quando eles acontecerem, você vai aprender a se comunicar consigo mesmo.

Existe outro sinal que as pessoas raramente reconhecem: o humor ácido.

Em uma história que é um exemplo excelente, todas as informações estavam disponíveis, como uma grande safra que não tivesse sido colhida, deixada para secar ao sol. A recepcionista estava de folga no dia em questão, por isso Bob Taylor e os outros membros da California Forestry Association estavam separando a correspondência. Quando se depararam com um pacote, deram uma olhada e conversaram sobre o que fazer com aquilo. Era endereçado ao ex-presidente da associação, e eles ficaram pensando se não era melhor encaminhar o pacote para ele. Quando o presidente na ocasião, Gilbert Murray, chegou, eles o colocaram a par da discussão. Murray decidiu:

– Vamos abrir.

Taylor se levantou e fez uma piada:

– Vou para a minha sala antes que a bomba exploda.

Ele então atravessou o corredor rumo à sua mesa, mas, antes de se sentar, ouviu a enorme explosão que matou seu chefe. Foi por obra da intuição que aquela bomba não matou Bob Taylor.

Toda a informação de que precisava estava ali e foi desprezada pelos outros, mas não antes de a intuição de Taylor mandar um sinal para todo mundo numa linguagem claríssima: "Vou para a minha sala antes que a bomba exploda."

Com o tempo, aprendi a prestar atenção nas piadas que os clientes fazem quando estamos discutindo um possível risco. Se, ao me levantar para sair do escritório do presidente de uma empresa, ele diz "Eu te ligo amanhã... isso se eu não levar um tiro antes", eu volto a me sentar para colher mais informações.

O humor, em especial o humor ácido, é um jeito muito comum de comunicar uma preocupação genuína sem o risco de parecer tolo e sem uma demonstração cabal de medo. Mas como esse tipo de comentário surge? A pessoa não manda a cabeça revirar os arquivos em busca de alguma coisa engraçada para dizer. Se fosse assim, Bob Taylor poderia ter olhado para o pacote destinado ao homem que havia deixado o cargo um ano antes e feito um comentário mais sagaz, como "Deve ser um panetone que ficou preso nos correios desde o Natal", ou qualquer outra coisa. Ou poderia não ter feito comentário nenhum. Mas, com esse tipo de humor, o que vem à consciência é uma ideia que, no contexto, é tão bizarra que parece ridícula. E justamente por isso é engraçada. A questão, no entanto, é que a ideia ganhou o consciente. Por quê? Porque todas as informações estavam ali.

O pacote que o Unabomber enviou à California Forestry Association era bem pesado. Estava coberto de fita adesiva, tinha selos demais e suscitou tanto interesse naquela manhã que várias pessoas especularam se não seria uma bomba. Repararam na firma de Oakland que constava do endereço do remetente e, caso tivessem ligado para o serviço de informações, descobririam que ela não existia. No entanto, eles abriram o pacote.

Algumas semanas antes, o executivo do ramo da publicidade Thomas Mosser recebeu um pacote semelhante em casa, em Nova Jersey. Pouco antes de abri-lo, estava tão curioso que perguntou à esposa se ela estava esperando alguma encomenda. Ela disse que não. A pergunta de Mosser era boa, mas um instante depois ele ignorou a resposta que havia buscado e morreu ao abrir o pacote (também enviado pelo Unabomber).

"Já ouvi várias vezes que as pessoas comentam 'Nossa, isso parece uma bomba' e abrem o embrulho mesmo assim", diz o analista postal Dan Mihalko. "Talvez não queiram ligar para a polícia e passar pelo constrangimento se, no final das contas, não for nada."

O próprio Unabomber caçoou de algumas das 23 pessoas feridas por suas bombas. Dois anos depois de se ferir, David Gelenter, cientista computacional de Yale, recebeu uma carta do Unabomber: "Se você fosse inteligente mesmo teria se dado conta de que tem gente à beça que se ressente da mudança que nerds da tecnologia como você estão fazendo no mundo e não teria sido imbecil a ponto de abrir um embrulho de um remetente desconhecido. Pessoas com mestrado e doutorado não são tão espertas quanto pensam."

Para ser justo com as vítimas, enfatizo que é uma raridade que bombas sejam enviadas pelos correios e que esse não é o tipo de risco com que as pessoas normalmente se preocupam, mas a questão é que essas vítimas *ficaram* preocupadas a ponto de tecer comentários. Em todo caso, as pessoas também são propensas a fazer piadas sobre crimes mais comuns antes de se colocarem numa situação perigosa que poderia ser evitada.

Enquanto almoçava na gráfica da Standard Gravure, um grupo de funcionários ouviu barulhos vindos de fora do prédio. Alguns acharam que eram bombinhas, mas alguém fez piada a respeito de um colega raivoso: "O Westbecher deve ter voltado para acabar com a gente." Um instante depois, viram de fato Joseph Westbecher entrar no local atirando, e uma das balas atingiu o autor do comentário. Dê ouvidos ao humor, sobretudo ao humor ácido. Ele pode servir não apenas para arrancar risadas.

OS MENSAGEIROS DA INTUIÇÃO

Sensações incômodas
Pensamentos insistentes
Humor
Espanto
Angústia
Curiosidade
Pressentimentos
Instinto
Dúvida
Hesitação
Desconfiança
Apreensão
Medo

O primeiro mensageiro da intuição de Kelly foi a apreensão. China Leonard ignorou um recado sobre a cirurgia do filho que recebeu por meio de pensamentos insistentes. Michael Cantrell ficava bastante incomodado com a imprudência do parceiro. O sinal de alerta de Bob Taylor quanto ao pacote que continha a bomba veio através do humor ácido. Foi Robert Thompson quem ouviu o mensageiro mais ruidoso – o medo – ao entrar e sair imediatamente da loja de conveniência.

Foi esse mesmo mensageiro que uma moça chamada Nancy ouviu quando estava sentada no banco do carona de um carro estacionado. Seu amigo tinha deixado o motor ligado ao descer para sacar dinheiro em um caixa eletrônico. De repente, sem entender o porquê, Nancy foi tomada pelo medo. Ela sentiu que corria perigo, mas de onde vinha aquela sensação? Felizmente, ela não esperou a resposta a essa pergunta. Prendeu a respiração e pôs os braços em movimento: tateou à procura da tranca, mas era tarde demais. Um homem abriu a porta do motorista, encostou uma arma em sua barriga e levou o carro embora, raptando Nancy.

Se ela não tinha visto o homem, por que o sinal do medo? Uma imagem minúscula no espelho retrovisor do lado oposto do carro, um vislumbre de centímetros de uma calça jeans – esse foi o sinal que ela captou de que um homem estava bem perto do carro e se movia apressado. Foi o sinal que ela interpretou corretamente, de que ele poderia entrar no carro com alguma intenção sinistra. Ela colheu todas essas informações a partir de um pedacinho de tecido azul, que só fazia sentido dentro do contexto, que ela não teve tempo de entender, mas sua intuição já havia entendido. Se alguém tentasse convencer Nancy a trancar o carro com base apenas nessa fugaz imagem azul, ela talvez tivesse contestado, mas o medo é muito mais convincente do que a lógica.

Nancy sobreviveu às cinco horas de suplício seguindo outra intuição: ficou o tempo todo conversando com o estranho perigoso. Na cabeça dela, uma palavra se repetia sem parar: "Calma, calma, calma." Por fora, ela agia como se estivesse de papo com um grande amigo. Quando o sequestrador mandou que ela descesse do carro, nos fundos de um armazém, a quilômetros da cidade, Nancy teve a sensação de que ele não atiraria em uma pessoa que agora conhecia, e ela estava certa.

JÁ FALEI BASTANTE sobre os sinais de alerta que podem ajudá-lo a não ser vítima da violência, mas, ainda que faça previsões excelentes, pode ser que você ainda se veja em uma situação perigosa. Apesar de com frequência me pedirem conselhos sobre como reagir a um bandido ou a um ladrão de carros, por exemplo, eu não posso elaborar uma lista do que fazer diante de cada tipo de perigo com que você pode se deparar, pois abordagens generalizadas são sempre arriscadas. Algumas pessoas dizem, sobre estupros, por exemplo, *não resista*, enquanto outras dizem *sempre resista*. Nenhuma dessas estratégias é certeira em todas as situações, mas uma outra estratégia, sim: escute sua intuição. Não sei o que vai ser melhor para você em uma situação de perigo porque não estou munido de todas as informações. Não dê atenção às listas do que fazer que aparecem na internet, nem tente repetir o que sua amiga fez. Escute a sabedoria que vem de ter ouvido tudo ouvindo apenas a si mesma.

AS HISTÓRIAS DESTE capítulo dizem respeito aos perigos que nos são impostos por estranhos, mas e os perigos criados por quem escolhemos trazer para a nossa vida, como funcionários, patrões, pessoas que namoramos ou com quem nos casamos? Essas relações não começam no primeiro encontro – conhecemos muita gente que não permanece na nossa vida. *Na verdade, nossas relações começam com previsões*, previsões que determinam – literalmente – a qualidade e o rumo da nossa vida. Então está na hora de você dar uma boa olhada na validade dessas previsões.

5
Estranhos, mas não totalmente

"Um monte de pedras deixa de ser um monte de pedras
no instante em que um homem o contempla tendo dentro de si
a imagem de uma catedral."
– Antoine de Saint-Exupéry

Veja se consegue imaginar o seguinte: as previsões sobre as pessoas são feitas com um teste químico de alta tecnologia. São tão perfeitas que você pode aceitar a carona de um completo desconhecido e pedir a um sem-teto que nunca viu antes que tome conta da sua casa enquanto você viaja. Você pode fazer essas coisas sem medo algum de que lhe façam mal porque as previsões quanto às intenções e ao caráter são cem por cento confiáveis.

Uma tarde, levando sua filha de 6 anos à pracinha, você é chamado para uma reunião de trabalho urgente. Você vai à pracinha mesmo assim e olha ao redor em busca de um estranho com quem possa deixar sua filha. Uma mulher de meia-idade está sentada em um banco lendo um livro e quando você se senta ao lado, ela sorri. Usando um aparelho que quase todo mundo tem sempre à mão, você conduz um teste de alta tecnologia instantâneo com ela, e ela com você, e ambos são aprovados com louvor. Sem hesitação, você pede a ela que olhe sua filha por algumas horas enquanto você vai à reunião. Ela concorda, vocês trocam informações de contato e você vai embora tranquilamente, pois fez uma previsão que considera satisfatória de que a estranha tem saúde emocional, é competente, não usa drogas e é digna de confiança.

A história parece inverossímil, mas hoje já fazemos todas essas previsões a respeito de babás. Só que não tão rápido nem com tanta precisão.

Com a tecnologia atual, quanto tempo você precisaria passar com uma estranha para que ela deixasse de ser uma estranha? Por quantos testes de baixa tecnologia uma babá teria que passar para você confiar nela? Nós fazemos essa previsão muito comum, ainda que de alto risco, olhando um formulário preenchido e fazendo algumas perguntas, mas vamos analisar a fundo essa previsão. Para começo de conversa, não íamos simplesmente entrevistar uma mulher que conhecemos na pracinha. Não, íamos querer uma pessoa recomendada por alguém que conhecemos, pois gostamos de nos fiar nas previsões dos outros. Nosso amigo Kevin é tão inteligente e honesto, a gente pensa, que, se ele endossa alguém, bem, é sinal de que a pessoa é legal. O que acontece com frequência, no entanto, é que colamos as qualidades *de Kevin* na pessoa que ele recomendou e não escutamos nossas próprias incertezas. Ao sair de casa deixando o filho com alguém que conhecemos meia hora antes, você sente uma fisgada que diz: "Com as pessoas, nunca se sabe."

Durante nossa entrevista com a babá, nós a observamos, atentos a qualquer sinal de... De quê? Uso de drogas? Bem, esse aspecto pode ser testado com bastante fidedignidade; dezenas de milhares de exames toxicológicos são feitos todas as semanas por patrões que correm muito menos perigo do que os pais ao contratarem uma babá. Embora a maioria das pessoas acredite que a questão das drogas seja crucial, você já ouviu falar de algum responsável que exija exame toxicológico de uma candidata a babá? Ou um exame de bafômetro para ver se ela andou bebendo? A maioria dos pais nem sequer telefona para todas as referências da babá, então não é de admirar que saiam de casa pensando: "Com as pessoas, nunca se sabe."

Aliás, não estou sugerindo que as babás sejam submetidas a exames toxicológicos ou detectores de mentiras, mas estou ressaltando que raramente nos valemos de sequer um décimo dos meios que temos para fazer previsões de alto risco. Por exemplo, a pergunta que as pessoas realmente querem fazer a uma possível babá é: Você já maltratou uma criança? Mas nunca a fazem! Por que não? Porque as pessoas acham que fazer uma pergunta tão direta seria grosseria, ou ridículo, visto que uma pessoa que já tivesse maltratado uma criança não falaria a verdade. *Pergunte mesmo assim*, e a forma como a resposta será dada vai deixá-lo mais ou menos confortável com a candidata. Imagine se você perguntasse "Você já abusou de alguma criança?" e a candidata respondesse "Defina abuso" ou "O que andaram te falando?". É totalmente justo e conveniente pedir à pessoa a quem você vai confiar seu filho que discuta com você as questões que lhe são mais relevantes. Boas candidatas vão entender, sem sombra de dúvida, e as candidatas ruins talvez se revelem.

Sem ter buscado nenhuma das informações que realmente queria colher, o responsável pode ver a candidata fazer carinho no gato da família e pensar: "Ela gosta de animais, é um bom sinal." (Ou pior: "Fifi gostou dela, é um bom sinal.") As pessoas querem tanto contratar alguém para a função que passam mais tempo qualificando o candidato do que o desqualificando, mas esse é um dos processos em que é preferível procurar os aspectos negativos do que os positivos.

Vamos retomar o exemplo da carona. Não só você não hesita em aceitá-la de um desconhecido como existe um aplicativo administrado pela prefeitura para facilitar caronas. Em vez de dirigir sozinho de Los Angeles a San Diego, você seleciona o destino, além do horário em que deseja partir, e ele identifica outras pessoas que vão sair da sua área em direção a San Diego no mesmo horário. Um estranho em quem você pode confiar plenamente vai parar na porta da sua casa para buscá-lo, e você vai voltar de San Diego nesse mesmo esquema. Isso poderia acontecer se as previsões fossem perfeitas. Como não são, 100 mil veículos transportam os passageiros que 25 mil poderiam levar. O medo que temos uns dos outros e a falta de confiança em nossas previsões fazem qualquer alternativa parecer suspeita.

Mas e se esse aplicativo, além de identificar as pessoas que vão fazer a mesma viagem que você no horário que você quer, também mostrasse alguns dados demográficos? Você poderia ir para San Diego numa van antiga com dois homens desempregados de 30 anos, ou poderia viajar num utilitário de última geração com uma dona de casa e seu filhinho de 1 ano. É bem provável que você chegasse à conclusão de que viajar com a dona de casa e o bebê seria mais seguro (talvez mais barulhento, mas também mais seguro). O que mais você gostaria de saber sobre os candidatos a companheiros de viagem? A ficha criminal, o histórico como motorista, o estado do veículo? A questão é que, se pudesse obter dados suficientes sobre cada candidato, na verdade você ficaria à vontade para se fiar nas suas previsões, porque é exatamente assim que estranhos viram pessoas em quem você confia. Obtendo-se dados suficientes sobre eles. Eles passam em diversos dos seus testes e de repente deixam de ser estranhos.

Alguns animais têm uma percepção química do perigo. Talvez parte de nossa percepção também seja química; não sei. Mas será que haverá um dia em que poderemos fazer previsões sobre os outros não julgando pela aparência, pelas roupas, pelo sorriso ou por suas garantias, mas fazendo um teste químico? Creio que sim, mas já não estarei mais aqui para falar que avisei que isso aconteceria. Nesse meio-tempo, como precisamos continuar fazendo previsões à moda antiga, é ainda mais importante entendermos o que está de fato acontecendo.

O PSICÓLOGO JOHN MONAHAN é um pioneiro no ramo das previsões e teve uma enorme influência no meu trabalho e na minha vida. No livro *Predicting Violent Behavior* (Prevendo comportamentos violentos), ele parte de uma pergunta muito simples: Que direção este livro tomaria se você o largasse?

> Tecnicamente, o leitor pode declarar que todos os outros objetos sólidos que largou no passado caíram (mais cedo ou mais tarde), que eles não subiram nem ficaram suspensos no ar. O que possibilita uma previsão de que este objeto, se no futuro for solto, também vai cair é o fato de termos uma teoria – a da gravidade – que torna plausível aplicarmos o ocorrido em casos passados ao caso atual. A armadilha, claro, é que nossa compreensão da gravidade é muito maior do que nossa compreensão da violência.

Eu e meu amigo John poderíamos ter uma discussão acalorada sobre esse tema, pois sei muito mais sobre violência do que sobre a gravidade. Acredito que o comportamento, assim como a gravidade, é ditado por algumas regras essenciais. Reconheço que às vezes elas não se aplicam, mas lembre-se de que certas regras tampouco se aplicam sempre à gravidade. O lugar onde você está (no espaço sideral, na água) afeta o comportamento dos objetos. A relação entre um objeto e outro e entre eles e o ambiente (por exemplo: ímãs, aviões, etc.) também influencia essas previsões. Com o comportamento, assim como com a gravidade, o contexto dita as regras, mas algumas normas gerais se aplicam à maioria das pessoas:

- Buscamos conexão com os outros.
- Sentimos tristeza com perdas e tentamos evitá-las.
- Não gostamos de rejeição.
- Gostamos de reconhecimento e atenção.
- Empregaremos mais esforço para evitar a dor do que para buscar o prazer.
- Não gostamos de ridicularizações e constrangimentos.
- O que os outros acham de nós nos preocupa.
- Procuramos ter certo grau de controle sobre nossa vida.

Essas suposições não têm nada de inovadoras, e, apesar de esperar algo mais enigmático sobre pessoas violentas, esses conceitos básicos se aplicam à maioria delas, bem como a você. Veja que a lista contém alguns dos ingredientes da receita de um ser humano, e a quantidade de um ingrediente ou de outro influencia o resultado final. O homem que entra atirando no local de trabalho não tem um elemento misterioso a mais, nem necessariamente carece de algum componente. Geralmente o problema está no equilíbrio e na interação dos mesmos ingredientes que influenciam todos nós. Estou querendo dizer que a violência no ambiente de trabalho pode ser prevista, em parte, ao avaliarmos o equilíbrio de fatores comuns como as oito suposições gerais enumeradas acima? Sim.

É claro que existem outras centenas de variáveis que minha empresa considera ao prever a violência, e eu poderia apresentá-las aqui com diagramas, gráficos e planilhas. Poderia usar termos de psiquiatria que só alguém da área entenderia, mas meu objetivo aqui é simplificar, identificar os fatores que mais interessam na sua experiência.

Como já mencionei, não importa o grau de anormalidade da pessoa cujo comportamento você quer prever, não importa quão diferentes vocês são entre si, é preciso achar nela uma parte de você e achar em você uma parte dela. Ao fazer uma previsão de alto risco, observe até achar algo em comum, algo que você compartilhe com a pessoa cujo comportamento você busca prever – isso ajudará a enxergar a situação pelo prisma dessa pessoa. Por exemplo, quem faz uma ligação anônima pode parecer sentir prazer com o medo que provoca na vítima. Ter prazer com o medo dos outros é algo que a maioria não entende, mas basta lembrar a alegria dos adolescentes ao darem um susto num amigo ou irmão surgindo de supetão no escuro. Além disso, com o autor da chamada assustadora, o medo pode não ser a grande questão, mas o desejo de atenção, e com isso nós podemos nos identificar. Quando a ligação provoca medo, a pessoa que atende o telefone presta muita atenção. Talvez não seja a maneira preferida dessa pessoa de ganhar atenção, caso visse alternativas melhores ou tivesse a sensação de que traz outros ativos à relação com a vítima, mas é provável que isso já tenha dado certo no passado. Não quero dar a entender que a pessoa que liga fazendo ameaças é tão introspectiva a ponto de ter pensado conscientemente em tudo isso, mas nosso comportamento tampouco costuma ser resultado de decisões conscientes.

Embora seja verdade que as pessoas têm mais similaridades do que diferenças, você vai encontrar algumas que têm padrões de comportamento muitíssimo diferentes e formas muitíssimo diferentes de perceber os mesmos fatos. Por exemplo, algumas pessoas agem sem dar ouvidos à consciência: não ligam para o bem-estar alheio e ponto-final. Na sala da diretoria de uma empresa, podemos chamar isso de negligência; na rua, chamamos de criminalidade. A capacidade de ir contra a consciência ou a empatia é um atributo associado a psicopatas. O revelador livro *Sem consciência*, de Robert Hare, identifica várias outras características do psicopata:

- Falastrão e superficial
- Egocêntrico e soberbo
- Não sente remorso nem culpa
- Mentiroso e manipulador
- Impulsivo
- Sedento de emoções
- Irresponsável
- Emocionalmente raso

Muitos erros que ocorrem na previsão de comportamentos se devem à crença de que os outros vão enxergar as coisas como nós as enxergarmos. Esse não vai ser o caso do psicopata descrito acima. Para ter sucesso na previsão do comportamento dele, você precisa ver a situação da sua maneira *e também* da maneira dele. É claro que vai ser fácil vê-la da sua perspectiva – é automático. Ver a situação pelo olhar do outro é uma habilidade adquirida, mas você já a adquiriu. Imagine que esteja prestes a demitir alguém cujo comportamento, personalidade e filosofia de vida sejam diametralmente opostos aos seus. Apesar de todas as diferenças, você saberia dizer se a pessoa vai achar a demissão justa, totalmente injusta, parte de uma vingança ou motivada por discriminação, ganância, etc. Sobretudo se tivesse uma relação próxima com a pessoa no trabalho, você saberia dizer a percepção que ela teria dos acontecimentos quase tão bem quanto ela mesma. Apesar de não ter a mesma visão, você ainda conseguiria trazê-la ao primeiro plano.

Prever o comportamento humano é uma questão de reconhecer a peça teatral com base em uns poucos diálogos. É ter fé de que o comportamento de um personagem vai ser condizente com a percepção que ele tem da situação. Se a peça for fidedigna à condição humana, cada ato vai acontecer como deve, conforme acontece na natureza.

Imagine que você está observando um passarinho que plana acima do solo, prestes a pousar. O sol cria uma sombra do passarinho no chão, e tanto a ave como a sombra se aproximam do ponto de aterrissagem. Sabemos que é impossível que o passarinho chegue lá antes da sombra. O ato humano também nem aterrissa antes do impulso, nem o impulso aterrissa antes do que aquilo que o desencadeia. Cada passo é precedido pelo passo anterior. Não dá para disparar uma arma sem primeiro tocá-la, também não dá para pegá-la sem ter essa intenção, nem mesmo ter a intenção sem antes ter alguma motivação, tampouco ter uma motivação sem primeiro reagir a alguma coisa, nem reagir a alguma coisa sem primeiro atribuir um sentido a ela, e assim por diante. Em diversos momentos antes de apontar uma arma e apertar o gatilho, sobretudo se o contexto não é único, existem pensamentos e emoções que outros, em situações parecidas, também vivenciaram.

Pense em qualquer situação que muitas pessoas já viveram, como chegar atrasado ao aeroporto (mas não tarde demais) para pegar um voo. Com base na sua experiência, você pode prever alguns dos pensamentos, emoções e portanto comportamentos do viajante estressado. É provável que ele ande devagar? No balcão da empresa aérea, ele vai cordialmente permitir que outros passem à sua frente na fila? Vai apreciar a arquitetura interessante do aeroporto?

Como já temos conhecimento da situação do aeroporto, consideramos fácil prever o que o viajante vai fazer. É justamente porque algumas pessoas não têm familiaridade com comportamentos violentos que elas acham difícil prevê-lo, e no entanto elas preveem comportamentos *não* violentos e *o processo é idêntico*. Em seu livro *Ansiedade de informação*, Richard Saul Wurman explica que "reconhecemos todas as coisas por meio da existência de seu contrário – o dia como algo distinto da noite, o fracasso do sucesso, a paz da guerra". Poderíamos acrescentar "a segurança do perigo".

Quando uma mulher fica à vontade com um estranho em sua casa – um entregador de móveis, por exemplo – sua tranquilidade comunica que ela já previu que ele não representa perigo. Sua intuição fez várias perguntas e as respondeu a fim de completar a previsão. Ela avaliou de forma favorável e desfavorável vários aspectos do comportamento do entregador. Como temos mais familiaridade com comportamentos favoráveis, se os enumeramos e simplesmente observamos quais são seus contrários, vamos prever riscos. Damos a isso o nome de "regra dos opostos", que é uma ótima ferramenta de previsão.

FAVORÁVEL	DESFAVORÁVEL
Faz o serviço dele e nada mais	Oferece ajuda em tarefas que não têm a ver com o serviço dele
Respeita a privacidade	Curioso, faz muitas perguntas
Mantém uma distância conveniente	Fica perto demais
Espera para ser conduzido a outro ambiente	Anda pela casa sem cerimônia
Não comenta nada além do serviço que está fazendo	Tenta puxar conversa sobre outros assuntos; faz comentários pessoais
Se preocupa com o tempo; trabalha rápido	Não se preocupa com o tempo; não tem pressa de ir embora
Não se importa se tem mais alguém em casa	Quer saber se tem mais alguém em casa
Não se importa se alguém está para chegar	Quer saber se alguém está para chegar
Não presta atenção demais em você	Encara você

Todos os tipos de previsões comportamentais, não só as que têm a ver com o perigo, podem ser aprimorados aplicando-se a regra dos opostos.

Assim como podemos prever comportamentos quando já sabemos qual é a situação ou o contexto, também podemos reconhecer o contexto com base no comportamento. Um homem insiste em ser o primeiro da fila das passagens no aeroporto, não para de olhar para o relógio, parece estar exasperado com a lentidão do balconista. Depois de comprar a passagem, ele sai correndo, estabanado, levando as malas. Passa a impressão de estar com pressa e estressado. Lança um olhar esperançoso para todos os portões de que se aproxima. Ele é:

a) Um político atrás de votos que vai parar e conversar com todos os passantes?
b) O voluntário de uma instituição de caridade que vai pedir doações?
c) Uma pessoa que se atrasou para o voo e que vai direto para o portão?

Um funcionário agressivo é demitido no dia em que volta de uma licença. Ele se recusa a sair do prédio. Diz ao supervisor: "Você não vai se livrar de mim tão fácil" e em seguida recita o endereço da casa do supervisor. E completa: "Vou te fazer uma visitinha." Seguranças são chamados para tirá-lo dali. No dia seguinte, o para-brisa do carro do supervisor está quebrado.

O mais provável é que o funcionário demitido:

a) Mande um cheque para pagar o conserto do para-brisa?
b) Matricule-se na faculdade de Medicina no dia seguinte?
c) Comece a ligar para a casa do supervisor de madrugada e desligar o telefone quando alguém atende?

Alguns dias depois que o homem é demitido, o supervisor encontra uma cobra morta na caixa de correspondência.

Ela foi colocada ali:

a) Por um vizinho que está pregando uma peça nele?
b) Por um membro da Liga de Proteção às Cobras que está tentando conscientizar a população?
c) Pelo homem demitido dias antes?

Usei esses exemplos óbvios para demonstrar um dos melhores meios que temos para prever o comportamento humano: você dificilmente vai deixar de encaixar as pessoas na categoria mais plausível quando precisar escolher entre opções contrastantes. Pode parecer uma obviedade, mas esse é um grande instrumento de avaliação.

Uma mulher num estacionamento subterrâneo é abordada por um estranho que se oferece para ajudá-la a botar as compras no carro. Ela poderia refinar suas previsões sobre o homem e fazer um exercício criativo se perguntando se esse homem:

a) É membro de um grupo de cidadãos voluntários cuja missão é patrulhar estacionamentos subterrâneos à procura de mulheres para ajudar?
b) É o dono de uma rede de supermercados à procura da estrela de sua próxima campanha publicitária nacional?
c) É um cara com interesse sexual em mim?

Quando você elaborar conscientemente a primeira categoria possível de sua lista de múltipla escolha, é bem provável que já saiba a resposta certa e já tenha intuído o grau de perigo imediato. Não esqueça que a intuição sabe mais a respeito da situação do que nós sabemos conscientemente. No estacionamento, ela sabe quando a mulher viu o homem pela primeira vez, e não só quando foi que ela se deu conta de que o tinha visto; talvez ela saiba quando foi que ele a viu; talvez saiba quantas pessoas estão por perto. Sabe da iluminação, sabe como o som se propaga ali, sabe de sua capacidade de fugir ou se defender caso haja necessidade, e assim por diante.

Também ao avaliar o funcionário demitido, a intuição sabe por quanto tempo ele se agarrou aos ressentimentos do passado. Ela se lembra de declarações sinistras que fez e às quais se seguiram alguns vandalismos nunca explicados. Ela se lembra da história desconcertante de como ele acertou as contas com um vizinho.

A razão para criar três opções é que isso o exime da necessidade de estar certo: você sabe que pelo menos duas opções estão erradas, e essa liberdade de julgamento abre caminho para a intuição. Na prática, trata-se menos de um exercício de criatividade do que de descoberta: o que você acha que está inventando está, na verdade, *evocando*. Muitos acreditam que o processo criativo é a reunião de pensamentos e conceitos, mas pessoas muito criativas lhe dirão que a ideia, a canção ou a imagem estava *dentro* delas e o trabalho que tiveram foi o de trazê-la à tona, num processo de descoberta, não de criação.

Foi Michelangelo quem explicou isso, com grande engenhosidade, quando lhe perguntaram como ele criou a famosa escultura de David. Ele disse: "É fácil, você só tem que tirar da pedra tudo o que não é David."

Pois bem, você sabe que a escultura será de um homem muito antes de ela estar finalizada. A ironia da previsão é que, se você esperar tempo suficiente para se decidir, todas as previsões estarão corretas. No último segundo, a maioria dos fatores já está visível e é menos provável que mude porque existem menos oportunidades para que haja interferências. O crucial é completar a previsão com tempo suficiente para tirar algum proveito dela – em outras palavras, quando você ainda tem tempo para se preparar ou para influenciar seu desenlace.

Por quê, afinal, fazemos previsões? Para evitar uma consequência ou tirar partido de uma consequência. Em ambos os casos, a previsão tem que ser seguida pela preparação. Previsão sem preparação é apenas curiosidade. Prever que um cavalo vai ser mais veloz na corrida só vale alguma coisa quando você tem tempo de tirar proveito desse resultado fazendo uma aposta. Ou, se você estiver no caminho do cavalo galopante, pode usar a previsão para sair do caminho do animal e evitar ser atropelado.

A quantidade de preparação adequada a um dado resultado é determinada pela avaliação da importância de evitá-lo ou aproveitá-lo e o custo e a eficácia das estratégias que você vai usar.

Ao decidir de quais preparativos ou precauções lançar mão, a pessoa também mede a confiabilidade percebida da previsão. Se eu previsse que amanhã você será atingido por um raio e dissesse que posso garantir sua segurança por 50 mil dólares, você não se interessaria pela oferta. Embora seja importante evitar que um raio caia na sua cabeça, a confiabilidade da minha previsão é baixa, portanto o custo é alto demais. No entanto, se um médico disser que você precisa de um transplante de coração imediatamente para não morrer, o custo de 50 mil de repente se torna cabível. A morte como consequência é igual para o raio e a insuficiência cardíaca, mas consideramos a confiabilidade de uma previsão médica bem mais alta.

É por esse mesmo processo, de comparar confiabilidade, importância, custo e eficácia, que as pessoas tomam várias decisões por dia.

A sociedade toma suas decisões preventivas com base nessa mesma avaliação. Evitar o assassinato do prefeito de uma cidade grande é menos importante para a sociedade do que evitar o assassinato de um candidato à Presidência. É por isso que o gasto semanal com a segurança de um candidato à Presidência é maior do que o gasto anual com a segurança da maioria dos prefeitos. Podemos considerar a previsão de que um candidato à Presidência pode ser baleado mais precisa do que a de que o mesmo possa acontecer a um prefeito, mas isso nem sempre é verdade. Quando acrescentamos governadores a esse bolo, descobrimos que quase todos têm proteção, alguns de vários seguranças, mas não sei de nenhum governador americano, por exemplo, que tenha sido assassinado quando ocupava o cargo. (Dois foram agredidos durante o mandato, mas nenhum deles por ser governador: George Wallace porque era candidato à Presidência e John Connolly porque estava no carro quando o presidente Kennedy foi baleado.) Então, embora a probabilidade de um prefeito ser assassinado por estar no cargo seja maior, lamento dizer aos meus leitores que são prefeitos que as pessoas temem mais que esse seja o destino dos governadores.

Com sociedades, assim como acontece com indivíduos, quando a avaliação de riscos é feita com irracionalidade, é sempre por causa da emoção. Por exemplo, evitar um sequestro de avião é tão importante que passageiros passam pela inspeção de raios x que verifica se não portam armas mais de **UM BILHÃO** de vezes por ano. Somente algumas centenas de pessoas são presas por porte de armas e quase nenhuma tem a intenção de sequestrar o avião. Por ironia do destino, as únicas mortes decorrentes de sequestros de aviões nos Estados Unidos aconteceram *depois* que instituímos a triagem. Então, dado a eficácia, pagamos muito caro por algo que previne só alguns incidentes. Fazemos isso por causa da emoção – para ser mais específico, da preocupação. Só para deixar claro, sou a favor da inspeção por raios x para passageiros de avião, tanto pelo benefício da redução do medo e pela dissuasão quanto pela detecção de armas.

A probabilidade de arrombamentos no seu bairro pode ser mínima, mas a importância de evitá-los faz o custo de ter trancas na porta parecer razoável. Algumas pessoas consideram arrombamentos mais prováveis, ou consideram que evitá-los é mais importante, portanto compram sistemas de segurança. Outros não têm essa sensação. Nossa atitude em relação à cautela e à precaução se resume a uma avaliação de riscos pessoal. Questione a confiabilidade das previsões de risco que você faz na vida, a importância de evitar um desenlace ruim e a eficácia das precauções ao seu alcance. Com essas respostas, você pode decidir quais precauções aplicar à sua segurança pessoal.

Quando você corre um risco iminente, a intuição esquece todo esse raciocínio lógico e apenas envia um sinal de medo. Você ganha a oportunidade de reagir a uma previsão que já foi concluída quando ela vem à consciência. Essas previsões intuitivas são involuntárias, mas com frequência precisamos fazer previsões de forma consciente. Como melhorá-las? Ingmar Bergman disse: "Imagine que disparo um dardo no escuro. É a minha intuição. Então tenho que mandar uma expedição revirar a mata em busca do dardo. É o intelecto."

Ao simplesmente disparar o dardo, já melhoramos muito as previsões conscientes. Por meio de nada mais que um questionamento, ou até de uma reflexão guiada pela curiosidade sobre o que uma pessoa pode fazer, estabelecemos uma aliança consciente com a nossa intuição, uma aliança com nós mesmos. A lógica e o discernimento podem até relutar em buscar o dardo dentro da mata, mas talvez você consiga persuadi-los com as ideias do próximo capítulo.

6
Previsões de alto risco

"Quando o princípio do movimento é aplicado,
uma coisa se segue a outra sem interrupção."
– Aristóteles

Eu me lembro do caso de um homem que foi até um hotel perto de casa e pediu um quarto no andar mais alto. Apesar de não ter bagagem, o carregador o acompanhou ao 18º andar. O hóspede lhe deu de gorjeta todo o dinheiro que tinha no bolso (61 dólares). Em seguida, perguntou se havia papel e caneta no quarto. Cinco minutos depois, ele pulou da janela.

O suicídio podia ter sido previsto pelo recepcionista que fez seu check--in ou pelo carregador? Ambos tiveram a oportunidade de observar o comportamento do hóspede, mas estavam prevendo resultados com um foco totalmente diferente, respondendo às próprias perguntas: Será que ele tem dinheiro para pagar o quarto? Ele é o usuário autorizado do cartão de crédito? Como posso conseguir outra gorjeta como essa? Os indicadores pré-incidente para tais previsões não incluem aqueles que são relevantes para o suicídio, como por exemplo: Por que ele está sem bagagem? Por que uma pessoa que mora perto aluga um quarto de hotel? Por que ele quer um quarto num andar alto? Para que ele quer papel e caneta? Por que ele entregou todo o dinheiro que tinha no bolso?

As pessoas fazem todas essas coisas por motivos diferentes, é claro. O homem poderia ter perdido as malas. Poderia estar no hotel apesar de morar ali perto porque sua casa estava sendo dedetizada (mas, nesse caso, por que não levar bagagem?). Poderia estar no hotel por ter acabado de brigar com a esposa (e saído de casa rápido demais para pegar seus pertences).

Poderia ter pedido um quarto num andar alto por causa da vista. E poderia ter perguntado se havia papel e caneta para escrever um bilhete para alguém (a esposa?). Poderia ter dado todo o seu dinheiro como gorjeta por ser um homem generoso. Uma pergunta que poderia dar sentido ao seu comportamento é: Ele parece deprimido? Mas essa não é uma questão que passe pela cabeça de funcionários de hotel.

Embora eu tenha certeza de que algum advogado poderia defender que o hotel tem sua responsabilidade no caso, a verdadeira questão é que, para prever alguma coisa de forma consciente, a pessoa precisa saber qual desenlace está sendo previsto ou perceber indicadores pré-incidente em número suficiente para que o possível desenlace ganhe sua consciência. Aqui, a filosofia zen se aplica: *Saber qual é a pergunta é o primeiro passo para que se saiba a resposta.*

A LINGUAGEM DA PREVISÃO

Se você se visse cercado por uma matilha de cães que lhe provocassem medo, não poderia ter uma companhia melhor do que Jim Canino. Ele é especialista em comportamento de cachorros e já trabalhou com centenas de cães que as pessoas consideravam ferozes ou imprevisíveis. Embora você e Jim sejam capazes de observar as mesmas ações e reações de um cachorro, é mais provável que ele entenda o significado delas e anteveja precisamente o comportamento do animal. Isso acontece porque ele conhece a linguagem preditiva canina. Por exemplo, talvez você ache que o cachorro que está latindo para você vai mordê-lo, mas Jim sabe que o latido é apenas um chamado para outros cães. O rosnado é um sinal para que você o respeite. Na linguagem preditiva dos cães, o rosnado significa: "Ninguém vai aparecer e eu tenho que lidar com a situação sozinho."

Quando alguém fala numa linguagem que você não entende, os sons têm um sentido limitado, embora você os ouça claramente. Veja, por exemplo:

Flamamengo. R o b e r t o crls. Gsus.

Essas palavras aparentemente podem não fazer sentido, mas sua intuição provavelmente já lhe disse que fazem. O parágrafo contém três nomes conhecidos, mas numa linguagem um pouco diferente do restante do livro.

Flamamengo é Flamengo. R o b e r t o Crls é Roberto Carlos. Gsus é Jesus.

Esses enigmas verbais mostram que muitas vezes o sentido está na nossa cara, só precisamos captá-lo. Às vezes basta acreditar que ele existe.

Essas brincadeiras também demonstram uma outra coisa, que diz respeito à diferença entre intuição e previsão consciente. Se a solução para uma dessas charadas não nos vem à cabeça de imediato, então é questão de deixar a resposta vir à tona em sua mente, pois, por mais que você olhe para ela, o enigma em si não vai lhe dar nenhuma informação além da que já foi fornecida. Se você soluciona um deles, a resposta existia em algum lugar dentro de você. Muita gente resiste a essa ideia, preferindo acreditar que resolve charadas mexendo nas letras, tentando reorganizá-las como se fossem anagramas. Mas não são anagramas e não seguem regras invariáveis, e muitas pessoas as resolvem imediatamente, sem precisar de tempo para decifrá-las.

Eu mostro uma série de enigmas intuitivos quando dou palestras e peço à plateia que fale as respostas assim que as descobrirem. A maioria das respostas corretas – às vezes quase todas – é anunciada por mulheres. Assim como a maioria das respostas *incorretas*. Isso porque as mulheres se dispõem a falar o que lhes vem à cabeça – elas se dispõem a "chutar". Já os homens não se arriscam a errar diante de uma sala cheia, portanto só falam quando têm certeza de que é a resposta correta. O resultado é que, enquanto os homens reviram sua lógica pessoal a cada charada, as mulheres gritam todas as respostas. As mulheres ficam mais à vontade para se fiar na intuição, porque é o que fazem o tempo todo.

Intuição é apenas escuta; a previsão é muito parecida com a tentativa de resolver enigmas usando a lógica. Talvez você confie mais nas previsões conscientes porque pode mostrar a si mesmo a metodologia usada, mas isso não necessariamente aumenta sua exatidão. Apesar de este capítulo discutir como aperfeiçoar as previsões conscientes, não acredite nem por um segundo que, quando se trata do comportamento humano, as previsões conscientes sejam melhores do que as inconscientes.

PREVEMOS O COMPORTAMENTO de outros seres humanos com base na nossa capacidade de interpretar certos sinais que percebemos. Em *Bodytalk*

(Linguagem do corpo), Desmond Morris descreve o significado de gestos e movimentos corporais e observa em que partes do mundo seus diversos sentidos se aplicam. Por incrível que pareça, 66 dos sinais listados são válidos no mundo inteiro, ou seja, são comuns a todos os seres humanos em todas as culturas do planeta. A maioria deles é inconsciente. Em todos os cantos do mundo, o queixo apontado para a frente é sinal de agressividade, a cabeça um pouquinho recuada é sinal de medo, as narinas dilatadas enquanto se puxa o ar é sinal de raiva. Se a pessoa, em qualquer lugar do planeta, estica o braço para a frente e faz gestos curtos para baixo com a palma da mão voltada para baixo, ela quer dizer "Acalme-se". Em todas as culturas, acariciar o queixo quer dizer "Estou pensando".

Assim como esses gestos, a interpretação que fazemos deles geralmente é inconsciente. Se eu pedisse para listar apenas 15 dos 66 movimentos corporais ou gestos universais, você teria dificuldade, mas não tenho dúvida de que conhece todos e reage a cada um deles intuitivamente. Eu mencionei a linguagem preditiva dos cachorros, que é inteiramente não verbal. Desmond Morris identificou uma das partes não verbais da linguagem humana, mas temos muitas outras. Não raro, conhecer a linguagem de determinada previsão é mais importante do que entender exatamente o que uma pessoa diz. A chave está em entender o sentido e a perspectiva por trás das palavras que as pessoas escolhem. Ao prever a violência, algumas das linguagens são:

A linguagem da rejeição
A linguagem do direito adquirido
A linguagem da grandiosidade
A linguagem da busca por atenção
A linguagem da vingança
A linguagem do apego
A linguagem da busca de identidade

Busca por atenção, grandiosidade, direito adquirido e rejeição geralmente estão interligados. Pense em algum conhecido que esteja sempre carente de atenção, que não aguente ficar sozinho ou não ser ouvido. Poucas pessoas gostam de ser ignoradas, é claro, mas para essa pessoa a questão tem um significado maior. Crente de que merece (direito adquirido ou grandiosidade), ciente de que precisa (medo da rejeição) e comprometida com a ideia de ser vista e ouvida (busca por atenção), talvez ela resista veementemente à perda de atenção. Se essa necessidade for bastante grande (e quem avalia isso é você), talvez ela cometa atos extremos para atrair o interesse dos outros.

Pense em um conhecido cuja autoavaliação é elevada ou grandiosa, talvez até por um bom motivo. Quando ele se apresenta como voluntário para alguma coisa e depois descobre não ter sido escolhido ou sequer cogitado, a notícia tem para ele um significado diferente do que teria para uma pessoa despretensiosa, humilde. Essa pessoa provavelmente também se sentirá humilhada mais rápido do que a pessoa despretensiosa.

A cada previsão que fazemos sobre a violência devemos perguntar o que o contexto, os estímulos e os desdobramentos podem significar para a pessoa envolvida, e não só o que significa para nós. Precisamos questionar se quem a pratica vai perceber a violência como uma forma de chegar a um resultado desejado ou como uma forma de deixar esse resultado mais distante. A decisão consciente ou inconsciente de usar a violência, ou de fazer praticamente qualquer coisa, envolve muitos processos mentais e emocionais, mas geralmente se resume a como a pessoa percebe quatro questões bastante simples: justificativa, alternativas, consequências e capacidade. A avaliação desses elementos nos ajuda a prever a violência.

JUSTIFICATIVA PERCEBIDA

A pessoa acredita que há uma justificativa para que use a violência? A justificativa percebida pode ser tão simples quanto uma provocação ("Ei, você pisou no meu pé!") ou tão complexa como a busca de um pretexto para bater boca, como acontece com o cônjuge que puxa uma briga para justificar uma reação furiosa. O processo de fabricar uma justificativa pode ser observado. A pessoa que procura uma justificativa para algum ato seu pode passar de "O que você fez me dá raiva" para "O que você fez é errado". Justificativas populares incluem a superioridade moral da indignação justa e a equação mais simples conhecida por seu nome bíblico: olho por olho.

A raiva é uma emoção muito sedutora porque é profundamente estimulante e revigorante. Às vezes as pessoas sentem que sua raiva é justificada por injustiças do passado, e à mínima desculpa trazem à tona ressentimentos que nada têm a ver com a situação atual. Pode-se dizer que essa pessoa tem uma hostilidade pré-justificada, mais comumente conhecida como rancor.

O grau de provocação está, claro, na visão do provocado. John Monahan observa que "a avaliação que alguém faz de um acontecimento dita se ele vai ter uma reação violenta". O que ele chama de "intencionalidade percebida" (isto é, "Você não esbarrou em mim simplesmente, você bateu em mim de propósito") talvez seja o exemplo mais claro de alguém procurando uma justificativa.

ALTERNATIVAS PERCEBIDAS

A pessoa percebe que tem alternativas à violência que a aproximam do resultado esperado? Como a violência, assim como qualquer outro comportamento, tem um propósito, vale a pena saber o objetivo do autor. Por exemplo, se a pessoa quer reaver seu emprego, a violência não é a melhor estratégia, pois impossibilita o resultado desejado. Contrariamente, se quer vingança, a violência é uma estratégia viável, embora em geral não seja a única. As alternativas à violência são a ridicularização, campanhas difamatórias, processos ou algum outro dano não físico à pessoa ou empresa visada. Saber qual é o resultado almejado é crucial. Se é infligir danos físicos, então existem poucas alternativas à violência. Se é punir alguém, pode haver várias. É quando a pessoa não enxerga alternativas que a violência se torna mais provável. Davi não teria lutado contra Golias se visse alguma alternativa. A justificativa por si só não teria sido suficiente para contrabalançar sua baixa capacidade de vencer o rival. Acima de tudo, ele lutou porque não tinha opção. Uma pessoa (ou animal) que acredita não ter alternativa luta mesmo quando a violência não é justificável, mesmo quando as consequências são vistas como desfavoráveis e mesmo quando sua capacidade de vencer é baixa.

CONSEQUÊNCIAS PERCEBIDAS

Como a pessoa vê as consequências do uso da violência? Antes de recorrer à força, as pessoas avaliam as prováveis consequências, ainda que inconscientemente ou de forma muito rápida. As consequências podem ser insuportáveis, como seria o caso de alguém cuja identidade e autoimagem ficariam abaladas se lançasse mão da violência. O contexto pode mudar isso, como acontece a quem é normalmente passivo mas fica violento em grupo ou em multidões. A violência se torna tolerável com o apoio ou incentivo dos outros. É quando as consequências são vistas como favoráveis – como no caso do assassino que quer chamar a atenção e não tem nada a perder – que a violência é mais provável.

CAPACIDADE PERCEBIDA

A pessoa acredita que vai ser bem-sucedida ao dar socos, atirar ou jogar uma bomba? Quem já teve sucesso ao usar a violência considera maior sua capacidade para prevalecer usando a violência de novo. Quem tem armas ou outras vantagens acredita (em geral corretamente) ter grande capacidade para usar a violência.

Para ver esses quatro elementos na prática, em grande escala, examine os conflitos mundiais. Os palestinos têm o objetivo de reivindicar e proteger seu direito à terra. Alguns também têm o objetivo de vingar injustiças do passado e punir os israelenses. Em ambos os casos, quem aplica a violência à questão acredita que ela é *justificada*. Não percebe *alternativas* para atingir seus objetivos que sejam tão eficientes quanto a violência. Considera as *consequências* da violência favoráveis (pressão sobre os israelenses, atenção mundial para sua causa, vingança por sofrimentos passados, etc.). Percebe uma grande *capacidade* para infligir a violência.

A fim de prever se os palestinos vão continuar usando a violência, precisamos – pelo menos para fazer a avaliação – enxergar a questão pelo prisma deles. Nunca é demais ressaltar a importância de ver as coisas pela perspectiva da pessoa cujo comportamento você está prevendo. Um episódio do programa *60 Minutes* é um bom exemplo de como a maioria das pessoas reluta em fazer isso. O programa fez um perfil do gênio terrorista conhecido pelo apelido de Engenheiro, um homem que ajudou mártires camicases a prender explosivos ao peito. Seus agentes viraram bombas ambulantes, levando a morte para áreas populosas. O entrevistador Steve Kroft pediu a um dos seguidores terroristas do Engenheiro que descrevesse o homem capaz de fazer coisas tão tenebrosas. A resposta:

– Ele é uma pessoa bem normal, igual a todo mundo.

– Você falou que ele é igual a todos nós. Eu diria que... que ninguém considera você e ele normais – ressaltou Kroft.

– Acredito que sua declaração esteja incorreta – rebateu o terrorista. – Existem milhares e milhares de pessoas no nosso país que acreditam no que a gente acredita. E não só no nosso país, mas também no resto do mundo árabe e até no seu país.

O terrorista tem razão.

Os quatro elementos gerais da violência podem ser observados não só em indivíduos, mas também em governos. Quando os Estados Unidos se preparam para ir à guerra, a justificativa é primeiramente: império maligno; ditador louco; proscrito internacional; proteção dos nossos interesses; "impossível ficar olhando sem fazer nada", etc. As alternativas à violência diminuem à medida que passamos das negociações às exigências, dos avisos aos boicotes e, por fim, dos bloqueios aos ataques. As consequências percebidas de entrar na guerra passam de intoleráveis a toleráveis quando a opinião pública se alinha à opinião do governo. Nossa avaliação de nossa capacidade cresce à medida que navios e tropas se aproximam no inimigo.

No final das contas, o bombardeiro americano que mata 100 pessoas no Iraque decide usar a violência da mesma forma que o homem-bomba palestino que mata 100 pessoas em Israel.

Essa ideia pode incomodar alguns leitores, mas, conforme discutimos no Capítulo 3, para fazer previsões eficazes, precisamos renunciar aos juízos de valor. Precisamos enxergar a batalha – pelo menos por um instante – do convés do navio inimigo, pois cada pessoa tem sua perspectiva, sua realidade, por mais diferente que seja da nossa. Como explica o historiador James Burke: "A única coisa que é correto dizer a respeito de um homem que se acredita um ovo poché é que ele é minoria."

OS ELEMENTOS DA PREVISÃO

Existe uma forma de avaliar a probabilidade do sucesso de qualquer previsão, uma forma de prever a previsão, por assim dizer. Para isso, devemos medir 11 elementos. Esses elementos, que ofereço aqui como um vislumbre de algumas das estratégias usadas pela minha empresa, se aplicam a qualquer tipo de previsão, não só as que envolvem violência. Eu sei que são universais pois muitos clientes corporativos para os quais já prestamos consultoria sobre previsões de alto risco nos pediram ajuda em outros tipos de previsões, como, por exemplo, quais atitudes seus adversários em um litígio tomariam.

Começamos fazendo as seguintes perguntas:

1. Mensurabilidade do resultado

Até que ponto o resultado que você quer prever é mensurável? Ficará claro se ele foi ou não atingido? Por exemplo, imagine que a pergunta preditiva seja: "Uma bomba vai explodir no auditório durante a reunião pró-aborto?" Esse resultado é mensurável (isto é, seria óbvio se o fato acontecesse).

Se, no entanto, a pergunta preditiva é "Vamos nos divertir na nossa viagem ao Havaí?", pode ser que nossa ideia de "diversão" não seja igual. O que considero diversão pode não ser para você, portanto talvez não seja fácil descobrir a resposta. Assim, essa previsão tem menos probabilidade de ser bem-sucedida do que aquelas cujos desenlaces são fáceis de mensurar.

2. Vantagem

A pessoa que está fazendo a previsão tem como observar os indicadores pré-incidente e o contexto? Para prever o que vai acontecer entre duas pessoas que discutem, por exemplo, é importante ter um ângulo privilegiado de onde se vejam e se ouçam ambas.

3. Iminência

Você está prevendo um resultado que vai se dar em breve ou em algum momento distante do futuro? Idealmente, deve-se prever resultados que serão obtidos quando ainda são relevantes. É mais fácil alguém dar uma resposta satisfatória à pergunta preditiva "Alguém vai tentar fazer mal ao senador Smith na semana que vem?" do que à pergunta "Alguém vai tentar fazer mal ao senador Smith daqui a 30 anos?". O sucesso é mais provável para a primeira pergunta porque as condições da próxima semana não serão impactadas por tantas influências quanto as condições que teremos daqui a 30 anos.

Nossos melhores recursos de previsão são utilizados quando os resultados podem ocorrer ainda sendo relevantes para nós. Embora isto possa soar meio desagradável para o senador Smith, talvez não importe muito para as pessoas de hoje se ele sofrerá um atentado daqui a 30 anos.

Dinâmica similar vale para perguntas preditivas mais pessoais, como: "Vou morrer em decorrência do tabagismo?" É fácil para os fumantes prever que o cigarro provavelmente vai matá-los, mas o resultado está tão distante que perde muito de sua relevância.

4. Contexto
O contexto da situação é claro para a pessoa que faz a previsão? É possível avaliar as condições e circunstâncias associadas, a relação entre as partes e os acontecimentos?

5. Indicadores pré-incidente (IPIs)
Existem indicadores pré-incidente que inevitavelmente vão acontecer antes do resultado que está sendo previsto? Esse é o elemento mais valioso de todos. Se alguém estivesse prevendo se um governador seria alvo de uma tentativa de assassinato durante um discurso, os indicadores pré-incidente poderiam incluir o fato de o assassino pular no palanque com uma arma – mas esse IPI é recente demais para ser de grande utilidade (pois deixa pouco tempo para uma intervenção). O nascimento do assassino também é um IPI, mas é remoto demais para ter algum valor. Embora esses dois acontecimentos sejam interseções cruciais no mapa dessa previsão específica, esperamos estar em algum ponto entre uma coisa e outra, entre o fator mais precocemente detectável e os que ocorrem pouco antes do ato. Indicadores úteis em relação a um assassinato podem abarcar a tentativa do assassino de descobrir qual é a agenda do governador, a elaboração de um plano, a compra de uma arma, um diário ou o anúncio às pessoas de que "algo grande está para acontecer".

Idealmente, o resultado seria precedido por vários IPIs confiáveis, mas eles também precisam ser detectáveis. Alguém ter a ideia de matar e tomar a decisão de matar são dois IPIs de valor extraordinário, mas, como acontecem na cabeça do indivíduo, podem não ser detectáveis. Mais tarde vou discutir os indicadores pré-incidente de violência no local de trabalho, de assassinato conjugal, de homicídios cometidos por crianças e de ataques a figuras públicas. Eles sempre existem, mas nem sempre são conhecidos por quem faz as previsões.

6. Experiência
Quem está fazendo a previsão tem experiência com o assunto em questão? Um domador de leões é capaz de prever se um leão vai ou não vai atacar com uma precisão maior do que eu, porque é experiente nesse tema. Ele pode se sair ainda melhor se tiver experiência com os dois resultados possíveis (leões que não atacam e leões que atacam).

7. Acontecimentos comparáveis
É possível analisar ou considerar resultados que são comparáveis – mas não necessariamente idênticos – ao que está sendo previsto? O ideal é que a pessoa se fie em acontecimentos que sejam substancialmente comparáveis. Para prever se um senador será baleado por um membro do público geral com problemas mentais, pode-se estudar casos em que prefeitos foram baleados por perseguidores perturbados, já que se trata essencialmente da mesma situação e a relação entre os participantes é similar. A pessoa pode estudar sobre os IPIs em casos envolvendo prefeitos e pensar se eles se aplicam à previsão atual. Por outro lado, analisar casos de senadores baleados por cônjuges ou senadores que se suicidaram não deve aumentar a possibilidade de sucesso quanto à previsão de que um estranho atire em um senador.

8. Objetividade
Quem está fazendo a previsão tem objetividade suficiente para acreditar que qualquer um dos resultados é possível? Quem acredita somente em um dos resultados já concluiu sua previsão. Com a simples decisão de tomar uma decisão antes de toda a gama de testes preditivos ser finalizada, essa pessoa impõe um obstáculo à sua capacidade preditiva. Se tiver que prever se determinado funcionário vai ter uma atitude violenta, a pessoa que acredita que esse tipo de coisa não acontece nunca não é a pessoa indicada para a tarefa. As pessoas só empregam todos os seus recursos de previsão quando acreditam que qualquer desenlace é possível.

9. Investimento
Até que ponto a pessoa que está fazendo a previsão tem interesse no resultado? Em termos mais simples, ela se importa se dá para evitar ou se aproveitar do resultado? Tem seus motivos para querer que a previsão esteja

correta? Se eu pedir que neste exato instante você preveja se vou perder a hora amanhã, você não vai lançar mão de seus melhores recursos preditivos para responder à pergunta, porque não se importa com isso. Se, no entanto, você estiver contando que eu vá buscá-lo no aeroporto amanhã cedo, sua previsão será bem melhor.

10. Replicabilidade
É prático testar a exata questão que está sendo prevista botando-a em prática primeiro em outro lugar? Se pedirmos a alguém que preveja se a água de uma panela vai ferver quando aquecida, ela não vai precisar aquecer *essa* água para aperfeiçoar sua previsão. É possível testar a questão, replicá-la com exatidão, aquecendo primeiro outra água. É um experimento de baixo custo para uma previsão de baixo risco. Embora a replicabilidade seja a pedra fundamental da maioria das previsões científicas, ela quase não tem serventia em previsões de alto risco sobre o comportamento humano. Não posso testar se um funcionário enfurecido vai atirar no supervisor pondo uma arma na mão dele e o observando no ambiente de trabalho.

11. Conhecimento
Quem está fazendo a previsão tem um conhecimento *preciso* sobre o assunto? A menos que seja relevante e preciso, o conhecimento pode ser um navio prestes a naufragar que o tolo insiste em lançar ao mar, pois o conhecimento volta e meia se disfarça de sabedoria. Se o executivo de uma empresa sabe que os perpetradores de violência no ambiente de trabalho geralmente são homens brancos com idade entre 35 e 50 anos, ele pode ignorar o comportamento bizarro de alguém porque o funcionário "não está dentro do perfil".

(Na minha empresa, usamos um instrumento preditivo que atribui pontos a cada um desses 11 elementos. A escala e suas variações estão no Apêndice 6, junto com exemplos de previsões populares.)

A NOÇÃO MAIS AVANÇADA de previsão tem a ver com a determinação de quando uma coisa começa a acontecer. A previsão de terremotos é um exemplo extremo: ao contrário do que a maioria pensa, existem indicadores pré-incidente fidedignos para os terremotos. O problema é que os IPIs podem ter 10 mil anos de duração, e por isso os terremotos continuam, em termos humanos, sendo imprevisíveis. Em termos geológicos, entretanto, é justo dizer que o próximo terremoto em Los Angeles já começou. Na geologia, chamar alguma coisa de catástrofe é dizer que o evento acontece num período curto o bastante para ser significativo para o homem. O movimento da terra não é problemático, pois o chão onde você está pisando agora está se movendo. O problema é ser súbito.

Ao prever a violência, um indicador pré-incidente que se prolonga por muito tempo nos leva a questionar se precisamos esperar que algo se transforme em catástrofe ou se devemos tentar detectá-lo no meio do caminho. A tentativa de assassinato começa quando a arma é disparada contra a vítima ou quando a arma é sacada, ou quando é levada para o local do conflito, ou quando é carregada, ou quando é comprada, ou quando se tem a ideia do assassinato? A previsão passa de ciência a arte quando você se dá conta de que *indicadores pré-incidente na verdade fazem parte do incidente.*

Ao aplicar esse conceito a seres humanos, vemos que o comportamento é como uma corrente. Com muita frequência, enxergamos apenas os elos. Ao perguntar por que um homem cometeu suicídio, talvez alguém nos responda: "Ele estava desesperado porque teve um grande prejuízo financeiro", como se isso servisse de explicação. Muitas pessoas se desesperam com prejuízos financeiros e não se matam. Apesar do nosso desejo de acreditar que a violência é questão de causa e efeito, na verdade ela é um processo, uma corrente em que o resultado violento é apenas um dos elos. *O processo suicida começa muito antes do ato suicida.*

O mesmo pode ser dito sobre homicídios. Apesar de tentar explicar um assassinato usando uma lógica simples, de causa e efeito (por exemplo: "Ele descobriu que a esposa estava tendo um caso, então a matou"), pensar dessa forma não colabora para a previsão. Assim como o terremoto, a violência é resultado de um processo iniciado muito antes de esse homem se casar. Ao prever o que um amigo faria se perdesse o emprego, você não diria: "Ah, ele cometeria suicídio", a menos que houvesse muitos outros indicadores de suicídio. Você enxergaria a perda do emprego como um elo, não como a corrente inteira.

A ESSA ALTURA, você já leu bastante sobre previsões bem-sucedidas, talvez tanto que seja difícil se lembrar de tudo. No entanto, um teste de memorização é desnecessário porque a informação já está na sua mente. Sei disso porque foi de onde ela veio. Esses elementos de previsão são os mesmos em que nossos ancestrais se fiaram para sobreviver. Se são novos para você, é porque em geral são ignorados pelos ocidentais modernos. Vemos menos necessidade deles porque estamos num momento da nossa evolução em que a vida diz menos respeito à previsão de riscos e mais ao controle deles.

Dotados de grande intelecto com que nos proteger, criamos tecnologias extraordinárias para sobreviver. A maior delas é a medicina moderna; embora não estejamos menos vulneráveis a ferimentos, hoje a morte em decorrência deles é bem menos provável. A tecnologia também nos deu a capacidade de pedir socorro, por isso raramente nos sentimos isolados numa emergência. Também temos transporte eficiente que pode nos dar rápido acesso ao atendimento médico. Mesmo assim, hoje, mais do que nunca, sentimos medo, e o que mais tememos são outros seres humanos.

Para nos libertarmos desse medo, precisamos resgatar as habilidades preditivas que nos são inerentes. Nos capítulos a seguir, os elementos da previsão e da intuição que discuti até aqui vão se unir na prática. Você verá que, assim como ouvir a intuição é apenas interpretar os sinais que damos a nós mesmos, prever o comportamento humano é apenas interpretar os sinais que os outros nos transmitem.

7
Ameaças de morte

> "O homem é covarde, pura e simplesmente. Tem um amor exagerado à vida. Ele teme demais os outros."
> – Jack Henry Abbott

"Vou te matar." Essas três palavras devem ter desencadeado mais previsões de alto risco do que quaisquer outras já ditas. Sem dúvida provocam muito medo e ansiedade. Mas por quê?

Talvez por acreditarmos que só uma pessoa louca e perigosa pensaria em nos fazer mal, mas essa não é a realidade. Muitas pessoas já pensaram em lhe fazer mal: o motorista do carro atrás do seu, que acha que você dirige devagar demais, a pessoa atrás de você na fila do mercado, o funcionário que você demitiu, o companheiro que você abandonou – todos tiveram uma ideia violenta fugaz. Embora esses pensamentos, de machucar você, sejam terríveis, também são inevitáveis. O pensamento não é problema: é a expressão do pensamento que causa ansiedade, e na maioria das vezes é justamente essa a ideia. Entender isso ajuda a diminuir o medo injustificado.

O fato de alguém interferir na nossa paz de espírito, dizer palavras tão difíceis de abstrair, aproveitar-se do nosso medo, importar-se tão pouco conosco, agravar a situação, rebaixar-se a esse ponto – tudo isso nos assusta, e esse é o intuito.

Palavras ameaçadoras são despachadas feito soldados sob ordens rigorosas: causar uma ansiedade impossível de ignorar. O surpreendente é que seu destacamento não é exatamente algo ruim. É claro que é ruim alguém ameaçar cometer uma violência, mas a ameaça significa que pelo menos por enquanto o indivíduo cogitou a violência mas resolveu não a praticar. A ameaça quer dizer que pelo menos por ora (e geralmente para sempre), ele prefere palavras que assustam a ações que machuquem.

Para um instrumento de comunicação usado com tanta frequência, a ameaça é pouco compreendida até que seja alvo de ponderação. O pai que ameaça dar um castigo, o advogado que ameaça "tomar medidas" não especificadas, o chefe de Estado que ameaça começar uma guerra, o ex-marido que ameaça matar a ex-esposa, a criança que ameaça fazer escândalo – todos estão usando as palavras com o mesmo intuito: causar incerteza.

Nosso mundo social depende de darmos crédito a algumas ameaças e desconsiderarmos outras. Nossa crença de que vão rebocar o carro se o deixarmos no lugar errado nos estimula a procurar uma vaga que não carregue essa ameaça. A descrença de que o cônjuge vá mesmo nos matar em caso de atraso para o jantar nos permite continuar casados. O problema, como se vê, não é a ameaça – o problema é o contexto.

Ao ver duas pessoas brigando, por exemplo, uma escalada de hostilidade que normalmente causaria alarme não provoca nada se elas forem atores no palco de um teatro. No entanto, um fato que normalmente não é ameaçador, como um homem subindo uma escada, se torna alarmante quando se trata de um membro da plateia marchando rumo ao palco sem que tenha sido chamado. É o contexto que dá sentido aos poucos passos que ele dá.

Uma única palavra trocada entre pessoas íntimas, talvez insignificante para os outros, pode transmitir uma mensagem forte de amor ou de ameaça, dependendo do contexto. O contexto é o elo necessário que dá sentido a tudo o que observamos.

Imagine um homem chegando ao trabalho de manhã. Ele não entra pela porta da frente, destrancada, usada pela maioria, mas pela porta dos fundos. Quando alguém à sua frente usa a chave para entrar, ele corre e segura a porta antes que ela se tranque de novo. Já dentro do prédio, ele mal responde quando um colega grita:

– O chefe quer falar com você!

– É, eu também quero falar com ele – diz o homem em voz baixa.

Ele carrega uma bolsa de academia, que parece pesada demais para conter apenas roupas. Antes de se dirigir ao escritório do chefe, ele para no vestiário, enfia a mão na bolsa e pega uma pistola. Em seguida, tira uma segunda arma da bolsa e esconde ambas debaixo do casaco. Agora ele vai falar com o chefe.

Se parássemos aqui e você tivesse que prever o comportamento mais provável do homem com base no que sabe, o contexto contaria a história, porque saber só uma coisa muda tudo: esse homem é um detetive da polícia. Se fosse um carteiro, sua previsão seria outra.

EMBORA CONHECER O CONTEXTO seja essencial para prever quais ameaças serão levadas a cabo, as pessoas geralmente relutam em colocá-lo à frente do conteúdo. Até alguns especialistas acreditam que a avaliação de ameaças é facilitada pela identificação e ponderação de supostas palavras-chave. A hipótese é de que essas palavras sejam relevantes só por sua presença, mas essa prática raramente é esclarecedora. Quando uma pessoa cria um comunicado, a escolha das palavras faz parte da criação, porém elas são instrumentos, e não o produto final.

Veja esta lista de palavras:

OSSOS	ARRANCAR
ESFOLAVA	ALERTA
SANGUE	MATAR
TERRÍVEIS	BOMBAS

O entusiasta das palavras-chave ficaria sobressaltado com um único parágrafo contendo matar, sangue e bombas, mas você decide se o produto final deve causar preocupação:

Durante a viagem de carro inteira eu senti frio até os ossos. O vento esfolava minha pele com tanta força que achei que fosse arrancar o teto do carro. E fica o alerta: jamais viaje com seus parentes. Os laços de sangue podem até falar mais alto, mas tentar matar o tempo aguentando as bombas que são as piadas terríveis do tio Harry foi um horror.

No entanto, veja esta lista de palavras e o contexto em que aparecem:

ORDEM
FLORES
BONITAS
BELO
BOAS-VINDAS

Ponha sua vida em ordem e compre umas flores bonitas porque Deus me mandou levar você para Seu belo reino, onde Ele está ansioso para lhe dar as boas-vindas.

Eis uma carta que avaliei para uma cliente:

Ontem, enquanto caminhava com você, a graciosidade de seu corpo me fascinava. Sua beleza me instiga a apreciar todas as outras belezas, seja de uma flor ou de um riacho. Às vezes não sei dizer onde você termina e a beleza da natureza começa, e a única coisa que desejo é sentir seu corpo e dividir meu amor com você.

É o contexto que torna o tom dessa carta tão assustador: ela foi escrita por um homem de 50 anos para a filha de 10 anos de um vizinho. (O homem se mudou logo depois que o entrevistamos; hoje ele está preso por um crime previsível: assédio sexual a uma menor de idade.)

O recado deixado no telefone "Oi, amor, sou eu" pode, por si só, comunicar uma ameaça terrível se for a voz do ex-marido que uma mulher tenta evitar, tendo fugido para outro estado e mudado de nome.

COMO EU DISSE, o contexto é muito mais importante para as previsões do que o conteúdo, e essa verdade é significativa no que diz respeito à segurança. Por exemplo, escrevi este livro enquanto estava em Fiji, onde volta e meia alguém é morto por uma coisa que a maioria das pessoas não considera perigosa: um coco. Como os coqueiros costumam ser bem altos e os cocos, grandes, se um deles cair em você, o impacto é comparável ao de uma bola de boliche despencando do telhado de um prédio de cinco andares de altura.

Há alguma forma de prever o risco do coco? Certamente, há muitas, mas para detectá-las seria preciso avaliar todos os fatores que influenciam a prontidão do coco para a queda. Talvez eu precise subir no coqueiro, testar a força do talo, considerar aspectos como a umidade e a densidade da fibra, o peso do coco, etc. Eu poderia medir a velocidade do vento e o índice de cocos igualmente maduros que caíram das árvores vizinhas ultimamente. No fundo, entretanto, existe apenas um indicador pré-incidente prático: o som do coco caindo por entre a casca ou as folhas secas do coqueiro. Esse aviso quase sempre chega tarde demais para ter alguma utilidade. Em outras palavras, ele pode ser o último som que a pessoa vai ouvir. Então existe alguma maneira de evitar esse resultado letal?

Existe, sim, mas não preciso me sentar debaixo do coqueiro para refletir sobre a questão enquanto um coco cai na direção da minha cabeça. Como o desenlace só acontece no contexto bem limitado de se estar debaixo de um coqueiro, posso evitar totalmente esse perigo… simplesmente me sentando em outro lugar. Também podemos evitar riscos inerentes a certas situações. Não precisamos andar com ar desafiador no território de uma gangue violenta, usar um Rolex em um bairro com alto índice de roubos ou continuar em um relacionamento violento. O contexto por si só é um prognóstico do perigo.

O contexto também pode ser uma garantia confiável de segurança. Ao dar uma aula de justiça criminal na George Washington University, pedi a cinco alunos que elaborassem as ameaças de morte mais assustadoras e convincentes que conseguissem e as fizessem a mim. Eu avaliaria e depois decidiria precisamente o grau de seriedade de cada uma delas.

O primeiro aluno que chamei se levantou e disse sem rodeios: "Que ironia você fazer esse exercício justamente hoje, e eu nem acredito que você me escolheu para ser o primeiro, porque eu vinha mesmo pensando em matar você. Quando vi que ia dar essa aula hoje, eu peguei emprestada, quer dizer, eu *peguei* a pistola do meu irmão. Ela está aqui na minha pasta."

Ele levantou a pasta e a virou de um lado para o outro para que ouvíssemos que realmente havia algum objeto pesado ali dentro. "Primeiro pensei em atirar quando você estivesse indo pegar seu carro, mas resolvi fazer isso aqui na sala. Dado o tema da sua aula e o fato de você ser especialista em ameaças, sua morte vai deixar as pessoas intrigadas e chamar a atenção para mim por um bom tempo."

Ele olhou para os outros alunos à sua volta, alguns deles pouco à vontade. "Se alguém não quiser assistir à cena, é melhor sair agora." Quando ele enfiou a mão na pasta devagar, eu anunciei: "Próxima ameaça", e ele se sentou. Eu tinha dito à turma que conseguiria prever a seriedade e o desfecho de cada ameaça com uma fidedignidade perfeita, e cumpri o que disse. Isso porque o que diziam e como diziam não fazia a menor diferença. Como eu pedi aos alunos que me ameaçassem, o contexto – não o conteúdo – ditava o óbvio: nenhuma das ameaças seria posta em prática.

No entanto, como a maioria das pessoas tem pouca experiência com ameaças de morte, e como infelizmente acreditam que a ameaça de morte é diferente por natureza de todas as outras ameaças, é normal que as palavras causem um medo indevido. Na verdade, a ameaça de morte é uma das ameaças com menor probabilidade de ser cumprida.

O primeiro passo para decidir quais palavras são um presságio do perigo é entender o que as ameaças são e o que não são. Uma ameaça é uma declaração da intenção de fazer algum mal, ponto-final. Ela não apresenta condições, alternativas, saídas. Não contém as palavras *se, senão, até, a não ser que*. Frases que contêm essas palavras não são ameaças, são intimidações, e essa distinção é muito importante.

Intimidações são declarações de condições a serem cumpridas a fim de se evitar um dano. Por exemplo: "Vou botar fogo neste prédio *se* eu não conseguir a promoção" é uma intimidação, não uma ameaça, porque uma condição é proposta para evitar o dano. No caso de intimidações, o motivo está na declaração e o resultado que o autor espera é claro. "*A menos que* você peça desculpas, eu vou te matar" (a pessoa que ameaça quer um pedido de desculpas). "*Se* você me demitir, vai se arrepender" (a pessoa que ameaça não quer perder o emprego).

Essas declarações diferem significativamente das ameaças, pois são usadas como manipulações de alto risco. O autor quer que suas condições sejam cumpridas – ele não quer fazer mal a ninguém. Nas ameaças, no entanto, não há condicionantes, geralmente porque o autor não vê muitas alternativas. Assim, as ameaças representam uma probabilidade maior de violência do que as intimidações. Outra dica: as ameaças que são lances de fim de jogo – que aparecem quando a controvérsia já está avançada – costumam ser mais sérias do que aquelas usadas no começo. Isso porque as que são feitas no início provavelmente representam uma reação emocional imediata, e não uma decisão de usar a violência.

Como ferramenta de comunicação, a ameaça se equipara mais à promessa (mas as promessas são cumpridas com muito mais frequência). No caso da promessa, se considerarmos quem a faz honesto, avaliamos em seguida a possibilidade de que mantenha sua resolução com o passar do tempo. A pessoa pode prometer uma coisa e no dia seguinte mudar de ideia. Como ameaças geralmente são feitas no calor da emoção, e como a emoção é efêmera, é comum que o ameaçador mude de ideia com o tempo. Tanto no caso de ameaças quanto de promessas, é mais fácil falar do que cumprir.

Promessas e ameaças são igualmente feitas para nos convencer de uma intenção, mas as ameaças de fato nos convencem de um sentimento: a frustração. As ameaças traem quem as faz porque provam que essa pessoa não conseguiu influenciar os acontecimentos de nenhum outro jeito. Em geral representam desespero, não intenção. Nem ameaças nem promessas são garantias, contratos ou sequer compromissos: são só palavras. (Garantias são oferecidas para corrigir as coisas caso a promessa não seja cumprida. Com os contratos, a quebra da promessa gera um custo. Quem assume compromissos tem um custo pessoal se não os cumpre, mas quem ameaça encontrou a forma mais desprezível de promessa, e também aquela que os outros torcem para que descumpram.)

Não é o que você imaginaria pela reação que geralmente suscitam, mas as ameaças raramente são feitas de uma posição de poder. O poder que têm é derivado do medo instilado na vítima, pois o medo é a moeda de troca do ameaçador. Ele tira vantagem da incerteza de seu alvo e, assim como todo mundo, espera manter a dignidade qualquer que seja o curso que siga.

Como o indivíduo reage à ameaça determina se ela será um instrumento valioso ou apenas palavras vazias. Assim, é quem ouve e não quem ameaça que decide a força que uma ameaça vai ter. Se o ouvinte ficar pálido, tremer e suplicar perdão, terá transformado a ameaça em ouro. Mas se parecer indiferente, a ameaça será de latão.

Mesmo nos casos em que ameaças são avaliadas como sérias (e portanto exigem intervenções ou várias precauções), recomendamos aos clientes que nunca demonstrem a quem os ameaça que suas palavras são levadas a sério, que jamais demonstrem medo.

Hoje, ameaças de bomba são uma tática popular entre pessoas enfurecidas. É incrível o medo que pode ser gerado por um simples telefonema: ele pode forçar uma organização a evacuar o prédio, encerrar as atividades do dia ou decretar medidas de segurança restritivas. Mas, para acreditar em quem liga e diz "Plantei uma bomba e ela vai ser detonada daqui a três horas", é preciso acreditar que a pessoa se deu ao enorme trabalho e risco de conseguir as peças de uma bomba, achar um lugar onde pudesse ter certeza de que ninguém veria o que estava fazendo, montar a bomba e correr o risco de perder a liberdade e a vida plantando a bomba para, no fim, botar tudo a perder com um telefonema de aviso.

Quais seriam seus motivos para ligar e contar o que fez? Ele dá o telefonema de aviso para salvar vidas? Não seria mais fácil salvar vidas plantando a bomba num lugar onde não haveria ninguém, ou não plantando a bomba?

Vamos um nível além: imagine que uma pessoa montou e plantou uma bomba, mas mudou de ideia e ligou para ameaçar e garantir que ninguém se machuque. Esse improvável sociopata que vive mudando de ideia deixaria de dar uma informação bem específica, como o local exato onde a bomba foi plantada?

Outra motivação possível para um terrorista de verdade ligar e fazer uma ameaça é garantir o crédito pela explosão, pois depois que a bomba explodir, várias pessoas e grupos podem querer reivindicar a autoria do atentado. Só a pessoa que ligou antes da explosão tem a autoria garantida. Mas pense no seguinte: se um terrorista for ególatra a ponto de querer assegurar a atenção pelo caos, vai mesmo se sabotar dando à polícia um tempo para achar e desativar sua adorada bomba?

Damos tanto crédito às palavras "plantei uma bomba" que com frequência me pergunto se teríamos uma reação tão ingênua a outras alegações inacreditáveis. Se alguém fizesse uma ligação anônima e dissesse "Escuta, eu enterrei 1 milhão de dólares no canteiro na entrada do prédio", todo mundo, do presidente da empresa ao recepcionista, sairia correndo do edifício e começaria a cavar a terra?

E quando o autor do telefonema se contradiz? Primeiro declara ter plantado a bomba no saguão, mas liga 10 minutos depois e diz que *não* plantou a bomba no saguão. Paramos as buscas e deixamos todo mundo voltar ao trabalho? E quando a mesma ameaça de bomba que fez o prédio ser evacuado na segunda-feira é refeita na terça e na quarta? Quando vamos parar de tratar ameaçadores anônimos como se fossem as pessoas mais confiáveis do mundo se na verdade a grande maioria dessas ligações é falaciosa? A resposta é: quando tivermos mais confiança nas nossas previsões.

Obtemos essa confiança entendendo, tanto quanto possível, como funcionam as ameaças. Por exemplo, se a pessoa que ameaça detonar uma bomba está com raiva, se for hostil, a ligação provavelmente foi feita com o objetivo da maioria das ameaças: causar medo e ansiedade. Quem descarrega a ira pelo telefone usando imagens violentas ("Vocês todos vão voar pelos ares") ou se mostra agitado e agressivo não está agindo como um terrorista de verdade. Em sua maioria, os terroristas de verdade são pacientes, fazem o tipo *Vou te pegar na hora certa* e são capazes de deixar suas emoções para outro dia. Exprimem raiva explodindo as coisas, não dando telefonemas hostis. Por ironia do destino, terroristas não têm personalidade explosiva.

(Como ameaças de bomba geram muitas questões de responsabilidade jurídica para empresas – Devemos evacuar o prédio? Devemos contar aos funcionários que estamos recebendo ameaças para que cada um possa decidir o que fazer? Como as ameaças devem ser avaliadas? Quem deveria ser notificado? –, nossa empresa ajuda organizações a estabelecerem políticas de reação a ameaças de bombas. A maioria das grandes perguntas pode ser respondida de antemão, para que ninguém fique procurando o interruptor na escuridão. Sem isso, decisões cruciais são tomadas em momentos de estresse. Assim como com qualquer ameaça, o contexto é de vital importância. Uma ameaça feita em um evento olímpico, carregado de significados políticos e foco das atenções da imprensa mundial, não vai ser avaliada como seria se as mesmas palavras fossem direcionadas a um shopping center.)

ALGUMAS PESSOAS QUE FAZEM ameaças são tão desorganizadas que alteram a ameaça inicial ou cospem uma série de ideias alarmantes. Tem quem diga "Vocês todos vão pelos ares daqui a uma hora", em seguida "Vocês merecem morrer", e depois "Seu dia vai chegar, eu juro". A essas emendas damos o nome de declarações redutoras de valor, e quem as usa se revela mais interessado em descontar a raiva do que em alertar sobre um perigo.

As coisas que as pessoas dizem quando ameaçam as outras são intencionalmente chocantes e assustadoras. Muitas vítimas descrevem uma ameaça recebida como "horrível" ou "cruel" por criar uma imagem horripilante. "Vou te esquartejar" é uma ameaça bastante popular. Assim como "Vou estourar os seus miolos". Mais uma vez, porém, o conteúdo é muito menos importante do que o contexto e essa escolha de palavras assustadoras geralmente sugere mais o desejo de amedrontar do que a intenção de fazer maldade. "Vou explodir sua cabeça" ou "Vou acabar com você" pode, dependendo do contexto, pressagiar menos perigo do que a simples afirmação "Eu não aguento mais".

Entretanto, palavras alarmantes levam as pessoas a reagirem assumindo uma postura defensiva, do ponto de vista psicológico. Embora coisas chocantes ou bizarras nem sempre nos gerem um risco verdadeiro, a incerteza sobre o risco nos assusta, e isso causa um problema: quando ficamos atordoados ou distraídos, erguemos a mesma ponte levadiça – a percepção – que precisamos atravessar para fazer previsões bem-sucedidas.

Nos últimos 30 anos, li, ouvi e vi as ameaças mais criativas, desagradáveis, repugnantes e bem encenadas do mundo. Descobri que é importante reagir com calma, pois, quando ficamos sobressaltados, paramos de avaliar as informações com a cabeça e passamos a avaliá-las com o corpo.

Por exemplo, uma ameaça de morte comunicada por carta ou por telefone não tem como representar um perigo imediato, mas ainda assim o destinatário talvez comece a se preparar fisicamente para o perigo, com o aumento do fluxo de sangue para braços e pernas (para lutar ou correr), a liberação de cortisol (que ajuda o sangue a coagular mais rápido em caso de lesão), ácido lático aquecendo os músculos (para prepará-los para o esforço), visão focada e batimentos cardíacos e respiração acelerados para permitir todos esses sistemas. Essas reações são valiosas quando estamos diante do perigo (como foi o caso quando Kelly se levantou e saiu do apartamento), mas, para avaliar um perigo *futuro*, manter a calma gera resultados melhores. Uma forma de se acalmar é perguntar e responder a si mesmo, conscientemente: "Estou correndo risco imediato?" Seu corpo quer que você tire essa questão do caminho, depois de tirá-la, você ficará livre para continuar percebendo o que está havendo.

O maior inimigo da percepção e, portanto, das previsões certeiras é o julgamento. É normal as pessoas captarem só informações suficientes a respeito de alguma coisa para encaixá-la dentro de uma ou outra categoria. Observam uma atitude bizarra e dizem: "Esse cara é maluco." Fazer um julgamento é dar rótulos automáticos a pessoas ou situações simplesmente porque uma de suas características é familiar ao observador (então o significado que uma característica teve antes deve ser o mesmo que tem agora). A familiaridade é cômoda, mas tais julgamentos fazem a cortina se fechar, impedindo o observador de assistir ao restante da peça.

Outro momento em que as pessoas deixam de captar novas informações é quando julgam alguém culpado ou inocente prematuramente. Lembre-se da história da mulher que tinha certeza de que as ameaças que recebia vinham do homem que ela havia processado. Ao me relatar a situação, ela deu detalhes desnecessários à história (detalhes que chamo de satélites). Eu consegui entender o que eles eram de fato – informações valiosas –, mas não era assim que elas os via, porque já tinha estabelecido um suspeito específico, bloqueando assim sua percepção.

O contrário também pode acontecer, como nos casos em que as pessoas excluem um suspeito específico. Ache o satélite da história de Sally:

– Alguém anda me aterrorizando e eu preciso descobrir quem é. Umas semanas atrás, um carro subiu a colina até a minha casa e o motorista ficou olhando para a porta. Eu acendi e apaguei as luzes da entrada e ele foi embora. Aconteceu de novo no dia seguinte. Depois começaram os telefonemas. Uma voz masculina dizia: "Você devia se mudar, não é seguro uma mulher morar aí sozinha. Seu lugar não é aí." Foi muita sorte eu conhecer Richard Barnes alguns dias depois. É para ele que estou vendendo a casa. E quer saber? Minha casa realmente é muito isolada para uma mulher sozinha.

Qual é o satélite, o detalhe extra? O nome do homem para quem ela está vendendo a casa.

– Fale mais sobre Richard Barnes.

– Ah, mas ele não tem nada a ver com isso. É só o cara que está comprando a casa, e bendito seja ele. Um dia, quando eu estava pegando minha correspondência e ele passou, correndo, nós começamos a conversar. Ele comentou que adorava as janelas de sacada da minha casa, e uma coisa levou a outra. Ele fez a proposta no dia seguinte.

– O que te assustou nas ligações anônimas?

– Fiquei com medo de que o autor dos telefonemas quisesse fazer algo contra mim, é claro.

– Mas ele dizia que você devia se mudar. Sua mudança não seria útil para alguém que pretendesse machucar você. Quem ganharia alguma coisa com a sua mudança?

– Ninguém. – Uma pausa. – Quem quisesse comprar a casa?

O restante você já sabe. Aprofundando a discussão, descobri que Richard Barnes morava a mais de uma hora dali, então por que estaria correndo no bairro de Sally? Ele sabia de detalhes sobre a casa (as janelas de sacada) de que só teria conhecimento quem percorresse a rua até o final. Sally havia feito um julgamento que o excluía como suspeito e portanto o deixara fora de seu raciocínio.

Como a motivação da maioria das ameaças anônimas é influenciar a conduta do ameaçado, sugiro aos clientes que se perguntem quem tiraria maior proveito caso eles acreditassem que as ameaças seriam colocadas em prática e tomassem as atitudes cabíveis. Não é raro que essa reflexão leve à identidade do ameaçador.

UMA FORMA CORRIQUEIRA de intimidação que raramente é anônima é a extorsão. Em casos comuns de extorsão, uma pessoa ameaça revelar informações que acredita serem nocivas e propõe guardar o segredo em troca de uma recompensa. Como são as vítimas de ameaças – e não quem as faz – que decidem o valor da ameaça, é a reação da vítima da extorsão que estabelece o preço.

A ameaça de extorsão notória na verdade é uma intimidação, pois contém as palavras *se, senão, até, a não ser que*: "Se você não me der 10 mil dólares, eu conto para sua esposa que você está tendo um caso." Melhor resposta: "Espere aí que eu vou chamar a minha esposa para você contar para ela de uma vez." Com essa reação, a ameaça se esvazia. Se você conseguir convencer um chantagista de que o mal que ele ameaça fazer não gera preocupação, no mínimo terá uma posição mais vantajosa na hora da negociação. Em muitos casos, talvez chegue até a neutralizar a questão toda.

No entanto, reagir com súplicas e submissão aumenta o valor que o chantagista dá à ameaça. Um mal ameaçado pode ser tão intolerável para a vítima que pagar pelo silêncio parece valer a pena. Em geral, isso cimenta o caminho para que a ameaça se repita, pois quem consegue dinheiro fazendo uma extorsão bem-sucedida pode recorrer de novo ao relutante dono da conta bancária.

É claro que tem quem escolha pagar ao chantagista, mas raramente recomendo essa atitude. Além dos casos que eu chamaria de extorsão judicial (cartas de advogados exigindo pagamento pelas alegações injustificadas de um cliente), é difícil confiar que um chantagista cumpra os termos do acordo.

É provável que figuras públicas sejam os alvos mais frequentes de extorsões, e podemos aprender algumas lições com as experiências delas. Num caso típico, alguém tem informações que podem ser prejudiciais e exige uma recompensa para guardar o segredo. Eu me lembro de uma jovem estrela de cinema cuja ascensão à fama instigou a ligação de um ex-namorado mau caráter de quem ela não ouvia falar havia anos. A menos que minha cliente lhe desse 50 mil dólares, ameaçava o sujeito, ele revelaria que ela havia feito um aborto. A ideia de que esse fato viesse à tona gerava muita ansiedade nela, portanto aumentava o valor da ameaça. Quando ela me consultou, fazia uma semana que não dormia bem. Meu conselho para lidar com esses casos é sempre começar com uma avaliação organizada da ameaça. Pedi à minha cliente que fizesse uma lista das pessoas que temia que reagissem mal se a informação viesse a público.

– Isso é fácil – disse ela. – Meus pais. Não quero que eles saibam.

Pedi a ela que pensasse em ligar para os pais para informá-los do ocorrido à sua própria maneira, em vez de viver com pavor de que eles descobrissem à maneira do ex-namorado (ou de um tabloide). Disse que ela era a única pessoa do mundo capaz de decidir o peso da ameaça.

Divulgar a informação nociva por conta própria é uma ideia tão radical que a maioria das vítimas de extorsão nem sequer a cogita, mas em 10 minutos minha cliente já tinha tomado aquela decisão difícil, ligado para os pais e acabado com a ameaça. Ela desligou o telefone visivelmente mais leve e mais forte.

– Cheguei aqui disposta a tudo para impedir que ele revelasse esse segredo. Agora, não estou disposta a absolutamente nada, porque não dou a mínima para o que ele diz. – (Ela não pagou nada e o ex-namorado nunca revelou a informação. Atendo alguns casos por ano iguaizinhos a esse.)

A extorsão é um crime oportunista, geralmente cometido por amadores que primeiro testam a abordagem mais tortuosa: "Sabe, eu te vi na entrega do Emmy outro dia, você está se saindo bem e tal, ganhando muito dinheiro, e o meu ano foi bem complicado financeiramente, e eu estava pensando em como você estava linda naquelas fotos que a gente tirou no México..." Como a extorsão é meio canhestra para o neófito, ele quer que a vítima interfira e facilite para ele dizendo: "Seria um grande prazer te ajudar, mas será que você não pode me devolver as fotos? Eu detestaria que elas viessem a público."

É normal as vítimas tentarem apaziguar o chantagista, mas essas tentativas só servem para que ele mantenha a capa falsa de pessoa decente. Sugiro a meus clientes que forcem o chantagista a se comprometer com seu mau-caratismo, o que o coloca na defensiva. Não permita que ele apenas flerte com sua baixeza – obrigue-o a se casar com ela ao dizer aquelas palavras feias. Peço às vítimas que repitam "Não entendo aonde você está querendo chegar" até o chantagista ser claro. Muitos não conseguem e titubeiam ou abandonam totalmente a péssima ideia que tiveram. Fazê-lo explicitar a chantagem também ajuda a esclarecer se sua motivação é a ganância ou a malícia, o que nos dá um mapa para o resultado que ele espera.

Embora às vezes seja muito difícil, é importante ser educado com o chantagista, pois ele pode estar à procura de uma justificativa para cumprir sua ameaça. Com o amador, se rebaixar tanto é complicado, e, acredite ou não, este é um momento de muita vulnerabilidade para ele. Não entenda isso como empatia da minha parte – só estou dizendo que é mais prudente não maltratar o sujeito emocionalmente, porque, se ele ficar bravo, se sentirá fortalecido.

As vítimas de extorsões cometidas por conhecidos muitas vezes relutam em acreditar que eles realmente vão consumar a ameaça. Você pode tentar prever o que ele vai fazer, mas vou poupar o tempo do leitor que enfrentar essa situação e dizer que chantagistas motivados por malícia têm uma propensão maior a cumprir a ameaça do que aqueles motivados só pela ganância. Em todo caso, em geral quem é motivado pela malícia é tão avesso a negociações que costumo sugerir a meus clientes que nem tentem um acordo. Outra dica: quem diz explicitamente as palavras sórdidas desde o começo tem mais tendência a levar a ameaça adiante do que quem tropeça nelas.

Quando a ameaça inclui referências indiretas ou veladas a coisas que o chantagista pode fazer, como "Você vai se arrepender" ou "Não se meta comigo", o melhor é perguntar sem rodeios: "O que você quer dizer com isso?" Pergunte o que exatamente a pessoa está ameaçando fazer. A explicação quase sempre será mais fraca do que a ameaça implícita. Se, por outro lado, a explicação do comentário for uma ameaça explícita, é melhor descobrir logo do que ficar em dúvida mais tarde.

TEMOS OS MELHORES EXEMPLOS do poder de influência do contexto quando avaliamos ameaças a figuras públicas. Suposições que poderiam ser certeiras em outras situações são completamente incorretas nesses casos. Por exemplo, em situações interpessoais (vizinho, amigo, cônjuge), a ameaça tende a aumentar a probabilidade de violência, porque corrói a qualidade da comunicação e aumenta a frustração, mas, se a mesma ameaça é feita a uma figura pública, ela não pressagia nenhuma violência.

No entanto, as pessoas insistem em perpetuar o mito de que aqueles que ameaçam figuras públicas são os mais dispostos a lhes fazer mal. Na verdade, quem faz ameaças diretas a figuras públicas é muito menos propenso a machucá-las do que quem se comunica de outras formas inadequadas (paixão, adoração exagerada, enredos de rejeição, a crença de que a relação "é para ser", planos de viagem ou encontros, a crença de que a figura pública lhes deve alguma coisa, etc.). Ameaças diretas não são indicadores pré-incidente confiáveis para assassinatos nos Estados Unidos, como demonstra o fato de que *nenhum agressor bem-sucedido de uma figura pública na história da era midiática fez ameaças diretas à vítima de antemão.*

Embora ameaças feitas diretamente a vítimas famosas não prenunciem a violência, as que são comunicadas a terceiros neutros são mais sérias. A pessoa que informa à polícia que um primo perturbado declarou que atiraria no governador está dando uma informação valiosíssima, pois é bem provável que as ameaças comunicadas a outras pessoas – que não a vítima – não sejam motivadas pelo desejo de assustá-las. Apesar de raramente serem cumpridas, as ameaças divididas com terceiros devem ser sempre denunciadas à polícia.

O mito de que quem faz mal a um famoso vai primeiro fazer ameaças diretas à vítima já levou muitas pessoas a concluírem erroneamente que comunicações inadequadas que não contêm ameaças são irrelevantes. O contrário é a verdade. Figuras públicas que ignoram cartas inconvenientes apenas porque não contêm ameaças estão ignorando justamente as comunicações mais relevantes para sua segurança.

Essa ideia de que a presença da ameaça diminui o risco e a ausência da ameaça eleva o risco é difícil de entender, talvez porque pareça contraintuitiva, mas ela é verdadeira, e esse não é o único fato sobre ameaças a figuras públicas que surpreende as pessoas.

Por exemplo, embora causem muita preocupação, ameaças de morte anônimas representam menos perigo do que ameaças de autor conhecido. As pessoas que mandam ameaças anônimas são muito menos propensas a buscar um encontro do que quem assina o nome. Existem algumas razões interessantes para isso. O chantagista que dá seu nome verdadeiro não está tentando evitar a atenção, e sim a buscando, portanto é mais parecido com os assassinos que permanecem na cena do crime e anunciam: "Eu fiz isso."

Entretanto, historicamente a polícia fica intrigada com ameaças de morte anônimas e apática diante das assinadas. Como a polícia geralmente enfrenta o desafio de apreender os suspeitos que tentam não ser descobertos, quando encontra alguém que se identifica, a reação normal é dizer: "Esse cara jamais faria alguma coisa. Ele assinou o próprio nome." A ideia é de que, se quem faz a ameaça fosse levá-la adiante, detê-lo seria fácil demais. O que a polícia não percebe é que os verdadeiros agressores de figuras públicas raramente evitam ser apanhados. Essa incompreensão quanto a ameaças anônimas se origina da diferença existente entre o assassino e todos os outros tipos de criminosos. Quem mais planejaria o crime para garantir sua prisão? Quem mais torceria para seu ato ser filmado?

Para o criminoso da mídia moderna, sobretudo o assassino, essa é a descrição de um crime perfeito, e poucas pessoas vão dedicar a vida a cometer algo assim. É muito pouco provável que você um dia se depare com um assassino, mas é bem provável que se depare com pessoas igualmente dedicadas, pessoas que se recusam a virar a página.

8

Persistência

"É isso que acontece quando você fica bravo com alguém.
Você o torna parte da sua vida."
– Garrison Keillor

Nos Estados Unidos, a persistência é mais ou menos como a pizza: a gente não a inventou, mas sem dúvida a adotou. Garantimos aos nossos filhos que a persistência vai valer a pena. Nós a tratamos como um símbolo de sucesso e elogiamos as pessoas que se mantêm firmes aconteça o que acontecer. No entanto, quando a persistência é indesejada, as mesmas pessoas que elogiamos podem atormentar nossa vida. Poucas situações são mais desconcertantes do que lidar com pessoas que se recusam a virar a página. Tentamos prever o que vão fazer, tememos que fiquem bravas ou agressivas e nos martirizamos bolando estratégias para levá-las a parar de fazer o que se sentem tão compelidas a continuar fazendo.

Imagine isso acontecendo com você, e não com um cliente meu: você e seu cônjuge vão a um seminário e uma conhecida os apresenta a Tommy, um rapaz arrumadinho e cheio de energia. Quando fica sabendo da futura expansão da agência de viagens que vocês têm, o rapaz fica radiante.

Esse encontro casual pode não parecer o começo de um pesadelo, mas foi exatamente isso para Mike Fedder e a esposa, Jackie. Durante o bate-papo do seminário, Tommy lhes contou algumas ideias que tinha sobre o ramo do turismo:

– Sempre tive interesse em pacotes turísticos não convencionais, e está claro que as pessoas estão se distanciando desse negócio de hotel de luxo e indo mais para o lado do acampamento, do rafting e das trilhas. Eu tenho algumas ideias de pacotes que com certeza vão dobrar as vendas de qualquer agência. Só não achei os sócios certos ainda.

Ele disse aos Fedders que pensava em vender férias de pai e filho fazendo marketing direcionado a listas coletadas pela organização das Ligas Esportivas Infantis.

– Eu trabalho com alguns desses times, e os pais dedicam um bocado de tempo aos filhos, então é óbvio que estariam dispostos a investir dinheiro em atividades divertidas. As ligas são bem organizadas, então os pacotes poderiam ser oferecidos nas newsletters e nas reuniões das ligas. Além do mais, dá para recrutar um pai do grupo e oferecer incentivos para ele convencer os outros.

Jackie disse a Tommy que gostava da parte da ideia que dizia respeito à família, Mike disse que parecia interessante, houve a rodada de boa-noite e ponto-final.

Dois dias depois, Tommy ligou para a bem-sucedida agência de viagens de Mike, que contava com 75 funcionários. Tinha conseguido o telefone com a mulher que os apresentou e estava dando seguimento à "discussão de negócios que começamos". Ele queria "só uma reunião rápida. Eu podia dar uma passadinha aí hoje. Só preciso de 10 minutos. Juro". Para não magoar o rapaz, Mike concordou.

– Que tal às duas?

Como Mike estava em um telefonema interurbano às duas da tarde, Tommy precisou esperar alguns minutos. Ele demonstrou certo incômodo com isso:

– Achei que a gente tivesse combinado às duas.

– Sim, me desculpe, é que estou cuidando de uma excursão de 40 pessoas à África...

Por que eu estou dando explicações para esse cara?, Mike se questionou. Era uma boa pergunta.

Os 10 minutos que Tommy havia pedido se transformaram em 20. Ele tinha elaborado um material bem impressionante com suas ideias – nem tanto pela qualidade, mas pela quantidade; era óbvio que tinha dedicado tempo e esforço àquilo.

– Quando a gente se entendeu sobre isso naquele dia, eu comecei a pensar... – disse Tommy, e então a visitinha rápida virou uma proposta formal:

ele tiraria uma licença (de quê? Mike nunca soube onde Tommy trabalhava) e organizaria pacotes de viagem de pais e filhos ao Parque Nacional de Yosemite. Se não desse certo, Mike não pagaria nada, e se desse certo, Tommy ganharia uma porcentagem.

Quando Mike declarou que não costumava trabalhar com agentes terceirizados, Tommy disse que entendia e propôs:

– Posso me juntar à sua equipe em horário integral.

Quando Mike respondeu que não tinha vaga aberta, Tommy afirmou:

– Ah, mas eu posso começar mesmo assim, e a gente formaliza quando a vaga surgir.

Persistente, pensou Mike, a marca dos bem-sucedidos. De fato, era uma marca, mas não do sucesso. Era uma recusa a ouvir o "não", um sinal claro de problema em qualquer contexto.

Passados 40 minutos:

– Escuta, Tommy, a melhor agente que tenho, a Marlene, talvez saia daqui a alguns meses... Ela vai se casar. Se isso acontecer, eu te ligo e a gente repensa essa ideia.

Tommy ficou decepcionado por não obter um resultado mais concreto, mas disse que manteria contato para explorar caminhos rumo "à próxima etapa".

Ligou uma semana depois e perguntou se Mike tinha tomado alguma decisão. (Decisão a respeito de quê?)

– Nada mudou, Tommy. Marlene e o noivo dela ainda não marcaram a data – disse Mike, tentando se desvencilhar dele.

Tommy se despediu com "Bom, mande lembranças à Jackie". Esse telefonema nos dá pistas sobre outra característica de quem não vira a página: atribuir aos outros compromissos que não foram verbalizados e não existem.

No dia seguinte, Marlene perguntou a Mike, com um quê de hesitação, se ele tinha um amigo chamado Tommy. O sujeito tinha ligado e feito perguntas sobre seus planos de casamento! Queria saber se ela tinha "alguma ideia, mais ou menos" de quando iria embora, porque "eu e o Mike estamos tentando passar para a próxima etapa".

Cinco minutos depois, Mike já estava ao telefone com Tommy.

– Escuta, você é um garoto bacana, eu sei que está empolgado com a possibilidade de fazermos negócio, mas eu preciso deixar claro: *se* um dia a gente quiser levar sua ideia adiante e *se* ela se encaixar nos nossos planos, eu te ligo. Você não precisa me ligar mais e realmente não devia ter ligado para a Marlene. Entendeu?

Tommy não pareceu nem um pouco abatido.

– Entendi muito bem, me desculpe pela confusão. É que eu achei que era melhor eu falar com ela e ter uma noção do tempo para me preparar para a função, só isso, nada de mais. Não vou incomodá-la de novo. – Ele parecia ter entendido o recado, mas então emendou: – Ela falou em mais ou menos oito semanas, então vou me planejar com esse prazo em mente.

– Hã, bom, escuta, Tommy, não planeje nada. O ramo do turismo não funciona desse jeito; nunca se sabe o que vai acontecer. Espero que nossos caminhos voltem a se cruzar um dia e te desejo toda a sorte do mundo. Agradeço mais uma vez pelas sugestões.

Bem, assunto encerrado. Que cara persistente, pensou Mike, mas agora tenho certeza de que ele entendeu o recado.

Cerca de três meses depois, Mike voltou do almoço e viu que Tommy tinha deixado três recados em sua caixa de mensagens. *O Persistente*. Antes que Mike tivesse tempo para retornar as ligações, Tommy já estava na linha. Parecia agitado:

– Foi uma surpresa e tanto, Mike, mas não foi uma surpresa boa... foi mais um susto. Quando eu liguei hoje de manhã, só para manter contato, me contaram que faz duas semanas que a Marlene não está mais aí. Duas semanas! A gente tinha um acordo, sabe? Então estou meio decepcionado. Não posso acreditar que a gente perdeu duas semanas preciosas. Estou muito empenhado em colocar essa ideia em prática e dediquei muito tempo a isso, refinando as coisas. Ela realmente ganhou vulto. Espero que você não tenha contratado ninguém para ficar no lugar da Marlene.

Mike teve pena do rapaz, pois era óbvio que aquilo era muito importante para ele. Como dispensá-lo sem magoá-lo?

– Bom, em primeiro lugar, o cargo da Marlene ainda não foi ocupado *(Por que eu disse isso!?)*, mas não é essa a questão. A gente não tinha acordo algum. Na verdade, a gente só bateu um papo.

– Bom, vai ver que é isso que você acha que foi, mas eu me dediquei de corpo e alma à ideia. Eu achava que você era do tipo que se comprometia com as coisas e ia até o fim, mas talvez não seja.

Uma brecha, pensou Mike.

— Talvez eu não seja, Tommy, então é melhor a gente chegar ao acordo de cada um seguir seu caminho e considerar essa situação uma experiência de vida. Lamento que você tenha se esforçado tanto.

Mike desligou.

No dia seguinte, Tommy tornou a ligar, duas vezes, mas Mike não retornou as ligações. Em um dos recados ele dizia ser urgente, mas que urgência poderia haver para falar com alguém que ele mal conhecia?

Tommy deixou mais cinco recados nessa mesma semana e Mike finalmente discutiu o assunto com a esposa.

— Não acho que dei corda, mas é óbvio que falei ou fiz alguma coisa que criou muita expectativa nele. Não sei mais o que dizer e não posso simplesmente não retornar as ligações dele. Não quero que ele fique com raiva.

— Ele já está com raiva — respondeu Jackie, com sensatez. — Ele ficou com raiva no momento em que não viramos seus melhores amigos e não fizemos negócio com ele. Acho que nada do que você disser vai ser ouvido por ele do jeito que você quer que ele ouça.

Jackie, como a maioria das mulheres, tinha muito mais experiência do que Mike em lidar com a persistência indesejada. Ela sabia que "quem sabe" às vezes é entendido como "sem dúvida", que "gostar" pode ser entendido como "amar" e que as pessoas que não escutam vão continuar não escutando. Chega-se a um ponto em que continuar tentando não adianta nada — aliás, piora ainda mais a situação, porque incentiva o interesse quando o que se busca é o desinteresse.

Se Tommy era capaz de ver uma parceria vitalícia onde não havia quase nada, então uma resposta poderia ser entendida por ele sabe-se lá como. O contato é combustível para o fogo, e Tommy era do tipo que não precisava de muito combustível.

— Vou deixar passar mais uma semana. Se ele não parar, eu ligo e vou direto ao ponto.

— Mas, Mike, você já fez isso — lembrou Jackie. — Você disse categoricamente que era para ele não ligar de novo. Você disse: "Vamos seguir cada um o seu caminho." Para mim, é impossível ser mais claro que isso.

Jackie tinha razão. Se você repete 10 vezes para uma pessoa que não quer falar com ela, você *está* falando com ela — nove vezes além do que gostaria. Se você retorna uma ligação depois que a pessoa deixa 20 recados, você está simplesmente ensinando que, para receber um retorno, ela tem que deixar 20 recados.

Ao longo de duas semanas, Mike não recebeu telefonema algum e ficou contente porque o problema tinha acabado. Mas então veio outro recado: "Preciso falar com você urgentemente." Mike sentiu que realmente precisava botar um ponto-final na história. A cada passo ele fazia previsões sobre a reação de Tommy, mas suas previsões se baseavam nos próprios padrões de comportamento. Mike raciocinou que não retornar a ligação era uma ofensa, mas retornar e *ser* ofensivo melhoraria as coisas, e foi o que resolveu fazer:

– Qual é o seu problema? Seu maluco! A gente não vai trabalhar junto e ponto-final. Deu para entender? Isso já devia estar claro, mas você não me ouve. Eu não quero mais falar desse assunto com você, entendeu?

Tommy reagiu de um jeito que Mike não havia previsto. Disse que estava ligando só para se desculpar, porque não queria fechar portas.

– Eu ainda acho que a gente pode fazer um golaço com esse troço um dia – acrescentou.

– Não, Tommy, você devia pensar em outra coisa. Se eu ouvir falar de alguma vaga interessante, te aviso. *(Meu Deus do céu, por que eu falei isso?)* Mas esta é nossa última conversa, ok? Podemos encerrar por aqui? – Mike estava perguntando, não afirmando.

Por fim, Mike pensou que tinha se feito entender. À noite, disse para Jackie:

– Hoje eu retornei a ligação dele e no final das contas ele só queria pedir desculpas.

– Que bom – replicou Jackie. – Tomara que esse tenha sido o último telefonema que você recebe dele.

– É claro que foi o último. Ele pediu desculpas e acabou.

Até uma semana depois, quando ele recebeu um envelope enviado por Tommy. Dentro havia um bilhete pedindo para Mike assinar a carta de referência anexada, que, segundo Tommy, iria ajudá-lo no banco.

Apesar de Mike ter garantido a Jackie que aquele tinha sido seu último telefonema, ele decidiu responder ao pedido de Tommy. Para alívio de Mike, o outro não atendeu o telefone e ele precisou deixar recado na secretária eletrônica: "Não me sinto confortável em assinar a carta de referência, mas te desejo toda a sorte do mundo."

Quem se recusa a virar a página com frequência faz pedidos que parecem cabíveis, como a carta de referência de Tommy, embora o objetivo verdadeiro desses pedidos seja consolidar a relação ou arranjar novas desculpas para fazer contato. Poucas horas depois, Tommy deixou um recado para Mike: "Não me surpreende que você não tenha coragem de falar direto comigo. Você teria levado menos tempo para assinar a carta do que levou me deixando um recado em tom paternalista. Não é de admirar que você trabalhe no ramo das viagens: todo mundo quer se ver longe de você. Por favor, me mande de volta a carta não assinada." Infelizmente, Mike tinha jogado a carta fora. Agora Tommy tinha outra questão para remoer.

No dia seguinte, havia outro recado: "Não precisa retornar a ligação, eu só queria te dizer que você é um babaca. Eu quero a carta de volta!"

Mike ficou muito incomodado. Sentia que agora precisava tomar medidas concretas. É a essa altura, nessas situações, que uma coisa fascinante acontece: o stalker e a vítima começam de fato a ter algo em comum. Nenhum dos dois quer entregar os pontos. O stalker fica obcecado pela ideia de conseguir uma reação e a vítima fica obcecada pela ideia de fazer o assédio parar.

No fundo, o stalker está dizendo "Não vou permitir que você me ignore". Ele vai apertar vários botões até provocar uma reação, e enquanto um botão funcionar, vai continuar a apertá-lo. Em geral, a culpa é o primeiro botão, depois a importunação, depois a ofensa. Todos funcionam durante um tempo e depois param de funcionar. Quando as vítimas participam do processo, as ameaças não estão longe.

No entanto, Mike não ia cruzar os braços e ficar sem fazer nada. Ligou para a pessoa que os tinha apresentado, contou a história inteira e pediu ajuda: "Quem sabe você não consegue fazer com que ele entenda e me deixe em paz."

No dia seguinte, na caixa de entrada de Mike havia três recados de Tommy, um deles deixado às duas horas da madrugada: "Agora você estragou uma das melhores amizades que eu tinha, seu babaca! Não sei que mentiras você anda espalhando a meu respeito, mas eu exijo um pedido de desculpas, um pedido por escrito. Considere-se avisado."

Passados dois dias, mais recados, inclusive um em que Tommy dizia que prestaria uma queixa formal, embora não deixasse claro o que queria dizer com isso. Em seguida, uma mensagem dizendo: "Vou agendar 20 viagens falsas por mês pela sua agência. Você não vai saber quais são minhas e quais não são. Aí você vai aprender a não fazer promessas que nunca teve a intenção de cumprir."

Jackie convenceu Mike a guardar os recados, mas ignorá-los. Na semana seguinte, havia outro recado dizendo que, se Mike ligasse para pedir desculpas, Tommy as aceitaria, "mas estamos chegando a um ponto em que um pedido de desculpas não vai bastar. Eu gosto da Jackie e lamento muito pelos problemas que sua teimosia vai causar a ela".

Mike e Jackie enfim acabaram no meu escritório, tocando as fitas com os recados. A essa altura, já tinham recorrido à polícia duas vezes. Policiais tinham visitado Tommy e avisado que ele precisava parar, mas ele tinha se tornado ainda pior. Para entender a tendência da polícia à intervenção direta, é preciso compreender que, em todas as culturas do mundo, o papel da polícia é controlar a conduta. A polícia é o poder que impõe o cumprimento das leis, e quando as pessoas se comportam mal, esperamos que a polícia as faça parar. Em geral, é o que acontece, a não ser em casos em que o contato da polícia acaba por incentivar o comportamento que deveria conter. Como nada mais funcionou, a polícia aconselhou Mike a conseguir uma medida protetiva, mas Jackie o convenceu a esperar até depois de discutirem o caso comigo.

Sentado no sofá do meu escritório, Mike declarou que já estava no seu limite. Queria que eu "mandasse um pessoal" para convencer Tommy a parar (embora isso já não tivesse dado certo quando a amiga deles tentou e tampouco com a polícia). Queria que eu "explicasse os fatos da vida ao Tommy de maneira bem clara".

Eu disse a Mike que todas as maneiras eram pouco claras para Tommy.

– Mas se ele entender as consequências que enfrentará – argumentou Mike –, é lógico que vai parar.

– O histórico do Tommy mostra que ele não se guia pela lógica. Não fala a mesma língua que nós, e não temos como ensinar essa língua a ele pela lógica. Se ele tivesse bom senso, jamais teria adotado esse comportamento. Não tem como falar sério com gente maluca.

Mike argumentou mais um pouco:

– Eu não quero que esse cara pense que vai escapar impune depois de cometer assédio.

Jackie respondeu antes que eu pudesse abrir a boca:

– Se a gente não consegue controlar o que ele faz, é claro que não tem como controlar o que ele pensa.

Sugeri, com a concordância de Jackie, que, se Mike não reagisse, Tommy acabaria voltando sua atenção para outra coisa.

– Talvez leve um tempo e seja preciso paciência, e eu sei que não é fácil, mas as tentativas de fazê-lo mudar de ideia ou de mudar quem ele é são o oposto do que você deseja. Você não quer que ele melhore, quer que ele suma. Que ele saia da sua vida. Existe uma regra a que damos o nome de "envolver e enfurecer". Quanto maior o envolvimento, seja favorável ou desfavorável, mais a situação se agrava. A gente sabe de um segredo, entende? E esse segredo é que você nunca vai trabalhar com ele, ser amigo dele nem querer nada com ele. Como ele não vai se satisfazer com nada além disso, a gente já sabe dessa parte do desenlace. Ele vai ficar decepcionado e zangado, e é ele quem tem que lidar com isso. Se você conversa com ele, o que você diz vira a questão. A única forma de conseguir o resultado que você deseja agora é cortar o contato. Só assim ele vai começar a achar outras soluções para os problemas dele, que você não tem mesmo como resolver. Enquanto conseguir uma reação sua, ele vai se distrair da própria vida. Mas, se você não retorna as ligações, então toda vez que deixa um recado ele vai captar uma mensagem: que você é capaz de resistir à perseguição dele.

– É, mas o cara não para nunca.

– Você ainda não testou o "nunca", Mike – interveio Jackie. – Você ainda não testou nem duas semanas.

Ela estava certa. Expliquei que, sempre que Mike retornava as ligações de Tommy ou tinha alguma reação visível ao seu assédio, ele era enredado.

– A cada contato você ganha mais seis semanas de assédio.

Expliquei que esses mesmos conceitos se aplicam a perseguidores românticos, a ex-namorados, a funcionários demitidos e a todas as outras encarnações de pessoas que insistem em não virar a página. Eu queria que Mike entendesse que, apesar de Tommy ser irritante, ele não era o único.

Perguntei a Mike o que ele achava que Tommy faria em seguida.

– Não tenho ideia. Foi por isso que te procurei.

Eu aguardei.

– Imagino que vá fazer mais ameaças.

(Uma previsão acertadíssima de alguém que um segundo antes "não fazia ideia".)

Mike enfrentava um tipo de situação que a princípio enseja dois planos de gerenciamento completamente diferentes: 1) mudar a personalidade do perseguidor, ou 2) mudar a forma como a conduta do perseguidor nos afeta. Na primeira opção estão avisos, contra-ameaças, intervenções policiais e outras estratégias destinadas a controlar o comportamento de alguém. Na segunda opção estão a proteção contra riscos ou incômodos, a avaliação da possibilidade de violência e o monitoramento de novas comunicações. No segundo plano, limitamos o impacto que a situação pode ter ao limitar nosso medo e nossa ansiedade. Também limitamos o impacto sobre o perseguidor quando não reagimos.

Nesse caso, concordamos que minha empresa realizaria uma investigação geral sobre o passado de Tommy, avaliaria todas as mensagens e informações existentes até então e estabeleceria o seguinte plano de gerenciamento: Mike arrumaria um novo ramal para receber recados de voz. Meu escritório verificaria a secretária eletrônica antiga de Mike de hora em hora e lhe repassaria todas as mensagens, menos as de Tommy. Examinaríamos, avaliaríamos e guardaríamos todos os recados de Tommy. Garanti a Mike e Jackie:

– Entre o ponto em que estamos agora e o momento em que Tommy talvez fique violento, haverá vários sinais detectáveis. Se houver qualquer coisa que nos dê a mínima razão para acreditar que ele possa ir além dos telefonemas, entraremos em contato imediatamente.

O impacto que o assediador vai ter é uma das poucas coisas que a vítima pode controlar, e desse dia em diante os telefonemas de Tommy não teriam mais impacto nenhum sobre Mike e Jackie.

No fim, Tommy continuou ligando por cinco semanas. Deixou inúmeros recados, inclusive ameaças às quais Mike teria dificuldade em não responder. Mike havia previsto que Tommy só pararia se alguém "o fizesse parar", mas a verdade era o oposto. Ele só pararia se ninguém tentasse fazê-lo parar.

Esse caso poderia ter tomado um rumo muito diferente. Mike e Jackie poderiam ter pedido uma medida protetiva, em que na verdade se processa a pessoa na vara civil para que ela o deixe em paz e mantenha distância. Tommy teria avançado ou recuado? Quem tinha mais a perder: Tommy ou Mike e Jackie? Tommy havia reagido bem nas outras vezes em que Mike tinha tentado gerar uma consequência à sua conduta (recrutando a amiga de Tommy, acionando a polícia)? O que um processo faria à justificativa percebida de Tommy?

Nessas situações bastante frequentes, seja envolvendo ex-companheiros, ex-funcionários ou alguém como Tommy, as pessoas lutam contra suas opções e raramente percebem que não tomar nenhuma atitude de provocação também é uma alternativa. Todos os conhecidos têm uma sugestão a dar: "Ele vai parar se você retornar a ligação; ele só quer reconhecimento"; "Talvez você precise pedir a outra pessoa que ligue e diga que você está viajando"; "Experimente trocar de número; ele vai entender o recado". Há um ímpeto quase irresistível de se tomar uma atitude drástica em reação a ameaças e assédio, mas em geral dar a impressão de que não está fazendo nada é a melhor opção. É claro que não se trata de não fazer nada de fato: trata-se de um plano de gerenciamento fundamentado e uma comunicação com o perseguidor que é tão clara quanto um contato direto. Essa abordagem é um verdadeiro teste de paciência e caráter para as vítimas, mas normalmente é o jeito mais rápido de pôr fim ao assédio.

A maneira como um amigo meu descreve sua filosofia de trabalho oferece uma valiosa analogia para o gerenciamento de algumas situações interpessoais: "Minha mesa tem duas gavetas. Uma é para as coisas que eu preciso resolver e a outra é para as coisas de que o tempo vai se encarregar." O tempo vai se encarregar da maioria das pessoas que se recusam a virar a página.

Algumas dessas pessoas persistentes sofrem de delírios, e é exatamente isso que explica por que não conseguem virar a página: elas têm uma falsa convicção que não se abala nem diante de evidências convincentes em contrário. A maioria dos assediadores, no entanto, tem algo que vai além de um delírio, algo que podemos chamar de percepção alternativa ou opinião absurda. A resolução que buscam geralmente é inalcançável, e essas pessoas são tão desconcertantes porque a questão original à qual se apegam é vista a partir de sua perspectiva incomum. Podemos achar que Mike não fez promessa alguma a Tommy, mas Tommy pode dizer que discorda. Ele pode até basear seus sentimentos em fatos e declarações objetivos que realmente foram feitos.

Mas é o resultado que ele deseja e seu jeito de atingi-lo que comprova que Tommy é insensato. A professora Mary Rowe, do Massachusetts Institute of Technology (MIT), é uma das poucas acadêmicas que estudou esses casos. Ela identifica como sinal de alerta a "natureza extremada de um desejo – por exemplo, o desejo de controle físico e emocional total sobre outra pessoa, ou o controle total sobre um processo do trabalho, ou a demissão injustificável de alguém, ou a aceitação total de uma proposta". Ela também descreve "um senso extraordinário de direito adquirido, como se a pessoa dissesse 'Ela *tem que* falar comigo!'... 'O departamento *tem que* me deixar trabalhar nesse projeto!' ou 'Eu me recuso a tirar meus pertences da minha sala'".

Quando a pessoa exige algo inalcançável, como a total sujeição a uma demanda absurda, é preciso interromper a negociação, pois está claro que a pessoa jamais ficará satisfeita. Ser enredado em discussões sobre a questão original perde o sentido. É como se um lado se sentasse à mesa querendo 1 milhão de dólares e o outro estivesse preparado para dar 5 dólares, ou nada. Nessas situações, não há o que negociar.

Nesses casos, é impossível definir o desfecho almejado pela pessoa, que dirá atingi-lo. Com o que Tommy ficaria satisfeito já no final de sua campanha de assédio? Um pedido de desculpas? Uma parceria bem-sucedida com Mike? Não sei, e acho que nem o próprio Tommy sabe.

A professora Rowe ressalta o enorme conflito interno dessas pessoas, explicando que "é óbvio que elas não querem perder, mas talvez também não suportem ganhar à maneira convencional, pois assim a luta estaria encerrada".

É claro que a luta não se encerra sem que todos os participantes saiam do ringue, portanto, enquanto as pessoas tentarem mudar o perseguidor ou satisfazê-lo, o problema persistirá. Em geral, o medo da violência espreita nas sombras e instiga as pessoas a continuarem tentando, mas será que Tommy tinha propensão à violência? Vamos analisá-lo segundo os quatro elementos gerais da violência:

Justificativa percebida
Tommy pode até ter se sentido provocado quando Mike ligou para sua amiga, mas não demonstrou achar a violência justificável.

Alternativas percebidas
As pessoas mais propensas a fazer uso da violência não percebem alternativas, mas as ligações constantes de Tommy provam que ele via diversas (interferir nos negócios de Mike, assediar, ameaçar, etc.).

Consequências percebidas
Quem tem mais tendência à violência considera que ela trará consequências toleráveis ou até favoráveis. Tommy não deu demonstração de estar disposto a abrir mão da liberdade (uma consequência intolerável para ele) recorrendo à violência. O mais interessante é que obviamente considerava toleráveis as consequências de suas ameaças (inclusive a visita da polícia).

Capacidade percebida
Quem recorre à violência percebe ter a capacidade de usá-la, mas Tommy não disse nem fez nada indicativo dessa capacidade.

É COMPREENSÍVEL QUE AS VÍTIMAS as considerem desconcertantes, mas as pessoas que se recusam a virar a página são muitíssimo previsíveis. Talvez seja óbvio dizer que elas vão continuar até parar, mas é isso que acontece na maioria dos casos – a não ser que consigam enredar suas vítimas. Para fazer uma previsão certeira dos pequenos comportamentos ao longo do caminho, é preciso entender as linguagens do direito adquirido, do apego e da rejeição. Acima de tudo, a pessoa precisa enxergar a situação no contexto da cultura que ensina o valor da persistência. Uma versão que ouvimos dessa máxima, por exemplo, é que "nos Estados Unidos qualquer um pode virar presidente", quando na verdade só uma pessoa pode ser presidente e os outros 333 milhões não podem. F. Scott Fitzgerald disse algo sobre persistência que todos os Tommys deveriam escutar: "A vitalidade se mostra não só na capacidade de persistir, mas também na de recomeçar."

NINGUÉM SABE MAIS sobre perseguições persistentes do que os famosos. Da celebridade local ao político, passando pela figura midiática de fama internacional, todos podem nos ensinar algo sobre a persistência. Uma pessoa muito famosa pode ter centenas de perseguidores persistentes, literalmente centenas de Tommys.

As pessoas que estão na situação de Mike e Jackie com frequência se perguntam como seria ter meios ilimitados para influenciar, controlar e punir um perseguidor indesejado. Chegam a fantasiar que a situação seria simples se a polícia, os tribunais e o governo tomassem seu partido. Mas é uma fantasia, pois, apesar da fama da vítima, apesar do poder de seus defensores, nem sempre é possível controlar a conduta das outras pessoas.

A cantora canadense Anne Murray viveu um caso que comprova esse argumento. Foi perseguida anos a fio por um homem que recebeu inúmeras medidas protetivas – as quais violou –, foi detido diversas vezes e acabou passando seis anos na cadeia. Ao ser solto, um juiz tornou a ordenar que ele deixasse Murray em paz, mas, em seus primeiros meses de liberdade, o perseguidor desobedeceu a medida protetiva mais de 200 vezes.

John Searing, de 36 anos, vendedor de materiais de arte em Nova Jersey, foi igualmente persistente em suas tentativas de conseguir o que queria do apresentador de TV Johnny Carson. Em 1980, escreveu para o programa *The Tonight Show* perguntando se o deixariam fazer uma coisa que ele desejava desde que era menino: bradar "Aqui está o Johnny!" com o programa no ar. Recebeu como resposta uma foto de Johnny Carson.

A maioria entenderia o recado, mas Searing voltou a mandar cartas. Passado um tempo, recebeu uma carta formal de um membro da equipe agradecendo a proposta e explicando que ela não era factível. Mas Searing não parou de escrever. Anexou fitas de vídeo com suas imitações de Jimmy Stewart e Richard Nixon, cujas vozes famosas faziam o mesmo pedido: "Deixem o John Searing gritar 'Aqui está o Johnny!'"

Isso continuou por bastante tempo – tempo suficiente, aliás, para Searing escrever mais de 800 cartas. Os funcionários do *Tonight Show*, acostumados a décadas de experiência com remetentes persistentes, não se assustaram. Não chamaram a polícia para que o fizessem parar. Em vez disso, ligaram para John Searing para perguntar por que aquilo era tão relevante para ele.

"Porque nada na vida é mais importante para mim", ele lhes disse. Logo depois do telefonema, uma coisa incrível aconteceu: *The Tonight Show* disse sim ao pedido que já havia ignorado 800 vezes. Searing ganhou uma passagem para Los Angeles e um camarim com seu nome na porta. E assim, como num sonho (o sonho dele), foi conduzido ao estúdio. Observou do canto do palco Ed MacMahon apresentar Johnny Carson com o famoso bordão "Aqui está o Johnny!". "Mas e eu?", questionou Searing. Pediram que ele tivesse paciência.

Depois do primeiro intervalo comercial, Johnny Carson falou com a plateia sobre John Searing e suas centenas de cartas, e então Searing foi apresentado aos Estados Unidos. Durante seis minutos ficou sentado ao lado do famoso apresentador, à famosa mesa, explicando por que tinha sido tão persistente e o que aquilo significava para ele. Carson indicou um microfone a Searing e voltou para trás da cortina.

Searing recebeu um roteiro, que leu com entusiasmo: "De Hollywood, *The Tonight Show*, estrelando Johnny Carson. Quem fala aqui é John Searing, junto com Doc Severensen e a Orquestra da NBC, convocando vocês a se juntarem a Johnny e seus convidados: Danny DeVito; do Zoológico de San Diego, Joan Embery; o missivista John Searing, e aventuras na cozinha com Doc."

Ouviu-se um rufar de tambores. "E agora, senhoras e senhores... aquiii está o Johnny!" Carson atravessou a cortina para receber uma salva de palmas e dizer a Searing: "Agora você não precisa escrever mais."

E foi exatamente o que aconteceu: Searing voltou ao seu trabalho de vendedor de materiais de artes. Apesar de toda a persistência, suas cartas nunca tinham incluído nenhuma palavra sinistra ou agourenta. Ele não tinha largado o emprego, tinha outros interesses e, acima de tudo, nunca tinha subido o tom em suas comunicações. Embora dar aos stalkers exatamente o que desejam não costume ser uma estratégia recomendável, sobretudo ao se pensar na falta de praticidade de fazê-lo sempre, é curioso observar que o *Tonight Show* não fez qualquer esforço para impedir Searing de escrever as cartas.

Johnny Carson e sua equipe sabiam que cartas, mesmo que frequentes, não fazem mal a ninguém, mas começar uma guerra pode fazer mal a todos os envolvidos. Caso Searing tivesse sido ignorado, é bem provável que continuasse escrevendo cartas, talvez anos a fio, talvez a vida inteira, e isso não seria problema. Nossa empresa cuida de alguns casos de pessoas que escreveram mais de *10 mil cartas* a uma figura midiática e nunca tentaram conseguir um encontro. Esses clientes não são afetados pelas cartas, que suas equipes nos encaminham ainda fechadas e nós analisamos.

A questão, portanto, não é a persistência, mas saber a diferença entre comunicações e comportamento que pressagiam uma escalada, e saber quais indicadores nos permitem prever que um perseguidor tem tendência a recuar ou simplesmente desaparecer. Nessas situações, é compreensível que as vítimas fiquem frustradas (na melhor das hipóteses) e queiram que alguma atitude seja tomada para que o perseguidor se veja obrigado a parar. As instituições da psiquiatria, da autoridade policial e do governo já comprovaram que, por mais recursos que se tenha, é impossível controlar a conduta de loucos. Não é justo, mas é a realidade. Meu papel é aumentar a segurança e diminuir o medo, não dizer às pessoas o que elas gostariam de ouvir. Porém sempre existe alguém disposto a fazer o que a celebridade quer, sendo ou não o caminho mais seguro.

Não me lembro de quantas vezes vi um detetive particular partir para o confronto e achar que seus atos foram corroborados pelo fato de o comportamento do perseguidor ter piorado. Depois de instigar o perseguidor a partir para a guerra, o detetive diz: "Ainda bem que a gente fez aquilo tudo com ele, porque olha como esse caso é sério. Eu bem que avisei que a gente precisava tomar uma atitude." Será que nunca se perguntam o que teria acontecido se tivessem ignorado o perseguidor?

A título de analogia, quando você dirige por uma estrada escorregadia na encosta de uma montanha à noite, você não lida com o perigo saltando do carro e enxugando o asfalto – você desacelera ao fazer as curvas mais arriscadas. Ao lidar com gente incapaz de virar a página, você precisa ter à mão estratégias para diminuir a possibilidade de encontros indesejados. Você muda o que é possível mudar e para de tentar mudar o que é impossível mudar.

A estratégia de observar e esperar geralmente é a mais sensata, mas com frequência as pessoas aplicam outro plano de gerenciamento: envolver e enfurecer. A opção de envolver o perseguidor sempre estará disponível, mas, depois de empregada, você não vai ter como voltar atrás e adotar a tática de observar e esperar, mesmo que descubra que ela não era assim tão ruim.

Embora Johnny Carson soubesse disso, a lição de que a persistência por si só não é sinistra chegaria tarde demais para outra figura midiática, Jim Hicklin, um famoso radialista de Los Angeles. Muito conhecido como piloto-comentarista que fazia boletins sobre o trânsito, ele também falava de outros fatos dignos de nota enquanto pilotava seu helicóptero. Quando recebeu cartas irritantes de um fã, não demorou a achar quem lhe dissesse o que ele queria ouvir: "A gente vai dar um jeito nisso." Não deram.

A primeira carta foi entregue na residência dos Hicklin no final de agosto de 1971. O autor era um homem de 45 anos, o pobre Edward Taylor, cuja história fica mais clara através de suas cartas. A primeira pretendia ser simpática e incentivadora. Era dirigida a "Caro James" e assinada "Respeitosamente, Ed Taylor".

Apesar de nunca ter respondido, Hicklin recebeu outras cartas. Continham elogios, recordações, felicitações, e uma chegava a sugerir que Jim Hicklin concorresse ao cargo de governador. Em outra, lia-se: "Você é incrível."

Jim Hicklin não sabia que Taylor era um missivista incansável, há anos conhecido de várias personalidades proeminentes de Los Angeles. As cartas de Taylor divertiam ou irritavam essas pessoas; a maioria as ignorava. Mas Hicklin não as ignorou. Preferiu contratar uma dupla de detetives particulares para resolver a situação. Eles fizeram uma visita surpresa à casa de Taylor e lhe deram uma ordem direta: "Pare de mandar cartas."

Essa intervenção intrusiva não fez com que as cartas parassem, mas mudou o teor delas. A primeira carta após a visita dos detetives tinha seis páginas. A caligrafia agora era irregular, havia muitas rasuras e a simpatia e os elogios desapareceram. "Você me ofendeu gravemente", escreveu Taylor. "Pensei muito na sua ameaça implícita contra mim: sua suposta paranoia... ou sua ingenuidade... ou sua atenção inocente a um bando de conselhos podres... ou quem sabe você não passa mesmo de um arrogante insuportável?"

Essa carta introduziu um novo tema que ao longo de um ano se tornaria o foco principal da vida de Taylor: o litígio. Ela continuava:

Fico ao mesmo tempo lisonjeado e impressionado por ter sido investigado. Qual é a questão? É exatamente para isso que existem advogados... e você precisa de um excelente... Na primeira oportunidade que Hicklin tiver, é *imprescindível* que ele me informe, por escrito, a identidade de seu advogado.

A carta seguinte foi enviada ao diretor-geral da estação de rádio onde Hicklin trabalhava:

Apareceram na minha residência dois detetives particulares em nome da Golden West Broadcasting [a proprietária da estação de rádio]. *Eles apareceram de surpresa para me interrogar* a respeito de algumas cartas bastante pessoais e sigilosas que mandei a Hicklin nos últimos meses.
Seu pessoal admitiu ter sido instruído por Jim Hicklin a me procurar... sem se anunciarem... sem nenhum respeito por minha Família, meus Hóspedes, minhas Responsabilidades ou meu Estado de Saúde. Isso é assédio. É uma invasão virulenta da privacidade alheia. É uma ameaça. É intimidação e é ERRADO!
De qual culpa repreensível Jim Hicklin me acusa? É muito importante que eu saiba, profissional e pessoalmente. *E eu vou descobrir*.

Cerca de uma semana depois, Taylor mandou à Agência Federal de Aviação a primeira das muitas cartas em que questionava a competência de Hicklin para ter uma licença de piloto, "até que se comprove, pela sua jurisdição, que o Sr. Hicklin esteja física e mentalmente são, afirmo que ele é uma *ameaça* à vida, à propriedade e a *si mesmo*".
Observe que nesse ponto ele trouxe à baila os conceitos de ameaça e segurança. Em seguida, Taylor entrou com um processo civil, apelando à Suprema Corte, exigindo um pedido de desculpa de Hicklin. Ele escreveu ao juiz:

O intuito do referido caso é denunciar e repudiar severamente o suposto direito de um cidadão a conspirar para transgredir o direito de outro à liberdade de expressão; de remeter correspondências; de não temer retaliações e assédio psicológico; de não ser humilhado à porta da própria casa.

Essa carta nos dá uma boa oportunidade de ver a situação pela perspectiva de Taylor. Ele se sentiu invadido, ameaçado e, talvez, acima de tudo, humilhado. Lembre-se dos pressupostos que afirmei que podem se aplicar à maioria das pessoas:

- Buscamos conexão com os outros.
- Sentimos tristeza com perdas e tentamos evitá-las.
- Não gostamos de rejeição.
- Gostamos de reconhecimento e atenção.
- Empregamos mais esforço para evitar a dor do que para buscar o prazer.
- Não gostamos de ridicularizações e constrangimentos.
- O que os outros pensam de nós é motivo de preocupação.
- Procuramos ter certo grau de controle sobre nossa vida.

A tentativa de conter Taylor mandando detetives particulares atrás dele vai de encontro a boa parte dessas suposições. Ele buscava uma conexão e se entristeceu com a perda de seu relacionamento de amizade (ainda que unilateral) com Hicklin. Ele foi rejeitado. Quando a situação não poderia lhe dar mais qualquer prazer, só lhe restava tentar evitar a dor. Ele se sentiu repreendido e constrangido. Achou que os outros pensariam mal dele caso não resgatasse sua virilidade conseguindo um pedido de desculpas. Por fim, sentiu que tinha perdido o controle de sua vida.

Um dia, quando estava no ar, Hicklin fez um comentário sobre pessoas que ateavam fogo à mata: "Elas deviam ser amarradas a uma estaca e largadas lá." Ao ouvir isso, Taylor escreveu que um adolescente poderia "incitar seu grupo a pôr em prática a fantasia doentia difundida pelo Piloto-Personalidade-Repórter-Herói-Popular Hicklin. A polícia já encontra muitos esqueletos nas montanhas. É brutal ouvir alguém declarar que é tolerável atear fogo a uma pessoa".

Perceba o tom sinistro de suas referências. Elas se prolongam na queixa seguinte de Taylor à Agência Federal de Aviação, de que Hicklin tinha sobrevoado sua casa no que ele chamou de "missão de bombardeio": "Existe ato mais bárbaro, insensível, obsceno do que um piloto mirar uma aeronave em seres humanos indefesos no chão apenas com o objetivo de assediar alguém; por um piloto cuja única missão doentia é estabelecer seu domínio sobre as vítimas?"

Não é preciso dizer que a Agência não tomou (nem poderia tomar) qualquer medida satisfatória para Taylor. A Justiça também indeferiu seu processo. Com suas opções se esgotando, Taylor datilografou um memorando de sete páginas relatando em detalhes cada "incidente" envolvendo Hicklin. Afirmava que Hicklin teria usado o helicóptero como arma e que "uma aeronave nas mãos de homens mentalmente desequilibrados constitui um armamento".

Vamos parar e examinar o contexto da situação. No começo, era simples: uma pessoa famosa recebia cartas excessivamente elogiosas de um ouvinte. Embora talvez não fossem escritas num estilo que agradasse a Hicklin, as cartas eram condizentes com o contexto. No começo, a situação não era interpessoal, mas depois que o admirador recebeu a visita de homens intimidadores que lhe recomendaram parar de enviar cartas, ela se tornou interpessoal. Jim Hicklin conseguiu a última coisa que queria: uma relação com Edward Taylor. Eles haviam se tornado inimigos.

Hicklin,

Eu teria entendido sua conduta se você aparecesse na minha porta com um revólver em vez de mandar dois detetives particulares – feito uma pessoa ensandecida.

Agora você instigou seus amigos a ameaçarem minha vida. Que tristeza.

Lembre-se de me chamar de "SR.".

No dia em que escreveu essa carta, Edward Taylor não só falou de um revólver. Ele saiu para comprar um.

Enquanto isso, Hicklin resolveu usar sua primeira estratégia de novo. Pediu ao gabinete da Promotoria Pública que enviasse investigadores e forçasse Taylor a parar. Os investigadores fizeram a visita, mas não conseguiram fazê-lo parar.

Taylor disse aos investigadores que era ele a vítima, não o contrário. Ele temia que Hicklin tivesse sobrevoado sua casa a fim de elaborar um mapa.

Explicou que estava tão apreensivo com o comportamento bizarro de Hicklin que sempre levava no bolso um bilhete dirigido à Polícia de Los Angeles e ao gabinete da Promotoria Pública. Junto com o bilhete, carregava um revólver.

Depois de ser advertido pelos investigadores, Taylor escreveu o seguinte à Promotoria:

> Quando um reclamante percebe que as autoridades não se importam e/ou não se solidarizam com o sentimento de alguém ao ter sua vida ameaçada por um robopata insensível e manipulador; ao viver o trauma de comprar um revólver em seu 46º ano de vida a fim de se defender de um assassino pago ou envolvido emocionalmente; ao ver o revólver em cima da mesa durante seu horário de trabalho; ao vê-lo assim que acorda de manhã e no instante em que fecha os olhos para dormir à noite. O pior de tudo é considerar a natureza da suposta provocação do reclamante contra o recorrido (ouvir o último dizê-lo): cartas(!).

Todas as informações necessárias estavam nessa carta. O que Taylor projetava em Hicklin, que ele seria "um assassino envolvido emocionalmente", na verdade estava em ação dentro dele mesmo. Como disse James Baldwin, "no rosto da vítima, a pessoa se vê". Embora Taylor nunca tenha ameaçado fazer mal a Hicklin, nessa carta o perigo é perceptível se aplicarmos os quatro elementos gerais da violência: Taylor via justificativa para usar a violência (se defender); enxergava poucas alternativas (as autoridades não lhe davam ouvidos); as consequências da violência haviam se tornado favoráveis porque a violência deteria o "robopata insensível"; e, por fim, ele tinha a capacidade de usar a violência – o revólver.

A visita dos investigadores da Promotoria Pública, assim como a visita inicial dos detetives particulares, claramente causara um impacto negativo que Taylor tinha dificuldade de superar. A intrusão final, a ofensa final, ainda estava por vir, e dessa vez Taylor não conseguiria se recuperar.

Uma noite, quando a mãe idosa o visitava, Taylor atendeu a uma batida na porta de casa. Era a polícia, que o prendeu na frente da mãe. Edward Taylor foi fichado na Delegacia de Los Angeles por difamação. Sem conseguir contato com alguém que pudesse pagar sua fiança durante o fim de semana, passou três dias na cadeia.

Ao voltar para casa, mais abalado do que até ele imaginava, Edward Taylor não conseguia se livrar da indignação que sentia por tudo o que havia acontecido. Agora que escrever cartas tinha um custo, ele parou de escrevê-las. Na verdade, remoeu o caso, tentou dormir, tentou comer e remoeu mais um pouco. Não conseguia reencontrar a vida que tinha antes de aquilo tudo acontecer, vê-la como era antes, então ficava sentado em casa ouvindo o programa de rádio de Jim Hicklin. Em certo sentido, é inevitável que figuras midiáticas ponham gasolina no fogo pelo simples fato de estarem na mídia. Uma pessoa obcecada por uma estrela de cinema, por exemplo, vai vê-la nas revistas, nos noticiários sobre entretenimento e em programas de entrevistas. Ironicamente, mesmo que queira, a pessoa obcecada vai achar difícil se distanciar do alvo de sua perseguição.

Mas Hicklin não demoraria a sair do ar. Ele e a esposa fariam um cruzeiro. Assim como tinha planejado, e *assim como tinha anunciado no rádio*, Jim Hicklin e a esposa embarcaram num cruzeiro rumo à Itália em 2 de abril de 1973.

Antes da partida, o casal Hicklin recebeu amigos, que foram se despedir. Mas nem todos a bordo eram amigos. Na frente da esposa, Jim Hicklin foi morto a tiros por um homem que nunca tinha visto e com quem nunca tinha falado. Edward Taylor "se defendeu" da forma como vinha pensando em fazer havia algum tempo.

Acreditar que os outros vão reagir como nós reagiríamos é o mito mais perigoso da intervenção. Quando as pessoas tentaram parar as cartas de Edward Taylor, tinham certeza de que bastaria uma advertência firme, depois tinham certeza de que bastaria a detenção. Mas nem preso, julgado, condenado e encarcerado sob a pena de prisão perpétua Edward pararia de enviar cartas. Ele continuou escrevendo, para a Promotoria Pública e para outras pessoas, até morrer na prisão.

PESSOAS QUE SE RECUSAM a virar a página estão se tornando cada vez mais comuns, e todos os casos nos ensinam uma lição valiosa: não entre na guerra. Guerras raramente acabam bem porque, por definição, alguém precisa perdê-la.

Em *Predicting Violent Behavior* (Prevendo comportamentos violentos), o Dr. John Monahan explica que a violência é interacional: "A reação de uma possível vítima da violência pode distinguir uma discussão verbal de um assassinato." Como você agora já aprendeu com os casos de perseguidores de figuras públicas e outras pessoas que se recusam a virar a página, no instante em que você se envolve com alguém, já está envolvido, e se você ficar com raiva, isso será uma vitória para essa pessoa.

LEMBRA DO TOMMY? Ao fazer uma investigação de acompanhamento tempos depois, minha empresa descobriu que ele arrumou emprego num banco, curtiu três meses de lua de mel no emprego e então foi demitido por insubordinação. Começou a importunar o diretor de RH, e esse assédio continuou por vários anos. O banco ameaçou processá-lo, e ele ameaçou o banco com tudo que conseguiu imaginar. Os ex-chefes de Tommy, assim como todos que se preocupam com a violência de um funcionário raivoso, enfrentam situações altamente previsíveis (só não são mais previsíveis do que as que ocorrem entre pessoas íntimas). Essa alta previsibilidade deixa alguns chefes incomodados, pois a capacidade gera a responsabilidade. Depois de terminar o próximo capítulo, você terá ambos.

9

Perigos ocupacionais

"As consequências de nossa ira são muito mais graves
do que os atos que a incitam."
– Marco Aurélio

Querida Laura,

Está na hora de tirar as luvas de pelica. A minha escolha é desgraçar sua vida se for isso que você realmente deseja. Já te falei que, se for demitido ou rebaixado, posso forçá-la a ir embora comigo. Você me perguntou o que eu poderia fazer: matar você? A resposta para isso era e ainda é não. Se eu a matasse, você não teria como se arrepender do que fez. Eu sei onde seus pais moram, então, se você fugir, estou pronto para ir atrás. Estou vendendo minhas propriedades, encerrei meu fundo de aposentadoria, vendi minhas ações. Eu posso partir rapidinho. Digamos que você não volte atrás e, em breve, eu desmorone sob pressão e enlouqueça, destruindo tudo que estiver no meu caminho até a polícia me pegar e me matar.

Se cuida,
Rick

Ao ler essa carta, sua intuição clama por mais detalhes. Quem é Rick? Quem é Laura? Qual é a relação dos dois? Ele foi demitido? Sua intuição diz para você se manter curioso porque ter mais informação gera previsões melhores. Você quer saber qual é o contexto, mas só pelas informações que constam na carta você já pode usar os quatro elementos gerais da violência para notar coisas que passaram despercebidas aos leitores iniciais. Temos a *justificativa* de Rick para a violência (a perda do emprego), as *alternativas* reduzidas (tirar as luvas de pelica), as *consequências* favoráveis à violência (fazer Laura se arrepender do que fez) e sua alta *capacidade* (ele sabe o endereço dos pais dela, vendeu seus bens e está preparado para morrer).

O nome do remetente é Richard Farley e a mulher a quem ele se dirige é Laura Black. Eles se conheceram quando eram funcionários de uma empresa de alta tecnologia do Vale do Silício chamada ESL. Farley convidou Laura Black para sair e, quando ela declinou do convite, ele se recusou a aceitar a rejeição. A empresa fez várias intervenções na tentativa de fazê-lo parar de incomodá-la, mas a cada tentativa o assédio só piorava. Com o tempo, ele passou a incluir ameaças de morte. Richard também anexou a uma das cartas um objeto que causou calafrios em Laura, porque deixava bem claro sua vulnerabilidade: a chave da casa onde ela morava.

Quando os supervisores da ESL disseram a Farley que ele seria demitido caso continuasse com aquele comportamento, sua reação sinistra incitou um deles a lhe perguntar, incrédulo:

– Você está dizendo que, se for mandado embora, vai me matar?

– Não só você – respondeu Farley.

Nessa época, Laura pediu, a contragosto, uma medida protetiva contra Farley. Sua intuição a respeito dele estava corretíssima quando ela disse ao tribunal: "Tenho medo do que esse homem pode fazer se eu abrir esse processo."

Farley foi demitido da ESL e proibido de entrar na sede da empresa, mas um dia ele voltou para se vingar. Atravessou as portas de acesso – literalmente – depois de quebrar o vidro com uma das escopetas que tinha levado. Também estava com um rifle e vários revólveres e circulou pelo prédio atirando furiosamente contra seus ex-colegas de trabalho.

Quando enfim achou Laura Black, ele lhe deu um tiro de rifle e a deixou sangrando no chão. Baleou mais 10 pessoas nesse dia. Sete morreram. Laura, apesar da hemorragia e de ter perdido a consciência, conseguiu sair do prédio se arrastando.

Mais tarde, ela me disse: "A medida protetiva foi o catalisador que o tirou do sério. Hesitei muito antes de solicitá-la, mas a empresa me instou a correr atrás disso. Por fim, me disseram que minha relutância podia estar me impedindo de ser promovida. Foi aí que eu finalmente disse: 'Está bem, vale a pena tentar.' O tiroteio foi na véspera de irmos ao tribunal com Farley para que a medida protetiva temporária fosse decretada permanente."

Mas Laura passou esse dia e muitos outros no hospital. Farley passou esse dia e muitos outros na prisão. Repórteres passaram esse dia e muitos outros afirmando que Farley "perdeu a cabeça de repente" e saiu atirando em todo mundo. Mas não é isso que acontece.

Os quatro elementos gerais da violência já mostraram que ninguém "perde a cabeça de repente". Existe um processo observável, e geralmente previsível, como a água que ferve. Embora chamemos isso de violência no ambiente de trabalho, na verdade é qualquer tipo de violência, cometida por qualquer tipo de criminoso. É uma matança por vingança, em que o funcionário que se sente humilhado ou diminuído prova que ninguém pode ser leviano com ele. Trata-se de violência doméstica, quando o marido procura a esposa no trabalho dela. É perseguição a uma parceira amorosa, quando o homem que se recusa a virar a página persegue a vítima no trabalho dela. É matança causada pela raiva, quando um funcionário preparado para fazer algo grande e ruim escolhe fazê-lo no trabalho. O medo da violência no trabalho é compreensível porque o trabalho é o local em que muitos de nós somos obrigados a interagir com pessoas que não escolhemos ter em nossa vida.

Felizmente, a violência no ambiente de trabalho nos oferece muitas oportunidades preditivas, e geralmente o que não falta é gente apta a observar os sinais de alerta. Porém, como os casos demonstram, sinais de alerta óbvios costumam ser ignorados. Os casos também revelam que não precisa ser assim.

TALVEZ VOCÊ NÃO RECONHEÇA o nome Pat Sherill, mas ele é um dos motivos pelos quais, ao pensar em atiradores no ambiente de trabalho, a maioria dos americanos pensa nos Correios. O carteiro de Oklahoma, de 44 anos, era conhecido entre os colegas pelo apelido de Crazy Pat (Pat Maluco). Em 1986, pouco depois de os supervisores ameaçarem mandá-lo embora, ele apareceu no trabalho com algo além de sua raiva habitual contra os chefes: levava também três pistolas. Sherill atirou em 20 colegas de trabalho, 14 dos quais morreram, e então se suicidou.

Ao contrário da percepção pública que Sherill ajudou a consolidar, as estatísticas de atos violentos cometidos por funcionários dos Correios são melhores do que as da maioria dos setores dos Estados Unidos. Mas com centenas de milhares de funcionários em período integral e quase 1 milhão de afiliados ao serviço, a probabilidade é de que os Correios contem com números altos em todos os quesitos – mais fracassos, mais problemas de saúde, mais criatividade, mais preguiça, mais gentileza, mais violência. Tiroteios em redes de fast-food são mais comuns do que em agências dos Correios, mas não são noticiados como se fossem parte de uma moda. (Não estou querendo dizer que o estilo e as estratégias de gestão dos serviços postais não deixam a desejar; estou só tentando derrubar o mito de que são os piores dos Estados Unidos.)

O ataque de Sherill foi um banho de sangue, mas, um ano depois, outro funcionário enfurecido o faria parecer um incidente de pouca relevância. Um funcionário da US Airways chamado David Burke foi o homem que ganhou os noticiários nessa ocasião. Após o incidente, repórteres descobriram várias coisas a respeito de Burke cujo conhecimento teria sido benéfico à empresa aérea antes de contratá-lo: em sua ficha, constava tráfico de drogas, furto a lojas e roubo de carros, bem como violência contra a namorada. Ele já tinha cortado a fiação do carro dela, espancado e ameaçado a moça com uma arma. Ela chegou a pedir uma medida protetiva contra ele.

O comportamento perturbador de Burke o acompanhava no trabalho: ele deixou uma ameaça de morte na secretária eletrônica do supervisor, Ray Thompson, a quem considerava culpado por muitos de seus problemas. Burke insistia que estava sendo vítima de racismo e ficou indignado quando a empresa o demitiu pelo roubo de 69 dólares. Outro funcionário da US Airways (sem nem um pingo de bom senso) emprestou a Burke um revólver calibre 44. A arma jamais seria devolvida.

Quando mandou Burke embora, a empresa não pegou de volta sua identificação aeroportuária, que ele então usou em seu último dia de vida. Por causa daquele crachá, a mulher que cuidava do detector de metais deixou Burke desviar da máquina e lhe disse: "Tenha um bom dia." Ele respondeu: "Meu dia vai ser muito bom." Em seguida, entrou na sala de Thompson e exigiu que ele lhe devolvesse o emprego. Thompson disse não e encerrou a conversa porque pegaria um voo para São Francisco. Logo depois, Burke entrou na fila e comprou uma passagem no mesmo voo. Ao contrário dos outros passageiros que se acomodavam no Voo 1771 daquela tarde, Burke não se importava com o destino do avião, porque já sabia onde ele acabaria.

Depois da decolagem, ele escreveu um bilhete num saquinho para vômito: "Oi, Ray. Acho meio irônico a gente acabar desse jeito. Pedi clemência em nome da minha família, lembra? E não tive nenhuma. E você também não vai ter."

A quase 7 mil metros de altitude, a tripulação ouviu dois tiros (Burke tinha acabado de matar Ray Thompson). E imediatamente passou um rádio para os controladores de tráfego aéreo: "Tiros a bordo!" Segundos depois, a caixa-preta do avião registrou mais três tiros, uma comoção e um último tiro.

A torre tentou retomar o contato com os pilotos, mas a aeronave não estava mais sob o controle deles. Agora estava sob o firme domínio da gravidade, numa queda de 1.100 quilômetros por hora. Quarenta e três pessoas morreram instantaneamente e Burke se tornou o perpetrador da pior tragédia de violência no ambiente de trabalho da história americana. A pior, mas nem de longe a última.

Em geral acreditamos que esses massacres são cometidos por funcionários de empresas grandes ou órgãos governamentais, mas um número cada vez maior é cometido por stalkers, clientes e até mesmo universitários. Alguns dos meus clientes atuais são universidades importantes. Antigamente, elas não tinham esse tipo de preocupação, mas a violência dá um jeito de se infiltrar em todas as instituições da nossa cultura, e quem não espera que ela aconteça não está preparado para lidar com ela.

Os sinais costumam estar presentes, assim como a negação. Por exemplo, depois de um ato tenebroso de violência no campus, as autoridades da universidade dirão que o criminoso era "um aluno de boa reputação". Com essa descrição, elas querem dizer "Quem poderia imaginar?", mas, ao fazer mais perguntas, sempre conseguimos apontar que era possível, sim, imaginar um desfecho como aquele.

O caso do universitário Wayne Lo é um exemplo bastante representativo. Na manhã do dia em que ficou famoso, Wayne recebeu um pacote na faculdade. Uma recepcionista desconfiou do conteúdo (desconfiança é um sinal de intuição) por conta de duas palavras no endereço do remetente: "Armas Clássicas". Ela agiu corretamente, notificando os diretores, que levaram o pacote para uma reunião com o reitor, Bernard Rodgers. Os funcionários queriam abrir o pacote, no qual acreditavam conter uma arma, mas o reitor disse que seria impróprio interferir na entrega de correspondências dos estudantes. No entanto, ele concordou que um membro da equipe abordasse Wayne Lo sobre a questão.

Wayne obteve permissão para pegar o pacote e levá-lo para o quarto. Pouco depois, Trinka Robinson, a diretora do dormitório dele, foi perguntar a Wayne o que havia no embrulho pesado. Ele se recusou a abri-lo. Ela perguntou outra vez, e de novo ele se recusou a falar; e assim ela foi embora. Mais tarde, quando ela voltou com o marido, Floyd, a caixa já havia sido aberta. Wayne lhes disse que não continha uma arma, e sim três pentes para balas vazios e outras peças de armas. Havia também uma caixa de munição vazia. Ele declarou que tinha encomendado alguns desses itens para dar de presente e que pretendia usar outros.

Aparentemente optando por ignorar que Wayne tinha se recusado a abrir o embrulho na frente de Trinka, Floyd Robinson ficou satisfeito. Mais tarde, descreveria Wayne como "muito franco comigo e nem um pouco defensivo". O objetivo dessa observação era transmitir a mesma mensagem de "Quem poderia imaginar?", embora àquela altura várias pessoa já pudessem imaginar.

Por volta das nove da noite naquele dia, uma voz masculina anônima ligou para Trinka e disse que Wayne tinha uma arma e ia matá-la, assim como sua família e outras pessoas.

Trinka levou a ameaça a sério e telefonou a várias autoridades da universidade. Também levou os filhos para a casa de um diretor da faculdade. O marido os encontrou lá por volta das nove e meia. Eles decidiram fazer uma revista no quarto de Wayne. Caso achassem uma arma, ou caso ele resistisse, eles acionariam a polícia. Mas, como o reitor não tinha permitido que eles abrissem o pacote, como ele reagiria se revistassem o quarto de Wayne? Melhor ligar para o reitor, eles concluíram, e era o que estavam fazendo quando ouviram os primeiros tiros.

Quando os estampidos cessaram, seis pessoas haviam sido baleadas. Duas delas já estavam mortas. Fazia menos de doze horas que Wayne tinha pegado o pacote que estimulara as autoridades da universidade a fazer de tudo, exceto tomar a atitude mais óbvia: chamar a polícia. Nem o aviso explícito quanto às intenções de Wayne as convencera a recorrer à polícia.

Somente 10 dias depois o reitor deu uma explicação pública, e as pessoas estavam ansiosas para ouvir o que ele sabia sobre o incidente. Mas o que ele disse foi: "Eu não sei nada sobre armas. Não sei nada sobre revólveres." Certamente Rodgers sabia que armas são perigosas, e com certeza sabia que poderia chamar pessoas capazes de cuidar da questão.

Como as autoridades universitárias sabiam muito pouco sobre os sentimentos e as percepções de Wayne, seria difícil aplicar os quatro elementos gerais da violência, mas esse é um exemplo perfeito de um caso em que o contexto por si só é um elemento preponderante para a previsão: um aluno recebe um pacote de um fabricante de armas; ele se recusa a abri-lo ou discutir seu conteúdo; ele então o abre quando fica sozinho; dali a poucas horas, alguém faz uma ligação anônima avisando que o aluno está armado e planeja matar pessoas. Não foram coisas isoladas: *todas* aconteceram. E poderíamos acrescentar mais um fator importante: as pessoas intuíram o perigo.

Quando apareceu no tribunal para enfrentar a denúncia por homicídio, Wayne Lo usava um moletom em que se liam as palavras DE SACO CHEIO DE TUDO estampadas no peito. A frase faz jus ao meu sentimento em relação aos muitos, muitos casos em que permitiram que a negação virasse negligência, e em que as pessoas que deveriam saber são as mesmas que perguntam: "Quem poderia imaginar?"

DEPOIS DE CONTAR várias histórias em que os sinais de alerta foram ignorados e tragédias aconteceram, também quero reconhecer que os envolvidos – quem visitou Edward Taylor para que ele deixasse Jim Hicklin em paz, quem trabalhava na universidade frequentada por Wayne Lo, na mesma empresa que Laura Black, na US Airways e até no muito criticado serviço postal americano – estavam fazendo o melhor que podiam com as ferramentas que tinham na época. Se tivessem as informações que você tem agora, acredito que teriam feito outras escolhas. O objetivo das minhas observações não é achar culpados, mas educar.

Park Dietz, o psiquiatra forense mais importante dos Estados Unidos e especialista em violência, reparou que as histórias dos casos estão "cheias de relatos, cartas, comunicados e recordações que mostram que as pessoas se sentiam incomodadas, ameaçadas, intimidadas, violadas e inseguras exatamente por causa da pessoa que mais tarde cometeria atrocidades". Um caso que Dietz estudou é um exemplo de negação em sua forma mais inegável: um homem matou um colega de trabalho, cumpriu sua pena, foi solto *e foi recontratado pela mesma empresa cujo funcionário ele havia assassinado*. Em sua segunda temporada na empresa, ele se indispôs com colegas porque estava sempre mal-humorado. Fez ameaças que chegaram aos ouvidos dos supervisores e perseguiu uma colega. Depois de se demitir (quando estava para ser mandado embora), continuou perseguindo a mulher e a matou.

Quem poderia imaginar?

ATITUDES DESTRUTIVAS EM relação a colegas de trabalho e empresas não são incidentes raros ou isolados. Na era das incorporações, fusões e reduções de pessoal, em que pessoas com frequência são mandadas embora, as emoções dos empregados são uma força a se considerar. A perda de um emprego pode ser tão traumática quanto a de um ente querido, mas são poucos os demitidos que recebem condolências ou amparo.

Embora a frequência dos incidentes violentos tenha aumentado, os fatores que os influenciam, em sua maioria, há muito continuam os mesmos. Muitas empresas contratam as pessoas erradas e não se dão ao trabalho de descobrir nada sobre elas. Em seguida, os funcionários são supervisionados de um jeito que traz à tona suas piores características. Por fim, a forma como são demitidos influencia os acontecimentos tanto quanto o fato de terem sido admitidos. Poucas pessoas acionariam o detonador de uma bomba de caso pensado, mas muitos empregadores sem querer fazem exatamente isso. Muitos me procuram depois, mas só uns poucos querem aprender sobre o assunto antes que haja uma crise.

Eu falo para esses clientes do tipo mais comum de funcionário-problema, o que chamo de Roteirista. Ele tem diversas características que são detectáveis desde o início. Uma delas é a inflexibilidade: não aceita sugestões porque as encara como afrontas ou críticas a seu jeito de fazer as coisas.

Outra característica típica é que ele atribui aos outros os piores caráteres e motivações. Ao entrar em uma discussão sobre alguma discrepância em seu salário, por exemplo, ele diz ou pensa: "É melhor você não tentar fazer nada para pegar a grana que é minha." É como se esperasse que as pessoas tentassem afrontá-lo ou prejudicá-lo.

O Roteirista é o tipo de pessoa que faz a pergunta, ele mesmo responde e sai bravo com o que você supostamente disse. Dessa forma, ele *escreve o roteiro* de suas interações com os colegas e chefes. Nesse seu roteiro, ele é um cara sensato e que trabalha bem, que precisa estar sempre alerta às emboscadas. As coisas que dão errado nunca são culpa dele, e até acontecimentos acidentais, imprevistos, são obras dos outros, que vão tentar responsabilizá-lo. Ele é perseguido por todo mundo, ponto-final. E a empresa não toma nenhuma providência e não dá valor às suas contribuições.

Quando tenta gerenciar ou argumentar com alguém assim, você percebe que ele não está reagindo ao que você disse, mas ao que espera que você diga; está reagindo ao próprio roteiro. Sua personalidade é autodestrutiva. Uma velha piada ilustra essa dinâmica em ação:

Um homem está dirigindo por um trecho deserto da estrada quando um pneu do seu carro fura. Ao se preparar para trocá-lo, ele se dá conta de que não tem um macaco para levantar o carro. Ao longe, vê as luzes de algumas casinhas rurais e começa a longa caminhada até lá para pedir um macaco emprestado. Está escurecendo, e durante o percurso ele começa a temer que as pessoas relutem em ajudá-lo.

"Elas provavelmente não vão querer nem abrir a porta, ou pior ainda, vão fingir que não tem ninguém em casa", pensa ele. "Vou ter que andar mais um quilômetro até a casa seguinte, e lá vão me dizer que não querem abrir a porta e que de qualquer forma não têm um macaco. Quando eu enfim conseguir que alguém fale comigo, a pessoa vai querer que eu a convença de que não sou um criminoso e, se ela concordar em me ajudar, o que eu duvido que aconteça, vai querer ficar com a minha carteira como garantia de que não vou fugir com a porcaria do macaco. O que há de errado com essa gente? São tão desconfiados assim que não conseguem nem mesmo ajudar o próximo? Será que preferem que eu morra congelado aqui fora?"

A essa altura ele já alcançou a primeira casa. Como já conseguiu se exaltar com os próprios pensamentos, ele bate forte na porta, refletindo: "Eles que não tentem fingir que não tem ninguém em casa, porque eu estou ouvindo a TV ligada."

Passados alguns segundos, uma mulher afável abre a porta e pergunta, sorridente:

– O senhor precisa de ajuda?

– Não quero sua ajuda e eu não aceitaria a droga do seu macaco nem pintado de ouro! – responde ele aos berros.

O Roteirista não dá crédito aos outros quando são prestativos e com isso provoca o distanciamento dos colegas de trabalho. Assim seu roteiro começa a virar realidade e as pessoas passam a tratá-lo como ele espera ser tratado. Quando um empregador o encontra, é provável que já tenha tido esses problemas em outras empresas e outras relações.

O Roteirista dá avisos: "É bom nem tentar botar a culpa em mim pelo que aconteceu" ou "É melhor eu ganhar a promoção". Mesmo quando consegue o que quer, ele acredita que seja só porque forçou a empresa a isso. Ele ainda acha que a gerência estava tentando encontrar uma justificativa para não o promover mas não conseguiu.

Quando examino a ficha desse funcionário, fico espantado com a quantidade de questões sérias de desempenho e insubordinação documentadas. São muitos os motivos para que a empresa já o tivesse demitido. Ele fez ameaças, intimidou colegas, fez bullying. Em alguns casos, o funcionário chegou a sabotar o trabalho ou foi violento; só não foi mandado embora porque todo mundo tinha medo de dispensá-lo. Os gerentes o trocaram de departamento diversas vezes, colocaram-no em um turno da noite ou fizeram de tudo para empurrá-lo para o colo de outro responsável. Ninguém quis se sentar, olhar nos olhos dele e demiti-lo porque sabiam que ele reagiria mal.

Como essa dinâmica se retroalimenta e vai se agravando, e visto que quanto mais tempo ele ficar na empresa, mais vai se sentir no direito de continuar ali, o segredo é se livrar do Roteirista quanto antes. (Não vou entrar no atoleiro das razões juridicamente aceitáveis para a demissão, mas falar dos casos em que existe motivo para a demissão e essa decisão já foi tomada.) Assim que tiver uma razão para dispensar a pessoa, faça isso. Mas, é claro, tenha certeza de que o motivo é suficiente e de que sua decisão é inabalável, porque, se tentar demiti-lo e não conseguir, você terá montado o palco para o que chamo de introdução de ameaças, intimidações, manipulações e escaladas.

Manipulações são coisas ditas com o intuito de influenciar um resultado sem recorrer a ameaças. Escaladas são atos com o objetivo de causar medo, aborrecimento ou ansiedade, como aparecer em algum lugar sem ser convidado, enviar algum objeto alarmante, danificar alguma coisa ou agir de forma sinistra.

Ao lidar com um funcionário difícil e propenso à violência, é importante entender que ele virá acompanhado desses quatro componentes, a menos que você aja depressa. A gerência pode intuir corretamente que ele não vai embora sem fazer escândalo, mas quanto antes for demitido, mais fácil vai ser. Se você acredita que será complicado mandá-lo embora agora, pode ter certeza de que vai ser ainda pior mais adiante.

O Roteirista geralmente é alguém que no passado fez uso bem-sucedido de manipulações ou intimidações. A bem da verdade, seu patrão o levou a entender que essas estratégias dão certo e por essa razão ele espera que funcionem novamente. Quando a gerência enfim ousa demiti-lo, ela se depara com uma pessoa em choque, que se sente injustiçada. Talvez tenha alguma razão quanto à injustiça, pois, se comparado a tudo o que fez sem ser demitido, o motivo citado pode parecer insignificante. Ele fica bravo, faz ameaças e ninguém consegue apaziguá-lo.

Quando as manipulações que deram certo no passado deixam de funcionar, ele as intensifica. A essa altura, a gerência precisa considerar todos os males que a pessoa pode causar à empresa e a seu quadro de funcionários. Nas outras vezes que viu essa faceta do demitido, a gerência recuou. Dessa vez, ela fincou o pé, e o funcionário demitido dobra a aposta dizendo ou fazendo coisas que tornam evidente algo óbvio: ele deveria ter sido demitido muito antes.

ANTES DE ABORDAR alguns indicadores pré-incidente (IPIs) que são um chamado a uma análise mais aprofundada no ambiente de trabalho, quero explicar que evito o uso de listas porque elas induzem as pessoas a acreditarem que existem atalhos para previsões de alto risco. Esperei até esta parte do livro, em que você já conhece as filosofias e os recursos preditivos, para elaborar uma lista de comportamentos. Em mãos menos preparadas, ela poderia ser mal aproveitada. Nas suas, vai servir de apoio à intuição.

1. Inflexibilidade
O funcionário resiste a mudanças, é intransigente e não se dispõe a discutir ideias contrárias às dele.

2. Armas
Ele obteve uma arma nos últimos 90 dias, é colecionador de armas, faz piadas ou comentários frequentes sobre armas ou discute armas como instrumentos de poder ou vingança.

3. Tristeza
Ele é rabugento, zangado ou deprimido. A ira crônica é um indício importante – e não só de violência. Pessoas que têm fortes acessos de raiva correm um risco maior de infarto (na verdade, a raiva suplanta até fatores de risco como tabagismo, hipertensão arterial e colesterol alto). Essas pessoas colocam não só as outras em risco, mas também a si próprias, portanto a raiva crônica jamais deve ser ignorada. Sinais de depressão incluem mudanças de peso, irritabilidade, ideação suicida e alusões ao tema, desesperança, tristeza e perda de interesse em atividades antes consideradas divertidas.

4. Desesperança
Ele faz declarações como "Que diferença faz?", "Nada muda mesmo", "Eu não tenho futuro". Faz referências ao suicídio e ameaça se matar, ou faz e descreve planos condizentes com o suicídio (põe sua vida em ordem, vende seus bens, etc.). O pessimismo é um importante sinal de problemas (assim como o otimismo é um importante sinal de sucesso).

5. Identificação
Ele elogia outras pessoas que cometem violências no local de trabalho ou se identifica com elas. Faz referências a notícias sobre grandes atos de vio-

lência, faz piada sobre elas ou é fascinado por elas. Gosta de filmes e livros violentos, revistas sobre armas ou notícias sanguinárias.

6. Medo de colegas
Colegas têm medo ou ficam apreensivos em relação a ele (quer consigam ou não explicar seus motivos). Esse IPI busca se valer da intuição dos colegas de trabalho.

7. Ameaças, intimidações, manipulações e escaladas
Ele já utilizou esses quatro elementos contra gerentes ou colegas.

8. Paranoia
Ele acha que os outros "estão atrás dele", que acontecimentos isolados estão interligados, que os outros conspiram contra ele.

9. Críticas
Ele fica contrariado ao ouvir críticas, mostra desconfiança em relação àqueles que o criticam e se recusa a considerar os méritos de quaisquer comentários críticos sobre seu desempenho ou comportamento.

10. Culpa
Ele culpa os outros pelos resultados das próprias ações; recusa-se a assumir responsabilidade.

11. Cruzadas
Ele promoveu ou se vinculou a cruzadas ou campanhas no trabalho. (Esse ponto é ainda mais relevante caso tenha travado o que ele talvez caracterize como uma "guerra de um homem só".)

12. Expectativas absurdas
Ele espera ascensão, retenção a longo prazo, um pedido de desculpas, o reconhecimento como "vencedor" de alguma disputa ou como aquele que está "certo".

13. Ressentimento
Ele tem um ressentimento pendente ou tem o histórico de fazer queixas irracionais.

14. Passagens pela polícia
Ele teve passagens recentes pela polícia (inclusive detenções) ou sua ficha inclui agressões ou delitos comportamentais.

15. Imprensa
É comum vermos notícias sobre violência no ambiente de trabalho e outros atos de violência de grandes proporções. As reportagens sobre esses assuntos frequentemente estimulam pessoas que se identificam com os criminosos e com a atenção que estes recebem por seus atos. Assim como ataques a figuras públicas, grandes atos de violência no local de trabalho tendem a se concentrar em certas épocas e os criminosos costumam fazer referências àqueles que os precederam nos jornais.

16. Foco
Ele monitora o comportamento, as atividades, o desempenho e as idas e vindas de outros funcionários, embora isso não seja parte de suas tarefas; mantém uma ficha ou dossiê de outros funcionários ou recentemente perseguiu alguém dentro ou fora do ambiente de trabalho. (Como quase metade dos perseguidores aparece no local de trabalho de suas vítimas, seria bom que as empresas aprendessem sobre essa dinâmica.)

17. Contato
Se foi demitido, ele instiga e mantém contato com os funcionários atuais; ele se recusa a virar a página e parece estar mais concentrado no emprego que acabou de perder do que em arrumar outro trabalho.

Embora nenhum IPI isolado implique uma previsão e nem todos os casos sérios cumpram a lista inteira, esses são alguns dos sinais de alerta aos quais temos que ficar atentos. A maioria das pessoas conhece ou já conheceu quem tenha algumas dessas características, mas, se você trabalha com alguém que tem muitas delas, fique bem atento.

Quando gerentes, supervisores e colegas conhecem esses sinais de alerta, há uma probabilidade bem maior de que detectem uma situação grave antes que ela se torne crítica. Park Dietz empregou seu brilhantismo em um estudo plurianual de incidentes de violência no local de trabalho. Depois, produziu e roteirizou junto comigo uma série de treinamentos em vídeo usada por diversas empresas e órgãos governamentais (veja o Apêndice 4). O comentário que mais ouvimos das organizações que usam o programa é que descobrir esses funcionários precocemente é muito mais fácil do que imaginavam. Também disseram que a solução mais comum para essas situações era oferecer orientação psicológica aos funcionários problemáticos, não os despedir. A orientação era possível porque percebiam rápido que determinado empregado precisava de ajuda. Após a análise de todos os grandes casos de homicídios múltiplos no ambiente de trabalho, o Dr. Dietz concluiu:

> Se a empresa quer ser capaz de reagir às coisas que os funcionários acreditam ser sinais, precisa aprender sobre eles. Não é de um dia para o outro que os funcionários se sentem incentivados a contar a seus supervisores quando alguém os deixa incomodados ou apreensivos. É preciso planejamento. Mas, quando um telefonema avisa que alguém está atirando no Prédio 16, é tarde demais para o planejamento.

Seu estudo também confirmou minhas crenças acerca da ligação entre as reportagens e a violência no trabalho:

> Trata-se de um padrão cuja frequência se intensificou e é tão dependente da imprensa que podemos prever que, depois de cada caso que ganha publicidade nacional, haverá muitos outros nas semanas seguintes. Isso acontece porque as pessoas que cometem esses atos estão buscando soluções para seus dilemas. Quando veem uma reportagem sobre alguém que fez as coisas que sentem vontade de fazer, alguém parecido com elas, essas pessoas se identificam, e isso é parte do que as leva da inação à ação.

Muitas situações que acabaram em violência vinham fermentando havia um bom tempo, e executivos seniores não faziam ideia do que estava acontecendo. Por quê? Porque ninguém queria levar o problema para o supervisor. Por quê? Porque alguém poderia dizer: "Ei, você não sabe lidar com seu pessoal? Não sabe lidar com esse tipo de coisa?"

Uns anos atrás, tive uma reunião com o presidente de uma grande empresa. Durante a discussão sobre os restaurantes que eram da empresa, eu disse: "Você já deve ter enfrentado um bocado de situações em que funcionárias mulheres tiveram que lidar com perseguições indesejadas ou assédio." Ele respondeu: "Eu ouvi falar de um caso desses, mas não se trata de um problema sério para nós." Algumas horas depois, fiz a mesma pergunta ao diretor de recursos humanos, que me disse: "Ah, claro, tivemos uns seis ou sete casos desses no ano passado. Às vezes eles viram um problema." Em seguida, ele ligou para o executivo encarregado dos restaurantes, que informou: "A gente tem uns dois desses casos por mês. Eu me lembro de uns 20 que tivemos nos últimos anos. É um problema muito sério."

Se os gestores nunca têm a oportunidade de comentar ou exercer influência sobre uma situação que pode ser relevante para a segurança, as decisões cruciais ficam nas mãos de pessoas que só as tomam porque acham que é isso que seus chefes desejam ou porque têm medo de dizer a alguém que não podem tomá-las. As empresas podem estimular denúncias comunicando seu desejo de saber e acolhendo as informações mesmo que sejam más notícias. Em certas empresas, se um gerente prevê que o comportamento alarmante ou perturbador de um funcionário pode se agravar e diz isso a seus superiores, ele corre o risco de ser malvisto por ser dramático ou por não ser capaz de lidar com a situação sozinho. O mais injusto é que talvez pensem que ele errou todos os dias em que nada acontecer. Eu proponho que grandes empresas redefinam a palavra *erro* nesse contexto, para que três critérios sejam incluídos. O gerente está errado apenas se:

1. Não prioriza a segurança
2. Não faz as perguntas certas
3. Não comunica suas preocupações com clareza e rapidez

Tenho a sorte de trabalhar com algumas empresas progressistas, que dizem a seus gerentes: "Não esperamos que você lide com essas questões de ciências comportamentais. Não esperamos que você saiba gerenciar pessoas perturbadoras ou instáveis. Conseguir gerenciar 95% das pessoas com as quais está lidando é uma grande conquista. Os 5% que fogem ao comportamento normal – os que intimidam, ameaçam ou assustam – devem ser encaminhados a nós."

DEMISSÕES DIFÍCEIS E SITUAÇÕES que envolvem funcionários ameaçadores são semelhantes a outras situações sociais instáveis. Entre elas estão divórcios, brigas entre vizinhos, disputas com instituições financeiras, ações judiciais amargas e sociedades liquidadas. O que todas têm em comum é que os interesses de uma parte estão em conflito direto com os interesses de outra parte. Portanto, resoluções completamente satisfatórias para todas as partes são uma raridade.

Para complicar as coisas, o empregado difícil também costuma ter problemas parecidos fora do trabalho. As coisas boas de sua vida são como dominós que começam a tombar: a autoconfiança desaba em cima do desempenho, que derruba a identidade, que faz a autoestima cair. A perda do emprego pode derrubar os últimos dominós que restavam, mas os empregadores têm que tomar o cuidado de não derrubar o dominó da dignidade, pois, quando ele cai, a violência se torna mais provável. Pense nos quatro elementos gerais da violência:

Justificativa:
O funcionário acha que o uso da violência é justificado quando o empregador lhe tira tudo o que tem.

Alternativas:
Talvez ele veja cada vez menos alternativas à violência, sobretudo depois de esgotar todos os processos de apelação.

Consequências:
Sua avaliação das consequências da violência vai mudando à medida que ele afunda. Se sente raiva suficiente, sobretudo caso se sinta humilhado, talvez ache que as consequências da violência podem se tornar favoráveis.

Capacidade:
Em geral, ex-funcionários e empregados atuais que estejam zangados superestimam sua capacidade para a violência. Isso é perigoso porque assim eles ficam mais propensos a tentar fazer ataques de grandes proporções com o intuito de "matar todo mundo" ou "explodir com tudo". Embora raramente consigam tudo que imaginam, ainda ferem muitas pessoas.

O QUE OS EMPREGADORES dos casos com os piores desenlaces fizeram ou deixaram de fazer?

É claro que tudo começa na contratação. O entrevistador faz a previsão de que o candidato vai atender às necessidades da empresa e ser um funcionário equilibrado, competente e produtivo. Sabemos que as previsões são melhores quando temos mais informações, portanto investigar os antecedentes dos candidatos é essencial. Não estou dizendo que podemos esperar que as checagens sempre excluam funcionários que mais tarde se mostrarão violentos, pois a violência é um processo que se desenvolve com o tempo; não é uma condição ou estado. Mas checagens eficazes dão ao contratante uma oportunidade fácil de descobrir informações importantes sobre o candidato.

Eu prestei depoimento no caso de uma firma de segurança chamada MacGuard, que contratou um homem chamado Rodney Garmanian. A empresa lhe deu o uniforme que ele usou para atrair Teak Dyer, uma menina de 18 anos, e convencê-la a entrar em seu carro. A empresa lhe deu o carro que ele usou para sequestrá-la. Deu as chaves do prédio trancado para onde a levou, as algemas que ele usou para contê-la, o cassetete que usou para bater nela e a arma com que a matou. A MacGuard não tinha feito nenhuma verificação dos antecedentes nem lido com atenção o formulário de inscrição de Garmanian. Caso tivessem reservado alguns minutinhos para isso, teriam percebido que ele não havia preenchido boa parte do formulário, e o que preenchera não lhe era favorável. Ele listou seu tempo de serviço no Exército como tendo sido de três meses. Essa informação deveria gerar questionamentos óbvios: "Por que só ficou três meses no Exército, Sr. Garmanian? Em geral, as pessoas ficam mais tempo." A razão que declarou para largar dois empregos foi "demitido", no entanto a MacGuard não perguntou nada sobre o assunto.

Talvez o fato mais arrepiante desse caso seja o que descobri ao simplesmente ligar para dois de seus ex-patrões. O primeiro me disse: "Ah, sim, eu me lembro de Rodney Garmanian. Uma vez ele tentou transar com uma garota no segundo andar quando o prédio estava fechado." O segundo disse: "Eu sei, sim, quem é Rodney Garmanian. Ele fez desenhos de teor sexual e os pôs no banheiro feminino." O assassinato que Garmanian cometeu aconteceu no banheiro feminino do segundo andar de um prédio fechado. Com apenas dois telefonemas, descobri informações que, caso os empregadores de Garmanian tivessem se dado ao trabalho de buscá-las, poderiam ter salvado a vida de Teak Dyer. *Verificar referências e conversar com ex-patrões é dever fundamental de todo empregador.*

Outro caso em que prestei depoimento foi o de um funcionário que avançou com sua caminhonete contra um grupo de grevistas: várias pessoas ficaram feridas e uma sofreu danos cerebrais. Aqui também houve uma falha na investigação dos antecedentes do candidato. Ninguém telefonou para as referências, as informações que constavam do formulário não foram averiguadas. Na verdade, já à primeira vista o formulário demonstrava uma falta de transparência e de honestidade. Por exemplo, os números de telefone listados nas referências eram os mesmos apresentados como telefones de parentes, e os números apresentados como números comerciais na verdade eram residenciais. A verificação de dados desse tipo pode nos dizer, sem exigir muito esforço, que o candidato não é honesto. No mínimo, é indício de que existem algumas questões que merecem ser discutidas com ele.

A incapacidade de tomar a medida óbvia de ligar para as referências é comum em muitas empresas, e não tenho muita paciência com gestores que reclamam dos funcionários que eles não se deram ao trabalho de avaliar antes da contratação. Um pretexto comum para essa falha é que as referências só vão dizer coisas boas, já que foram preparadas pelo candidato para atender ao telefonema. Na verdade, podemos obter uma quantidade imensa de informações das referências em termos de confirmação de dados do formulário de inscrição. "Você já o conhecia quando ele trabalhou para esta e aquela firma? Quando foi que ele trabalhou para esta e aquela firma? Você sabe mais ou menos qual era o salário dele? Sabe em qual escola ele estudou? Você disse que estudou com ele." Sugiro que as perguntas feitas às pessoas listadas como referências sejam guiadas pelas informações do formulário.

A coisa mais importante que as referências podem nos dar são outras referências, a quem chamamos de "fontes avançadas". São pessoas que conhecem o candidato, mas não foram apresentadas como referências. Como não estão preparadas para suas perguntas, é provável que lhe deem informações preciosas. Você consegue o nome de fontes avançadas pedindo às referências listadas pelo candidato o nome de outras pessoas que o conhecem.

A entrevista com o candidato é mais uma oportunidade de obter informações valiosas sobre seu passado. Pode parecer uma obviedade, mas muitos empregadores não usam esse recurso incrível. A primeira questão a sondar é a honestidade do candidato durante o processo pré-contratação. Quando as pessoas mentem, raramente se lembram da mentira com exatidão, então sugiro que você tenha o formulário em mãos e faça as perguntas com base nele ao entrevistar o candidato. A mentira mais comum é quanto ao tempo que a pessoa ficou em empregos anteriores. Oito meses viram um ano, dezoito meses viram dois anos, etc.

Durante as entrevistas pré-contratação (que podem ser gravadas em vídeo), há uma série de perguntas que sugerimos. Embora não seja uma lista completa, eis alguns exemplos:

"Descreva o melhor chefe que já teve" e "Descreva o pior chefe que já teve".

Esta é uma pergunta muito eficiente para revelar posturas importantes em relação a gestores e tipos de gestão. Se o candidato passa só um instante falando do melhor chefe, mas se entusiasma ao falar dos piores chefes, já temos um dado importante. Ele usa expressões como "conflito de personalidades" para explicar por que as coisas não deram certo com ex-patrões? Ridiculariza os ex-patrões? Assume sua parte da responsabilidade?

"Fale de um fracasso que você teve na vida e me diga por que ele aconteceu."

O candidato diz que não se lembra de nenhum? Se consegue falar de algo que descreve como um fracasso, ele assume a responsabilidade ou culpa os outros (por exemplo: "Eu não terminei o ensino médio porque os malditos professores não sabiam me motivar")?

"Cite algumas coisas que seu último chefe poderia ter feito para ser mais bem-sucedido."
O candidato faz uma longa lista de pontos e dá a entender que poderia ter administrado as coisas bem melhor do que a gerência? Seus comentários são construtivos ou raivosos? Uma pergunta complementar:

"Alguma vez você falou para o seu ex-chefe sobre suas ideias para melhorar a empresa?"
Se ele disser "Falei, mas ele nunca me deu ouvidos" ou "Falei, mas me disseram: 'Cuide do seu trabalho'", talvez isso lhe diga mais sobre o estilo de abordagem dele do que sobre os gestores em seu último emprego. A maioria dos empregadores reage bem a sugestões feitas de forma construtiva, independentemente de as seguirem ou não. Outra resposta desfavorável é: "Para que fazer sugestões? Nada muda mesmo." Alguns candidatos vão acusar ex-patrões de roubarem suas ideias. Outros vão falar que foram verdadeiras guerras suas tentativas de fazer um ex-chefe seguir suas sugestões. Nesse caso, pergunte se a guerra foi de um homem só ou se contou com a participação de colegas. Às vezes o candidato dirá que os colegas "não tiveram a coragem de enfrentar a gerência como eu tive".

"Que tipo de coisa seu ex-empregador poderia ter feito para manter você no cargo?"
Alguns candidatos darão uma resposta cabível (um salário um pouco maior, um horário de trabalho melhor, etc.), mas outros farão uma lista de exigências que demonstram expectativas absurdas (por exemplo: "Ele poderia ter dobrado o meu salário, me promovido a vice-presidente e me dado as sextas-feiras de folga").

"Como você resolve os problemas que tem no trabalho?"
Uma boa resposta é que ele troca ideias com os outros, avalia todos os pontos de vista, discute-os com os envolvidos, etc. Respostas desfavoráveis contêm a temática dos confrontos (por exemplo: "Eu digo à fonte do problema que é melhor ela tomar juízo" ou "Procuro o cara que está no comando e ponho as cartas na mesa"). Outra resposta ruim é que ele não faz nada para resolver os problemas, alegando: "Nada muda mesmo."

"Descreva um problema que você teve na vida em que a ajuda de alguém foi muito importante."

Ele consegue se lembrar de uma situação assim? Caso a resposta seja positiva, ele dá crédito à pessoa ou parece grato pela ajuda recebida?

"Quem é seu melhor amigo e como você descreveria a amizade de vocês?"

Acredite ou não, tem um monte de gente incapaz de pensar em um nome para responder a esta pergunta. Se o nome falado não constar na lista de referências, pergunte o porquê. Em seguida, pergunte se você pode ligar para o amigo como referência.

ALGUMAS DECLARAÇÕES FEITAS na entrevista que parecem favoráveis podem na verdade mascarar características desfavoráveis. "Eu *sempre* chego na hora" ou "Eu sou muito, muito organizado" às vezes são frases ditas por candidatos que mais tarde se revelam inflexíveis e territorialistas. O territorialismo (*minha* mesa, *meu* espaço, *minhas* tarefas) não é necessariamente uma qualidade. "Se eu disser que vou dedicar oito horas a você, saiba que vão ser oito horas e nem um minuto a menos" pode ser a declaração de um candidato que também vai exigir que você cumpra as expectativas dele, tratando compreensão como compromisso e mudanças imprevistas como injustiças.

Somos capazes de justificar qualquer coisa, e quando um empregador está ansioso demais para ocupar uma vaga, a intuição é ignorada. Como já mencionei ao falar da contratação de babás, a meta deve ser desclassificar candidatos ruins em vez de classificar candidatos bons. *Os que são bons vão se classificar sozinhos.*

OUTRA CARACTERÍSTICA QUE VEJO com frequência nos casos que terminaram mal é que o funcionário não foi supervisionado apropriadamente.

O conceito de supervisão apropriada pode ser resumido em seis palavras: *elogio ao desempenho – correção de erros*. É tão importante pegar os funcionários fazendo algo bem (e lhes dizer isso) quanto é pegá-los fazendo algo errado, mas, acima de tudo, não se deve ignorar a não conformidade com as regras. É comum que os supervisores desistam de corrigir funcionários problemáticos. Muitas das questões que surgem poderiam ser evitadas se o empregado fosse tratado de maneira adequada durante todas as etapas do processo, mas tratá-lo de modo diferente é mais fácil do que resolver os problemas.

Esse tipo de funcionário é muito sensível e percebe que está sendo "manobrado", sobretudo se isso se deve à preocupação de que tenha uma atitude violenta. O fato de perceber que os empregadores o consideram perigoso pode, na verdade, aumentar a probabilidade de que ele aja exatamente assim, pois não tem muito a perder quando já é visto como perigoso.

ALÉM DE CONTRATAR as pessoas erradas e supervisioná-las mal, os empregadores com os piores resultados também demoraram a demitir funcionários que eles sabiam que precisavam mandar embora.

É mais fácil dispensar um funcionário problemático antes que ele faça um investimento emocional alto no emprego, antes que questões banais virem causas, antes que decepções virem rancores. Quanto maior o tempo de investimento emocional, mais forte ele se torna e mais provável é que a demissão seja difícil.

Em geral, os empregadores relutam em demitir alguém que os preocupa porque não sabem a melhor forma de fazê-lo. Listo a seguir algumas estratégias para demissões difíceis, mas muitas também se aplicam ao encerramento de outras relações em que há investimento emocional, como aquelas que temos com pretendentes indesejados, sócios e ex-cônjuges. As circunstâncias individuais sempre pedem reações personalizadas, mas em geral as filosofias a seguir se aplicam.

PROTEJA O DOMINÓ DA DIGNIDADE

Escore essa peça do dominó com cortesia e compreensão. Jamais constranja um funcionário. Esconda dele quaisquer preocupações que você tenha quanto a danos sérios que ele possa causar. Pense no pior se os indicadores estiverem presentes, mas trate o funcionário demitido como se ele fosse o que você espera que ele seja. Trate-o como uma pessoa sensata, como se não tivesse medo de sua reação. Mande-o embora de uma forma que demonstre que você espera que ele receba a notícia com maturidade e decoro. Não estou falando aqui que você deve ignorar os riscos. O mais sensato é fazer justamente o contrário: preparar-se para o pior, mas não de forma perceptível. Não o leve a acreditar que você prevê ameaças e perigos. Se fizer isso, você pode estar escrevendo um roteiro para ele seguir. Além do mais, você estaria mostrando a ele suas vulnerabilidades.

LEVE A CABO A DEMISSÃO

É muito comum que os empregadores fiquem tentados a oferecer uma espécie de demissão gradual, imaginando que isso amenize o baque para o funcionário. Embora se tenha a impressão de que esse método prolonga o período de contratação, a verdade é que ele prolonga a demissão e também o constrangimento e a ansiedade. É uma atitude análoga a ligar um doente a aparelhos quando ele já não tem qualidade de vida nem chances de sobrevivência: embora haja quem acredite que essa medida estenda o processo da vida, na verdade ela estende o processo da morte.

NÃO NEGOCIE

Essa pode ser chamada de regra de ouro e se aplica ao término de qualquer relação com pessoas que se recusam a virar a página. Depois que a decisão do término é tomada, seu encontro com o funcionário é somente para informá-lo e ponto-final. Outras questões podem surgir, mas não negocie, por mais que ele queira. A discussão não é sobre como melhorar as coisas, corrigi-las, mudar o passado, atribuir culpa ou recomeçar. Revisitar as questões e desavenças de seu histórico dentro da empresa só vai evocar aborrecimentos e emoções. É improvável que ele se convença de que a demissão é uma boa ideia – não faz parte da sua natureza reconhecer esse fato, por mais indicadores que existam, portanto seja sucinto em sua explicação. Sugiro a clientes que elaborem um roteiro por escrito com alguns pontos que queiram ressaltar ao informar ao funcionário a decisão tomada. Também sugiro que bolem o que minha empresa chama de "frase bumerangue", uma fala que pode ser repetida sempre que ele tentar desviar o assunto: "Bill, se a decisão fosse sua e não nossa, nós a respeitaríamos" ou "Agora não é hora de remoer o passado, precisamos pensar no futuro".

FAÇA COM QUE A DISCUSSÃO SEJA SOBRE O FUTURO

Evite remoer o passado. Determine algumas questões sobre o futuro que terão de ser resolvidas durante a reunião. Por exemplo: "O que você quer que a gente diga a quem ligar para cá procurando você?", "Prefere que a gente encaminhe suas correspondências ou que passe seu novo endereço ao remetente?", "Qual é a melhor forma de descrever sua função aqui quando seus futuros empregadores nos contatarem?". Faça o funcionário sentir que a opinião dele tem peso. A incerteza quanto ao que um ex-chefe vai dizer para quem telefonar gera muita ansiedade, portanto aborde o assunto diretamente e mostre que tem solução. Assim ele não vai ficar latente sob a superfície. Esses pontos parecem insignificantes, mas vão conduzir o foco para o futuro, para o recomeço do funcionário, e evitar que ele insista no passado.

SEJA OBJETIVO

Em vez de apenas informar ao funcionário que a decisão de demiti-lo já foi tomada, alguns chefes tocam no assunto com tanta delicadeza que a pessoa nem sequer se dá conta de que acaba de ser mandada embora. Depois de escutar, ela diz que entende que precisa melhorar seu desempenho, ao que o chefe responde: "Não, você não está entendendo: a gente está demitindo você." Isso pode fazer o ex-funcionário se sentir um idiota além de tudo o que já sente por conta da demissão. A tentativa de delicadeza geralmente resulta em dubiedade. Existe uma piada que a princípio parece endossar a comunicação indireta de notícias ruins, mas na verdade mostra que a objetividade faz mais sentido:

> A mulher liga para o amigo que está cuidando da casa enquanto ela viaja e pergunta como vão as coisas. "Bom, sua gata caiu do telhado e morreu", o amigo informa. "Meu Deus, como você me conta uma coisa dessas assim?", retruca a mulher. "Você devia ter dito: 'A Fifi estava brincando no telhado, se divertindo à beça, e começou a escorregar. Ela

conseguiu se equilibrar e parecia estar bem, mas voltou a escorregar e caiu do telhado. Corri com ela para o veterinário e a situação parecia grave, mas a Fifi se reanimou e todo mundo achava que ela sairia dessa, mas... ela acabou passando desta para uma melhor.' É assim que você devia ter me dado a notícia."

O amigo pede desculpas pela falta de sensibilidade. Uma semana depois, a mulher liga de novo para saber como estão as coisas. O amigo hesita e diz: "Bom, a sua mãe estava brincando no telhado..."

É mais benéfico para as pessoas receber más notícias de forma franca e direta.

O tema da reunião de demissão é que você deve se mostrar confiante de que a pessoa vai ter sucesso no futuro, achar um emprego de que goste e se sair bem. (Você pode até achar que ela tem problemas emocionais, que é autodestrutiva e vai fracassar sempre, mas não tem nada a ganhar em deixar essa crença transparecer.) O tom da reunião deve ser objetivo, não cerimonioso e deprimente: "Essas mudanças fazem parte da vida profissional, todo mundo passa por elas uma hora ou outra. Eu também já passei por isso. A gente sabe que você vai se sair bem e isso não precisa ser um revés para você."

NA MEDIDA DO POSSÍVEL, CITE QUESTÕES GERAIS E NÃO PONTOS ESPECÍFICOS

Muitos chefes querem explicar ao demitido por que tomaram a decisão, como se fosse possível convencê-lo de que mandá-lo embora é uma boa ideia. Outros usam a reunião de demissão para fazer mais tentativas de corrigir a postura do funcionário ou de aprimorá-lo, transformando a demissão em uma palestra. Muitos chefes fazem mais críticas francas e construtivas no momento da demissão do que jamais fizeram quando a pessoa ainda estava empregada. Esqueça – é tarde demais. Um caminho mais sensato é descrever a decisão em termos gerais, dizendo que é melhor para todo mundo. Diga que o emprego é uma via de mão dupla e que a situação atual não está servindo a nenhum dos lados. Afirme que é óbvio que ele é competente, mas que a empresa não propicia o melhor ambiente para ele se destacar.

Não entre numa discussão sobre quem vai substituí-lo. Use uma frase bumerangue ou diga que isso ainda não foi decidido.

LEMBRE-SE DO ELEMENTO SURPRESA

Em consideração à segurança de quem vai mandá-lo embora, o funcionário não deve ficar sabendo de antemão que será demitido. Acredite ou não, muitos empregados são chamados à reunião com as palavras "Eles vão te mandar embora".

ESCOLHA BEM O MOMENTO

A demissão deve acontecer sem aviso prévio, no fim do dia, durante a saída dos outros funcionários. Assim, quando a reunião acabar, o demitido não vai poder ir atrás das pessoas que ele considera responsáveis. Além do mais, ele vai para casa no horário normal, em vez de chegar em casa na manhã de um dia útil, por exemplo. Sugiro que a demissão seja feita no final de uma semana de trabalho. Se mandado embora numa sexta-feira, ele tem o fim de semana de folga, como sempre, o que evita o impacto de não ter para onde ir no dia seguinte. Ao contrário do que aconteceria num dia útil, ele não vai acordar sabendo que os ex-colegas estão no trabalho (e provavelmente falando sobre ele), não vai ter a experiência de tudo ser diferente do habitual, de ter programas diferentes passando na TV, de sua família não estar em casa, etc. Embora tenha quem acredite que a demissão em um dia útil é mais recomendável, eu acho que isso torna os possíveis alvos de agressão mais acessíveis ao demitido no local de trabalho enquanto ele ainda está com as emoções à flor da pele.

ESCOLHA BEM O AMBIENTE

A demissão deve acontecer fora do campo de visão dos outros funcionários. Não deve ser na sala da pessoa que vai demitir, pois assim ela não terá como encerrar a reunião caso o demitido não pare de falar. A pessoa que vai demitir precisa ter a possibilidade de se levantar e sair caso a conversa deixe de ser produtiva. Um executivo experiente que conheço evita usar sua sala porque acha que a pessoa vai sempre se lembrar vividamente do lugar onde foi demitida e talvez volte lá caso fique com raiva.

ESCOLHA BEM O ELENCO

Quem deve estar presente? Sugiro que um gerente de nível mais alto do que aquele com quem o funcionário trabalhava deve apresentar a demissão. Deve ser alguém que não esteja envolvido nas controvérsias cotidianas em torno do funcionário demitido. Deve ser alguém sereno e capaz de manter essa postura diante da raiva ou até de ameaças. Quando possível, um segundo participante pode ser alguém da gerência que seja admirado pelo demitido, ou alguém com quem tenha uma boa relação. A razão para haver essa segunda pessoa é que o funcionário vai se comportar melhor na frente de alguém que acredite gostar dele ou respeitá-lo.

Quem *não* deve estar presente? Seguranças armados, policiais nem o fortão da plataforma de carga. Embora alguns chefes achem que essa presença é uma demonstração de força, é justamente o contrário. Isso coloca todas as suas vulnerabilidades na mesa para que o funcionário possivelmente perigoso exploda. Nenhum colega de nível igual ao dele ou supervisor direto deve estar presente. Isso aumenta a probabilidade de constrangimento, além da probabilidade de uma discussão acalorada sobre o passado. O gerente que está conduzindo a demissão dá uma demonstração de força quando não aparenta necessitar de reforços.

MUITOS EMPREGADORES VEEM a demissão como algo feito a partir de uma posição de poder, mas isso não é verdade. Houve um dia em que Richard Farley foi o homem mais poderoso da ESL. Houve um dia em que David Burke foi o homem mais poderoso da US Airways. Tinham raiva e indignação justificada, e, como disse Emerson: "Uma boa indignação traz à tona todos os poderes que alguém tem." A indignação justificada pode ser o motor de comportamentos que um funcionário talvez jamais tivesse sequer cogitado. Lembre-se: esse homem não é um monstro. É um contratado que poderia ter passado anos trabalhando na empresa. Mas agora está em estado de choque. A demissão abalou seu mundo. Ou ele não esperava ser mandado embora ou isso confirma sua visão de mundo porque ele sempre esperou a demissão. Qualquer que seja o caso, trata-se de uma mudança indesejada e humilhante que lhe está sendo imposta.

Ele aguentaria ser malquisto na empresa, mas ser ignorado, rejeitado, *apagado* – é outra história. A demissão tem muito mais peso para ele em razão do que ele associa a ela: perda de status, perda de renda, perda de segurança, perda de objetivos, perda de identidade e, acima de tudo, a perda em uma luta. Seus rivais venceram e ele perdeu.

Por tudo isso, uma troca de poderes relevante acontece na hora da demissão. Tudo muda quando um amplo leque de opções e alternativas se abre para o funcionário demitido, que não poderia buscá-lo quando estava tentando se manter no emprego. A principal vantagem dos chefes é a possibilidade de demitir, mas depois que demitem, depois que esse poder é usado, a única bala que tinham já foi disparada e a arma está vazia. Em seguida, o poder fica nas mãos do funcionário. Muitas empresas já entenderam que o custo de subestimar esse poder é muito maior que o de respeitá-lo.

Dada a diligência dos advogados e a prevalência de processos por demissão injusta, algumas empresas se preocupam mais com litígios do que com os perigos. Ao ameaçar a empresa com um processo, o funcionário demitido ganha mais atenção do que ao fazer outras ameaças, mas é irônico que seja assim, pois, no contexto do tipo de funcionário que estamos discutindo aqui, a ameaça de um processo é na verdade uma boa notícia. Enquanto se mantiver concentrado no processo, ele estará enxergando alternativas à violência. O problema com os processos ocorre não no começo, mas quando terminam. Sabemos que mais cedo ou mais tarde, sobretudo quando as alegações são insensatas ou absurdas, o funcionário vai perder a batalha jurídica. Então a empresa talvez tenha que enfrentar sua ira novamente. Quando os empregadores evitam provocar ou lidar com um demitido, no entanto, o tempo se encarrega de curar a maioria das feridas, com sorte incluindo também aquelas à dignidade e à identidade do funcionário demitido.

Qual é a melhor forma de reagir a ameaças durante uma reunião de demissão? No Capítulo 7, discuti muitas ideias sobre ameaças que se aplicam a essa pergunta. Lembre-se de que o valor das ameaças é determinado pela nossa reação. Consequentemente, se o funcionário fizer ameaças ao ser demitido, o melhor tema para a reação é "Entendo que esteja chateado, mas essas coisas que você está falando não fazem o seu estilo. Eu sei que você é sensato e tem um futuro bom demais pela frente para sequer cogitar esse tipo de coisa." O objetivo dessa reação não é convencer quem ameaça de que ele não está bravo, mas convencê-lo de que você não está com medo.

Também é importante fazer quem ameaça ver que não tomou um caminho do qual não pode recuar. Um bom tema é "Todo mundo fala bobagem quando está exaltado; eu também já reagi assim. Vamos esquecer isso. Amanhã sua impressão vai ser outra."

Mesmo nos casos em que as ameaças são consideradas perigosas (e portanto exigem intervenções ou bastante preparo), recomendamos aos clientes que nunca demonstrem ao ameaçador que estão levando muito a sério suas palavras e que jamais demonstrem medo. Com isso, não estou dizendo que não devem se precaver. Na verdade, quando nossos clientes se preparam para demitir algum funcionário problemático, nós os orientamos a tomar inúmeras precauções, como monitorar a reunião por vídeo a partir de salas vizinhas, ter equipes de segurança de prontidão, instalar botões de emergência e aperfeiçoar o esquema de acesso à empresa após a demissão.

Todas as reuniões de demissão, quer corram bem ou mal, nos dão insights valiosos a respeito do comportamento que o funcionário demitido terá depois. Igualmente importante é que a reunião mostra ao funcionário como a gerência vai reagir ao seu comportamento. Logo depois da reunião, a pessoa que conduziu a demissão deve fazer um relatório sobre a atitude, o comportamento, as reações e declarações do demitido. A informação poderá então ser avaliada por profissionais cujas opiniões vão influenciar decisões relativas à segurança e a outras questões relevantes.

Uma das questões a ser decidida depois de uma demissão complicada é a necessidade de notificar alguém quanto a possíveis riscos. Não avisar quem pode ser alvo de violência é uma negligência, assim como não pegar de volta credenciais de acesso, não monitorar a saída do funcionário, não notificar os seguranças e recepcionistas nem tomar nenhuma outra medida cabível quando se acredita que alguém representa perigo para outros.

A pior reação possível a uma ameaça é a contra-ameaça. A ameaça dá certo para o funcionário quando, já tendo pouco a perder, ele pode de fato cometer uma temeridade – e os gestores sabem disso. Mas a intuição do funcionário lhe diz que os gestores não vão cometer temeridade alguma.

Além do mais, contra-ameaças só pioram a situação. Pense na violência como algo interacional. Sua forma de reagir a uma ameaça pode aumentar o risco e transformar a situação em uma competição de ameaças, escaladas e contra-ameaças – uma competição que os empregadores raramente vencem, pois têm mais coisas em jogo do que o funcionário demitido e têm muito mais a perder. Alguns exemplos de contra-ameaças são o gestor dizer: "Ah, é? Bom, eu vou chamar a polícia assim que você tentar fazer isso!" Contra-ameaças estimulam o ameaçador e colocam você no campo de batalha dele. O que você quer é justamente o oposto: desmobilizá-lo e jogar segundo as regras da empresa.

Assim, existe também a hora de abrir mão das regras. Minha empresa prestou consultoria em um caso em que o cliente, a prefeitura de uma cidade de tamanho médio, priorizou as regras em vez da segurança. Um funcionário que estava se aposentando por conta de uma doença mental rejeitou os 11 mil dólares que o município ofereceu porque não incluía um reembolso de 400 dólares a que ele acreditava ter direito. Como as regras proibiam o reembolso por gastos que não fossem aprovados de antemão, a prefeitura se recusava a ressarci-lo. Uma tarde, o ex-funcionário chegou sem horário marcado exigindo falar com o administrador responsável pela decisão. Os dois bateram boca, mas o administrador fincou o pé. O funcionário se levantou e disse: "Vamos ver se eu consigo me fazer entender de outra forma." Ele colocou duas balas calibre 38 na mesa do administrador e foi embora.

Nossa empresa foi chamada para avaliar a situação. Descobrimos que o funcionário tinha mostrado a arma ao terapeuta e comentado sobre o princípio da disputa financeira: "O certo é o certo, e o certo sempre vence." Em nosso relatório, sugerimos que a prefeitura pagasse os 400 dólares, visto que ganhar o argumento havia virado uma questão de orgulho e identidade para o ex-funcionário. Acatar as exigências das pessoas nem sempre é possível ou prático, mas nesse caso a consequência eram apenas 400 dólares.

Pela reação da prefeitura ao nosso conselho, seria de imaginar que pedimos que sacrificasse seus primogênitos. O administrador me disse: "Nós temos regras, e se nos curvarmos a qualquer um, as regras perdem o sentido." Ele se beneficiaria bastante da sabedoria de Oliver Wendell Holmes: "O jovem conhece as regras, mas o velho sabe quando quebrá-las."

Assim como o homem que ameaçava, o administrador se aferrava ao princípio da questão. Nesses casos, dizemos que ambos os lados estão "no ringue", pois estão dispostos ou até ansiosos para continuar na briga. Eu rebati: "Nós não estamos recomendando que você dê 400 dólares a qualquer um, mas que dê 400 dólares a ex-funcionários desesperados e emocionalmente transtornados que, depois de mostrar uma arma ao terapeuta, põem balas em cima da sua mesa para defender um ponto de vista. Eu imagino que a prefeitura não vá fazer muitos pagamentos com base nessa política." Mas o administrador se apegava a um ideal que ia muito além do financeiro – na verdade, estava gastando mais de 400 dólares só para defender sua opinião para mim. Depois que terminou seu segundo sermão, mais enfático, sobre a santidade das regras, eu quis retomar o contexto de alto risco: "Tenho uma sugestão para você: como as regras têm tanto poder, vamos criar uma nova regra que diz que funcionários não podem matar administradores. Não resolveria o problema?"

Ele pareceu refletir sobre minha sugestão retórica quando indaguei: "Qual regra você prefere ver violada?" Guerras já foram travadas por questões mais fáceis, mas o administrador enfim concordou em pagar os 400 dólares, o ex-funcionário se mudou para o Arizona e a prefeitura sobreviveu a seu breve romance com a flexibilidade. Tais resoluções podem parecer óbvias, mas, quando os participantes estão no ringue, têm dificuldade de ver algo além de seus punhos cerrados.

NÃO SE PASSA nem uma semana sem que uma empresa que recorre a minhas corporações e agências que dedicaram tempo e recursos ao enfrentamento desses perigos – antes que se concretizem – resolva aprender a lição em segunda mão em vez de obrigar seus funcionários a aprenderem por experiência própria.

Independentemente da qualidade do trabalho dos gestores, no entanto, pode haver algumas violências no ambiente de trabalho que não se revelam cedo. Porque elas começam em casa.

10

Inimigos íntimos

"Vocês nunca tomam uma providência.
Vocês conversam com ele e vão embora."
– NICOLE BROWN SIMPSON PARA A POLÍCIA

Eu não entendo como alguém pode ter tido dúvidas depois de ouvir o eloquente promotor descrever o caso. Todos conhecemos bem a história: consta que a mulher assassinada sofria violência nas mãos do réu fazia bastante tempo, praticamente desde o começo do relacionamento. Ela havia ligado para a polícia algumas vezes e chegou a prestar queixa, mas ele foi absolvido. No dia do assassinato, ela não o convidou para acompanhá-la a um evento social, e pouco depois das dez da noite foi morta a facadas. O réu contou a um amigo que tivera um sonho em que a matava, mas depois seus advogados disseram que ela provavelmente tinha sido assassinada por traficantes de drogas.

Esses fatos ganharam repercussão durante o caso O.J. Simpson, mas a história que acabo de contar aconteceu a milhares de quilômetros de Brentwood, quando Nicole Brown Simpson ainda tinha mais seis meses de vida. A mulher assassinada nesse caso se chamava Meredith Coppola. Se eu falasse de todas as mulheres que foram mortas nesse mesmo ano pelo marido ou namorado, o livro que está em suas mãos teria muitos milhares de páginas – e as histórias teriam uma similaridade impressionante. Só mudariam os nomes e alguns detalhes.

Colaborei com a promotoria nas partes do processo criminal contra Simpson que tinham a ver com a perseguição e mais tarde participei do processo civil aberto pela família Goldman, mas não vou discutir o caso aqui como advogado. Em certo sentido, ele é apenas um exemplo desse crime tão comum. Por outro lado, é muito, muito mais. Para as crianças americanas que ainda não tinham 10 anos em 1997, esse caso dominou os noticiários durante pelo menos 30% da sua vida. Os programas vespertinos só falavam disso, as capas dos tabloides que ficavam na altura de seus olhos no supermercado só falavam disso e os adultos pareciam só discutir esse assunto durante o jantar. No fim das contas, trata-se do mito americano do papai matando a mamãe – e saindo impune. Seja qual for sua opinião sobre o caso, esse mito é parte de seu legado. Assim como os muitos mitos amplamente promovidos pelos advogados de defesa de Simpson, que chamo de Equipe da Maquinação.

Eles nos disseram: "O fato de um homem ter batido na esposa não significa que ele a tenha matado", e é verdade. Mas o que isso tem a ver com O.J. Simpson, que bateu na esposa, invadiu a casa dela, a ameaçou (pelo menos uma vez com uma arma), a aterrorizava e a perseguia? Esse comportamento o coloca bem perto do centro do círculo preditivo do homem que mata a esposa.

Com essa observação, os advogados de defesa estavam, na verdade, dizendo algo como: "Só porque alguém compra massa, não quer dizer que vá fazer pizza", e é verdade – mas se a pessoa compra a massa, a abre em uma fôrma, cobre com molho de tomate e queijo e a põe no forno, então, ainda que o advogado de Simpson, Alan Dershowitz, diga o contrário, você pode ter certeza de que ela está fazendo uma pizza.

Por que chamo os advogados de Simpson de Equipe da Maquinação? Porque eles me lembram que assassinos de esposas e seus advogados maquinam defesas para um crime indefensável. Todos os assassinatos discutidos neste capítulo, a não ser aqueles em que o criminoso cometeu suicídio depois de matar a esposa, foram seguidos pela invenção de uma justificativa jurídica muito criativa.

O que ficou claro no caso de Simpson foi que, embora seja possível que Ron Goldman estivesse no lugar errado na hora errada, Nicole estava no lugar errado fazia muito tempo. Como disse o promotor Scott Gordon, que mais tarde se tornou presidente do inovador Conselho de Violência Doméstica de Los Angeles: "Fazia muitos anos que Simpson vinha matando Nicole. Ela por fim morreu no dia 12 de junho." É nesse conceito de um crime prolongado, vagaroso, que quero me concentrar ao discutir como prever e evitar essas tragédias.

Apesar da desinformação que o público recebeu de defensores pagos a serviço de um único homem, são muitos os indicadores pré-incidente associados à violência e ao homicídio conjugal. Nem todos vão estar presentes em todos os casos, mas, se uma situação incluir alguns destes sinais, a preocupação é justificável:

1. *A mulher intui que está correndo perigo.*
2. Bem no começo do relacionamento, o homem acelerou o ritmo dos fatos, colocando logo na pauta assuntos como compromisso, morar juntos e casamento.
3. Ele resolve conflitos por meio de intimidação, bullying e violência.
4. Ele comete abusos verbais.
5. Ele usa ameaças e intimidações como instrumentos de controle ou abuso. Isso inclui ameaças de violência física, de difamação, de constrangimento, de restrição à liberdade, de divulgação de segredos, de corte de sustento, de abandono e de suicídio.
6. Ele quebra ou golpeia objetos com raiva. Usa a violência simbólica (rasgar uma foto de casamento, desfigurar um rosto numa foto, etc.).
7. Ele cometeu violência física em relações anteriores.
8. Ele usa álcool ou drogas com efeitos colaterais (perda de memória, hostilidade, crueldade).
9. Ele cita álcool ou drogas como desculpa ou explicação para conduta hostil ou violenta ("Foi por causa de bebida, eu não sou assim"; "Bebi tanto que perdi a cabeça").
10. Ele tem histórico de problemas com a polícia por delitos comportamentais (ameaças, perseguição, agressão, assédio).
11. Ele já passou por mais de uma situação de comportamento violento (inclusive vandalismo, quebra de objetos, arremesso de objetos).
12. Ele usa o dinheiro para controlar as atividades, as compras e o comportamento da esposa/companheira.
13. Ele tem ciúmes de qualquer pessoa ou atividade que desvie a atenção dela da relação dos dois; ele a mantém sob "rédea curta", exige que ela dê satisfações sobre o que faz.

14. Ele se recusa a aceitar a rejeição.
15. Ele espera que a relação dure para sempre, talvez usando expressões como "juntos pelo resto da vida", "para sempre", "aconteça o que acontecer".
16. Ele projeta emoções intensas nos outros (ódio, amor, inveja, compromisso), mesmo não havendo evidências que levariam uma pessoa sensata a percebê-las.
17. Ele minimiza situações de abuso.
18. Ele passa uma quantidade de tempo exagerada falando da esposa/companheira e boa parte de sua personalidade é derivada do fato de ser seu marido, amante, etc.
19. Ele tenta recrutar os amigos ou parentes da esposa/companheira em uma campanha para manter ou recuperar o relacionamento.
20. Ele já vigiou ou seguiu a esposa/companheira.
21. Ele acredita que os outros estão contra ele. Acredita que as pessoas do círculo da esposa/companheira o odeiam e a incentivam a deixá-lo.
22. Ele resiste a mudanças e é descrito como inflexível, relutante em fazer concessões.
23. Ele se identifica ou se compara a pessoas violentas de filmes, notícias, da ficção ou da história. Encontra justificativa para a violência dos outros.
24. Ele tem mudanças bruscas de temperamento ou é mal-humorado, raivoso ou deprimido.
25. Sempre culpa os outros por problemas causados por ele mesmo; se recusa a assumir a responsabilidade pelas consequências de seus atos.
26. Ele se refere a armas como instrumentos de poder, controle ou vingança.
27. As armas são uma parte importante de sua personalidade; ele tem uma arma ou fala em ter, faz piada com isso, lê sobre isso ou coleciona armas.
28. Ele usa o "privilégio masculino" como justificativa para sua conduta (trata a esposa/companheira como sua criada, toma todas as grandes decisões, age como o "chefe da casa").
29. Ele sofreu ou testemunhou violências quando era criança.
30. A esposa/companheira teme que ele a machuque ou a mate. Ela já dis-

cutiu essa possibilidade com outras pessoas ou fez planos para o caso de ela morrer (por exemplo: designou alguém para cuidar dos filhos).

Com essa lista e tudo o que você já sabe sobre intuição e previsão, você pode ajudar a evitar os assassinatos mais previsíveis. Literalmente. Se houver algum na região, indique à mulher um abrigo para mulheres vítimas de violência, nem que seja só para ela falar com alguém que entenda o que ela está enfrentando, na vida e dentro de si mesma. Quando houver violência, denuncie.

Essa lista nos lembra que antes do nosso próximo café da manhã, só nos Estados Unidos mais 12 mulheres serão assassinadas – mães, irmãs, filhas. No Brasil, houve 1.463 registros de feminicídio em 2023, mais de 4 por dia. Em praticamente todos os casos, a violência que precedeu a violência derradeira era um segredo guardado por várias pessoas. Essa lista pode convencer mulheres que estão nessa situação de que precisam sair dela. Pode convencer policiais que poderiam não prender de que precisam prender, convencer médicos que poderiam não notificar de que precisam notificar. Pode convencer promotores de que precisam abrir processos. Pode convencer vizinhos que poderiam ignorar a violência de que não podem ignorá-la.

Também pode sensibilizar homens que talvez se reconheçam, e isso é muito importante. Depois do último discurso de Christopher Darden no julgamento de Simpson, o copromotor Scott Gordon e eu fomos com ele a seu gabinete. Lemos faxes enviados por vítimas de violência doméstica de todos os cantos do país, mas ficamos igualmente comovidos com mensagens de homens abusivos, uma das quais dizia: "Talvez vocês tenham salvado a vida da minha esposa, pois me reconheci na descrição que fizeram dos abusos de Simpson." Ao contrário de alguns assassinatos, o homicídio conjugal é um crime que pode ocorrer *com* consciência.

ANTES DE QUALQUER DISCUSSÃO sobre como uma mulher pode sair de uma relação indesejada, precisamos reconhecer que muitas delas escolhem não sair. Neste exato instante, enquanto você lê estas palavras, pelo menos uma mulher está sendo espancada pelo marido nos Estados Unidos – e agora outra, pois isso acontece a cada poucos segundos. Então, embora não seja nenhuma novidade o fato de muitos homens serem violentos, também devemos aceitar que um número quase igual de mulheres escolhe continuar com eles. Ou seja, muitas previsões certeiras de perigo são ignoradas. Por quê?

Posso dividir parte da resposta a partir da minha experiência pessoal quando menino. Eu me lembro vividamente da noite em que saí correndo de casa com minha irmã às duas da madrugada depois de horas de violência. Com medo de voltar, ligamos para a polícia de um telefone público e informamos que duas crianças estavam vagando pela rua, assim seríamos pegos e levados para a cadeia, onde estaríamos a salvo. Essa experiência e os anos que levaram a ela me fizeram entender que muitas mulheres ficam pelo mesmo motivo que eu fiquei: até aquela noite, eu não via nenhuma outra possibilidade. Antes daquela noite, você teria tanta chance de me convencer a largar minha família quanto eu teria de convencer você a abandonar a sua neste exato momento.

Assim como a criança espancada, a mulher que apanha sente um alívio avassalador quando um incidente termina. Ela fica viciada nessa sensação. O abusador é a única pessoa capaz de lhe dar momentos de paz nos momentos em que mostra o melhor de si. Assim, o abusador tem a chave para a sensação de bem-estar da pessoa que sofre os abusos. O abusador é quem cria os arrebatamentos mais intensos, que encerram os abismos mais intensos, e quanto piores os momentos ruins, melhores são os momentos bons. Tudo isso se soma ao fato de que a mulher espancada está traumatizada a ponto de acreditar que cada incidente terrível pode ser o último.

Entender como as pessoas avaliam o risco pessoal me ajudou a entender melhor por que tantas mulheres em risco permanecem onde estão. Como aprendi a partir das minhas experiências com a violência durante a infância, muitas dessas mulheres já apanharam tantas vezes que seu mecanismo do medo fica embotado a ponto de elas tolerarem riscos que outras considerariam extraordinários. A relação entre violência e morte já não é óbvia para elas. Uma mulher que esteve no abrigo e voltou para o abusador é um bom exemplo: ela ligou para o abrigo de madrugada para perguntar se poderia voltar. Como sempre, a primeira pergunta que a orientadora fez foi: "Você está correndo perigo neste momento?" A mulher disse que não. Mais adiante, durante a ligação, a mulher acrescentou, de passagem, que o marido estava fora do quarto, armado. Ela não tinha acabado de falar que não estava correndo perigo? Para ela, se ele estivesse armado dentro do quarto ou se alguma arma estivesse apontada para sua cabeça, *aí*, sim, ela estaria em perigo.

Como é possível alguém achar que ser espancada não é justificativa para ir embora? Apanhar e ser forçada a não resistir é uma forma especialmente nociva de abuso, pois destreina a vítima a ter a reação instintiva de se proteger. Para suprimir o instinto mais natural e central, a pessoa tem que acreditar que não merece proteção. Ser espancado por um "ente querido" cria um conflito entre dois instintos que jamais deveriam competir: o de permanecer em um ambiente seguro (a família) e o de fugir de um ambiente perigoso. Como se estivesse numa gangorra, o instinto da permanência prevalece na ausência de opções concretas do outro lado. Tirar a gangorra desequilibrada do chão exige uma energia que foi roubada da maioria das vítimas.

Em geral, lógica nenhuma é capaz de persuadir uma mulher que sofre espancamentos, portanto o convencimento exige influência emocional, não estatísticas ou argumentos de cunho moral. Nas minhas diversas tentativas de convencer mulheres a abandonarem relações violentas, eu vi o medo e a resistência delas em primeira mão. Lembro da longa conversa que tive com Janine, 33 anos, que tinha dois filhos e me mostrou as fotos de suas feridas tiradas pela polícia depois de uma das surras frequentes que levava do marido. Sua avidez para me contar do abuso se equiparava à avidez para arrumar desculpas para as atitudes dele. Embora o último espancamento a tivesse deixado com três costelas quebradas, ela ia voltar para ele mais uma vez. Perguntei o que faria caso a filha adolescente fosse espancada por um namorado. "Bom, talvez eu matasse o cara, mas de uma coisa eu tenho certeza: eu a proibiria de sair com ele de novo."

"Qual é a diferença entre você e sua filha?", questionei. Janine, que ia logo explicando cada aspecto do comportamento do marido, não tinha justificativa para ela mesma, então eu lhe ofereci uma resposta: *"A diferença é que a sua filha tem você – e você não tem você mesma. Se não sair dessa situação logo, a sua filha também não vai ter você."* Isso fez sentido para Janine porque era verdade: ela não tinha uma parte de si, a parte da autoproteção. Tinha saído da infância já com essa parte abalada, e o marido a extirpara por completo. No entanto, ainda conservava o instinto de proteger os filhos, e foi por eles que ela finalmente conseguiu sair daquele relacionamento.

Embora a opção de ir embora pareça não estar ao alcance de muitas mulheres espancadas, acredito que *na primeira vez que a mulher é agredida, ela é vítima, e na segunda vez ela é voluntária*. Sempre que dou uma entrevista na televisão ou uma palestra e digo isso, ouço de pessoas que acham que eu não entendo a dinâmica da violência física que eu não compreendo a "síndrome". Na verdade, tenho um conhecimento profundo e pessoal da síndrome, mas nunca deixo passar uma chance de esclarecer que *ficar é uma escolha*. A quem argumenta que não é, eu pergunto: é uma escolha quando a mulher enfim sai, ou existe uma síndrome que explique sua saída como se ela também fosse involuntária? Eu acredito ser crucial para a mulher enxergar a permanência como uma escolha, pois só assim a saída pode ser vista como uma escolha e uma opção.

Além do mais, se menosprezamos a participação da mulher, dizendo que ela não tem escolha, então o que dizer do homem? Não poderíamos apontar sua infância, suas inseguranças, sua masculinidade frágil, seu vício em controle, e dizer que seu comportamento também é determinado por uma síndrome e portanto não é uma escolha? Todo comportamento humano pode ser explicado pelos fatos que o precedem, mas eles não servem de desculpa, e precisamos responsabilizar homens abusivos.

Podemos atribuir a culpa a quem quisermos, mas a responsabilidade cabe aos dois lados da linha do gênero, sobretudo quando há crianças no meio. O pai e a mãe participantes estão causando um mal tenebroso aos filhos (o homem muito mais do que a mulher, mas os dois fazem mal). As crianças aprendem com o exemplo, e, se uma mulher aceita apanhar, é provável que a filha também venha a aceitar. Se o pai espanca, é provável que o filho futuramente aja da mesma forma.

Sei que pessoas dedicadas e construtivas querem educar a população quanto aos motivos para tantas mulheres permanecerem, mas quero me concentrar em como tantas mulheres saem desses relacionamentos. Helen Keller, uma mulher que vivia em outro tipo de prisão, disse: "Embora o mundo seja repleto de sofrimento, também é repleto de superação."

MUITOS COMPANHEIROS VIOLENTOS controlam o dinheiro, dando pouco acesso a contas bancárias ou até a informações financeiras. Alguns controlam a agenda, as chaves do carro, as compras de grande porte, a escolha das roupas, a escolha dos amigos. O abusador pode ser um controlador benevolente no começo do relacionamento íntimo, mas depois se torna um controlador malévolo. E tem outra peculiaridade: sua distribuição de punições e recompensas é imprevisível, então a qualquer dia, a qualquer momento, ele vai voltar a ser o sujeito ótimo de antes, em lua de mel, o que oferece um ingrediente essencial para que a mulher não vá embora: a esperança. Ele faz tudo isso com um intuito maligno? Não, isso faz parte de sua concepção de como manter o amor. Crianças que não aprendem a esperar e aceitar o amor naturalmente se tornam adultos que acham outras formas de obtê-lo.

O controle pode funcionar por um tempo, talvez até por muito tempo, mas uma hora deixa de funcionar. Nesse momento, o homem intensifica as tentativas. Ele fará de tudo para manter o controle, mas a esposa está mudando, e isso o faz sofrer. Aliás, a definição budista de sofrimento humano se aplica perfeitamente à situação: "Apegar-se àquilo que muda." Quando um homem nessa situação não entende o que está acontecendo dentro de si, quando não procura orientação ou terapia, sua escolha é continuar usando de violência. Esse homem está aceitando o risco de que a violência culmine no homicídio, pois, conforme disse Carl Jung: "Quando uma situação interna não ganha a consciência, ela se externa como destino."

Colaborando com o Conselho de Violência Doméstica, descobri que, como sociedade, temos que oferecer um lugar para cada mulher vítima de violência que escolhe ir embora. No condado de Los Angeles, existem pouquíssimos leitos para mulheres vítimas de violência! Em qualquer noite, a maior parte dessas camas é ocupada por crianças.

Em Los Angeles, temos um número de emergência que conecta automaticamente quem telefona ao abrigo mais próximo. Por meio desse número, criado pelo promotor público de Los Angeles Gil Garcetti, as mulheres que sofrem violência são orientadas a sair da relação de uma forma segura. Aprendem a fazer cópias das chaves do carro e de documentos de identificação, a esconder essas coisas do marido, a escolher a melhor hora de fugir e a não deixarem pistas ao escapar para os abrigos. Minha fé na importância desse número de telefone é tão grande que minha firma o financia.

Menciono esse fato porque todas as cidades precisam de um telefone desses e precisam exibir o número com destaque em locais públicos, postos de gasolina, escolas e prontos-socorros.

Um número gratuito como o nosso, atendido por pessoas que já estiveram na mesma situação e entendem o dilema, tende a ser mais usado do que outro número (que eu também recomendo): o da polícia. A razão por que algumas mulheres relutam em ligar para a polícia é muito bem demonstrada pelo caso de Nicole Brown Simpson.

Em um episódio que não foi revelado durante o processo criminal, Simpson empurrou Nicole para fora de um carro em movimento em um estacionamento. Um policial que por acaso estava no local disse a Simpson: "Leve sua esposa para casa." Em outro incidente (muito depois do divórcio), Simpson quebrou a porta da casa de Nicole. O policial que cuidou da ocorrência disse a Nicole sua conclusão sobre o acontecido: "Não houve agressão física, ele não jogou nada em você: não temos nada além de uma briga verbal." Nicole respondeu corretamente: "Eu chamaria isso de invasão de domicílio." "Bom", rebateu o policial, "é um pouquinho diferente quando os dois têm um relacionamento; e também ele não é nenhum bandido." Totalmente errado, policial. Ele se comportou como um bandido e invadiu, sim, o domicílio dela. Depois de garantir a O.J. Simpson que eles manteriam o incidente sob o maior sigilo "juridicamente possível", os policiais foram embora. (Aliás, a polícia de Los Angeles e a Secretaria de Segurança de Los Angeles hoje são a vanguarda dos Estados Unidos quanto a novas formas de lidar com casos de violência doméstica.)

Já observei anteriormente que os Estados Unidos têm dezenas de milhares de centros de prevenção ao suicídio, mas não têm centros de prevenção ao homicídio. O mais próximo que chegamos de centros de prevenção ao homicídio são os abrigos para mulheres que sofrem violência. Existem mulheres e crianças na sua comunidade que correm risco de vida, que precisam saber como escapar e que precisam de um lugar para onde fugir. Me orgulho em dizer que Los Angeles, a cidade natal do abusador de esposas mais famoso dos Estados Unidos, também é uma cidade cujo plano de fuga para famílias vítimas de violência doméstica deveria servir de exemplo para outras cidades.

ASSIM COMO HÁ ABUSADORES que vitimizam parceira atrás de parceira, existem vítimas seriais, mulheres que "escolhem" mais de um homem violento. Como a violência muitas vezes é consequência da incapacidade de influenciar os acontecimentos de alguma outra forma, e muitas vezes é consequência da incapacidade ou da relutância em se comunicar com eficácia, é interessante considerar a grande atração exercida pelo tipo supostamente forte e calado. Em geral, a razão que as mulheres citam para essa atração é que o homem calado é misterioso, e talvez a força física, que em termos evolutivos significava segurança, agora acrescente um toque de perigo. Essa combinação significa que é impossível ter certeza do que o homem está sentindo ou pensando (porque ele é calado), e que é bem provável que ele represente um alto risco (porque ele é forte e potencialmente perigoso).

Perguntei a uma amiga que com frequência segue sua atração pelo tipo forte e calado por quanto tempo ela gosta que os homens permaneçam em silêncio. "Umas duas ou três semanas", disse ela. "O suficiente para eu ficar interessada. Gosto de me sentir intrigada, não de ser enganada. O difícil é achar um cara que seja misterioso sem ser fechado, forte sem ser assustador."

Um dos erros mais comuns na escolha de um namorado ou marido é basear a previsão no potencial. Na verdade, isso equivale a prever como certos elementos vão se somar em um contexto diferente: *Ele não está trabalhando agora, mas pode ter muito sucesso. Ele vai ser um grande artista – é claro que ele não consegue pintar nas circunstâncias atuais. Ele anda meio nervoso e agressivo, mas vai mudar depois de se estabelecer.*

Escute as palavras: *não está* trabalhando; *não consegue* pintar; *anda* agressivo. O que a pessoa está fazendo agora é o contexto para previsões bem-sucedidas, e se casar com um homem com base no potencial, ou até contratar um funcionário somente com base no potencial, é o caminho certo para atrapalhar a intuição. O foco no potencial leva nossa imaginação para o modo como as coisas podem ou poderiam ser e a desviam de como são agora.

O abuso conjugal é cometido por homens que com uma frequência impressionante são descritos pelas vítimas como tendo sido "o mais doce, mais gentil, mais bondoso, o mais atencioso", etc. Aliás, muitos eram tudo isso no início do namoro e continuam sendo – entre um incidente violento e outro.

No entanto, embora esses homens sejam gentis e bondosos no começo, existem sempre os sinais de alerta. As vítimas, entretanto, nem sempre são orientadas a percebê-los. Ressaltei isso numa entrevista de televisão e uma mulher telefonou para dizer: "Você está errado. Não tem como saber se um homem vai ser violento. Acontece do nada." Ela então começou a falar que o ex-marido, um ávido colecionador de armas, se tornara possessivo logo depois do casamento, obrigando-a a dar satisfações de tudo o que tinha feito, não permitindo que ela tivesse carro e dando frequentes demonstrações de ciúmes.

Essas coisas poderiam ser sinais de alerta?

Ao continuar a descrição desse homem horrível, ela disse: "A primeira esposa morreu em decorrência das surras dele."

Esse poderia ser um sinal de alerta? Mas as pessoas não percebem os sinais, talvez porque, quando se apaixonam, fecham os olhos para os defeitos, e isso exige uma dose de negação. Essa negação é sem dúvida necessária em uma cultura que glorifica o tipo de romance que leva jovens casais a correrem para o altar apesar de todas as razões que têm para não fazer isso e leva homens de 50 anos a eufemisticamente fazer o que o coração manda, saindo do casamento com a esposa de meia-idade para engatar relacionamentos com a jovem secretária. Esse parece ser o tipo de romance que gera mais relações fracassadas do que bem-sucedidas.

A maneira como as diferentes culturas buscam romances e uniões não é igual no mundo inteiro. Nos Estados Unidos, por exemplo, existe uma outra nação, a dos indígenas, em que historicamente há uma cultura de casamentos arranjados. O homem e a mulher eram escolhidos pelos anciãos, obrigados a morar juntos e, possivelmente sem nenhuma centelha de atração, forçados a construir uma vida juntos. Para que essas relações dessem certo, um parceiro tinha que procurar ativamente atributos favoráveis no outro. Esse processo é justamente o oposto daquele utilizado pela maioria dos ocidentais: *não* olhar os atributos desfavoráveis.

A questão da seleção e da escolha me lembra o importante trabalho do psicólogo Nathaniel Branden, autor de *Honoring the Self* (Honrar a si mesmo). Ele conta que uma mulher lhe disse: "Eu não dou sorte no amor. Sempre me pego em relacionamentos com homens abusivos. Tenho um azar danado." A sorte ou o azar não têm nada a ver com isso, pois a característica gritantemente comum a todos os relacionamentos dessa mulher é ela. A intenção das minhas observações sobre seleção é esclarecer as vítimas, e não as culpar, pois não creio que a violência seja uma pena justa por escolhas ruins. Mas acredito, sim, que sejam escolhas.

Ir embora é a melhor resposta à violência, mas é ao tentar escapar que a maioria das mulheres é assassinada. Isso dissipa um mito perigoso sobre homicídios conjugais: o de que acontecem no calor de uma briga. Na verdade, em geral o marido que mata a esposa primeiro a persegue, e, longe de ser um "crime passional", como muitas vezes é chamado, o assassinato da esposa quase sempre é uma decisão, não um descontrole. Os homens mais violentos não se deixam levar pela fúria. Aliás, seus batimentos cardíacos geralmente diminuem e eles se tornam fisiologicamente mais calmos à medida que ficam mais violentos.

Até a expressão "crime passional" contribuiu para o equívoco generalizado a respeito dessa violência. Essa expressão não é a descrição de um crime – *é a descrição de um pretexto*, uma defesa. Como 75% dos homicídios conjugais acontecem depois que a mulher vai embora, é a separação, não a briga, que gera as piores violências. No final das contas, a perseguição não é só uma questão de "atração fatal" – com muito mais frequência, é uma questão de inação fatal, quando a mulher levou o relacionamento adiante por tempo demais.

De todas as violências discutidas neste livro, o homicídio conjugal é o mais previsível, mas as pessoas relutam em prevê-lo. Há algum tempo, um homem de Los Angeles foi acusado de matar a esposa, três filhos e três outros familiares. Os repórteres que perguntaram aos vizinhos sobre o acusado ouviram: "Ele sempre me pareceu normal." Outro vizinho disse: "Ele deve ser maluco." E outro declarou: "Não consigo imaginar que um pai seja capaz de matar os próprios filhos." Como você já sabe, se não dá para imaginar, não dá para prever. Quando teremos visto essa história o suficiente para entender que, se vários membros de uma família são mortos, é bem provável que o assassino seja alguém da família? Nesse caso, o homem cujos vizinhos não conseguiam imaginá-lo culpado pelos assassinatos já tinha tentado matar a esposa três vezes. Também já tinha sido preso duas vezes por violência doméstica. Para mim, sua atitude parece previsível.

Então como o sistema reage ao risco de assassinato mais previsível da sociedade? Manda a mulher procurar a Justiça e processar o abusador para obrigá-lo a manter distância por meio de uma medida restritiva, que se espera que contenha o agressor. Esse recurso legal se chama medida protetiva, mas, na verdade, por si só ela não necessariamente cumpre a sua função.

Advogados, policiais, repórteres de TV, terapeutas, psicólogos e até alguns defensores das vítimas recomendam medidas protetivas aos montes. Nos Estados Unidos, essa é uma indústria em crescimento. Deveríamos, talvez, colocá-la na Bolsa de Valores de Nova York, mas deveríamos *parar* de dizer às mulheres que um papel vai automaticamente protegê-las, pois, no que diz respeito a certos tipos de casos, pode ser que causem o efeito contrário. É perigoso promover um tratamento específico sem antes diagnosticar o problema.

Talvez pareça uma obviedade dizer que uma medida protetiva não vai conter o assassino, mas uma enorme controvérsia cerca esse assunto. Enquanto eu aviso que não devem ser sempre recomendadas porque não são boas para todos os tipos de casos ou todas as etapas de um caso, a maioria das delegacias incentiva que sejam sempre usadas. Faz tempo que a medida protetiva é o dever de casa que a polícia passa para as mulheres a fim de que provem estar realmente empenhadas em manter distância do perseguidor. As medidas protetivas tiram as mulheres com problemas da delegacia e as levam para o tribunal, talvez para continuar tendo problemas, talvez não, e facilitam a detenção caso o ex-companheiro continue a persegui-la. Mas nem sempre servem às vítimas. Na Califórnia, por exemplo, medidas protetivas têm a validade de 14 dias e depois a mulher tem que voltar ao tribunal para que se determine se serão prorrogadas.

Mesmo com todos os fiascos do sistema atual, tem muita gente que o defende com unhas e dentes, inclusive um psiquiatra que é um grande apologista do status quo. Numa conferência de instituições policiais, ele alardeou: "As medidas protetivas funcionam, isso está provado." Ele baseou sua declaração temerária em um estudo totalmente enviesado de uma pequena amostra de casos de perseguição que nem sequer incluiu perseguidores da ex-companheira, o tipo com mais tendência a matar.

A bem da verdade, se partirmos dos assassinatos retroativamente, vamos achar medidas protetivas e outras intervenções confrontacionais numa frequência alarmante. Entre os pertences de uma mulher assassinada pelo ex-marido se encontra, muitas vezes, um papel que aquele psiquiatra nos garante que já "se provou" eficaz. Como ele explica esse fato?

"Veja dessa forma", diz ele. "Tem gente que morre fazendo quimioterapia. Tem gente que morre depois de conseguir uma medida protetiva. Mas isso não quer dizer que não se deve fazer a químio – nem que não se deva pedir uma medida protetiva." A comparação que o médico faz entre o câncer (do qual o paciente não tem como escapar) e os riscos que um marido rejeitado representa (do qual a mulher *pode* escapar) não é apenas insensível, mas perigosamente falha.

Como muitas mulheres morrem em decorrência desse tipo de reflexão negligente e como a maioria dessas mortes seria evitável, vou me aprofundar no assunto. Torço para que você nunca precise destas informações para si mesma, mas sei que alguém que faz parte da sua vida precisará delas mais cedo ou mais tarde.

JÁ ACONTECERAM MUITOS HOMICÍDIOS no tribunal justo quando as mulheres solicitavam medidas protetivas, ou pouco antes da audiência. Por quê? Porque os assassinos eram avessos à rejeição. Se já achavam muito difícil enfrentá-la em particular, em público era intolerável. Para homens assim, a rejeição é uma ameaça à identidade, à persona, a todo o seu ser, e nesse sentido seus crimes poderiam ser chamados de *assassinato em defesa da identidade*. Em *To Have or to Harm* (Possuir ou ferir), o primeiro livro importante sobre perseguição, a autora Linden Gross detalha diversos casos em que essas medidas jurídicas não evitaram homicídios. Eis alguns deles:

Shirley Lowery estava em frente ao tribunal aguardando sua audiência quando foi esfaqueada 19 vezes pelo marido. O marido de Tammy Marie Davis a espancou e torturou e fez o mesmo com o filho deles, uma criança de pouco menos de 2 anos. Os dois foram parar no hospital. Logo depois de ser notificado da medida protetiva que Tammy obteve, ele a matou com um tiro. Ela tinha 19 anos.

O marido de Donna Montgomery já havia apontado uma arma para a cabeça dela e já a tinha perseguido, portanto ela obteve uma medida protetiva. Ele foi ao banco onde ela trabalhava e a matou, suicidando-se em seguida.

Theresa Bender obteve uma medida protetiva que o marido violou logo depois. Apesar de ele ter sido preso, ela continuou tão comprometida com a própria segurança que pediu a dois colegas do sexo masculino que a acompanhassem na ida e na volta do trabalho. Mas o marido estava igualmente comprometido: matou os três antes de voltar a arma contra si mesmo.

Maria Navarro chamou a polícia pois o marido de quem estava separada havia acabado de ameaçá-la de morte e estava a caminho de sua casa. Embora ele já tivesse sido preso mais de uma vez por agredi-la, a polícia se negou a mandar policiais à casa dela porque sua medida protetiva havia expirado. Quinze minutos depois, Maria e mais três pessoas estavam mortas, assassinadas pelo homem que cumpriu sua ameaça de morte.

O marido de Hilda Rivera já tinha descumprido duas medidas protetivas e tinha seis mandados de prisão quando a matou na frente do filho deles, um menino de 7 anos. O marido de Betsy Murray violou sua medida protetiva 13 vezes. Ele reagiu ao pedido de divórcio dela dizendo: "Casamento é para a vida inteira. A única saída é a morte." Como nada funcionava, Betsy se escondeu e, mesmo depois de a polícia lhe garantir que o marido tinha ido embora do país para evitar outra prisão, guardou sigilo de seu novo endereço. Um dia, ao passar no apartamento antigo para pegar a correspondência que um vizinho estava guardando para ela, Betsy foi morta pelo ex-marido, que depois se matou. Fazia mais de seis meses que ele a perseguia.

O fato de muitos desses assassinos cometerem suicídio nos diz que a recusa em aceitar a rejeição é mais importante para eles do que a própria vida. Se a questão chega a esse ponto, eles realmente vão ser contidos por uma decisão judicial?

O último caso que quero citar é o de Connie Chaney. Ela já havia obtido quatro medidas protetivas quando o marido a estuprou sob a mira de uma arma e tentou matá-la. A solução recomendada pela polícia? Obtenha uma medida protetiva. Foi o que ela fez. Antes de matá-la a tiros, o marido escreveu no diário: "Eu não conseguiria me olhar no espelho sabendo que ela venceu, ou que ela me pegou. Não! Isto é uma guerra." Essas últimas quatro palavras dizem tudo, porque a medida protetiva é como uma tática de guerra e o que está em jogo é a vida e a morte, assim como na guerra.

Um estudo sobre 179 casos de perseguição, financiado pela Promotoria Pública de San Diego, mostra que cerca de metade das vítimas que pediram medidas protetivas sentiu que a atitude piorou o caso. Em uma análise feita pelo Ministério da Justiça dos Estados Unidos, pesquisadores concluíram que medidas protetivas são "ineficazes para impedir a violência física". Mas descobriram que essas medidas são úteis em casos em que não há um histórico de abusos violentos. O relatório divulga a conclusão sensata de que "dada a prevalência de mulheres com filhos que lançam mão de medidas protetivas, sua ineficácia geral em refrear violências subsequentes pode deixar muitas crianças em risco de testemunhar atos violentos ou de elas mesmas se tornarem vítimas".

Um estudo mais recente feito pelo Departamento de Justiça americano revelou que mais de um terço das mulheres continuou a ter problemas após a obtenção de medidas protetivas. Vendo pelo lado positivo, quase dois terços *não* continuaram a ter problemas – mas prossiga com a leitura. Embora apenas 2,6% tenham sofrido abusos físicos logo depois de conseguir o documento, seis meses depois, quando foram novamente contatadas, a porcentagem havia mais que triplicado. Relatos da retomada de perseguição e abuso psicológico também aumentaram drasticamente depois dos seis meses. Ou seja, os benefícios a curto prazo das medidas protetivas são maiores que os benefícios a longo prazo.

Quero deixar claro que não estou dizendo que medidas protetivas nunca funcionam, porque a verdade é que, na maioria das vezes em que ordens judiciais são apresentadas, a situação melhora. Em geral, é justamente pela razão que se espera: os homens são dissuadidos pela ameaça de prisão. Em outras ocasiões, as medidas protetivas mostram a determinação da mulher em terminar o relacionamento, o que convence o homem a manter distância. Independentemente da razão por que funcionam, é impossível não admitir que em alguns casos elas não funcionam. A questão é: em quais casos?

Medidas protetivas são mais eficazes com pessoas sensatas cujo investimento emocional foi limitado. Em outras palavras, elas funcionam mais com a pessoa que tem menos probabilidade de ser violenta. Além disso, existe uma diferença substancial entre usar uma medida protetiva contra um marido abusivo e usá-la contra um homem com quem você saiu algumas vezes. A diferença é o investimento emocional e o direito que o homem acha que tem sobre a mulher. Com o perseguidor com quem você teve uma relação casual (caso em que me aprofundo no próximo capítulo), a medida protetiva o obriga a deixar a mulher em paz e continuar com a vida que tinha antes de conhecê-la. A mesma ordem judicial usada contra um ex-marido exige que ele abandone, com a simples assinatura de um juiz, os componentes essenciais de sua vida: seu relacionamento íntimo, o controle e posse de outro ser humano, a identidade como homem poderoso, a identidade de marido e assim por diante. Dessa forma, a mesma medida protetiva exige que um homem faça uma coisa fácil para ele, mas exige que outro faça algo bem mais difícil. Essa diferença vem sendo completamente ignorada pelo sistema de justiça criminal.

Existe uma reação simplista a tudo isso: quando os homens são muito violentos e perigosos, vão matar aconteça o que acontecer, portanto a medida protetiva não tem como piorar a situação. Mas é aí que está o problema: a medida protetiva é perigosa, porque convence a mulher de que ela está segura. Como disse um importante juiz da vara de família: "As mulheres precisam entender que esse documento não vai deter o próximo soco nem a próxima bala." Mas não são somente as mulheres que têm que entender isso – é todo o sistema judiciário. Pode-se esperar que a mulher aprenda com suas experiências pessoais, mas o sistema deveria aprender com as experiências de todas.

Carol Arnett dirigiu um abrigo para mulheres e, anos antes, *se dirigiu* a um abrigo desse tipo. Ex-diretora-executiva do Conselho de Violência Doméstica do Condado de Los Angeles, Arnett diz:

> Faz tantos anos que nós que trabalhamos nos abrigos vemos o sistema judiciário não proteger as mulheres e muitas vezes colocá-las em risco que pensamos muito antes de recomendar medidas protetivas. Nós confiamos na própria mulher para traçar um plano de ação. Qualquer pessoa, de dentro ou de fora do sistema, que diga à mulher que ela deve seguir um caminho específico que vá contra o julgamento e a intuição dela não só está deixando de usar a filosofia do empoderamento como pode estar pondo a mulher em perigo.
>
> Acima de tudo, quero incentivar as pessoas a fazerem uma pergunta simples: no meu caso, a medida protetiva vai ajudar ou prejudicar? No mínimo, qualquer escolha feita pode ser chamada de escolha, e não de

reação automática. Pense nas medidas protetivas como *uma* opção, não a única opção.

Entre as opções existentes, sem dúvida dou preferência a intervenções policiais como prisões por agressão, assédio, arrombamento ou outros descumprimentos da lei. Talvez você se pergunte qual é a diferença dessas detenções para uma prisão por violação da medida protetiva. As acusações por infração às leis envolvem o sistema versus o infrator, enquanto as medidas protetivas envolvem o agressor versus a esposa. Muitos homens, especialmente agressores, acham insuportável a ideia de estar sob o controle de mulheres, e, com uma ordem judicial, a mulher está tentando controlar a conduta do marido, virando a mesa do relacionamento. Por outro lado, quando o sistema leva adiante acusações por um crime como agressão física, são as atitudes do homem – não as da esposa – que geram para ele uma consequência previsível. Abusadores devem ser levados a julgamento por todas as suas transgressões, e acredito que os processos sejam um importante fator de dissuasão contra mais abusos, mas ainda assim a mulher deve estar preparada para a possibilidade de escaladas.

A verdade é que só existe uma boa razão para se obter uma medida protetiva em caso de abuso conjugal: a mulher acreditar que o homem vá cumprir a medida e deixá-la em paz. Se a vítima ou um agente do sistema solicitar uma medida protetiva para impedir alguém de cometer assassinato, é provável que tenha adotado a estratégia errada.

ENTÃO O QUE DIZER a uma mulher que acredita estar correndo risco de vida? *Busque e aplique estratégias que a tornem inacessível ao seu perseguidor. Em algumas localidades, há até abrigos para mulheres vítimas de violência doméstica*, e os profissionais que trabalham neles entendem algo que o sistema judiciário geralmente não entende: que a questão é de segurança – não de justiça. A distinção entre segurança e justiça às vezes se torna imprecisa, mas fica clara quando você está andando em uma calçada movimentada e um rapaz atlético agarra sua bolsa. Enquanto ele sai correndo em meio ao tráfego acelerado, a justiça pede que você siga o rapaz para pegá-lo e detê-lo. Mas ele corre em zigue-zague no meio da rua, a um triz de ser atropelado, e a segurança exige que você interrompa a perseguição. É injusto que ele saia dessa impune, mas é mais importante que você saia sem se machucar. (Para lembrar a meus clientes que minha missão é ajudá-los a ficarem mais seguros, tenho uma plaquinha na minha mesa que diz: Não venha aqui em busca de justiça.)

É nos abrigos que está a segurança, a orientação e a sabedoria. Sem dúvida, ir para um abrigo é uma empreitada colossal e inconveniente, e é fácil compreender por que tantas vítimas são seduzidas pela boa notícia de que a medida protetiva vai resolver o problema todo. Mas imagine se seu médico dissesse que você precisa fazer uma cirurgia imediatamente para salvar sua vida. Você perguntaria se pode trocar a cirurgia por um documento?

O ex-procurador da cidade de Los Angeles John Wilson, um homem previdente e experiente, responsável pelos primeiros processos de perseguição do país, sabe de casos demais em que a vítima continuou acessível a seu agressor depois que ele foi preso e solto. Wilson compareceu a uma palestra que dei a executivos da polícia e mais tarde escreveu uma carta para mim. Fico à vontade para compartilhar este trecho comovente:

> O tema da sua palestra calou fundo. Para a infelicidade de uma jovem esposa, eu não ouvi seu conselho em meados de abril. Fiz a denúncia de violência física contra o marido dela e ele a matou quando saiu da cadeia. Foi minha sexta morte desde que comecei a trabalhar no gabinete, e todas elas se encaixam perfeitamente no perfil que você traçou.

Depois de ler tudo isso, talvez você se pergunte como pode haver discórdia quanto ao uso indiscriminado de medidas protetivas e outras intervenções que geram confrontos, mas a discórdia existe. Já ouvi todos os lados dessa história e preciso dizer que não entendo. Talvez, já que nos Estados Unidos as medidas protetivas são expedidas numa média de mais de mil por dia, e as mulheres não são assassinadas nesse mesmo ritmo, tenha-se a impressão, do ponto de vista estatístico, de que elas são um sucesso. Eu não sei, mas em todo e qualquer caso, a polícia deve instar extrema cautela no período que se segue à emissão da medida protetiva. Esse momento é emocionalmente carregado e perigoso, e torço para que, quando recomendar medidas protetivas, a polícia também se esforce muito para garantir que a mulher cumpra todas as etapas para se tornar inacessível ao perseguidor.

A psicóloga Lenore Walker, que cunhou o termo "síndrome da mulher espancada" (e mais tarde surpreendeu a comunidade que luta contra a violência doméstica participando da equipe de defesa de O.J. Simpson), afirmou em relação ao homicídio conjugal: "É impossível prever." Ela está enganada. O homicídio conjugal é o crime grave mais previsível dos Estados Unidos. No entanto, o erro de Walker deixa claro que é urgente ajudarmos a polícia, os promotores e as vítimas a avaliar casos sistematicamente a fim de que identifiquem aqueles com os ingredientes do risco genuíno. Foi com esse objetivo que minha firma elaborou o MOSAIC20, um sistema de intuição artificial que analisa os detalhes da situação de uma mulher quando ela o relata à polícia. O programa de computador assinala os casos em que o perigo de homicídio é mais alto. Parte do lucro deste livro é usado em seu desenvolvimento constante, e me orgulho de colaborar com a Promotoria Pública do Condado de Los Angeles, o Departamento de Segurança do Condado de Los Angeles e a Polícia de Los Angeles no primeiro uso do MOSAIC20 no país. (Veja o Apêndice 5.) Esse sistema leva ao cidadão comum as mesmas tecnologias e estratégias usadas para a proteção de autoridades do alto escalão – o que é bem justo se pensarmos que mulheres vítimas de violência doméstica correm muito mais risco de assassinato do que a maioria das figuras públicas.

Enquanto isso, medidas protetivas continuam sendo o que a autora Linden Gross chama de "reação automática" da polícia. Não posso perguntar retoricamente se alguém vai precisar morrer para as coisas mudarem porque muitas pessoas já morreram.

MILHARES DE CASOS deixaram claro para mim que escapar ilesa é muito melhor do que tentar mudar o marido abusivo ou travar uma guerra, ainda que a polícia e os tribunais estejam do seu lado. Assim como acontece com outros aspectos da segurança, o governo não tem como dar um jeito em relações violentas. Muitas autoridades policiais, motivadas pelo desejo de ajudar, relutam em aceitar que algumas formas de criminalidade estão além de seu alcance. Por sorte, também existem aqueles policiais endurecidos pela experiência, que sabem tudo sobre esses casos e viram heróis. O que me leva à história de Lisa.

Lisa não sabia que o sargento da polícia já tinha visto um bocado de rostos machucados. Achava que sua situação era única e especial e tinha certeza de que a delegacia agiria rápido, sobretudo quando ela explicou que o marido tinha apontado uma arma para sua cabeça.

Uma hora antes, depois de pular uma janela e percorrer várias ruas escuras, ela olhou ao redor e percebeu que estava perdida. Mas, num sentido mais relevante, havia se encontrado. Havia se redescoberto – a jovem que tinha sido 15 anos antes, antes de ele começar a bater nela, antes de ele passar a estrangulá-la e antes do incidente com a arma. Os filhos tinham visto este último episódio, mas agora eles a veriam mais forte, amparada pela polícia. Eles veriam o marido pedir desculpas, e aí ficaria tudo bem. A polícia botaria juízo na cabeça do marido e o obrigaria a ser um homem decente, e aí tudo se resolveria.

Ela disse ao sargento, com orgulho: "Eu só volto se ele prometer que nunca mais vai me bater." O sargento assentiu e lhe passou alguns formulários. "Preencha isto aqui, preencha tudo, e depois me entregue para eu colocar ali." Ele apontou para uma pilha desorganizada de formulários e denúncias que se acumulavam num armário.

O sargento olhou para a mulher que planejava voltar para seu abusador, um homem armado que alegava ter comprado o revólver para autodefesa, quando na verdade era para defender sua identidade.

Em seguida, o sargento falou as palavras que mudaram a vida de Lisa, as palavras que uma década depois ela lhe agradeceria por tê-las dito, as palavras que a fizeram largar o abusador: "Você preenche os formulários e volta para casa, e da próxima vez que eu procurar esses papéis, vai ser por você ter sido assassinada."

11

"Eu tentei rejeitá-lo sem ser indelicada"

Com essas palavras começa a história que minha empresa ouve várias vezes por mês. Antes de se encontrar comigo, a moça inteligente pode tê-la contado aos amigos, à psicóloga, a um detetive particular, a um advogado, a um policial, talvez até a um juiz, mas o problema persistiu. É a história de uma situação que antes parecia banal, ou pelo menos contornável, mas agora é assustadora. É a história de um homem que parecia um pretendente normal, mas logo se revelou outra coisa.

A perseguição se divide em duas amplas categorias: a perseguição indesejada de um estranho e a perseguição indesejada de algum conhecido da vítima. Casos de estranhos obcecados por pessoas comuns são, em comparação com outros tipos de perseguição, raríssimos, e também são os casos que menos terminam em violência. Portanto vou explorar os casos que afetam o maior número de vítimas: a perseguição de alguém que tem aspirações românticas, em geral um homem que a mulher conheceu ou com quem saiu.

Embora seja comum os jornais fazerem reportagens sobre stalkers como se fossem um tipo peculiar de criminoso, os que escolhem como alvo pessoas comuns não são assim. Eles não são de Marte – são da sua cidade ou de uma cidade perto de você. É o homem que sua irmã namorou, o homem que sua empresa contratou, o homem com quem sua amiga se casou.

Com esse pano de fundo, nós homens precisamos enxergar neles uma parte de nós para entender direito o problema. Em minhas palestras pelo país, eu às vezes pergunto à plateia: "Quantos homens aqui já descobriram onde uma moça morava ou trabalhava sem perguntar a ela? Quantos de vocês já passaram pela casa de uma moça para ver que carros estavam lá, ou ligou só para ver quem ia atender e desligou?"

Como a maioria esmagadora levanta a mão, percebi que a aceitabilidade desses comportamentos é uma questão de intensidade. Depois de uma palestra, um policial da plateia pediu para falar comigo a sós. Ele me disse que só agora tinha se dado conta de que havia perseguido uma aluna da academia de polícia quando fazia parte da equipe. Ela passara 18 meses lhe dizendo não, sempre temendo que a rejeição afetasse sua carreira. "Ela não me deu nenhum sinal de que queria ter um relacionamento comigo, mas eu não dei trégua, nem por um segundo", contou. "Mas deu certo. A gente se casou."

Acho que se pode dizer, sim, que deu certo, mas essa história é um ótimo exemplo de como o cortejo romântico pode ser complicado. Está claro que para as mulheres, nas últimas décadas, os riscos de resistir à atenção romântica aumentaram muito. Existe uma linha invisível entre o que é aceitável e o que é exagerado – e as mulheres e os homens nem sempre concordam sobre o lugar onde a linha deve ser traçada. As vítimas e seus perseguidores indesejados nunca concordam, e às vezes as vítimas e a polícia também não.

Todo mundo concorda, no entanto, quando uma dessas situações inclui violência, mas por que não podemos chegar a um consenso antes disso? Para responder, preciso relembrar as imagens de Dustin Hoffman entrando numa igreja intempestivamente e de Demi Moore aparecendo de surpresa em uma reunião de trabalho. Preciso falar dos homens normais, comuns, e do dicionário. Talvez você ache que essas coisas não têm nada a ver com perseguição e atenção indesejada, mas – como tenho certeza de que sua intuição já avisou – têm.

Na década de 1960, foi lançado um filme que pintava um retrato bem-vindo e duradouro de como um jovem poderia cortejar uma mulher. Era *A primeira noite de um homem*, em que Dustin Hoffman namora uma garota (interpretada por Katherine Ross) e a pede em casamento. Ela diz não, mas ele não lhe dá ouvidos. Aguarda na porta da sala de aula dela e pede de novo, e de novo. Uma hora, ela lhe escreve uma carta dizendo que pensou bem e decidiu não se casar com ele. Na verdade, ela vai mudar de cidade e se casar com outro homem. O recado parece bastante claro – mas não no cinema.

Hoffman usa técnicas de perseguição para achá-la. Finge ser amigo do noivo, ser um parente, ser o padre. No fim das contas, acha a igreja e a invade segundos depois de Katherine Ross ser declarada a esposa de outro homem. Então ele bate no pai da noiva, bate em outras pessoas e empunha uma enorme cruz de madeira contra os convidados do casamento que tentam ajudar a família.

E o que acontece? Ele fica com a garota. Ela foge com Dustin Hoffman, abandonando a família e o novo marido. Também ficam para trás a noção de que a mulher deve ser ouvida, a ideia de que não é não e o conceito de que a mulher tem o direito de escolher quem vai fazer parte da sua vida.

Minha geração aprendeu com *A primeira noite de um homem* que existe uma estratégia romântica que se sobrepõe a todas as outras: *a persistência*. Essa mesma estratégia está no cerne de todos os casos de perseguição. Um tema comum fomentado na nossa cultura é o de homens correndo atrás de relações improváveis ou impróprias com mulheres e conseguindo concretizá-las. Lembre-se de *Flashdance, Tootsie, Loucuras de uma paixão, Mulher nota 10, Feitiço do Rio, Lua de mel a três, Proposta indecente*.

A fórmula hollywoodiana poderia ser traduzida em Garoto Quer Garota, Garota Não Quer Garoto, Garoto Assedia Garota, Garoto Conquista Garota. Muitos filmes ensinam que, se você insistir, ainda que a ofenda, ainda que ela diga que não quer nada com você, ainda que você a trate como lixo (e às vezes justamente por tê-la tratado como lixo), você vai conquistar a garota. Ainda que ela esteja em outro relacionamento, ainda que você se pareça com Dustin Hoffman, você vai acabar conquistando Katherine Ross ou Jessica Lange. A persistência é transformada em *Paixões violentas* (outro desses filmes, aliás). Até uma série de TV aparentemente inofensiva como *Cheers* toca nesse assunto. O assédio sexual persistente e constrangedor de Sam a duas colegas – oito anos de assédio – não faz com que ele seja demitido ou processado. No entanto, faz com que ele conquiste as duas.

Existe uma lição que as jovens podem tirar dos casos de perseguição da vida real: a persistência só prova a persistência – não prova amor. O fato de um perseguidor romântico ser implacável não significa que você seja especial – significa que ele é problemático.

Não é novidade que com frequência homens e mulheres falam línguas diferentes, mas, quando os riscos são mais altos, é importante lembrar que os homens são agradáveis quando perseguem e as mulheres são agradáveis quando rejeitam. É natural que isso gere confusão, e isso nos leva à prática popular de se tentar rejeitar o homem sem cometer indelicadezas.

Leais ao que lhes é ensinado, as mulheres que rejeitam geralmente dizem menos do que querem. Leais ao que lhes é ensinado, os homens geralmente não ouvem tudo que lhes dizem. Esse problema se torna alarmante quando pensamos que centenas de milhares de pais (e mães), irmãos mais velhos (e irmãs), filmes e séries ensinam à maioria dos homens que, quando uma mulher diz não, não é isso que ela quer dizer. Acrescente a isso o fato de que todas as mulheres são ensinadas a "se fazer de difícil" quando não é isso que querem. O resultado é que "não" pode significar inúmeras coisas na nossa cultura. Uma pequena amostra disso:

Quem sabe	Por enquanto não
Humm…	Me dá um tempo para pensar
Não tenho certeza	Continue tentando
Encontrei o homem da minha vida!	

Existe um livro em que o sentido do *não* é sempre claro, o dicionário, mas, como os roteiristas de Hollywood aparentemente não costumam usá-lo, nós é que precisamos fazer isso. Temos que ensinar aos jovens que "Não" é uma frase completa. Isso não é tão simples quanto parece, dadas as raízes profundas que o híbrido não/talvez tem na nossa cultura. Ele virou parte do contrato entre homens e mulheres e chegou a ser investigado pelos teóricos contratualistas clássicos, Rousseau e Locke. Rousseau questionou: "Por que procurar suas palavras se não são suas bocas que falam?" Locke afirmou que o homem ganha um "consentimento silencioso" ao lê-lo nos olhos da mulher "apesar da negação que vem da boca". Locke chegou a dizer que o homem está protegendo a honra da mulher quando ignora sua recusa: "Se então ele atende à sua felicidade, ele não é brutal, é decente." No mundo de Locke, um estupro após um encontro amoroso não seria crime – seria um ato de cortesia do cavalheiro.

Ainda que falassem a mesma língua, os homens e as mulheres viveriam segundo padrões bem distintos. Por exemplo, se em um filme o homem descobre os horários da mulher, descobre onde ela mora e trabalha, aparece no trabalho dela sem ser convidado, sua atitude prova empenho, prova amor. Quando Robert Redford faz isso com Demi Moore em *Proposta indecente*, o público acha adorável. Mas, quando ela aparece no trabalho *dele* sem avisar, interrompendo um almoço de negócios, sua atitude é considerada alarmante e perturbadora.

Num filme, se um homem quer um encontro sexual ou é persistente, ele é um sujeito comum, mas, se a mulher age assim, ela é uma louca ou assassina. Basta se lembrar de *Atração fatal, O rei da comédia, Mulher solteira procura, Perversa paixão, A mão que balança o berço* e *Instinto selvagem*. Quando os homens correm atrás, geralmente conquistam a mulher. Quando as mulheres correm atrás, em geral acabam mortas.

Filmes populares podem ser reflexos da sociedade ou formadores da sociedade, dependendo de quem opina, mas, de uma forma ou de outra, eles são modelos de comportamento para nós. Durante as primeiras etapas das situações de perseguição no cinema – e frequentemente na vida também –, a mulher observa e espera, encaixando-se nas expectativas de um homem já envolvido demais. Ela não é ouvida nem reconhecida: é a tela em que o homem projeta suas necessidades e sua ideia do que ela deveria ser.

Alguns homens dobram a aposta, partindo para a perseguição quando a mulher não entra no jogo. É um crime de poder, controle e intimidação muito parecido com o estupro em um encontro. Aliás, muitos casos de perseguição a parceiros românticos poderiam ser descritos como um estupro prolongado; eles tiram a liberdade, além de atenderem aos desejos do homem enquanto desconsideram os da mulher. Quer seja um ex-marido, um ex-namorado, um homem com quem se saiu uma única vez ou um pretendente indesejado, o perseguidor impõe a regra mais cruel da nossa cultura: a de que não cabe à mulher decidir quem fará parte da sua vida. Uma das razões por que o número de casos de perseguição aumentou é que as mulheres do passado se sujeitavam a essa regra. Tinham menos opção no que dizia respeito a acatar os desejos de um perseguidor insistente. Até poucas décadas atrás, era mais comum que situações com pretendentes indesejados que se recusavam a virar a página terminassem em casamento do que em perseguição.

Obtive bons resultados depois de fazer lobby e depor a favor de leis contra perseguição em diversos estados, mas trocaria tudo isso por uma disciplina na escola que ensinasse os garotos a ouvir "não" e ensinasse as meninas que não existe problema em rejeitar alguém sem fazer rodeios. A ementa também incluiria estratégias de fuga. Nem preciso dizer, mas a disciplina não se chamaria Como Rejeitá-lo Sem Ser Indelicada. Se a cultura ensinasse e permitisse às mulheres rejeitar explicitamente e dizer não, ou se mais mulheres assumissem as rédeas no início de todos os relacionamentos, casos de perseguição sofreriam uma queda vertiginosa.

Já que procurar o Homem Certo adquiriu uma importância muito maior do que se livrar do Homem Errado, as mulheres não são ensinadas a escapar de relacionamentos. A tal disciplina a ser lecionada na escola enfatizaria uma regra que se aplica a todos os tipos de atenção indesejada: _não negocie_. Depois que resolve que não quer um relacionamento com determinado homem, a mulher só precisa dizer isso uma vez, explicitamente. Qualquer contato após a rejeição será visto como uma negociação. Se a mulher diz ao homem repetidas vezes que não quer falar com ele, já está falando com ele, e sempre que faz isso ela trai a própria resolução.

Ao dizer 10 vezes a um homem que não quer falar com ele, você _está_ falando com ele – nove vezes mais do que gostaria.

Quando uma mulher recebe 30 mensagens de um perseguidor e não responde, mas por fim cede e retorna a ligação, independentemente do que diga, ele entende que o custo de entrar em contato com ela é deixar 30 mensagens. Para esse tipo de homem, qualquer contato será considerado um avanço. É claro que algumas vítimas têm medo de que ele entenda a falta de resposta como uma provocação e por isso tentam rejeitá-lo sem serem indelicadas. Em geral, o resultado é ele acreditar que ela está confusa, insegura, que na verdade gosta dele mas ainda não sabe disso.

Quando uma mulher rejeita um homem que tem um interesse romântico por ela, e diz: "É que eu não quero um relacionamento agora", ele só escuta a palavra "agora". Para ele, isso significa que ela vai querer mais adiante. A rejeição deveria ser "Eu não quero um relacionamento _com você_". Ele só vai escutar se estiver bem claro – e às vezes nem assim.

Se ela diz: "Você é um cara ótimo e tem muito a oferecer, mas eu não sou a pessoa certa para você; minha cabeça não anda muito boa", ele vai pensar:

"Na verdade, ela gosta de mim, só está confusa. Tenho que provar que ela é a pessoa certa para mim."

Quando uma mulher explica por que o está rejeitando, esse tipo de homem vai contestar todas as razões que ela dá. Eu sugiro que as mulheres jamais expliquem por que não querem um relacionamento e simplesmente deixem claro que já refletiram, que a decisão já foi tomada e que esperam que o homem a acate. Por que a mulher deveria explicar aspectos íntimos de sua vida, seus planos e escolhas românticas a alguém com quem não quer ter um envolvimento? Uma rejeição condicionada, digamos, ao fato de que ela quer se mudar de cidade só dá ao homem um desafio a vencer. Rejeições condicionadas não são rejeições – são discussões.

A astuta cena inicial do filme *Tootsie* ilustra bem por que rejeições condicionadas não dão certo. Dustin Hoffman interpreta um ator que está lendo falas em um teste. Uma voz de fora do palco anuncia que ele não ganhou o papel.

VOZ: A leitura foi boa, mas você não tem a altura certa.
HOFFMAN: Ah, mas eu posso ficar mais alto.
VOZ: Não, você não está entendendo. A gente está procurando alguém mais baixo.
HOFFMAN: Ah, bom. Olha, eu não preciso ficar alto desse jeito. Olha só, eu estou usando uma sola mais alta. Tenho como ficar mais baixo.
VOZ: Eu sei, mas na verdade... a gente está procurando alguém diferente.
HOFFMAN: Eu posso ficar diferente.
VOZ: A gente está procurando *outra pessoa*, ok?

Essa última fala não oferece razões e não dá margem a negociação, mas as mulheres na nossa cultura são praticamente proibidas de falar assim. Elas são ensinadas que falar claramente e sem demora pode gerar impopularidade, banimento, raiva e até violência.

Vamos imaginar uma mulher que deixou passar várias oportunidades de levar adiante uma relação com um pretendente. Todas as pistas, reações, ações e inações comunicaram que ela não está interessada. Se depois disso tudo o homem ainda corre atrás dela, está na hora de uma rejeição incondicional e explícita, embora isso possa parecer uma grosseria para alguns. Como eu sei que poucos homens já ouviram e poucas mulheres já fizeram uma declaração dessas, vou exemplificar. Uma rejeição incondicional e explícita é mais ou menos assim:

> Apesar do que você supôs até agora e da razão pela qual você supôs, eu não tenho nenhum interesse romântico por você. Tenho certeza de que nunca vou ter. Espero que, sabendo disso, você volte sua atenção para outra coisa, e entendo que você aja assim, porque é exatamente como pretendo agir.

Só existe uma reação apropriada a essa fala: a aceitação. Qualquer que seja a forma como o homem transmita a ideia, o conceito básico idealmente seria: "Escutei o que você disse, entendo e, apesar de decepcionado, vou respeitar a sua decisão."

Eu disse que só existe uma reação apropriada. Infelizmente, as reações inadequadas são centenas, e, embora tomem formas diversas, a mensagem básica que passam é: "Eu não aceito a sua decisão." Se um homem debate com agressividade, duvida, negocia ou tenta fazê-la mudar de ideia, é preciso que sua atitude seja interpretada de modo realista. O que deve ficar claro é que:

1. Ela tomou a decisão certa quanto ao homem. Em vez de sua resolução ser posta em dúvida por conta da reação dele, ela deveria ser reforçada.
2. Ela obviamente não quer um relacionamento com alguém que não escuta o que ela diz e não reconhece o que ela sente.
3. Se ele não conseguiu entender uma mensagem tão clara e explícita, dá para imaginar qual seria sua reação a qualquer coisa que seja ambígua, ou a uma rejeição expressa com delicadeza.

Pretendentes indesejados podem intensificar seu comportamento, passando também a dar telefonemas insistentes, deixando mensagens; aparecendo sem ser convidados no trabalho, na faculdade ou na casa da mulher; seguindo-a; e tentando recrutar os amigos dela ou a família em sua campanha. Se alguma dessas coisas acontecer, presumindo-se que a mulher já tenha feito sua rejeição explícita, é muito importante que nenhuma outra reação perceptível seja esboçada. Quando a mulher volta a se comunicar com alguém que ela já rejeitou explicitamente, seus atos não condizem com as palavras. O homem pode então escolher quais comunicações (atos ou palavras) de fato representam os sentimentos da mulher. Não surpreende que escolha o mais conveniente para ele. Em geral, esse homem deixa recados que ostensivamente apresentam um encerramento, mas na verdade são uma tentativa maldisfarçada de obter uma reação – e lembre-se: ele encara qualquer reação como um avanço.

RECADO: Oi, é o Bryan. Escuta, eu estou voltando para Houston, mas não posso mudar de cidade sem te ver mais uma vez. Eu só estou pedindo uma chance de dizer tchau, só isso. Só um encontro rápido e eu sumo da sua vida.
MELHOR RESPOSTA: Nenhuma.
RECADO: Escuta, é o Bryan, este é o último telefonema meu que você vai receber. [Esta fala, embora muito frequente na boca de perseguidores, raramente é verdadeira.] Preciso falar com você com urgência.
MELHOR RESPOSTA: Nenhuma.

Quando é perseguida por alguém com quem já saiu, a mulher talvez tenha que aturar o julgamento das pessoas que ficam sabendo da situação: "Você deve ter incentivado o cara"; "Você deve ser do tipo que gosta que corram atrás", etc. Também é inevitável que alguém lhe ofereça conselhos a respeito da perseguição. Esses conselhos incluirão (como se fosse um plano muito criativo): troque seu número de telefone. Na verdade, nossa empresa não recomenda essa estratégia, pois, como qualquer vítima pode confirmar, o perseguidor sempre consegue o número novo. O melhor plano é obter uma segunda linha telefônica, dar o número novo às pessoas com quem ela quer contato e deixar o número antigo cair na caixa postal para que o perseguidor nem sequer saiba que ela tem um telefone novo. Ela pode verificar os recados e, ao receber telefonemas de pessoas com quem queira falar, basta retornar a ligação e lhes dar o número novo. Mais cedo ou mais tarde, a única pessoa que ainda vai deixar recados no número antigo vai ser o pretendente indesejado. Assim, os telefonemas dele ficam documentados (não apague as mensagens) e, mais importante ainda, sempre que deixar um recado, ele *recebe* outro recado: que ela pode evitar a tentação de responder a suas manipulações.

Também sugerimos que a mensagem de voz da caixa postal seja gravada por uma amiga, já que é possível que ele fique ligando só para escutar a voz de seu alvo. Embora algumas pessoas acreditem que uma mensagem com voz masculina leve o perseguidor a acreditar que a vítima está num relacionamento novo, o mais comum é que isso o leve a investigar mais a fundo.

Perseguidores são por definição pessoas que não desistem facilmente – são pessoas que não viram a página. Para ser mais preciso, a vasta maioria deles não desiste quando a maioria de nós desistiria, mas, no fim das contas, acaba desistindo – se a vítima evitar qualquer contato. Em geral, eles precisam grudar um tentáculo em outra pessoa antes de desgrudar todos os tentáculos do alvo atual.

UM AXIOMA DA DINÂMICA da perseguição: *Homens incapazes de desapegar escolhem mulheres incapazes de dizer não.*

A maioria das vítimas admite que, apesar da vontade, inicialmente relutou em rejeitar de forma explícita. Muitas vezes, a gentileza e a delicadeza da rejeição de uma mulher são consideradas sinais de afeto. Quem demonstra isso e prova que ninguém está imune a essas situações é Kathleen Krueger, esposa do ex-senador americano Bob Krueger. Ela não conseguia se livrar do perseguidor indesejado que já tinha sido piloto do avião de campanha do marido. Quando me narrou o caso, a Sra. Krueger o explicou com eloquência a partir do ponto de vista do perseguidor: "Nós fomos gentis com ele, nada fora do comum, mas é óbvio que para ele foi uma coisa grandiosa. Ele viu como uma atitude de amor. *Acho que, quando a pessoa está com fome, até uma migalha parece um banquete.*"

Nos casos em que o perseguidor inicialmente conseguiu o que considerou atenção favorável ou em que ele de fato namorou ou saiu com a vítima, ele pode estar tão desesperado para se agarrar a ela que se conforma com qualquer tipo de contato. Embora preferisse ser o namorado, ele aceita ser só amigo. Por fim, apesar de preferir ser amigo, ele vai aceitar ser um inimigo caso esse seja o único vínculo disponível. Como um ex-namorado perseguidor escreveu para uma jovem cliente nossa: "Você vai pensar em mim. Pode até não ser pensamentos bons, mas vai pensar em mim."

Outra regra a ser ensinada nas aulas de "Como Se Livrar do Homem Errado" seria: *A maneira de cortar contato é cortando o contato*. Como observei anteriormente, recomendo uma rejeição explícita e, em seguida, absolutamente nenhum contato. Ao retornar a ligação do perseguidor, concordar em encontrá-lo, enviar um bilhete ou pedir que alguém o mande parar, você compra mais seis semanas de perseguição indesejada. Algumas vítimas acham que vai ajudar se um amigo do sexo masculino, um novo namorado ou um parente homem disser ao perseguidor que pare. A maioria que tenta agir assim descobre que o perseguidor encara isso como indício de que o objeto de seu amor está em conflito. Caso contrário, ela mesma teria falado com ele.

Chamar a polícia para mandar o perseguidor ficar longe de você pode parecer uma atitude óbvia, mas é raro que tenha o efeito desejado. Embora o comportamento dos perseguidores seja assustador, a maioria nunca infringiu a lei, portanto a polícia tem poucas opções. Quando a polícia o visita e diz basicamente "Pare com isso senão você vai arrumar encrenca", o perseguidor intui que, se pudessem prendê-lo, os policiais o teriam levado. Então qual é o resultado da visita? Bem, a maior arma do arsenal da vítima – mandar a polícia atrás dele – já foi usada sem causar problema. Os policiais foram até ele, conversaram e foram embora. Quem se fortaleceu: a vítima ou o perseguidor?

Acredito que a polícia deve se envolver quando existe um crime litigável que, se processado, melhoraria o nível de segurança da vítima ou poria um preço alto no comportamento do perseguidor. Mas a primeira vez que o perseguidor deve ver a polícia é quando ela aparecer para prendê-lo, não quando for dar uma dura nele.

Em um sentido muito real, os perseguidores estão se desintoxicando do vício no relacionamento. É uma dinâmica similar à de muitas situações de violência doméstica em que os dois envolvidos são viciados no relacionamento. Em casos de perseguição por parte de um potencial parceiro romântico, no entanto, geralmente a relação é unilateral: o perseguidor é o viciado e o alvo é sua droga. Doses pequenas da droga não o apaziguam, mas o envolvem. Assim como acontece na maioria dos vícios, a única forma de fazer com que ele o abandone é a abstinência na marra – nenhum contato da parte dela, nenhum contato de terceiros escolhidos por ela ou que tenham a ver com ela.

Assim como em situações de violência doméstica, é comum que as vítimas sejam aconselhadas a tomar uma atitude (chamar a polícia, obter uma medida protetiva, mandar um aviso) contra o perseguidor. Do ponto de vista da sociedade como um todo, talvez essas recomendações sejam corretas. Se alguém considera o perseguidor um perigo para a coletividade – basicamente um tigre à espreita num canto, à espera de uma vítima –, talvez seja realmente necessário agir, mas ninguém é obrigado a se oferecer para travar essa briga, sobretudo quando ela é evitável. Se fosse possível saber e avisar à vítima de perseguição que ela será atacada ao dobrar a esquina, o que faria mais sentido: dobrar a esquina ou tomar outro caminho? Se a briga é evitável e a mulher é minha esposa, minha filha, minha amiga ou minha cliente, eu recomendo primeiro que ela a evite. Isso porque a briga sempre será um recurso, mas nem sempre é possível voltar ao ponto em que ainda é possível evitá-la, com a guerra já em andamento.

Vítimas de perseguição também ouvem os mesmos conselhos que são dados a vítimas de violência doméstica: peça uma medida protetiva. Assim como acontece com vítimas de violência doméstica, é importante avaliar em quais casos a intervenção jurídica melhora a situação e em quais ela piora. Depende muito da intensidade que o caso adquiriu e do investimento emocional feito pelo perseguidor. Se ele já persegue a vítima há anos e já ignorou advertências e intervenções, é pouco provável que uma medida protetiva tenha alguma serventia. Em termos gerais, decisões judiciais apresentadas logo no começo são menos arriscadas do que aquelas que são apresentadas depois que o perseguidor já fez um investimento emocional significativo, fez ameaças ou tomou outras atitudes sinistras. Medidas protetivas obtidas pouco depois de o perseguidor ignorar uma única rejeição explícita têm mais força e representam menos risco do que as medidas obtidas após meses ou anos de perseguição.

Existe uma categoria de perseguidor para a qual decisões judiciais geralmente têm serventia (ou no mínimo não são perigosas). É aquela a que chamamos de perseguidores ingênuos. São pessoas que simplesmente não entendem a inconveniência de seu comportamento. Que pensam "Estou apaixonado por essa pessoa, portanto esta é uma relação amorosa e estou agindo como agem as pessoas apaixonadas".

Esse tipo de perseguidor indesejado geralmente é racional, embora talvez meio tolo. Nem todos os perseguidores ingênuos querem uma relação romântica. Alguns insistem em ser contratados para um emprego ou entender por que não foram contratados, por que uma ideia que tiveram não foi aceita, por que seu manuscrito foi rejeitado, etc. O perseguidor ingênuo geralmente se distingue dos perseguidores convencionais pela falta de machismo e a falta de ódio por sua rejeição. Ele parece seguir em frente na feliz credulidade de que está cortejando alguém. Ele continua até alguém deixar perfeitamente claro que sua abordagem é inconveniente, inaceitável e contraproducente. Nem sempre isso é fácil, mas de modo geral não existe risco em tentar.

Como as vítimas ficam frustradas e com raiva, o que é compreensível, talvez corram atrás de uma decisão judicial para fazer uma destas coisas: destruir, expor, ameaçar, vingar, mudar ou humilhar.

No entanto, a única meta que faz sentido do ponto de vista da segurança é *afastar*, tirar o sujeito da sua vida. Assim como acontece com vítimas de violência doméstica, a medida protetiva pode aproximá-la de seu objetivo ou deixá-la mais distante dele. Esse é um dos planos de gerenciamento, mas não é o único.

O TIPO DE PERSEGUIDOR com quem a mulher saiu por um breve período (ao contrário do estranho que ela nunca viu) é bastante parecido com o marido controlador ou agressivo, embora seja muito menos propenso à violência. Suas táticas incluem agir de forma patética para se aproveitar da compaixão ou da culpa da vítima, evocar supostas promessas ou compromissos, perturbar tanto a vítima a ponto de ela ceder e continuar a sair com ele e, por fim, usar o medo por meio de declarações ou atitudes intimidadoras (ameaças, vandalismo como furar pneus, etc.).

Vejamos novamente o caso de Katherine, que me perguntou se existe uma lista de sinais de alerta emitidos por homens que mais tarde viram um problema. Vou repetir a história dela, desta vez ressaltando os sinais de alerta:

Eu saí com um cara chamado Bryan. A gente se conheceu na festa de um amigo em comum e ele deve ter pedido o meu telefone para alguém que estava lá [investigar a vítima]. Eu não tinha nem chegado em casa e já havia recebido três mensagens [investimento exagerado]. Falei que não queria sair com ele, mas ele foi tão insistente que acabei cedendo [*homens incapazes de desapegar escolhem mulheres incapazes de dizer não*]. No começo, ele era superatencioso, parecia adivinhar o que eu queria. Ele se lembrava de tudo o que eu dizia [atenção exagerada]. Era lisonjeiro, mas também me deixava meio incomodada [intuitivamente, a vítima sente incômodo]. Como na vez em que mencionei que precisava de mais espaço para os meus livros e aí ele apareceu com prateleiras e uma furadeira e instalou tudo [oferecer ajuda não solicitada; agiotagem]. Eu não tive como dizer não. E ele extrapolava o que eu dizia. Uma vez perguntou se eu não iria com ele a uma partida de basquete e respondi que talvez fosse. Mais tarde ele disse: "Você prometeu" [projetar nos outros sentimentos ou compromissos inexistentes]. Ele também saiu logo falando de coisas sérias, tipo morar juntos, casar e ter filhos [ritmo vertiginoso, botar questões em pauta cedo demais]. Ele fez piada sobre essas coisas a primeira vez que a gente saiu, só que depois já não era mais piada. Então ele me deu um celular, dizendo que o meu estava "velho" [agiotagem]. Era presente, então eu ia falar o quê? E é claro que ele me ligava o tempo todo [monitoramento de atividades e paradeiro]. E exigiu que eu jamais falasse com o meu ex-namorado naquele telefone. Depois passou a ficar bravo só de eu falar com o meu ex [ciúmes]. Também tinha uns dois amigos meus que ele não queria que eu visse [afastá-la dos amigos], e parou de sair com os próprios amigos [tornar a outra pessoa inteiramente responsável por seu universo social]. Por fim, quando eu falei que não queria mais nada com ele, ele se recusou a aceitar [ignorar um "não"].

Tudo isso é feito no piloto automático pelo perseguidor, que tenta controlar a outra pessoa de forma que ela não possa deixá-lo. Estar no controle é uma alternativa a ser amado, e como sua identidade é precariamente dependente de um relacionamento, ele toma o cuidado de evitar qualquer elemento fora do relacionamento. Assim ele também estrangula qualquer sinal de vida que exista na relação, garantindo que ela nunca seja como ele diz (e talvez até acredite) que quer.

Bryan não perseguiria uma mulher que fosse capaz de dizer *não* com firmeza, embora fique muito interessado em uma que a princípio diz *não* e depois cede. Garanto que Bryan testou Katherine quanto a esse ponto alguns minutos após conhecê-la:

BRYAN: Quer beber alguma coisa?
KATHERINE: Não, obrigada.
BRYAN: Ah, poxa, você vai beber o quê?
KATHERINE: Bom, acho que aceito um refrigerante.

Esse diálogo pode parecer bobo, mas na verdade é um teste muito relevante. Bryan descobriu algo a que ela disse não, tentou uma leve persuasão e Katherine cedeu, talvez só para ser gentil. Na vez seguinte, ele tenta algo mais significativo, depois outro e mais outro, e por fim terá encontrado alguém que consegue controlar. O diálogo sobre a bebida é o mesmo que vão ter mais tarde sobre namorar, e depois sobre terminar o namoro. Torna-se um acordo tácito de que ele conduzirá e ela será conduzida. O problema surge quando ela tenta renegociar o acordo.

REPORTAGENS POPULARES NOS LEVAM a acreditar que a perseguição é como um vírus que acomete suas vítimas sem aviso prévio, mas Katherine, assim como a maioria das vítimas, sentiu um sinal de desconforto logo no começo – e o ignorou. Quase todas as vítimas com quem já conversei continuaram o relacionamento mesmo querendo sair dele. Não precisa ser assim. As mulheres podem acatar esses sinais precoces da intuição desde o início.

Sair com alguém implica vários riscos: o risco da decepção, o risco do tédio, o risco da rejeição e o risco de deixar um homem problemático e assustador entrar na sua vida. O processo todo é muito parecido com o de um teste no teatro, porém com mais riscos. Um encontro pode parecer o teste de *Tootsie*, em que o homem quer tanto o papel a ponto de fazer qualquer coisa para consegui-lo, ou pode ser uma oportunidade de a mulher avaliar indicadores pré-incidente importantes. Que romântico, não é? Bom, quem vai a um encontro já está fazendo avaliações de qualquer jeito; só que está fazendo isso do jeito errado. Estou sugerindo apenas que a avaliação seja consciente e instruída.

A mulher pode direcionar a conversa para o último término do homem e avaliar como ele o descreve. Aceita sua parte da responsabilidade? Ainda está envolvido? Ele demorou a virar a página, demorou a dar ouvidos ao que a mulher dizia? Ele já virou a página? *Quem terminou?* Essa última pergunta é muito importante, pois perseguidores raramente iniciam os rompimentos. Ele teve já vários relacionamentos do tipo "amor à primeira vista"? Ter uma paixão intensa por alguém com base numa breve exposição à pessoa, sobretudo quando se trata de um padrão, é um valioso IPI. A mulher pode explorar a percepção do homem quanto aos papéis masculino e feminino bem como suas ideias a respeito de compromisso, obsessão e liberdade. Ela pode observar *se* e *como* o homem tenta mudar sua opinião, mesmo sobre assuntos banais. Não estou propondo que se leve uma lista de perguntas diretas ao encontro, mas sugerindo que todas as informações sejam exploradas através de uma conversa habilidosa.

A lição final é que a disciplina ideal para garotos e garotas se concentraria no fato de que, ao contrário do que dizem as matérias apavorantes exibidas nos noticiários locais, pouquíssimos casos de perseguição a parceiros românticos terminam em violência. Os jornalistas preferem que você acredite que, se for perseguida, é melhor fazer um testamento e deixar a vida em ordem, mas esse grau de alarmismo geralmente é inadequado. Esses homens não pulam do assédio não violento para o homicídio sem que suas atitudes se intensifiquem, sem escaladas quase sempre aparentes ou pelo menos detectáveis.

Para evitar essas situações, dê ouvidos a si mesma desde o começo. Para evitar escaladas caso já esteja numa situação de perseguição, dê ouvidos a si mesma a cada etapa do caminho. No que diz respeito a perseguições por homens com quem você saiu algumas vezes, sua intuição agora está abastecida, portanto trate de ouvi-la.

A FAMÍLIA DESSES PERSEGUIDORES que mataram ou feriram suas vítimas, assim como a família de outros criminosos discutidos neste livro, teve que enfrentar uma pergunta que nenhum pai ou mãe quer fazer: Por que nosso filho se tornou uma pessoa violenta? As respostas podem ajudar pais e outras pessoas a perceberem os padrões e sinais de alerta anos antes de receberem um telefonema trágico ou a visita da polícia.

Aprendi muito sobre esse assunto com jovens que mataram outras pessoas e alguns que se suicidaram e, como você verá no próximo capítulo, um que fez um pouco de cada coisa.

12

Medo de crianças

"Meu pai não me ensinou a viver.
Ele viveu e me permitiu observá-lo."
– Clarence Budinton Kelland

Os funcionários da Saint Augustine Church estavam atarefados, preparando a igreja para o dia mais importante do ano. Os que já trabalhavam lá havia algum tempo acertaram ao prever que a capela ficaria lotada, mas a previsão de que a congregação se reuniria na feliz expectativa da chegada do Natal estava muito longe da verdade. Naquele ano, o serviço religioso estaria mais para um funeral, mas diferente em um aspecto importante: nos serviços fúnebres, aqueles que choram seus mortos geralmente não estão perto do local da morte dos entes queridos, porém as pessoas reunidas na igreja naquela noite de Natal estariam a poucos passos de onde os corpos foram encontrados – um morto, um agonizante.

Todos os presentes à missa sabiam da descoberta horripilante, mas ninguém poderia dizer que entendia por que dois garotos de 18 anos se esconderiam nas sombras da capela que frequentavam e se matariam com um tiro de revólver na boca.

Depois de toda tragédia violenta, as famílias se veem forçadas a fazer uma análise profunda de suas vidas. Dão início a uma tentativa terrível e geralmente ingrata de buscar responsabilidades. Membros da família se aglomeram nas duas extremidades do espectro: os que se culpam e os que culpam os outros. Os amigos dos filhos, o pai ou a mãe, a namorada que pôs fim ao relacionamento – é inevitável que a vergonha, a raiva e a culpa da família sejam atribuídas a alguém.

Muitas vezes o responsável culpa a pessoa que vendeu drogas ao filho, mas a mãe de James Vance foi muito além. Ela pôs a culpa na banda de heavy metal Judas Priest e na lojinha de música do bairro que vendia os discos da banda. Ela insistia que os proprietários do estabelecimento deveriam ter previsto que o álbum *Stained Class* levaria seu filho a fazer um pacto suicida com o amigo Ray. Achava que a loja deveria ter avisado os meninos sobre a letalidade do álbum.

Quando me pediram que testemunhasse nesse caso em favor dos donos da lojinha, previ um estudo interessante a respeito do impacto da mídia sobre a violência. Não esperava que fosse virar o único caso da minha carreira que mais tarde eu me arrependeria de ter aceitado. Eu já tinha me voluntariado para fazer muitas investigações desagradáveis e realizado minhas atividades com um profissionalismo bastante resoluto, mas, quando a hora chegou, eu não queria entrar no adro da igreja, não queria sentir a depressão silenciosa e o sofrimento da mãe de Ray, tampouco pôr à prova a negação implacável da Sra. Vance. Não queria analisar os resultados da necrópsia, nem ver as fotos, nem ficar sabendo dos detalhes daquela história tristíssima.

Porém fiz tudo isso e James Vance acabou sendo meu guia involuntário e improvável na vida e nas experiências de muitos jovens americanos. Com ele, aprendi o que eles pensam das drogas, do álcool, da televisão, da ambição, da intimidade e da criminalidade. Ele me ajudaria a responder à pergunta que tantos pais fazem: Quais são os sinais de alerta para a possibilidade de meu filho ser propenso à violência? Da perspectiva daquela igreja, vi jovens como nunca os tinha visto. Muito do que James me ensinou se aplica à violência de gangues, mas também ajuda a explicar o comportamento às vezes mais assustador de rapazes de classe média cuja brutalidade surpreende todo mundo.

James Vance era obcecado pelo Judas Priest, atraído pela natureza sinistra e violenta da música e da persona pública da banda. Gostava tanto da temática demoníaca das ilustrações nas capas dos álbuns, dos monstros e da carnificina que no instante em que viu Ray dar um tiro na própria cabeça, o horror da cena não o impressionou. Assim como muitos jovens americanos, fazia muito tempo que se sentia à vontade com a violência explícita; imagens de crânios ensanguentados lhe eram basicamente banais.

Ali de pé no adro da igreja, ele viu o corpo do amigo e por um instante cogitou quebrar o pacto suicida que tinham feito. Então se deu conta de que, caso não se matasse, seria responsabilizado pela morte de Ray, por isso enfiou a mão no sangue, pegou o revólver, colocou-o na boca e puxou o gatilho. Mas não morreu.

Ao enfiar a arma na boca sem muito entusiasmo, ele não conseguiu se matar, mas criar uma ironia perturbadora: tornou-se uma figura tão assustadora de se olhar quanto a capa de um álbum do Judas Priest. Em sua hesitação na hora de se matar, James destruiu a parte inferior do rosto. Perdeu o queixo, o maxilar, a língua e os dentes, que se espalharam pela igreja. Não sei descrever sua aparência e não consigo esquecê-la. Já vi um bocado de fotos assustadoras de necrópsias, de pessoas tão feridas que a morte seria o único resultado possível – provavelmente um alívio –, mas James Vance vivendo em um corpo cujos ferimentos eram mais que suficientes para que estivesse morto era profundamente inquietante.

Até advogados que acreditavam já ter visto de tudo ficavam abalados quando ele chegava para os depoimentos, uma toalha enrolada no pescoço para conter a saliva que escorria sem parar de onde antes ficava a parte inferior do rosto. Sua aparência agora era uma metáfora do que antes se passava dentro dele. Ele queria ser ameaçador e assustador. Almejava a singularidade que achava que a violência lhe traria, e tinha conseguido chegar lá... completamente.

Ajudado pela mãe, que interpretava sua fala incomum nos dias em que era interrogado, James conversou com os advogados sobre o caso e também sobre sua época. Eu ouvia com muita atenção. Soube que ele e Ray queriam fazer algo grandioso, tenebroso, mas não necessariamente cometer suicídio. Eles queriam a violência, não o fim da vida. Tinham cogitado sair atirando em um shopping das redondezas. Ao contrário de milhares de adolescentes que cometem suicídio, não estavam desesperados naquela noite – estavam desvairados. Drogados e alcoolizados, a música em volume altíssimo, eles destruíram tudo o que havia no quarto de Ray, pularam da janela com o revólver e correram em direção à igreja.

James e Ray não são figuras raríssimas entre os jovens a cometer violências terríveis, e suas famílias tampouco são exceções. A Sra. Vance não foi a única mãe a processar uma banda de rock; na verdade, há registros de mais casos do tipo.

Durante o caso de Vance, vários outros adolescentes americanos cometeram atos horríveis. Três meninos de uma cidadezinha no Missouri, um deles o representante de classe, convidaram um amigo, Steven Newberry, a ir para a mata a fim de "matar uma criatura". Só não disseram a Steven que a criatura era ele, embora isso tenha ficado claro quando começaram a espancá-lo com tacos de beisebol. Ele perguntou o porquê daquilo, e os três explicaram ao menino já quase morto: "Porque é divertido, Steve."

Em poucas horas, foram detidos e confessaram o assassinato sem fazer rodeios. Assim como James Vance, eram fãs de heavy metal, mas esses três adolescentes não botaram a culpa em nenhuma banda. Passaram por cima de Judas Priest e culparam logo Satã. Assim como Michael Pacewitz, que disse que o diabo o instruiu a matar uma criança de 3 anos a facadas. Assim como Suzan e Michael Carson, que declararam que Alá os tinha mandado matar gente. Mas as famílias não podem processar Satã ou Alá, então só lhes resta processar lojas de discos e bandas.

James Vance se referia aos membros da banda como "deuses do metal". Disse que as músicas da banda eram sua bíblia e que ele era "defensor da fé em Judas Priest". Sobre sua relação com essas pessoas que nunca tinha encontrado, ele disse: "Era como um casamento – uma intimidade desenvolvida com o tempo, até que a morte nos separasse."

Produtos midiáticos específicos podem motivar as pessoas a cometerem violências que não cometeriam normalmente? Essa talvez seja uma pergunta cabível.

Os proprietários da loja de discos poderiam prever que o álbum *Stained Class* era perigoso e levaria aos tiros? Essa pergunta é menos cabível, mas grandes controvérsias frequentemente são testadas nas margens de uma questão.

Quando os pesquisadores da minha empresa estudaram os perigos supostamente associados a álbuns musicais, descobriram um homem que ficou com a saúde debilitada após ingerir um disco de vinil, outro que sofreu um infarto dançando uma polca animada, outro que fez uma arma com os pedaços de um disco quebrado (o leque de coisas que as pessoas são capazes de fazer com qualquer produto torna quase impossível a previsão de todos os riscos que apresentam). Os pesquisadores também acharam uma matéria cuja manchete a princípio parecia relevante: "Homem morre ouvindo heavy metal." Porém consta que a vítima caminhava escutando Ozzy Osbourne no fone de ouvido quando foi atropelada por um trem. No recorte da matéria, um colaborador meu, dotado de um humor sombrio, escreveu as palavras "morto por *heavy metal* [metal pesado], literalmente". O metal pesado dos trens sem dúvida causou mais mortes do que o metal da música, mesmo se levarmos em conta o subgênero chamado *death metal* (metal da morte).

O grupo Judas Priest não criou James Vance, é claro, mas, em certo sentido, James criou o grupo. Quando lhe perguntaram sobre uma letra específica, "They bathed him and clothed him and fed him by hand" (Eles lhe deram banho e lhe deram roupas e lhe deram o alimento à mão), ele recitou o verso como: "They bathed him and clothed him and fed him a hand" (Eles lhe deram banho e lhe deram roupas e lhe deram como alimento a mão). Portanto ele fizera mais do que reagir às canções; na verdade, ele as tinha reescrito, pegando um verso sobre alguém que estava sendo cuidado e o transformado em um verso sobre canibalismo. Até sua admiração era expressa em termos violentos. James disse que era tão apaixonado pela banda que faria qualquer coisa por eles, "mataria um monte de gente ou daria um tiro na cabeça do presidente". Disse a advogados que se a banda falasse "Vamos ver quem mata mais gente", ele teria ido para a rua para fazer algo terrível. Na verdade, a banda não tinha dito nada disso e ele havia feito algo terrível mesmo assim.

Como parte do meu trabalho nesse caso, estudei 56 casos com jovens que envolviam uma estrela da música em seus atos violentos, suicídios, tentativas de suicídio ou ameaças de suicídio. Essa amostra é uma janela através da qual podemos ver o assunto:

- Um adolescente pediu a um cantor famoso que lhe mandasse uma arma para cometer suicídio.
- Um jovem ameaçou cometer suicídio se uma cantora não o visitasse. Ele escreveu para ela: "Cheguei a tentar entrar em coma na esperança de que minha mãe conseguisse contato e você viesse me ver."
- Um homem tomou uma overdose de remédios a fim de "viajar no tempo" e fazer contato com um artista da música.
- Um homem escreveu a uma cantora: "Se você não se casar comigo, eu tomo uma overdose." (Ele mandou junto a letra de uma canção que tinha escrito para ela, chamada "Suicide Is on My Mind".)

- Um jovem que acreditava que uma cantora era sua esposa e que ela estava se escondendo dele tentou o suicídio.
- Outro escreveu a uma estrela midiática em termos que lembram James Vance: "Fumo baseados e escuto rock; minha história está basicamente no vinil. A vida que eu levo não vale a pena. Vou te falar uma coisa: quando eu tentar o suicídio, não vai ser uma tentativa."

Será que os pais de todas essas pessoas e de milhares iguais a elas podem razoavelmente culpar uma distante estrela da mídia pelos desafios que suas famílias enfrentam, ou as respostas estariam mais perto de casa?

Para investigar esse tema, comecei uma lista hipotética das 100 influências mais relevantes, os IPIs que podem preceder a violência adolescente. O vício em produtos midiáticos encontra-se em algum ponto da lista, mas álcool e drogas estão mais no topo. Ao contrário dos produtos midiáticos, está comprovado que essas substâncias afetam a percepção e o comportamento de todos que as ingerem, e é esse o intuito delas. James Vance ofereceu um reforço a essa posição ao falar de um conhecido que já tinha tentado o suicídio algumas vezes. Quando lhe perguntaram se a pessoa tinha problema com drogas, ele respondeu: "Sim, isso vem junto." Ele também declarou: "O alcoólatra é bastante violento, e quando você bebe demais, fica violento, e essa tem sido minha experiência." (Eu me pergunto com quem ele adquiriu essa experiência.)

A lista de IPIs inclui um fascínio por violência e armas, que era parte essencial da personalidade de James – a ponto de ele querer ser armeiro. Ele e Ray frequentavam estandes de tiros e gostavam de praticar jogos com armas. Como parte do que James chamava de seu "treinamento para ser mercenário", ele frequentemente brincava de "guerra", fingindo estar no meio de tiroteios. "Eram dois policiais e um criminoso. O criminoso ficava atrás de você e tinha que desentocar os policiais, sabe? Como os policiais que vão revistar uma casa. Quase sempre eu conseguia matar os dois policiais." Sobre seu amigo Ray, que era menos violento, ele disse: "Eu geralmente conseguia acabar com ele porque vendo TV a gente aprende. A TV é mesmo uma ótima professora." James disse que assistia aos noticiários e via "muita violência, matança e briga". Ele foi sucinto ao resumir tudo: *"A violência me excitava."*

Por fim, sem querer ele descreveu um dos principais IPIs de atos violentos cometidos para chamar atenção: disse que se sentia "ignorado há 20 anos". Explicando como o Judas Priest motivou os tiros, ele disse acreditar que a canção "Hero's End" era sobre a pessoa ter que morrer para ser reconhecida.

Quando perguntaram a James se alguma outra coisa além das letras poderia ter provocado os tiros, ele respondeu: "Um relacionamento ruim? O alinhamento das estrelas? A maré vazante? Não." Embora estivesse sendo sarcástico, qualquer um desses fatos seria tão razoável quanto culpabilizar as letras de um álbum musical pelo que aconteceu, pois, depois de excluir a vida familiar e os pais da questão, ele poderia ter citado qualquer coisa. Ao apontar o dedo para uma banda de rock, James eliminou todo o escrutínio que poderia se voltar para ele mesmo, sua família ou até a sociedade em que vivia.

Afinal, James não foi o único jovem a passar mais tempo consumindo produtos midiáticos do que em qualquer outra atividade. Ele era um cliente ávido do departamento de violência da indústria do entretenimento. Em *Selling Out America's Children* (Vendendo os filhos da América), o autor David Walsh compara essa indústria a "um convidado da nossa família que defende a violência, mas que não expulsamos de casa". Ele observa que, como as crianças aprendem pelo exemplo e pela imitação, os 200 mil atos de violência que testemunham na mídia até completar 18 anos são um problema grave. O Dr. Park Dietz já disse que "a violência simbólica de um episódio de uma hora de uma série de TV causa mais mal, quando transmitida a milhões de espectadores, do que um único assassinato do tipo mais comum". Por fim, a escritora (e mãe) Carrie Fisher diz que "a televisão expõe as crianças a comportamentos dos quais foram protegidas ao longo de séculos".

O conteúdo dos produtos midiáticos é relevante, mas a quantidade talvez seja ainda mais, seja ao falarmos do excesso de televisão, do excesso de videogames, do excesso de rock ou até do excesso de música clássica. O que me preocupa não é apenas o comportamento que esse consumo promove, e sim o comportamento que ele evita, sobretudo a interação humana. Confesso que ficaria mais feliz se meus filhos escolhessem ouvir Tina Turner, Elton John ou k.d. lang em vez de Judas Priest, mas o maior problema surge quando o consumo de produtos midiáticos substitui o resto da vida.

Seja qual for a escolha musical, na vida de muitos adolescentes, o reconhecimento é mais importante do que a conquista e, assim como no caso de James, o reconhecimento acontece por meio da violência. Ao puxar o gatilho, o jovem cuja criação não lhe conferiu autoestima pode se tornar relevante e "in-ignorável".

Se tirássemos a obsessão de James por Judas Priest, teríamos só mais um rapaz com metas e ambições que mudavam de um dia para o outro, com expectativas irrealistas para o mundo e sem a perseverança ou disciplina para ser bem-sucedido em qualquer iniciativa. Em momentos diversos, James planejou escrever um livro, ser armeiro, formar uma banda, ser carteiro, mas no fim das contas vai ser lembrado sobretudo por alguns segundos de sua vida – alguns segundos de barbárie no adro de uma igreja.

O tribunal acabou decidindo que os donos da loja de discos não teriam como ter previsto o incidente, mas James Vance não chegou a concluir sua busca por alguém em quem pôr a culpa. Ele morreu, por fim, devido àquela única bala disparada contra a própria cabeça, embora as complicações do tiro tenham levado mais tempo do que se poderia esperar para causar seu falecimento. Não consegui perguntar a James sobre seus primeiros anos de vida e nunca soube da infância que o processo omitiu com tanta eficácia.

ALGUNS PAIS NÃO CONSEGUEM culpar ninguém pela violência cometida pelos filhos, porque são eles as vítimas. Casos de pais que matam os filhos são muito mais frequentes do que de filhos que matam os pais, mas esses geram tanto fascínio no público que talvez pareçam frequentes. Na verdade, assassinatos cometidos por jovens são relativamente raros. Ainda assim, as pessoas temem os adolescentes, e às vezes têm bons motivos para isso.

Para que você saiba quando esses bons motivos existem, quero que sua intuição tenha uma boa base de dados: as pessoas assassinadas por adolescentes geralmente são conhecidas deles, mas cerca de uma em cada cinco vítimas é um estranho morto durante um assalto, ou porque o adolescente entrou em pânico ou porque se viu pressionado pelos pares. Assassinatos são mais prováveis quando dois jovens ou mais cometem um crime juntos, portanto o medo nesse contexto é justificável. Um estudo mostra que muitos homicídios cometidos por jovens ocorrem quando eles estão drogados ou alcoolizados, então o enfrentamento de adolescentes criminosos alterados é mais perigoso.

Apesar de adolescentes geralmente não serem tão perigosos quanto adultos, alguns jovens infratores, como Willie Bosket, adquirem antecedentes criminais notórios bem cedo na vida. Aos 15 anos, ele já havia esfaqueado 25 pessoas e entrado e saído de centros de detenção por outros 2 mil crimes, em número estimado. Quando as autoridades enfim o soltaram, um carcereiro fez a previsão de que "um dia, Willie Bosket vai matar alguém". A previsão foi duplamente certeira: Willie matou duas pessoas, alegando que foi "pela experiência". (Como era menor de idade, ele passou apenas cinco anos encarcerado, mas foi preso de novo por outros crimes. Mesmo dentro da penitenciária, continuou violento: consta que ele ateou fogo em sua cela sete vezes e atacou guardas nove vezes. "Sou o monstro que o sistema criou", diz ele. O estatuto que permite que o estado de Nova York agora processe jovens como se fossem adultos é chamado de Lei Willie Bosket.)

Steven Pfiel é outro jovem que foi implacável em suas tentativas de fazer mal aos outros. Aos 8 anos, ele ficava em um elevado jogando tijolos nos carros que passavam na via expressa. Aos 9, agrediu um menino com um machado. As autoridades escolares designaram um ponto de ônibus diferente para ele, pois Steven regularmente ameaçava matar as outras crianças. Aos 14, já abusava das drogas e, ao que consta, bebia garrafas inteiras de destilados. Aos 17, cometeu seu primeiro assassinato, de uma jovem. (O tribunal decidiu que os pais dele poderiam ser processados por negligência porque, mesmo sabendo de seu comportamento, eles lhe deram a faca usada para matar a menina.) Enquanto aguardava o julgamento, ele matou o irmão mais velho.

Em seu brilhante *Inteligência emocional*, Daniel Goleman descreve as sete habilidades-chave mais benéficas para os seres humanos: a capacidade de se motivar, de persistir apesar da frustração, de protelar a gratificação, de regular o humor, de ter esperança, de ter empatia e de controlar impulsos. Muitas das pessoas que cometem violência nunca adquiriram essas habilidades. Se você conhece algum jovem que não tem nenhuma delas, considere isso um importante indicador pré-incidente e acredite que ele precisa de ajuda. Outro prenúncio de violência é a raiva crônica durante a infância.

Se você conhece uma criança que está frequente ou extremamente zangada, saiba que ela também precisa de ajuda.

Em geral, existem vários sinais de alerta para a violência cometida por adolescentes, assim como havia em relação a Jason Massey, um garoto de 18 anos que matou um menino de 14 e sua meia-irmã de 13. Ele não tinha nenhuma das habilidades que Goleman cita, mas é a incapacidade de controlar impulsos que provavelmente explica as coisas repulsivas que Massey fez, como cortar as mãos e a cabeça da menina. Os sinais de alerta eram óbvios: ele idolatrava os serial killers Ted Bundy e Henry Lee Lucas, estudava tudo o que conseguia achar sobre Charles Manson e era um seguidor ávido de sua banda preferida, Slayer. Antes de matar seres humanos, Massey abateu vacas, gatos e cachorros por anos. E guardou os crânios. Falava com frequência que queria matar garotas. Assaltou uma lanchonete. Durante cinco anos ele perseguiu e aterrorizou uma adolescente, enviando-lhe cartas em que dizia que cortaria sua garganta e beberia o sangue. As pessoas sabiam de todos esses detalhes, e no entanto a negação prevaleceu.

Ao contrário de James Vance, Massey era franco quanto a seus objetivos: "Tudo que quero é matar incontáveis garotas. Quero causar sofrimento às famílias." Esse tipo de raiva da família não surge do nada.

Muitos jovens homicidas matam membros da própria família, atiram em pais ou padrastos abusivos, o que não é nenhuma surpresa. No entanto, é surpreendente quão jovens eles podem ser. Um menino que vou chamar de Robbie matou o pai a tiros depois de vê-lo espancar sua mãe. O pai embriagado tinha deixado uma arma em cima da mesa e, embora Robbie tenha confessado o assassinato, a princípio poucas pessoas acreditaram que ele tivesse sido capaz de cometê-lo. Isso porque o menino tinha apenas 3 anos. Depois que testes de pólvora confirmaram que era ele o assassino, Robbie explicou às autoridades: "Matei ele. Agora ele está morto. Se ele batesse na minha mãe de novo, eu mataria ele de novo."

Em seu livro imprescindível e perturbador *When a Child Kills* (Quando uma criança mata), o advogado Paul Mones é implacável ao abordar o parricídio. Ele observa que, ao contrário do que acontece com a maioria dos assassinatos, acontecimentos de 12 anos antes de um parricídio são tão importantes quanto os que precedem o crime em 12 horas. *O indicador pré-incidente mais confiável de um parricídio é o abuso infantil.* Sabe-se que a maioria das crianças fugitivas nos Estados Unidos abandona a família para escapar de maus-tratos ou chamar a atenção para esses maus-tratos, mas alguns dos que não saem de casa, explica Mones, "expõem os segredos familiares com o estampido de uma arma".

Em geral, crianças que matam os pais foram espancadas, humilhadas, sodomizadas, amarradas ou torturadas de outras formas. Mones conta sobre um menino de 16 anos, Mike, que os promotores descreveram como "mais um desses adolescentes violentos, rebeldes, degenerados, que são assassinos a sangue-frio". Mas essa história ia muito além.

Desde o jardim de infância Mike levava surras do pai. Apesar de ser um menino atlético e com boa coordenação, vivia machucado por ter "caído da bicicleta", "tropeçado" ou "se cortado". Durante o julgamento, pediram que ele ficasse de sunga para que o júri visse as cicatrizes dos ferimentos que o pai lhe infligira ao longo dos anos.

Uma noite, o problema teve um fim abrupto. Mike tinha chegado tarde em casa e o pai o aguardava com uma pistola. "Você tem duas opções", explicou ao menino. "Ou você me mata ou eu mato você." O ultimato já tinha sido feito antes, mas dessa vez Mike de fato lhe estendeu a arma, e dessa vez Mike a pegou e deu um tiro na cabeça do pai.

Outro menino que matou o pai contou a Mones que viver na prisão era melhor do que conviver com os maus-tratos em casa. Ele se descreveu como "trancafiado mas livre".

Há quem pense que crianças que matam não deveriam ter sido tão dóceis durante os atos de violência; deveriam ter pelo menos denunciado a pessoa muito antes que a situação chegasse ao ponto de o assassinato parecer a única saída. Os defensores dessa ideia devem ter esquecido que vítimas adultas de estupros ou sequestros geralmente são tão passivas quanto crianças, e não as culpamos por não terem tomado atitude alguma.

Os sinais de alerta para o parricídio e outras violências horríveis são exibidos a pais, professores, policiais, vizinhos e parentes. São eles (frequentemente nós), não as crianças, que devem denunciar esses casos.

De todas as violências discutidas neste livro, ser assassinado pela própria filha ou filho é o mais fácil de evitar. Uma precaução que é praticamente uma garantia começa anos antes de a criança ter idade suficiente para fazer mal a alguém: seja um responsável amoroso.

AO CONTRÁRIO DOS ADOLESCENTES, os pré-adolescentes que matam membros da família têm uma propensão maior a matar um irmão do que o pai ou a mãe. Assim como acontece com outros tipos de violência, essa não ocorre sem aviso. A maioria dos casos envolve uma criança vítima de abusos ou maus-tratos, ou gravemente perturbada, cujas tentativas anteriores de matar um irmão não foram levadas a sério. Isso se deve ao fato de muita gente acreditar que a violência de crianças contra crianças é parte natural do crescimento. Talvez até seja, mas quando uma criança faz alguma coisa que causa um grave risco a outra, não podemos ignorar a situação. Certa vez depus em um caso em que a situação foi ignorada, e depois de ler o que se segue, poucos responsáveis deveriam confiar cegamente ao mandar os filhos para a escola.

O infrator era um aluno do ensino fundamental que vou chamar de Joey. Ele sodomizou um menino de 7 anos no banheiro da escola. Apesar de ter agido sozinho, ele contou com a ajuda de uma espantosa negligência do sistema educacional, sobretudo do diretor da escola. O distrito escolar alegou que não tinha como prever o estupro cometido por Joey, mas um indicador pré-incidente notável tinha acontecido um mês antes: Joey havia sido detido por vitimizar *outro* menino da mesma forma, no mesmo banheiro!

Como esse não foi meu único caso envolvendo uma perturbadora negligência da parte da escola, e como as diretrizes e equipes escolares não são o que achamos que sejam, quero parar um momento para contextualizar um pouco o caso.

Em primeiro lugar, embora declarem o contrário, as escolas estão no ramo das previsões de alto risco. Professores e administradores precisam regularmente encarar estas perguntas preditivas:

Esse visitante vai tentar raptar uma criança?
Esse professor vai molestar uma criança?
Essa criança está sofrendo maus-tratos ou abusos em casa?
Essa criança vai trazer uma arma letal para a escola?

Embora quase ninguém consiga imaginar que meninos sejam capazes de estuprar alguém, o distrito escolar do caso de Joey sabia muito bem que isso era possível. Fazia anos que tinham posto no papel uma diretriz intitulada "Abuso sexual de crianças contra crianças". Como a existência dessa diretriz deixa claro que essas cosias acontecem, com efeito ela suscita uma pergunta preditiva para cada diretor de escola.

Imagine que todos os alunos estejam reunidos no auditório e o diretor examine o grupo com esta questão em mente: quem desses alunos poderia abusar sexualmente de outra criança? Por meio de seu comportamento, Joey se levanta nessa reunião imaginária e grita "Talvez eu", mas o diretor opta por ignorar o menino.

Os coordenadores da escola anterior de Joey já tinham facilitado a questão para o diretor: haviam previsto – por escrito – que Joey apresentava condutas sexuais inadequadas e enviaram seu histórico para a escola onde os estupros acabaram ocorrendo. É difícil imaginar que alguém fosse capaz de ignorar os sinais de alerta que ele usava como se fossem uma bandeira: o garoto portava uma faca, ameaçava cometer homicídios, ameaçava e tentava cometer suicídio, ateou fogo a um edifício, derramou gasolina na mãe e tentou acender um fósforo, demonstrava fascínio por sexo e órgãos sexuais, apresentava conduta sexual imprópria com outras crianças, expunha seus órgãos genitais, era agressivo e violento. Como se todos esses sinais de alerta não bastassem, o diretor não tomou nenhuma medida efetiva quando soube que Joey atacara sexualmente outro aluno. Esse tipo de negligência é possível? Esse e muito mais.

Depois da primeira acusação de estupro, o diretor escolheu não tomar a medida mais óbvia, que poderia ter aumentado a supervisão de Joey dentro da escola: não contou aos professores do menino o que tinha acontecido. E a situação piorou ainda mais. Um professor considerou Joey ingovernável e o mandou para outra turma, de meninos mais novos e menores! Com essa atitude, a escola lhe ofereceu basicamente um "concurso de beleza" de vítimas, e ele escolheu seu alvo.

A presença de seguranças na escola pode tranquilizar alguns pais, mas compreenda que nessa escola, que faz parte de um dos maiores distritos escolares dos Estados Unidos, os seguranças não recebiam nenhum treinamento sobre quaisquer aspectos de proteção dos alunos. Não recebiam diretrizes por escrito, nem instruções ou quaisquer informações sobre o tema segurança. Ainda que soubessem que tarefas deveriam assumir, não foram informados sobre a acusação de estupro, nem ouviram algo tão simples e fácil quanto um "Redobrem a atenção" ou "Fiquem de olho". Quando instituições de qualquer tipo são pressionadas a melhorar seu nível de segurança, a atitude típica é a contratação de seguranças. Todo mundo suspira aliviado e acha que a questão foi resolvida, mas, se os seguranças não são treinados, supervisionados ou bem equipados, se não há um plano inteligente para que sigam, a presença deles pode prejudicar mais do que ajudar. Isso porque, tendo tomado essa medida dispendiosa, todo mundo para de pensar na segurança.

Já falei das precauções que o diretor deixou de tomar, mas houve uma precaução que ele tomou. Após a primeira acusação de estupro, ele providenciou para que o menino perigoso fosse escoltado toda vez que fosse ao banheiro. A atitude pode parecer uma precaução sensata, até eu contar que o diretor mandava que Joey fosse escoltado não por um professor ou um segurança, mas por outro aluno! Não imagino um pai ou mãe oferecendo o filho para a missão de acompanhar um criminoso violento, sobretudo um com quem nem professores experientes conseguiam lidar.

Se um funcionário adulto da escola, digamos um zelador, tivesse o histórico de Joey e fosse preso pelo estupro de um aluno, o diretor teria deixado que ele retornasse ao emprego? Não posso responder nem a essa pergunta óbvia com plena certeza. Só sei que Joey subiu ao palco da reunião imaginária e berrou: "Sou eu, eu sou a criança que comete abuso sexual contra outras crianças", e o diretor lhe deu as costas.

Joey finalmente foi expulso da escola e colocado em um centro de reabilitação (onde atacou sexualmente dois jovens em um único dia). O investimento de abusos e negligências durante a infância de Joey vai continuar pagando dividendos em dor e violência para outros, inclusive aquelas pessoas que ele provavelmente um dia vai matar. Quando escrevi essa previsão triste porém precisa, Joey tinha apenas 9 anos.

Assim como fiz após falar de outros casos em que sinais de alerta absurdamente óbvios foram ignorados, quero dizer que o diretor da escola de Joey provavelmente estava fazendo o seu melhor com as habilidades e o conhecimento de que dispunha na época. Não estou jogando panos quentes – eu de fato acredito nisso, mas também acredito que casos como esse envolvem uma preguiça institucional e individual, bem como a esperança de que o problema "desapareça" se for ignorado.

Assessorando outro caso em que uma criança pequena sofreu assédio sexual na escola (dessa vez por alguém que não era aluno), revisei o livro de diretrizes inteiro do distrito escolar. Não foi nada reconfortante saber que o tema da segurança só era abordado na página 10 e que se tratava de uma referência à segurança dos *docentes* ao apartar brigas. A diretiva ocupava três páginas inteiras e tinha 21 artigos falando da proteção das chaves, mas até a página 91 não havia qualquer menção à segurança dos alunos.

As crianças precisam da proteção de adultos, em geral contra outros adultos. O medo delas em relação às pessoas ainda não foi desenvolvido, sua intuição ainda não está abastecida de informações e experiências suficientes para mantê-las afastadas do perigo. A lição que fica para os pais dos casos citados é que não descuidem de nada no que diz respeito à segurança dos filhos. Sugiro que os responsáveis peçam uma cópia das diretrizes de segurança da escola e façam essa leitura desalentadora. Vá à escola, faça todas as perguntas óbvias que passarem pela sua cabeça e veja se as respostas fazem você se sentir melhor ou pior. Só o fato de você questionar já põe a segurança na ordem do dia e obriga a escola a se concentrar nisso. Pergunte sobre o processo de triagem da escola na hora de contratar funcionários. Se a escola conta com seguranças, peça para conhecê-los e veja como reagem às suas sondagens. Pergunte sobre crimes que já aconteceram na escola. Essa última questão é importantíssima.

Em vez de se fiar no governo, você pode no mínimo fazer um interrogatório enérgico na escola do seu filho, assim como faria com a babá, pois, se você supõe que a escola está lidando com a questão de segurança com a seriedade que deveria, talvez se decepcione. (Veja no Apêndice 7 uma lista de perguntas sugeridas.)

Embora só tivesse 9 anos, Joey já apresentava os fatores de risco amplamente estabelecidos para a futura criminalidade. São eles: pobreza, abuso infantil (sob a forma de violência, testemunho da violência, humilhação ou negligência), dependência química em um dos pais, abuso de drogas ou álcool pela criança e a infância com apenas um dos pais. Joey tinha um outro fator de risco imensamente relevante, que com frequência é menosprezado: a ausência do pai. David Blankenhorn, autor de *Fatherless America* (América sem pai), observa que 80% dos rapazes internados em centros de detenção juvenil foram criados sem a plena participação do pai. Os pais são muito importantes porque ensinam aos meninos diversas formas de ser homens. Infelizmente, muitos meninos aprendem com a mídia ou uns com os outros o que acadêmicos chamam de "masculinidade de protesto", caracterizada pela dureza e o uso da força. Essa não é a única maneira de ser homem, é claro, mas é a única que eles conhecem.

Algumas pessoas refletem seriamente sobre a questão de homens serem sequer necessários na criação das crianças, e pouco fazemos para incentivar o papel dos pais. A bem da verdade, Blankenhorn ressalta, a construção de penitenciárias é nosso programa social número um voltado para homens jovens.

Certa vez me reuni com um grupo de homens que estavam se formando nesse programa social. Como parte de sua recuperação da dependência em heroína, o tribunal os encaminhara para esse encontro em que discuti com eles a experiência de crescer em meio à violência e às drogas.

Com a participação de algumas graduandas da penitenciária feminina, nos acomodamos num local que parecia uma sala de aula. Em certo sentido, era isso mesmo, pois todos estavam aprendendo sobre os benefícios e as bênçãos dos programas de 12 passos (a que Scott Peck, autor de *A trilha menos percorrida*, chama de "o maior acontecimento positivo do século XX"). Em condições ideais, tais programas ensinariam a esses presidiários que aceitassem o passado, pois só então eles poderiam se responsabilizar pelo presente.

Um após o outro, eles me contaram em três minutos sua história de vida. Todas falavam de violência, medo, abandono e negligência. Todos os homens tinham sofrido agressões físicas quando meninos e só uma das 10 mulheres não tinha sofrido abuso sexual por parte de parentes. Algumas falaram do remorso e do horror que sentiram quando se perceberam violentas com os próprios filhos.

Chorei ao ouvir sobre o progresso que tinham feito, pois, embora aquele centro estivesse longe de ser a nossa sociedade, tampouco era o inferno que essas pessoas já tinham ocupado e feito outras pessoas ocuparem. Chorei porque as histórias eram comoventes, eram pessoais, eram minhas, e também porque minha mãe não havia encontrado a saída da dependência que aquelas pessoas estavam encontrando.

Quando chegou a hora de eu dar minha palestra de 45 minutos, narrei algumas das minhas vivências quando criança e adolescente. A similaridade de nossas histórias ficou logo perceptível para todos os presentes.

Quando terminei, várias pessoas tinham perguntas a fazer. A primeira pessoa a levantar a mão foi um homem mais ou menos da minha idade, mas com quem eu acreditava não ter muito em comum. Ele era tatuado, cheio de cicatrizes, musculoso e envelhecido. Era o tipo de homem de quem a maioria das pessoas sentiria medo numa rua escura – e, durante boa parte da vida dele, estariam certas em temê-lo. Sua última passagem longa pela cadeia tinha sido por incêndio criminoso. Ele havia invadido um apartamento para roubar qualquer coisa que pudesse vender. ("Eu não precisava de grana só para comprar drogas. Também precisava pagar meu advogado porque eu estava para ir a julgamento por outra acusação de arrombamento.") Para encobrir qualquer prova da invasão, ele provocou um incêndio que destruiu vários apartamentos e deixou uma pessoa hospitalizada com queimaduras graves.

Ele me olhou de cima a baixo e perguntou: "Por que você está sentado aí e eu aqui?" Eu não entendi a pergunta, e ele explicou: "Nós dois tivemos infâncias iguais, mas você está aí, com esse terno bonito e também deve ter um carro bacana. Você vai embora para casa. Você está sentado aí. Como foi que isso aconteceu?"

Essa pergunta muitas vezes se apresentou no meu trabalho e na minha vida, primeiro a título de curiosidade, depois como algo além. Eu poderia ter sido um provável residente no mundo da violência (e não o turista que me tornei), mas acabei seguindo um caminho diferente. Algumas pessoas têm uma infância horrível e se tornam adultos produtivos, que contribuem para a sociedade, enquanto outras viram pessoas que fazem coisas antissociais e até monstruosas. Por quê?

É como o irmão que pergunta ao outro: "Por que você se tornou alcoólatra?" A resposta é: "Porque o papai era alcoólatra." Então o segundo irmão pergunta: "Por que você <u>não</u> se tornou alcoólatra?" A resposta é: "Porque o papai era alcoólatra."

Algumas respostas mais completas estão na obra clássica de Robert Ressler, *Whoever Fights Monsters* (Quem luta contra monstros), que fala da tremenda importância do começo da puberdade para os meninos. Antes disso, a raiva desses meninos talvez tenha sido abafada e, sem foco, talvez se voltado para dentro sob a forma de depressão, talvez (como na maioria dos casos) simplesmente renegada, para vir à tona mais tarde. Mas, durante a puberdade, essa raiva colide com outra força vigorosa, uma das mais potentes da natureza: a sexualidade. Mesmo a essa altura, dizem Ressler e outros, esses possíveis hospedeiros de monstros podem ser revertidos por meio da (muitas vezes não intencional) intervenção de pessoas que demonstram gentileza, apoio ou mesmo apenas interesse.

Posso dizer por experiência própria que não é preciso muito.

As teorias de Ressler sobre a infância dos piores assassinos dos Estados Unidos têm uma improvável apoiadora ideológica, a psiquiatra e defensora da infância Alice Miller. Seus livros emocionalmente evocativos, como *The Drama of the Gifted Child* (O drama da criança bem-dotada) e *The Untouched Key* (A chave intocada), deixam claro que a criança ter um contato humano efetivo em momentos significativos, ter seu valor reconhecido, ter uma "testemunha" de sua experiência, faz uma diferença extraordinária em sua vida.

Eu descobri que a bondade de um professor, um treinador, um policial, um vizinho, o pai ou a mãe de um amigo, nunca é desperdiçada. Esses momentos provavelmente vão acontecer sem que a criança e o adulto saibam totalmente da relevância de sua contribuição. Nenhuma importância é atribuída ao momento em que a criança vê seu próprio valor refletido nos olhos de um adulto que o incentiva. Embora nada aparente marque a ocasião, talvez se assente dentro dessa criança uma nova visão de si mesma. Ela não é mais só uma pessoa que merece negligência ou violência, não é só um fardo para os adultos tristes de sua vida, não é só a criança que não consegue resolver os problemas da família, que não consegue salvar os adultos da dor, da loucura, do vício, da pobreza ou da infelicidade. Não, essa criança pode ser outra pessoa, alguém que diante desse adulto se revela especial ou digno de amor, ou valioso.

Esse valor pode se revelar por meio do apreço ao talento artístico da criança, suas habilidades físicas, humor, coragem, paciência, curiosidade, habilidade acadêmica, criatividade, jogo de cintura, responsabilidade, energia ou qualquer uma das inúmeras características que as crianças demonstram em abundância.

Eu tive um professor no quinto ano, o Sr. Conway, que lutou contra os monstros dentro de mim. Ele foi gentil comigo e reconheceu em mim um talento justamente no período em que a violência consumia minha família. Ele me deu algumas alternativas para minha autoimagem, não só aquela que as crianças inferem logicamente a partir dos maus-tratos ("Se é assim que sou tratado, esse é o tratamento que eu mereço").

Pode ser literalmente uma questão de umas poucas horas com uma pessoa cuja bondade reconecta a criança com uma experiência anterior, a experiência de ser amada, valorizada e incentivada. Infelizmente, crianças que não tiveram carinho nem na primeira infância não têm esse referencial, não existe um arquivo na mente em que haja bondade e reconhecimento, portanto elas não veem essas coisas como parte da vida. (Tudo isso nos mostra o grande valor da mentoria para crianças criadas em lares abusivos.)

Quando o cuidador principal oferece tanto elogios quanto brutalidade, existe basicamente um cara ou coroa entre qual aspecto vai grudar na identidade da criança. Famílias extremamente insalubres causam diversos tipos de danos aos filhos, mas um dos mais tristes é a destruição da fé dessas crianças em seu propósito e valor. Sem essa fé, é difícil que a pessoa seja bem-sucedida, é difícil assumir riscos. Talvez, para ir direto ao ponto, pareça uma tolice assumir riscos, "sabendo", como essas pessoas sabem, que não estão preparadas para enfrentá-los.

O adestramento de elefantes de circo demonstra muito bem essa dinâmica: quando eles são novinhos, são acorrentados a estacas grandes bem cravadas no chão com correntes pesadas. Eles puxam, dão solavancos, lutam, se esforçam, mas a corrente é forte demais e a estaca, profunda demais. Um dia eles desistem, pois já aprenderam que não conseguem se libertar, e desse dia em diante podem ser "acorrentados" com uma corda fina. Quando esse animal imenso sente alguma resistência, embora tenha força para derrubar a tenda de circo inteira, ele para de tentar. Como acredita que não consegue, ele de fato não consegue.

"Você nunca vai ser ninguém"; "Você canta mal"; "Você não é muito inteligente"; "Sem dinheiro, você não é nada"; "Quem é que vai querer você?"; "Você é um fiasco"; "Você devia ter objetivos mais realistas"; "Foi por sua causa que nosso casamento acabou"; "Se eu não tivesse tido vocês, eu teria uma chance na vida"; "Vocês não valem nada" – esta ópera está sendo entoada em lares do mundo todo neste exato momento, as estacas bem cravadas no chão, as correntes pesadas bem presas, as crianças chegando ao ponto em que acreditam serem incapazes de se libertar. E quando chegam a esse ponto, são mesmo.

A menos e até que alguma coisa mude a perspectiva delas, a não ser que percebam o fato surpreendente de que estão presas por um fio, de que a corrente é uma ilusão, de que foram enganadas e, por fim, de que quem as enganou estava errado sobre elas e de que elas estão enganadas a respeito de si mesmas – a não ser que tudo isso aconteça, é improvável que essas crianças mostrem à sociedade suas características positivas quando forem adultas.

Existem mais coisas envolvidas, é claro, do que só o pai e a mãe. Alguns dos fatores são tão pequenos que não são visíveis, mas são importantes demais para serem ignorados: os genes humanos. O que é conhecido como D4DR pode influenciar o comportamento ligado à busca de riscos de muitos criminosos violentos. Junto com a influência do ambiente e da criação, um gene D4DR alongado provavelmente está presente em quem se torna assassino ou ladrão de banco (ou alguém temerário). Diz o geneticista comportamental Irving Gottesman: "Em uma conjuntura diferente e em um ambiente diferente, essa mesma pessoa se tornaria um herói na Bósnia."

No futuro, a genética vai ter um papel bem maior na previsão de comportamentos. Talvez seja possível mapear geneticamente traços de personalidade com tanta precisão quanto as características físicas como altura e peso. Embora isso vá causar muita polêmica, talvez um dia os pais possam usar exames pré-natais para identificar crianças com genes de personalidade indesejada, inclusive os que tornam a violência mais provável. Até lá, no entanto, precisamos nos contentar com uma estratégia mais simples, de baixa tecnologia, para reduzir a violência: tratar as crianças com amor e humanidade.

FRANK SULLOWAY, AUTOR DE *Born to Rebel* (Nascido para ser rebelde), diz: "As desgraças da vida se abatem desproporcionalmente sobre as crianças", e isso sem dúvida e verdade. Ao longo da história, metade de todas as crianças não chegou à idade adulta. Pensando nisso e em tudo o que sabemos sobre violência contra crianças, vemos que elas têm muito mais razão para ter medo de nós do que nós para temê-las. Ainda assim, as crueldades que fazemos contra crianças voltam para nós, e já estão custando nossa segurança e nossa paz.

Nos Estados Unidos, um projeto de pesquisa federal selecionou 1.600 crianças que sofreram abuso e negligência e as acompanhou durante quase 20 anos. Alguns anos depois, metade já tinha sido presa por algum crime. No entanto, embora nos custe tão caro, os maus-tratos provavelmente continuarão até adotarmos uma visão totalmente diferente sobre as crianças, considerando-as não visitantes temporários que um dia se tornarão cidadãos, mas membros completos, contribuintes, plenos de direitos da nossa sociedade, exatamente como são agora. Não raro as crianças são vistas como um fardo para a sociedade, nada mais que vítimas desafortunadas de suas circunstâncias, mas nada poderia estar mais longe da realidade. Em muitos lares as crianças são as cuidadoras principais de outras crianças. Irmãos que cuidam de irmãos e crianças que cuidam de si mesmas são uma parte importante da economia. Elas também cuidam de idosos, preparam a comida, tiram cigarros acesos das mãos dos pais adormecidos e colaboram de muitas outras formas.

Se ao menos mais crianças vítimas de abusos soubessem que são moradoras de suas casas, e não suas prisioneiras, talvez elas acreditassem que o lugar onde estão não vai limitar o lugar aonde podem chegar. Até concentrarmos a vergonha nos criminosos e não em suas vítimas, esses filhos terão filhos, e a guerra que acreditavam estar encerrada não estará, nem para eles nem para nós.

É claro que podemos continuar ignorando essas crianças, mas algumas delas vão crescer e cometer um crime que é impossível ignorar: assassinato. Embora pareça estar distante da nossa vida, eu toco nesse assunto por uma razão muito prática. Assim como os membros de uma família problemática são forçados a olhar para si mesmos quando o filho adolescente se envolve com problemas sérios – depois de anos a fio sinalizando que faria isso –, o assassino nos obriga a nos encararmos como nação. O assassino nos obriga a olhar para a mídia, para os crimes cometidos para chamar atenção, para nossa enorme safra de armas, para a violência e para a forma como educamos as crianças. Entender o assassino, que pode nos parecer o mais distante dos criminosos, pode nos ajudar a entender e a nos proteger do menos distante dos criminosos.

13

Melhor ser procurado pela polícia do que não ser procurado por ninguém

Como a campainha do apartamento de Rebecca Schaeffer não estava funcionando, quando o interfone tocou na manhã de domingo, ela teve que descer até a porta do edifício para ver quem era. Por acaso era um fã que tinha visto a jovem atriz pela primeira vez na série de TV semanal *My Sister Sam*. Ela conversou brevemente com ele, que então foi embora. Algum tempo depois, o interfone tocou de novo, e de novo ela desceu para ver quem era. Era o mesmo jovem, mas dessa vez ele não era seu admirador – era seu assassino. Ele acertou um tiro no peito de Rebecca. Ela gritou "Por quê? Por quê?" e caiu no chão. Ele ficou ali parado, olhando para ela enquanto ainda estava viva. Podia ter pedido a alguém do prédio que chamasse uma ambulância ou poderia ele mesmo ter ligado para a emergência, mas isso teria ido de encontro ao seu propósito.

ENTRE CRIMES INDIVIDUAIS, o assassinato é o que tem mais impacto sobre a psiquê americana. Está comprovado que tiros influenciaram a maioria das eleições presidenciais do último século. Um país baseado no conceito de que a maioria escolhe seus líderes é completamente solapado quando uma minoria (em geral, um único indivíduo) desfaz essa escolha com uma arma. Seja o alvo do assassino o prefeito de LaPorte, em Indiana (assassinado em sua cama por um cidadão enfurecido) ou o presidente dos Estados Unidos, o sistema democrático também se torna vítima. Por conta de seu impacto desmedido na nossa cultura, identificar as pessoas capazes de agredir uma figura pública é a previsão comportamental de mais alto risco da nação e afeta todo mundo.

A certa altura do nosso passado não tão distante, as circunstâncias da fama mudaram. Parte dessa mudança torna a vida pública na sociedade ocidental mais desafiadora do que era antes: é a parte que todas as pessoas proeminentes, do político local à vencedora do concurso de beleza, passando pelo apresentador de um programa de entrevistas no rádio e pela figura midiática de fama internacional, têm que levar em consideração uma hora ou outra. A fama traz aborrecimentos que alguns dizem serem os ossos do ofício, mas quando foi que alguém concordou com a ideia de que, se você for muito bem-sucedido, vai assumir o risco de ser morto por isso? Para responder a essa questão, precisamos voltar aos primórdios da era midiática.

Faz tempo que artistas, políticos e atletas são admirados e até amados, mas antigamente esse amor era contido e distante, relegado à parte da mente e do coração reservada a quem não conhecemos pessoalmente. Do ponto de vista emocional, era uma via de mão única, pois os sentimentos só podiam ser demonstrados à figura pública como parte de uma atividade aceitável, como votar, enviar cartas ou assistir a um show. A não ser aplaudindo mais alto ou por mais tempo do que os outros, as pessoas na plateia não tentavam se fazer notar pelos artistas.

Antes da década de 1940, se uma mulher na plateia se levantasse e berrasse a plenos pulmões durante um show inteiro, seria despachada para um hospício. Em meados dessa década, no entanto, plateias inteiras já se comportavam desse jeito: berravam, rasgavam as roupas e arrancavam os cabelos, abandonando suas cadeiras para ficar à beira do palco. Em 30 de dezembro de 1942, enquanto Frank Sinatra cantava no Paramount Theater, em Nova York, o comportamento da plateia se transformou, e parte da nossa relação com pessoas conhecidas mudou para sempre. Psiquiatras e psicólogos daquela época tiveram dificuldade para explicar o fenômeno. Lembraram-se dos transes medievais que faziam as pessoas dançarem, falaram em "amor frustrado em massa" e "hipnose em massa". A era midiática realmente trouxe uma espécie de hipnose em massa para o mundo ocidental. Ela afeta todos nós em certa medida – e alguns de nós em grande medida.

Antes do advento dos meios de comunicação de massa, uma jovem podia admirar um artista de longe e seria aceitável que tivesse uma paixonite passageira por ele. Não seria aceitável que fosse atrás do artista na casa dele ou que precisasse ser contida pela polícia. Não seria aceitável que perdesse aula para ficar horas esperando na frente de um hotel e depois tentasse arrancar pedaços da roupa do astro quando ele passasse.

No entanto, esse comportamento insalubre se tornou "normal" na época de Sinatra. Na verdade, o comportamento da plateia que surpreendeu todo mundo em 1942 já era esperado dois anos depois, quando Sinatra voltou a se apresentar no Paramount Theater. Dessa vez, as 30 mil fãs de meias soquete, aos berros, estavam acompanhadas por uma tropa de repórteres. A imprensa aprendia a manipular esse novo comportamento a fim de tirar proveito dele. Devido à comoção prevista, 450 policiais foram encarregados do teatro, e a impressão era de que a sociedade já tinha aprendido a lidar com o fenômeno. Mas não tinha.

Durante a apresentação, um garoto de 18 anos chamado Alexander Ivanovich Dorogokupetz se levantou e atirou um ovo que atingiu o rosto de Sinatra. O show parou e por um instante, um breve instante, Sinatra deixou de ser a estrela. Agora era Dorogokupetz que era cercado por membros da plateia e teve que sair escoltado pela polícia. A sociedade não tinha aprendido a lidar com a situação, e ainda não aprendeu. Dorogokupetz disse à polícia: "Jurei que poria um ponto-final nessa monotonia de dois anos consecutivos de garotas desmaiando. Eu me senti bem." Sobrecarregado por um nome que não tinha nada de americano, ele tentou criar um nome para si ao estilo mais americano que existe, e, se não fosse pela escolha da arma, provavelmente hoje seria tão famoso quanto Frank Sinatra.

Elementos na sociedade começavam a desbravar as habilidades de manipulação das emoções e do comportamento de formas que nunca tinham sido possíveis: por meios eletrônicos. A mídia estava institucionalizando a idolatria. Por volta dessa época, o mundo conheceu uma adolescente chamada Elizabeth Taylor, que iniciou uma excursão pela vida pública que define o ídolo celebridade como o conhecemos hoje. Uma adolescente menos conhecida dos anos 1940 chamada Ruth Steinhagen definiria o anti-ídolo como o conhecemos hoje.

Ruth gostava muito de um jogador de beisebol chamado Eddie Waitkus. Ele era mais exclusivamente dela do que Frank Sinatra, que era de todo mundo. Embora não se conhecessem, Ruth dedicava a vida a Eddie. Ele era descendente de lituanos, por isso ela tentou aprender a língua. Ele era o número 36 do Chicago Cubs, por isso ela ficou obcecada pelo número e passou a comprar todos os discos produzidos em 1936. Ela colecionava recortes de revistas sobre Eddie, dormia com a foto dele debaixo do travesseiro, comparecia a todas as partidas dele que conseguia e lhe enviava uma carta atrás de outra, apesar de ele nunca responder. Toda noite, ao jantar, Ruth arrumava as cadeiras para que houvesse uma desocupada de frente para ela e dizia à irmã: "Essa cadeira é do Eddie."

Muitas das amigas de Ruth eram apaixonadas por jogadores de beisebol, e a princípio os pais dela ficaram contentes por Ruth também ter um ídolo, mas o comportamento dela acabou lhes causando preocupação. Eles a levaram a dois psiquiatras, e a mãe ficou satisfeita ao ouvir de ambos que não havia nada de errado com ela – bastava esquecer Waitkus (o equivalente a dizer que não havia nada de errado com o condenado John Hinckley, bastava que esquecesse Jodie Foster). É claro que Ruth não esqueceu Waitkus nem por um segundo sequer e, quando ele foi transferido para o Philadelphia Phillies, ela declarou que não conseguiria viver se ele fosse embora de Chicago.

Então ela começou a falar de suicídio com uma das amigas e em seguida resolveu comprar uma arma. Queria uma pistola, mas, como precisaria de uma licença, entrou em uma casa de penhores e comprou um rifle.

Na primeira semana de junho de 1949, Ruth já tinha decidido tomar uma atitude melhor do que o suicídio. Ela disse à amiga Joyce que "ficasse de olho nos fogos de artifício na terça-feira", o dia em que ela se hospedou no Edgewater Beach Hotel de Chicago, pois, pela agenda do Phillies, ela ficou sabendo que Eddie estaria no hotel. Ela levou uma mala cheia de recordações de Eddie, inclusive o canhoto dos ingressos das 50 partidas a que tinha assistido. E levou também o rifle.

Em sua suíte, Ruth escreveu uma carta para os pais ("Espero que entendam. Eu amo vocês. As coisas vão se resolver da melhor forma."), mas amassou o papel e o jogou no lixo. Então escreveu um bilhete para Eddie:

Sr. Waitkus, não nos conhecemos, mas tenho uma coisa importante a falar com o senhor. Acho que seria vantajoso para o senhor se me permitisse explicá-la. Como estou indo embora do hotel depois de amanhã, eu agradeceria muito se o senhor pudesse me encontrar assim que possível. Meu nome é Ruth Anne Burns e estou no quarto 1297-A. Entendo que isso fuja um pouco à normalidade, mas, conforme eu disse, é muito importante. Por favor, venha rápido. Não vou tomar muito do seu tempo. *Prometo.*

Ruth deu uma gorjeta de 3 dólares para que um mensageiro entregasse o bilhete. Ao lê-lo, Eddie imaginou que se tratasse de uma "maria-chuteira" do beisebol e concordou em ir vê-la. Ruth pôs uma faca no bolso da saia, na intenção de cravá-la no coração de Eddie assim que ele entrasse no quarto, mas ele passou direto por ela, sentou-se em uma cadeira e perguntou:

– Então, do que se trata?

– Espere um minuto. Tenho uma surpresa para você – disse Ruth, e foi ao armário pegar o rifle. – Faz dois anos que você está me incomodando, e agora você vai morrer.

Ruth então deu um tiro no peito de Eddie. A bala perfurou o pulmão e se alojou abaixo do coração. (Waitkus sobreviveu e até retornou ao esporte profissional. Achei um antigo cartão colecionável dele. Sob o cabeçalho "Minha maior emoção no beisebol", lê-se: "Em 1949, fui baleado por uma doida.")

As coisas que Ruth disse e fez depois do tiro foram extraordinárias em 1949, mas já não são mais. Ela explicou à polícia:

Eu gostava muito dele e sabia que nunca poderia ficar com ele, e se eu não podia ficar com ele, ninguém mais poderia. *Eu sempre quis estar sob os holofotes. Queria atenção e publicidade, pelo menos uma vez na vida. Meus sonhos se tornaram realidade.*

Ruth exprimiu com eloquência um sentimento muito conhecido das pessoas da era moderna. Ao descrever o período subsequente aos tiros, ela disse:

Ninguém saiu dos quartos. Eu achei que todo mundo viria correndo. Fiquei brava. Eu ficava dizendo a eles que tinha baleado Eddie Waitkus, mas eles não sabiam quem era Eddie Waitkus. Depois, a polícia chegou, mas eu estava furiosa porque ninguém saía dos quartos. Parecia que ninguém estava muito interessado em mim. Eu poderia ter saído de lá andando e ninguém me seguiria.

Aos 19 anos, Ruth achava melhor ser procurada pela polícia do que não ser procurada por ninguém. Cerca de 20 anos depois, uma jovem chamada Valerie Solanas parecia achar a mesma coisa. Aspirante a atriz e escritora, Solanas entrou com uma arma no ateliê de Andy Warhol e baleou o famoso artista. Pouco depois, Solanas se aproximou de um policial na Times Square e disse: "A polícia está me procurando." E acrescentou, orgulhosa: "Eles querem me pegar." (Foi Andy Warhol quem nos deu a frase que é um ícone da era midiática: "No futuro, todo mundo vai ter 15 minutos de fama." Por ironia do destino, Valerie Solanas conseguiu seus 15 minutos à custa de Warhol. Além disso, conseguiu mais 90 minutos, quando fizeram um filme sobre a vida dela.)

O ataque de Solanas aconteceu em 1968, e já estávamos calejados, mas, quando Ruth Steinhagen atirou em Eddie Waitkus, esse tipo de coisa era no mínimo espantosa. Quando Ruth disse à mãe que queria comprar uma arma e atirar em Eddie Waitkus, a mãe respondeu: "Você não pode fazer isso. Mulher não faz essas coisas." Ruth e Valerie Solanas provariam que a Sra. Steinhagen estava errada, assim como, posteriormente, Squeaky Fromme e Sara Jane Moore (as duas tentaram matar o então presidente americano Gerald Ford).

Devido ao alvo escolhido por Ruth, seu tiro não foi ouvido no mundo inteiro, embora ela tenha encabeçado uma longa lista de perseguidores e agressores de figuras públicas, alguns famosos, muitos outros não.

Especialistas concluíram que Ruth era insana e ela foi internada em uma instituição psiquiátrica. Três anos depois, especialistas resolveram que ela tinha recuperado a sanidade e ela foi libertada. Ruth Steinhagen foi veterana de uma minoria unicamente americana. Não que outros países não tenham seus assassinatos, mas homicídios baseados em conveniências idealistas ou políticas são muito diferentes do homicídio de um estranho só para se conseguir "atenção e publicidade, pelo menos uma vez".

Existe também uma escolha de alvos puramente americana. Nas décadas de 1930 e 1940, jogadores de beisebol e estadistas eram os ídolos mais proeminentes e venerados. Quando Joe DiMaggio se casou com Marilyn Monroe, a tocha da idolatria tinha sido passada dos esportes para o entretenimento. Vinte e seis anos depois, um ator se tornou presidente e um viciado em mídia (John Hinckley) atirou nele, alegando ter obsessão por uma atriz de cinema (Jodie Foster). Depois de um longo cortejo, o casamento entre violência e entretenimento foi consumado.

Idolatrar heróis e ser cativado por seu apelo sedutor é normal, mas o que é uma droga branda para a maioria é veneno para alguns. Para aprender mais sobre esse veneno, consegui um encontro com um improvável especialista no assunto, Robert Bardo, o homem que matou Rebecca Schaeffer.

Para visitá-lo, precisei passar por dois detectores de metais e seguir uma escolta por uma série de longos corredores verdes, todos terminando em um portão de aço trancado que, depois de um exame cuidadoso, um guarda nos deixava cruzar. Por fim, fui conduzido a uma cela pequena de concreto com dois bancos presos ao assoalho. Meu acompanhante disse que voltaria logo, fechou e trancou a porta. Mesmo com a certeza de que se vai sair, a sensação de estar trancado numa cela de prisão é a de estar trancado em uma cela de prisão: horrível.

À espera de Bardo, pensei em Robert Ressler, o agente do FBI que passou boa parte da carreira no Departamento de Ciências Comportamentais estudando e entrevistando os assassinos mais prolíficos dos Estados Unidos. Sentado na cela, me lembrei da última visita de Ressler à prisão para uma entrevista com Edmund Kemper, um homem que havia assassinado brutalmente 10 pessoas, algumas delas decapitadas. Kemper era literalmente um gigante, com 2,06 metros de altura e mais de 130 quilos. No final das quatro horas de entrevista, Ressler apertou o botão para chamar o guarda que o tiraria da cela. Passou-se algum tempo, e nada de o guarda aparecer. Cerca de 15 minutos depois, ele apertou o botão de novo, e de novo. Nada de guarda. Kemper deve ter detectado a preocupação de Ressler, pois na gravação da entrevista é possível ouvi-lo dizer: "Relaxa, é a troca de turno, eles estão distribuindo comida para os caras das áreas de segurança. Eles devem levar mais uns 15, 20 minutos para vir te buscar."

Depois de um momento de reflexão, Kemper acrescentou: "Se eu perdesse a cabeça aqui, você teria um problema dos grandes. Eu podia torcer sua cabeça até arrancá-la e botar em cima da mesa para receber o guarda."

Kemper tinha razão. Contra sua enorme vantagem de tamanho e sua experiência como assassino, Ressler não teria chance alguma. Kemper, que estava em uma longa abstinência de seu hábito compulsivo de matar, agora tinha uma presa viva na sua frente: um famoso agente do FBI. Ressler avisou ao assassino que ele arrumaria um problema e tanto se matasse um agente federal, mas Kemper, que já acumulara sete penas de prisão perpétua, zombou: "E eles fariam o quê? Cortariam minha TV?"

Então travaram 30 minutos de um desafio de medo e coragem, com Ressler usando seu impressionante conhecimento de comportamentalista para desequilibrar a balança de Kemper. A certa altura do debate de alto risco, Kemper admitiu que, se matasse Ressler, passaria um tempo "no buraco", mas acrescentou que seria um preço pequeno a pagar pelo prestígio de "dar fim num agente do FBI".

Uma das várias jogadas de Ressler foi perguntar:

– Você acha mesmo que eu entraria aqui sem ter como me defender?

Kemper sabia que era mentira.

– Eles não deixam ninguém entrar aqui armado.

Era verdade, mas Ressler deu a entender que agentes do FBI tinham privilégios especiais e que uma arma talvez não fosse a única ferramenta à sua disposição.

Kemper não mordeu a isca.

– O que você trouxe? Uma caneta com veneno?

E a conversa continuou por esse caminho até os guardas chegarem, por sorte antes que Kemper transformasse suas ruminações em ação. Quando Kemper era levado dali, ele pôs uma de suas manzorras no ombro de Ressler e disse:

– Você sabe que eu estava só brincando, não sabe?

Mas Kemper não estava só brincando. Estava se alimentando da iguaria predileta dos serial killers: o medo humano.

O assassino que logo veio ao meu encontro na cela tinha buscado outras recompensas: atenção e fama. Com uma barba rala de rapaz após alguns dias sem se barbear, e com o cabelo que dava sinais precoces de calvície desgrenhado, Robert Bardo não era tão ameaçador quanto Kemper. Na verdade, era o retrato perfeito de um adolescente desajeitado. Em outra vida (e em sua vida anterior), ele seria o cara de avental branco varrendo o chão nos fundos de uma lanchonete. Robert Bardo era, nas palavras dele mesmo, "um geek".

Como eu já tinha feito um longo estudo sobre ele ao prestar consultoria durante seu processo, encontrar Bardo foi como encontrar o personagem de um livro que eu havia lido. Sabia a maioria das falas que ele poderia dizer, mas o rapaz na minha frente era muito mais humano do que transcrições de julgamento ou relatórios psiquiátricos jamais seriam capazes de transmitir, talvez mais humano até do que eu gostaria que ele fosse.

O poder que tinha descarregado em um segundo tenebroso na entrada do prédio de Rebecca Schaeffer não estava na cela conosco. Ele não tinha autoconfiança para intimidar ninguém, tampouco tinha o olhar dos assassinos frios que por si só já é ameaçador. Na verdade, ele relutava em meramente olhar para mim. Ambos sabíamos do assassinato que tinha cometido e ele sabia muito bem, por conta do julgamento, o que eu achava sobre o crime.

Muitas perguntas tinham sido feitas a Bardo desde o homicídio e ele já estava acostumado com elas, portanto resolvi deixá-lo falar primeiro, segui-lo em vez de conduzi-lo. No fim das contas, precisei de um bocado de paciência. Por cerca de 15 minutos, ficamos sentados, ele cabisbaixo, eu contando com a ideia de que ele não abriria mão da atenção que eu lhe dava.

A cela sossegada às vezes era tomada pelo estrondo de um portão distante batendo. (O barulho é uma das poucas coisas que andam soltas numa penitenciária: as paredes de concreto que isolam tanta coisa o transportam a todos os cantos.)

Bardo enfim ergueu os olhos para mim e analisou meu rosto com atenção.

– Arthur Jackson me pediu para te mandar um recado. – (Jackson era o perseguidor obsessivo que tinha esfaqueado brutalmente a atriz Theresa Saldana. Depois que testemunhei contra Jackson no tribunal, ele me condenou a "queimar no inferno".) – Ele também quer te encontrar.

– Hoje não – repliquei.

– Então por que você quis conversar comigo?

– Porque você tem uma contribuição a dar – respondi.

– Eu quero ajudar as pessoas a evitar o que aconteceu com a Rebecca – disse ele.

A escolha de palavras insinuava certo distanciamento do crime que cometeu, algo que eu não quis lhe conceder.

– Nada aconteceu com a Rebecca por acaso. Você faz parecer que ela sofreu um acidente.

– Não, não. Eu a matei. Atirei nela, e quero ajudar as pessoas a não serem assassinadas por alguém como eu.

– Parece que você acha que existe mais alguém igual a você.

Ele ficou surpreso por isso não ser óbvio.

– Mas existe. Quero dizer, existem... muitas pessoas como eu.

Ele passou um bom tempo calado, depois continuou:

– Eu não sou um monstro. Na TV eles sempre querem me pintar como um cara assustador.

Olhei para ele e assenti. Já estávamos juntos fazia quase meia hora e eu ainda não tinha feito nenhuma pergunta.

– Eu já fui um cara assustador, é claro, mas não sou mais. Aquele vídeo em que conto como foi que atirei na Rebecca me faz parecer o pior assassino do mundo, e eu não sou o pior. – Ele estava preocupado com sua imagem pública, com a maneira como era visto em comparação com os pares.

Assim como quase todos os assassinos da era moderna, Bardo tinha estudado seus antecessores. Depois de Mark Chapman ser preso por matar John Lennon, Bardo escreveu para ele e perguntou por que tinha feito aquilo. Chapman, o assassino famoso, e Bardo, o aprendiz, tiveram uma breve troca de correspondência.

– Se ele tivesse me dito para não cometer o meu crime – afirmou –, o conselho dele não superaria minhas emoções. As emoções são a chave, as emoções desequilibradas. Quem tem saúde emocional não faz mal aos outros.

Bardo também tinha estudado tudo o que achou sobre o caso Arthur Jackson. Jackson tinha contratado um detetive particular para localizar sua vítima, o que Bardo também faria. Jackson usou uma faca, portanto, em uma de suas primeiras viagens para matar Schaeffer, Bardo levou uma faca. Jackson viajou milhares de quilômetros no encalço de seu alvo, às vezes em zigue-zague – como praticamente todos os assassinos –, e Bardo também fez isso. Eles começaram com um continente de distância, mas acabaram morando no mesmo prédio.

Em uma entrevista filmada, feita pela defesa meses antes de Bardo saber que eu estava trabalhando no caso, ele revelou a que ponto chegou sua pesquisa sobre ataques a figuras públicas. Ao descrever a falta de segurança que rodeava Rebecca Schaeffer, disse: "Ela não tinha um Gavin de Becker nem ninguém assim."

Agora, me oferecendo conselhos, Bardo esperava se distinguir de outros assassinos. Ele achava que se tornaria um antiassassino que ajudaria os famosos a evitar o perigo. É claro que agora ele também era famoso, um fato que o levou a um comentário quase irônico demais sobre a vida pública:

– Toda a fama que alcancei com isso acabou me gerando ameaças de morte e assédios. A mídia fala coisas sobre mim que não são verdade. Não tenho controle sobre a invasão da minha privacidade, não posso impedir que falem sem parar do meu caso na TV para ganhar dinheiro. Eles me retratam de maneiras como nunca me vi.

Ele não gostava que repórteres o chamassem de solitário, mas a descrição era certeira. Bardo não tinha amigos e nunca tinha nem beijado uma garota em termos românticos. (É quase certo que jamais beijará.) A falta de intimidade sadia é um traço comum à maioria dos assassinos. John Hinckley nunca teve uma relação romântica madura; nem Arthur Jackson; tampouco Arthur Bremer, que baleou o candidato a presidente George Wallace.

Bremer era virgem, e tentou mudar esse fato nas semanas anteriores ao crime. Consciente de que em breve estaria morto ou preso para o resto da vida, ele contratou uma prostituta, mas o encontro terminou de um jeito esquisito. Em seu diário, ele escreveu: "Apesar de ainda ser virgem, sou grato a Alga pela chance de dar uma espiada em como é."

Por mais bizarro que possa parecer, a maior intimidade que os assassinos têm é com as pessoas que atacam. Por meio da perseguição, acabam sabendo mais sobre suas vítimas do que sobre as outras pessoas de suas vidas, e, ao lhes dar um tiro, eles viram uma espécie de parceiros. O diário de Bremer mostra sua intimidade cada vez maior com sua vítima preferencial, o ex-presidente Richard Nixon. Enquanto o segue de estado em estado, as referências do diário vão de "o presidente" a "ele", de "Nixon" a "Nixy", e acabam em "o menino Nixy".

Ataques com faca geram ainda mais intimidade, como descrito no livro do assassino múltiplo Jack Henry Abbott, *In The Belly of the Beast* (Na barriga da fera). Sobre uma de suas vítimas, ele escreveu: "Dá para sentir a vida tremendo através da faca que você tem na mão. Ela quase o domina, a delicadeza da sensação no centro do ato vulgar do assassinato."

O ato vulgar de Bardo foi, com a mais triste das ironias, imposto à única garota que lhe deu alguma atenção positiva. Rebecca Schaeffer tinha enviado uma resposta gentil a uma de suas cartas.

BARDO: Foi um cartão-postal pessoal em que ela escreveu: "Robert, travessão, sua carta foi a mais gentil, a mais genuína que já recebi." Ela sublinhou "genuína". Ela escreveu: "Por favor, cuide-se", desenhou um coração e depois assinou "Rebecca". Foi isso que me instigou a querer mais respostas dela.
EU: Então, qual o conselho que você daria a outros famosos?
BARDO: Cuidado com o que você escreve. Se for para responder cartas de fãs, deixe o entusiasmo de lado. Não é assim que a pessoa deve tratar os fãs, porque dá a impressão de que você é o único, e foi assim que me senti. Eu me senti o único.

Assim como outros assassinos, Bardo já tinha perseguido vários famosos, inclusive uma cliente minha que ele concluiu ser inacessível demais. Ele desistiu dela e voltou sua atenção para Rebecca Schaeffer. Para os assassinos, o que importa é o ato e não o alvo, o destino, não a jornada.

Como alvos são intercambiáveis, perguntei a Bardo como as medidas de segurança tomadas por algumas figuras públicas influenciaram sua escolha. Ele disse: "Se você lê em uma matéria que a pessoa tem seguranças e anda com guarda-costas, você olha para a celebridade de outro jeito e uma pessoa como eu recua. Isso meio que vai contra sua esperança de uma relação romântica."

Apesar de a defesa de Bardo ter tentado vender a ideia de que ele esperava uma relação romântica com Rebecca Schaeffer, ele nunca teve essa expectativa. Bardo esperava exatamente o que conseguiu: uma acolhida sem entusiasmo e por fim uma rejeição. Ele usou essa rejeição como desculpa para fazer o que esperava havia muito tempo: soltar sua raiva terrível contra as mulheres, contra a própria família e contra todos nós.

É claro que, para se importar com a rejeição de uma total desconhecida, a pessoa precisa antes de tudo se importar com a desconhecida. Bardo fez isso ficando obcecado por cada um de seus diversos alvos. Tempos depois, na prisão, ele continuava com esse comportamento, se concentrando em duas mulheres. Uma era cantora, e a outra era uma mulher que não era famosa da primeira vez que ele ouviu falar dela, mas depois se tornou muito famosa: Marcia Clark, a promotora que o botou na cadeia para cumprir uma pena perpétua. Em uma carta que Bardo me escreveu, ele explicou: "Já foram duas vezes que o *Daily Journal* fez um perfil da Marcia Clark... Descobri muita coisa. Vire para a página 2 para você ter uma ideia." A página 2 era uma longa lista de fatos pessoais sobre Marcia Clark e sua família.

É uma grande ironia da era midiática que Marcia Clark tenha processado um cidadão comum que perseguiu e matou uma pessoa famosa, depois processado uma pessoa famosa (O.J. Simpson) que perseguiu e matou uma cidadã comum, depois tenha ela mesmo ganhado fama e se tornado o foco de um stalker.

OS ASSASSINOS DA ERA MIDIÁTICA são parecidos com outro ícone muitíssimo americano: o indivíduo temerário. Se você entende Evel Kneivel, é capaz de entender Robert Bardo. Como acontece com o temerário, todo o valor e as conquistas do assassino derivam de um ato, um momento. Isso também é verdade para a maioria dos heróis, mas assassinos e temerários não são pessoas que se erguem corajosamente para enfrentar qualquer emergência. O assassino e o temerário criam as próprias emergências.

O temerário elabora fantasias sobre a glória de executar sua proeza, a fama que o aguarda do outro lado do cânion. A mídia já retratou o temerário como um herói corajoso, mas e se alguém arrumasse uma motocicleta, a pintasse de um jeito especial, arranjasse calças e jaqueta de couro coloridas, subisse rampas, avisasse à imprensa, organizasse tudo no cânion... e não fizesse o que disse que faria? De repente deixaria de ser incrível e especial: seria patético. Agora ele é o cara cujo nome bobo e acessórios ridículos constituem um geek, não um herói. A coisa toda perde o verniz se ele não leva a ideia adiante.

Arthur Bremer escreveu: "Eu quero um estrondo e não um barulhinho. Estou cansado de escrever sobre isso, sobre o que eu ia fazer, o que não fui capaz de fazer, o que não consegui fazer inúmeras vezes. E me incomoda que tenha uns 30 caras na prisão agora que ameaçaram o presidente e a gente nunca tenha ouvido falar neles."

Como você pode ver, assassinos não têm medo de ir para a prisão – *eles têm medo do fracasso*. Bardo não era diferente. Ele havia reunido todos os elementos: tinha estudado outros assassinos, tinha pesquisado seu alvo, elaborado um plano, arrumado a arma, escrito cartas que seriam achadas depois do ataque. Mas, assim como o indivíduo temerário, ele era apenas um sujeito que trabalhava no Jack in the Box antes de dar esse salto, antes de alçar voo, antes de matar uma pessoa famosa. Tudo que acompanha a fama o aguardava do outro lado do cânion, onde, nas palavras dele, finalmente estaria "no mesmo nível" das celebridades.

Quando achou Rebecca Schaeffer e ficou cara a cara com ela, ele já tinha todas as credenciais de um assassino, mas só poderia pegar seu prêmio depois de atirar nela. Desde os 14 anos ele sabia o que queria ser quando crescesse, e conseguiu na entrada do prédio de Rebecca Schaeffer. Robert Bardo era um assassino de carreira, um matador para quem a vítima era algo secundário em relação ao ato.

Algumas pessoas investem anos em suas realizações heroicas; assassinos, não. Enquanto perseguia Richard Nixon, Bremer escreveu: "Eu sou tão importante quanto o começo da Primeira Guerra Mundial. Só preciso de um segundo e de uma pequena oportunidade." Esse narcisismo é um atributo essencial a todo assassino e, como muitas de suas características, em certa medida ele está presente em todos nós. No livro *A negação da morte*, ganhador do Pulitzer, Ernest Becker observa que o narcisismo é universal. Becker diz que "o organismo inteiro da criança berra a reivindicação de seu narcisismo natural. É abrangente e inexorável ser uma aberração, exprime o coração da criatura: o desejo de se destacar, de se fundir na criação". Becker diz que todos procuramos heróis na vida e acrescenta que, em algumas pessoas, "essa necessidade brada por glória, tão acrítica e reflexiva quanto o uivo de um cão".

Mas os uivos por glória dos assassinos não foram ouvidos em suas vidas mundanas pré-ataque. O assassino pode ser esquisito ou incomum, mas não temos como dizer que não entendemos suas motivações, seu objetivo. Ele quer o que nós queremos: reconhecimento. E ele quer o que todo mundo quer: importância. As pessoas que não tiveram essas sensações na infância buscam formas de obtê-las na fase adulta. É como se tivessem passado a vida desnutridos e tentassem resolver o problema com um banquete.

A mesma busca por sentido é parte da motivação para um jovem gângster que mata, pois a violência é o jeito mais rápido de construir identidade. O assassino Jack Henry Abbott fala do "orgulho e empolgação involuntários que todos os condenados sentem quando são acorrentados pelos pés e as mãos feito animais perigosos. O mundo se concentrou em nós por um instante. Somos capazes de ameaçar o mundo".

Ernest Becker escreveu: "A ânsia por heroísmo é natural, e confessá-la é uma atitude sincera. Se todo mundo a confessasse, provavelmente se desencadearia uma força reprimida tão potente que seria devastadora para a sociedade."

Pois bem, Bremer, Hinckley e Bardo confessaram, e os resultados foram devastadores. Todos almejavam primeiro conquistar Hollywood, mas desistiram em nome de uma via mais rápida e mais fácil rumo à identidade. Sabiam que, com um único ato de heroísmo fraudulento, com um único tiro, poderiam ser eternamente vinculados a seus alvos famosos.

ASSIM COMO TODAS AS INICIATIVAS, o assassinato segue um protocolo, sendo necessário pular alguns obstáculos. Muitos desses obstáculos são detectáveis, observáveis, deixam um rastro. Os assassinos ensinam uns aos outros, todos aprendem alguma coisa com os antecessores. Quando trabalhei no caso Bardo, fiquei impressionado com o fato de ele ter feito várias coisas que Hinckley tinha feito. Os dois rapazes tiveram experiências similares na infância, e isso não surpreende, mas as similaridades nas escolhas feitas depois são no mínimo dignas de nota. Por exemplo, Hinckley sabia que Mark Chapman estava com um exemplar de *O apanhador no campo de centeio* quando foi matar John Lennon, por isso levou o mesmo livro quando viajou para matar o presidente Reagan. Bardo levou o mesmo livro quando foi matar Rebecca Schaeffer, e depois me contou que o leu "para descobrir porque ele fez Chapman matar John Lennon".

Vejamos uma lista de coisas que John Hinckley fez antes de atirar em Reagan:

- escreveu cartas a uma atriz
- escreveu canções
- arrumou emprego em um restaurante
- leu *O apanhador no campo de centeio*
- cruzou o país
- perseguiu outras figuras públicas que não seu alvo final
- viajou para Hollywood
- manteve um diário
- estudou outros assassinos
- visitou o Edifício Dakota, em Nova York, onde John Lennon foi assassinado
- cogitou um suicídio que chamasse a atenção
- vendeu todos os seus pertences
- escreveu cartas que seriam achadas após o ataque
- pegou um ônibus até o local do ataque
- perseguiu seu alvo final em mais de um lugar antes do ataque
- no momento do ataque, tinha com ele um exemplar de *O apanhador no campo de centeio*
- não atirou na primeira oportunidade
- deixou a cena do crime depois do primeiro encontro
- aguardou cerca de meia hora e só então disparou contra seu alvo

É incrível, mas Bardo também fez tudo o que está na lista. São mais de 30 as similaridades impressionantes no comportamento dos dois. A previsibilidade do comportamento pré-ataque dos assassinos foi confirmada pela obra de Park Dietz, o psiquiatra e sociólogo que atuou como principal especialista da promotoria no caso Hinckley. Em 1982, quando participei do Conselho Consultivo do Presidente no Departamento de Justiça americano, propus um projeto de pesquisa em que fossem estudadas pessoas que ameaçam e perseguem figuras públicas. Dietz foi o especialista que escolhemos para gerenciar o projeto. A partir desse e de seus outros trabalhos pioneiros, ele reuniu 10 comportamentos comuns aos assassinos modernos. Quase todos eles:

1. Apresentavam algum transtorno mental

2. Pesquisaram o alvo ou vítima
3. Criaram um diário ou registro
4. Arranjaram uma arma
5. Comunicaram-se de forma inconveniente com uma figura pública, mas não necessariamente com aquela que atacaram
6. Demonstraram uma noção exagerada da própria importância (grandiosidade, narcisismo)
7. Fizeram viagens fortuitas
8. Identificavam-se com um perseguidor ou assassino
9. Tiveram a capacidade de contornar a segurança comum
10. Fizeram repetidas abordagens a alguma figura pública

Na proteção a figuras públicas, minha empresa se concentra em quem pode tentar matar clientes, é claro, mas também em quem pode prejudicar os clientes de outras formas, como através de assédio ou perseguição. Ao avaliar os casos, consideramos 150 indicadores pré-incidente além dos listados anteriormente.

Se precisássemos escolher um único IPI sobre o qual gostaríamos de estar cientes acima de todos os outros, seria aquele a que demos o nome de crença na capacidade. É a crença que a pessoa tem de que pode realizar o ataque à figura pública. Sem ela, a pessoa não pode. Na verdade, para fazer qualquer coisa, temos que primeiro ter algum grau de crença de que somos capazes. Por isso, a pergunta de maior peso para a sociedade poderia ser: "Você acredita que pode ter sucesso no propósito de matar o presidente?" É claro que aspirantes a assassinos nem sempre vão responder a essa pergunta falando a verdade e a sociedade nem sempre tem a oportunidade de fazer a pergunta, mas, até onde pode ser mensurada, a crença na própria capacidade é o maior indicador pré-incidente para um assassinato.

Se a resposta genuína for "Não, com os agentes do Serviço Secreto e com toda a segurança especial, eu não conseguiria nem chegar perto do cara", a pessoa não pode atirar no presidente. É claro que não se trata de um indicador sempre confiável, pois a crença na capacidade pode ser influenciada e alterada.

Se, por exemplo, eu acreditasse não ser capaz de mergulhar no mar saltando de um penhasco de 60 metros de altura, então eu não seria capaz. Mas um treinador poderia influenciar meu modo de pensar. O incentivo, o ensino de habilidades que fazem parte do mergulho, os saltos dados a partir de alturas menores – primeiro 6 metros, depois 9, depois 15 – mudariam a crença na minha própria capacidade. Nenhuma influência é maior do que a prova social, ver alguém se sair bem numa coisa que você a princípio se achava incapaz de fazer. Ver um mergulhador se lançar de um penhasco em Acapulco, nadar no Pacífico e vir à tona influencia drasticamente minha crença de que isso pode ser feito e de que *eu* posso fazê-lo.

Ao mesmo tempo, a enorme atenção midiática dada àqueles que atacam figuras públicas reforça a crença de outros na própria capacidade. Ela diz: "Está vendo? É possível." Não é de admirar que, no período seguinte a um ataque muito divulgado, o risco de outros ataques aumente muito. É justamente porque um incentiva o outro que ataques a figuras públicas se amontoam (presidente Ford: dois em duas semanas; presidente Clinton: dois em seis semanas).

A sociedade parece estar promovendo duas mensagens completamente diferentes:

1. É quase impossível ser bem-sucedido na tentativa de atacar uma figura pública, e, se você conseguir e sobreviver, vai ser um pária, menosprezado, vilipendiado e esquecido.
2. É muito fácil ser bem-sucedido ao atacar uma figura pública, e, se conseguir, você não só vai sobreviver como vai ser o centro das atenções internacionais.

Já que estamos discutindo o que pode ser considerado propaganda, digo que as informações que se seguem ao ataque a uma figura pública poderiam ser apresentadas de uma forma bem diferente. Membros das forças de segurança, ao falar com a imprensa sobre um criminoso capturado, tendem a descrever a prisão como uma vitória sobre um adversário perigoso, poderoso, armado e esperto: "Os investigadores acharam três armas calibre 45 e mais de 200 cartuchos de munição no quarto de hotel. Como o criminoso é um atirador muito habilidoso, nossa entrada no prédio foi um grande risco."

Assim se vincula o criminoso ao tipo de personalidade que, sem dúvida, é atraente para muitos que cogitam cometer crime semelhante. Nos casos que acompanho, recomendo uma abordagem que põe o infrator sob uma luz bem menos glamorosa. Imagine esta coletiva de imprensa após a prisão de uma pessoa que planejava um assassinato:

REPÓRTER: O senhor diria que o suspeito é um recluso?
AGENTE FEDERAL: Está mais para um fracassado, na verdade.
REPÓRTER: Ele tentou resistir ao ser levado sob custódia?
AGENTE FEDERAL: Não, nós o encontramos escondido no banheiro, no cesto de roupa suja.
REPÓRTER: Ele poderia ter sido bem-sucedido no assassinato?
AGENTE FEDERAL: Duvido muito. Ele nunca foi bem-sucedido em nada.

Num mundo ideal, o agente sempre desviaria o foco para as pessoas e os métodos especiais que se contrapõem ao assassino, tirando os holofotes do criminoso.

AGENTE FEDERAL: Quero cumprimentar os oito homens que fazem parte da equipe de agentes especiais cujo trabalho investigativo e uso de novas tecnologias possibilitou uma captura tão rápida.

Proponho que não mostremos as balas em cima da cômoda do quarto do hotel decadente; mostremos as cuecas e meias sujas no chão do banheiro. Proponho que não organizemos sessões de fotos com o criminoso rodeado por 10 agentes federais que farão sua escolta do helicóptero para o comboio de veículos que o aguardam. Acho que deveríamos mostrá-lo de camiseta imunda, algemado ao cano de um corredor soturno, sob a vigia de um único guarda. Não haveria muitos aspirantes a assassinos em busca de afinidades que olhariam as imagens e diriam: "É, essa é a vida que eu quero!"
Do contrário, vigiado por agentes federais (assim como fazem com o presidente), conduzido por helicópteros que o aguardam (assim como fazem com o presidente), a casa onde passou a infância mostrada na TV (assim como fazem com o presidente), o tipo de arma que ele tinha apresentada nos noticiários por especialistas em munição que enaltecem sua

letalidade, os planos que fez descritos como "meticulosos" – essas apresentações promovem os aspectos gloriosos do assassinato e de outros crimes midiáticos. Ser preso por uma violência atroz deveria ser o começo do esquecimento, não o grande dia da vida da pessoa.

Mas foi o grande dia da vida do terrorista responsável pelo atentado a bomba de Oklahoma City, Timothy McVeigh, exibido à imprensa que o esperava rodeado de agentes do FBI, levado às pressas para um comboio, transportado por uma armada de dois helicópteros. Vimos um desfile ainda mais pomposo com o Unabomber, Ted Kaczynski, cujo rosto apareceu na capa das revistas *TIME*, *U.S. News & World Report* e *Newsweek* (duas vezes). As matérias das três descreviam Kaczynski como "um gênio".

É comum que jornalistas se refiram a assassinos pelo nome completo, como foi o caso de Mark David Chapman, Lee Harvey Oswald, Arthur Richard Jackson. Talvez isso faça a pessoa acreditar que os assassinos de fato usavam esses nomes pretensiosos durante a vida pré-ataque, mas não. Eles eram Mark, Lee e Arthur.

Proponho a divulgação da encarnação menos glamorosa de seus nomes. Devemos chamar o criminoso de Ted Smith, e não de Theodore Bryant Smith. Melhor ainda é descobrir um apelido de sua vida pré-ataque:

AGENTE FEDERAL: O nome dele é Theodore Smith, mas ele era conhecido como Ted Tonto.

A cultura ocidental apresenta muitos exemplos a serem seguidos, mas poucos ganham a badalação e a glória dos assassinos. Os que foram bem-sucedidos (e até alguns que foram um fiasco) são algumas das pessoas mais famosas do folclore americano. John Wilkes Booth, assassino de Abraham Lincoln, sobrevive à história com mais fama do que praticamente todos os americanos de sua época.

A relação tragicamente simbiótica entre assassinos e telejornais é compreensível: assassinos geram ótimos vídeos – são muito visuais, muito teatrais. Os assassinos não processam as emissoras, independentemente do que se diga sobre eles, e propiciam o aspecto mais desejado por produtores de jornais: a possibilidade de prolongamento. Mais informações vão chegar, assim como mais entrevistas com vizinhos e especialistas, mais retratos tirados dos álbuns da escola. Haverá um julgamento com toques de competição entre advogados (que ganham fama com a ocasião) e haverá o drama da espera do veredicto. O melhor de tudo é que haverá um vídeo do ataque, que seria repetido até não poder mais.

O problema, no entanto, é que o vídeo pode ser uma propaganda de assassinato. Assim como a Procter & Gamble incentiva a população a comprar pasta de dente, a cobertura dos telejornais incentiva ataques a figuras públicas.

Em 1911, o criminologista Arthur MacDonald escreveu: "Os criminosos mais perigosos são os assassinos de governantes." Ele sugeria que "jornais, revistas e autores de livros parassem de publicar o nome dos criminosos. Se não o fizessem voluntariamente, que isso se tornasse um delito. Isso diminuiria a expectativa de glória, renome e notoriedade que é um grande incentivo a esses crimes".

MacDonald ficaria decepcionado se visse que os assassinos da era midiática acabam tendo praticamente programas de TV dedicados a eles, mas não ficaria surpreso. Afinal, a bruma de histeria da mídia de massa já era densa na época dele. Em 1912, um homem chamado John Shrank tentou matar Theodore Roosevelt. Enquanto estava preso, o valor de sua fiança subiu abruptamente porque "homens do cinema" planejavam pagá-la e adiar sua soltura por tempo suficiente para que reencenasse a tentativa de assassinato nos cinejornais. O promotor fazia objeção ao filme e disse ao tribunal estar preocupado com "o efeito desmoralizante que um filme desses teria. Faria desse sujeito um herói, e não acho bom que a juventude o venere como herói". Provavelmente sem entender que seriam pioneiros de um novo gênero, os produtores do filme escolheram um prédio que parecia uma cadeia e filmaram um ator parecido com Shrank saindo escoltado por dois policiais de mentirinha.

NENHUMA DISCUSSÃO SOBRE ASSASSINATO estaria completa sem falarmos das precauções que podem ser tomadas para evitar esses ataques. Primeiro, é claro, assim como em qualquer caso de perigo, a pessoa precisa entender que o risco existe. No caso Bardo, por exemplo, foram muitos os sinais de alerta: ao longo de dois anos, ele tinha enviado um monte de cartas inconvenientes a Rebecca Schaeffer, por meio dos agentes da atriz em Nova York e Los Angeles. Quando Bardo apareceu no estúdio onde a série dela era gravada, foi o segurança do estúdio quem lhe disse onde ela estava. O próprio Bardo disse: "Foi fácil demais."

Em uma de suas visitas ao estúdio, ele explicou ao chefe de segurança que estava apaixonado por Rebecca Schaeffer e que viera do Arizona só para vê-la. Depois de dizer a Bardo que a atriz não queria vê-lo, o chefe de segurança o levou ao hotel barato onde estava hospedado. Infelizmente, mesmo depois de ver (mas talvez não reconhecer) vários sinais de alerta óbvios, o chefe de segurança não procurou informar Rebecca Schaeffer do homem "apaixonado" que a perseguia havia dois anos e tinha acabado de pegar um ônibus e percorrer centenas de quilômetros para encontrá-la.

Depois do homicídio, o chefe de segurança explicou seu encontro com Bardo a repórteres: "Eu achei que ele estava apaixonado e nada mais. Tem uma centena de caras iguais todo ano, pessoas tentando entrar no estúdio, fãs que escrevem cartas." Para o chefe de segurança, tudo se resumiu a lidar com um fã segundo o que ele chamava de "procedimento padrão", mas, para Bardo, esse foi um acontecimento forte e sentimental.

BARDO: Tive problemas com o segurança do estúdio e o sentimento que ele despertou em mim, mas pus isso na conta de Schaeffer.
EU: Que sentimento ele despertou em você?
BARDO: Foi raiva, uma raiva extrema, porque me disseram: "Não, você não pode entrar, cai fora, fica longe daqui!" Me disseram: "Ela não está interessada, não quer ser incomodada", e eu entendi que discutiria isso com ela pessoalmente num encontro.
EU: Mas não foi isso que ela disse, foi?
BARDO: Não, mas pareceu que sim, eu achei que ela ia querer isso.

O relato do chefe de segurança continua: "[Bardo] insistiu muito em entrar no estúdio. Ele não parava de repetir o nome 'Rebecca Schaeffer'. 'Eu preciso vê-la. Eu a amo.' Não tive dúvidas de que ele não batia bem da cabeça. Tinha alguma loucura acontecendo, mas não achei que pudesse desembocar em violência."

Num refrão sem resposta que frequentemente ouvimos após uma tragédia que poderia ter sido evitada, o chefe de segurança acrescentou: "O que mais eu poderia ter feito?"

Cerca de duas semanas depois do assassinato de Rebecca Schaeffer, houve um caso de perseguição muito divulgado que responde a essa pergunta. Envolvia um potencial agressor que vou batizar de Steven Janoff. Ele já tinha perseguido uma cliente minha, e, apesar de termos concluído que era improvável que fosse perigoso para nossa cliente, temíamos que fosse perigoso para os coadjuvantes que trabalhavam na série de TV da nossa cliente. Fizemos uma reunião com a atriz e lhe contamos o caso. A polícia e a segurança do estúdio afugentaram o perseguidor, presumindo que isso resolveria a questão. É claro que não resolveu.

Mais ou menos um ano depois, a atriz estava ensaiando uma peça teatral. Um dia, viu um homem em frente ao teatro e não conseguia tirar da cabeça a intuição de que ele era a pessoa sobre a qual tinha sido avisada, por isso nos telefonou. Depois de fazer algumas perguntas, confirmamos que era realmente Steven Janoff o homem que ela tinha visto e que ele estava ali atrás dela.

A atriz e seus advogados pediram nossa orientação e a seguiram com exatidão. Ela parou de usar a entrada principal do teatro ao chegar para os ensaios, a bilheteria recebeu a foto de Janoff e foi orientada quanto ao que fazer se ele aparecesse; ela concordou em ser acompanhada por um segurança e aplicou várias outras estratégias que elaboramos para limitar a probabilidade de um encontro indesejado.

Janoff ficou cinco dias perseguindo a atriz, mas, devido às precauções tomadas por ela, não conseguiu encontrá-la. Janoff tinha comprado ingresso para a estreia da peça, mas não teve paciência para esperar até lá. Uma tarde, ele foi até a bilheteria, onde um funcionário o reconheceu e chamou a polícia. Janoff mostrou um revólver e exigiu ver a atriz. O funcionário, na esperança de que a arma estivesse descarregada, fugiu. Janoff virou a arma contra si e anunciou que puxaria o gatilho se a atriz não fosse falar com ele. Depois de quatro horas de impasse com a polícia, ele foi detido.

Não só a arma estava carregada como Janoff tinha uma coleção de armas no quarto do hotel.

O CASO JANOFF MOSTRA as grandes melhorias que a indústria do entretenimento já fez para lidar com a segurança de figuras midiáticas. Hoje várias agências teatrais, estúdios de cinema e agências de empresários têm como rotina solicitar a avaliação profissional de comunicações e visitas inconvenientes. Ao contrário do que aconteceu no caso Bardo, agora as figuras midiáticas tendem a estar mais informadas sobre perseguições inadequadas. Essa e outras melhorias trouxeram resultados óbvios: ataques bem-sucedidos contra figuras midiáticas passaram a ocorrer com muito menos frequência.

Eu gostaria de poder dizer o mesmo sobre os esportes profissionais, o que me traz à memória a tentativa de homicídio da jovem estrela do tênis Monica Seles. Esse não vai ser o último ataque contra um atleta, mas basta um pouquinho de empenho para que seja o último facilitado pela negligência.

Antes que eu apresente alguns detalhes pouco conhecidos sobre o caso Seles, quero discutir um aspecto dos perigos que figuras públicas enfrentam e que são relevantes para a sua segurança. É o mito de que a violência não pode ser prevenida. Uma vez, John Kennedy disse que era impossível deter assassinos porque "basta alguém estar disposto a trocar sua vida pela do presidente". Essa frase tão citada de Kennedy é simplista e totalmente errada. Na verdade, assassinatos não só podem ser evitados como o número dos evitados é bem maior do que o número dos bem-sucedidos. Embora os assassinos tenham algumas vantagens sobre as vítimas, muitos fatores atuam contra eles. Existem literalmente milhares de possibilidades de que fracassem e só uma pequena chance de que saiam triunfantes. Esse não é o tipo de crime que a pessoa pode ensaiar – o assassino tem só uma chance.

Assim como John Kennedy, quem tem uma atitude fatalista em relação à própria segurança (por exemplo: "É impossível evitar arrombamentos; o ladrão sempre vai dar um jeito") geralmente age assim com o propósito de ter uma desculpa para não tomar precauções razoáveis. Sim, pode ser difícil deter um criminoso comprometido, mas a ausência de precauções deixa a pessoa vulnerável a criminosos sem comprometimento.

No caso Seles, todo mundo sabia que fazia sentido que ela tivesse seguranças em suas apresentações públicas na Europa. Como estava profundamente enredada no maior conflito do continente, dos servos contra os croatas, suas aparições públicas frequentemente geravam manifestações políticas. Era comum que tivesse guarda-costas nos torneios, como aconteceu no Torneio de Hamburgo, na Alemanha, em 1993.

Ainda assim, pouco depois de chegar à quadra, uma das atletas mais brilhantes da história estava caída de costas, sangrando por conta de um ferimento grave. Apesar de ostensivamente protegida por dois guarda-costas, ela foi vítima de um ataque com faca, o mais fácil de evitar entre os métodos de assassinato. Por que os guarda-costas falharam e o agressor, Gunter Parche, foi bem-sucedido?

Um dos dois guarda-costas, Manfred, responde à minha pergunta em seu depoimento à polícia, mas começa com as palavras erradas: "*Eu trabalho no setor de telecomunicação. Faço bico para uma firma de segurança privada em quadras de tênis.*"

Presume-se que uma estrela do tênis pudesse ter a expectativa de que os guarda-costas designados a ela seriam de fato guarda-costas, profissionais com treinamento e experiência relevantes. Que pudesse esperar que eles teriam ao menos discutido a possibilidade de uma ameaça à sua segurança, talvez até discutido o que fariam caso um dia o risco se apresentasse.

Mas nada disso aconteceu e os promotores do evento não lhe disseram que os homens encarregados de proteger sua vida estavam apenas fazendo um bico e não eram qualificados. Ela só soube disso quando Gunter Parche enfiou a faca em suas costas e levantou o braço para repetir o gesto.

O nome do segundo guarda-costas é Henry, e seu depoimento também começa com as palavras erradas: "*Meu emprego principal é de carregador no porto de Hamburgo. Tenho um bico em que sou o chefe de segurança em quadras de tênis. Nesse torneio, minha função era especificamente acompanhar e proteger a Monica Seles.*"

É incrível, mas os dois declararam ter notado o agressor Gunter Parche antes das facadas. Henry identificou o agressor com bastante precisão: "Pode chamar de sexto sentido ou como quiser, eu não sei explicar, mas eu reparei no cara. Alguma coisa me disse que havia algo errado com aquele cara. Ele estava oscilando e não andando normalmente. Eu não sei explicar com mais detalhes. Eu só me senti inquieto quando vi o homem. Como falei, não sei como explicar com mais detalhes."

Apesar de estar claro que ele teve uma intuição a respeito do agressor, sua principal mensagem parece ser que ele "não sabe explicar".

Em vez de falar de suas preocupações com alguém, Henry decidiu largar o café em cima da mesa (que ele tinha nas mãos apesar de estar ali como segurança da figura mais polêmica do tênis mundial) e dar alguns passos para fazer sabe-se lá o quê. É claro que tinha dado poucos passos quando o ataque começou e acabou.

Talvez não seja justo criticar Henry e Manfred, pois eles não sabiam o que fazer. No entanto, esse é exatamente o meu ponto.

Enquanto Seles se recuperava da facada, os promotores dos torneios de tênis passaram a divulgar a ideia de que era impossível evitar ataques semelhantes. Jerry Diamond explicou a entrevistadores na CNN por que detectores de metais jamais dariam certo no tênis: "Quando você está trabalhando dentro de uma área fechada, com paredes e teto, sim, essas coisas todas são possíveis. Mas detector de metais não impediria ninguém decidido a tomar esse caminho. O fato de que ela foi esfaqueada na Alemanha nos custou uma parte enorme da receita, então por egoísmo tentamos fazer com que a nossa segurança seja de primeira linha."

Quando ouvi sua declaração de que detectores de metais não dariam certo no tênis porque algumas instalações não têm paredes e teto, fiquei ofendido por alguém ser capaz de dar opiniões de vida ou morte com uma autoconfiança tão equivocada. Apesar de chamar a triagem de armas de "ridícula", ao longo de sua carreira o Sr. Diamond pôde exigir de todos os espectadores que mostrassem algo bem menor que uma arma: um pedacinho de papel, o ingresso que ele lhes vendeu.

Imagino que ele não saiba que hoje a maioria dos programas de televisão tem detectores de metais para sua plateia. Por quê? Porque se não tivessem, uma pessoa armada com o objetivo de fazer mal a uma estrela de TV poderia arrumar um ingresso e ficar bem perto do alvo, assim como Robert Bardo ficou quando visitou o programa de TV de Rebecca Schaeffer com uma faca escondida, e assim como Parche no Citizen Tournament. Ao fazer a triagem dos membros da plateia, você não precisa mais se preocupar com o que se passa na cabeça dos outros porque já sabe o que guardam na bolsa e nos bolsos.

Detectores de metais são bons o bastante para tribunais, linhas aéreas, programas de TV, prédios do governo, shows, escolas e até para o Super Bowl (que não tem teto!), mas, por alguma razão, um empresário nos diz que não daria certo no tênis. É claro que é conveniente adotar as ideias do Sr. Diamond, pois, se ataques não fossem evitáveis, ele e os outros promotores não teriam o dever de tentar evitá-los.

Questionado por repórteres sobre as falhas de segurança no tênis profissional, outro porta-voz explicou que, como os torneios acontecem mundo afora, seria impossível padronizar medidas de segurança. É sério? Em todos os lugares do mundo exige-se que todas as bolas de tênis pulem de 135 a 147 centímetros quando jogadas de uma altura de 2,5 metros. Em todos os lugares do mundo, as quadras têm que ter exatamente 23,8 metros de comprimento e 8,2 metros de largura, com área de saque de exatos 6,4 metros da rede à linha de fundo. Isso me parece uma padronização, e no entanto essas pessoas indagam como seria possível ter uma credencial-padrão e um sistema de controle de acesso em todos os países? Bom, bastaria que se dessem ao trabalho de implementá-los.

Após o ataque a Seles, o Conselho de Tênis Feminino declarou ter aumentado a segurança, porém não exigiu que os promoters tomassem duas medidas óbvias: o uso de detectores de metais para averiguar os espectadores e a instalação de barricadas de plástico transparente entre a quadra e a plateia (como nos jogos de hóquei). Melhorias de segurança fracas – inclusive aquelas que você poderia adotar na sua vida – às vezes são piores do que não fazer nada, pois dão uma paz de espírito ilusória e convencem as pessoas de que medidas de segurança estão sendo tomadas quando, na verdade, não estão. Um esquema de segurança mal elaborado engana todo mundo – menos o agressor.

AO OUVIR FALAR que alguém perseguiu uma figura pública, talvez as pessoas achem que o caso pode ser incluído na lista formada por Chapman e Hinckley e mais alguns outros de que se lembrem. Na verdade, todos são acrescentados a uma lista bem mais longa. Minha empresa já cuidou de mais de 20 mil casos, e só uma porcentagem mínima deles veio a público. Vários clientes meus recebiam até 10 mil cartas por semana de membros do público em geral, sendo que algumas atendiam aos critérios que apontam a necessidade de uma revisão por parte da nossa equipe de Avaliação e Administração de Ameaças (TAM, na sigla em inglês). Ameaças de morte, perseguições, exigências bizarras e tentativas insistentes de comunicação são parte da vida pública nos Estados Unidos. Nosso trabalho nos leva ao submundo dessa cultura que a maioria não acreditaria que existe, mas que de fato existe, só que fora das nossas vistas, logo abaixo da superfície. Eis uma breve amostra dos tipos de casos com que lidamos num período de dois anos:

- Uma mulher escreveu mais de 6 mil ameaças de morte a um cliente porque ele ia "se casar com a pessoa errada".
- Um homem matou um coiote e o mandou a uma cliente nossa, porque ele "era lindo como você".
- Um homem enviava várias cartas por dia à atriz com quem esperava ter uma relação romântica. Seis vezes por semana, ele caminhava alguns quilômetros até a agência dos correios para ver se não tinha recebido uma resposta. Ao longo de oito anos, ele mandou mais de 12 mil cartas à atriz, e a uma delas ele anexou uma foto de si mesmo com a legenda: "Está vendo a arma nesta foto?" Nós estávamos à espera quando ele apareceu na porta da casa dela.
- Um homem obcecado pela ideia de ficar famoso raspou uma das sobrancelhas, metade da cabeça e metade da barba, depois cruzou o país em busca de um ator famoso. Chegou à cidade natal do ator e foi direto a uma loja de artigos esportivos, onde perguntou o preço de um rifle e uma mira telescópica. Foi preso na véspera de uma aparição pública importante do nosso cliente. Quando entrevistei o perseguidor, ele me disse que "quem matar César se torna um grande homem".
- Um homem mandou a uma cantora famosa a foto de um coração perfurado por uma faca. Seis meses depois, ele estava no portão da casa dela a fim de "fazer uma serenata para acompanhá-la até o além".

E tem também aqueles que cometeram crimes terríveis influenciados por ilusões que incluíam figuras públicas distantes:

- Um homem atacou uma adolescente com uma faca porque achava que ela era a modelo famosa por quem estava obcecado.

- Uma adolescente matou os pais e disse ter feito isso a mando de uma estrela do cinema.
- Em um caso que foi amplamente divulgado, um homem chamado Ralph Nau tinha ilusões sinistras quanto a quatro mulheres famosas, todas clientes da nossa empresa. Ele se concentrava principalmente em uma delas, que acreditava ser uma impostora maligna. Ele matou um cachorro e mandou os dentes para uma de nossas clientes. Depois, viajou mais de 48 mil quilômetros, dando a volta ao mundo, à procura dela. (Ele sabia onde a "impostora" morava, mas não a procurou lá.) Chegou a ir a um show da "impostora" sem saber que todas as cadeiras ao redor dele eram ocupadas por membros da equipe TAM. Investigamos formas de mandá-lo para a prisão ou para o hospital, mas ele não faltava ao trabalho e nunca tinha infringido a lei. Como trabalhava em uma clínica veterinária, não tínhamos nem como provar que a morte do cachorro tinha sido criminosa. Nós o monitoramos diariamente por três anos, e depois disso ele voltou a morar na casa dos pais. Avisei ao pai que referências feitas em algumas das 600 cartas nos levavam a crer que ele poderia ser perigoso para alguém da própria família. Poucos meses depois ele matou o meio-irmão de 8 anos com um machado. O menino o impedia de ver algo muito importante na TV: uma transmissão sobre a minha cliente que Nau acreditava ser dirigida a ele. (Apesar de ter confessado o assassinato, Nau foi absolvido por uma tecnicalidade. De poucos em poucos meses, ele pode pedir à justiça que o libere do hospital psiquiátrico, e de poucos em poucos meses estamos a postos para depor contra ele.)

Dado o número de casos avaliados pela nossa equipe – basicamente uma linha de montagem de loucura e perigo –, tenho que ser cuidadoso em relação à necessidade de manter a conexão humana entre protetor e perseguidor, pois só assim as previsões podem ser certeiras. Os funcionários da minha empresa que fazem um trabalho de avaliação elaboram um perfil para cada caso. A certa altura, começamos a nos referir a indivíduos sob avaliação como "perfis". O termo virou parte do jargão crescente exclusivo do nosso trabalho, e parte desse vocabulário eu compartilhei com os leitores deste livro. Por exemplo, aqueles que acreditam ser o Messias, o Capitão Kirk ou a Marilyn Monroe são casos de DEL-ID (delírios identitários). Quem acredita ser casado com um de nossos clientes é SPOUSE-DEL (delírios matrimoniais). Os que acreditam estar agindo a mando de Deus ou de vozes ou dispositivos instalados no cérebro são casos de OUTCON (abreviação de Outside Control – Controle Externo).

Eu costumava me preocupar com a possibilidade de que esse vernáculo desumanizasse e despersonalizasse nossas avaliações, mas à medida que conhecíamos mais perseguidores, que ficávamos sabendo mais sobre a vida deles e entendíamos o tormento e a tragédia de suas famílias, essa preocupação evaporava. É impossível alguém não ser profundamente impactado ao se envolver com pessoas cuja vida é uma série tortuosa de encontros com a polícia, hospitalizações, perseguições implacáveis por parte de inimigos imaginários, supostas traições de entes queridos, uma inquietude que os leva a lugares novos – só para se sentirem inquietos ali também e partir mais uma vez – e, acima de tudo, solidão.

Não, não existe qualquer chance de que minha empresa se distancie do lado humano no seu trabalho avaliativo. Não conseguimos nos esquecer do rapaz que escapou do hospital psiquiátrico, mandou uma última carta a uma figura pública que "amava" e cometeu suicídio. Não conseguimos nos esquecer daqueles que mataram e de uma forma ou de outra envolveram figuras midiáticas em seus crimes. Mais do que tudo, não conseguimos e nos recusamos a esquecer aqueles que podem tentar fazer mal aos nossos clientes.

EM SUA BUSCA por atenção e identidade, a maioria dos assassinos recorre, como diz Park Dietz, "a quem tem identidade para dar e vender: os famosos". Os assassinos sabem que, quando alguém mata ou tenta matar uma pessoa famosa, causa o mais grandioso dos eventos midiáticos. Um repórter de televisão vai parar com sua equipe de filmagem a alguns metros de outro repórter com sua equipe de filmagem, e invariavelmente vão declarar o crime "um ato sem sentido".

Mas um assassinato é tudo menos sem sentido para quem o comete, e esses repórteres fazem parte do sentido do ato. Os literais milhões de dólares gastos na filmagem de cada passo que um presidente dá ao entrar e sair de um carro ou helicóptero também faz sentido. Alguns dão a isso o nome de "vigia de assassinato", e é óbvio que órgãos de jornalismo eletrônico concluíram que o custo de todas essas equipes e todas as vans equipadas para transmissões por satélite valem as imagens que vão ter caso alguém dispare uma arma. Portanto, a televisão e o assassino investiram no mesmo crime, e de vez em quando eles se juntam para lucrar com isso.

Lembra de Arthur Bremer, que se propôs a matar o presidente Nixon mas acabou se conformando com o candidato à presidência George Wallace? Ele ponderou o ato em termos que dariam orgulho a qualquer agência de medição de audiência. No diário que mantinha (que ele pretendia publicar quando ficasse famoso), Bremer se preocupava com sua audiência: "Se acontecer alguma coisa grandiosa no Vietnã, [meu ataque] não vai ocupar nem três minutos nos telejornais."

Esses atos sem sentido fazem todo o sentido do mundo.

14

Perigos extremos

"Em nós mesmos nossa segurança devemos buscar.
Por nossa própria mão ela se deve forjar."
—William Wordsworth

Todos já nos deparamos com pessoas que nos assustam ou que podem representar perigo, mas, conforme você já viu, uma figura pública de relevância pode ter que lidar com centenas de pessoas, literalmente, que buscam interações indesejadas. Não estou falando dos fãs; estou falando de quem acredita que fazer mal a alguém famoso é uma ordem de Deus, ou que se acredita destinado a se casar com alguma estrela, ou acredita que uma figura midiática está sendo feita de refém, e por aí vai. Esses casos geram lições que são úteis para todos nós. Quero apresentar uma que demonstra que até os mais extremos riscos à segurança são contornáveis.

Este livro já abordou obsessões, ameaças de morte, perseguições, transtornos mentais, abuso infantil, tiroteios com várias vítimas e crianças que mataram os pais. O incrível é que existe um caso que reúne todos esses elementos, basicamente um hall da fama da violência.

POR VOLTA DAS QUATRO da tarde do dia 20 de julho de 1983 eu estava em um hotel em Los Angeles, onde me encontraria com uma cliente que estava participando de um evento público. Ao cruzar o saguão, fui chamado por uma das várias pessoas da Divisão de Segurança Protetora (PSD, na sigla em inglês) da minha empresa, designadas à minha cliente. Ele me relatou que recebera uma importante chamada de rádio do nosso escritório e sugeriu que eu atendesse em um de nossos carros. Como sempre, deparei com os carros enfileirados, os motoristas a postos, totalmente preparados para uma "partida não programada", nosso eufemismo para uma emergência.

O relato que recebi era alarmante; eu teria que liberar minha agenda daquele dia e dos 30 seguintes: "A polícia do Condado de Jennings, na Louisiana, encontrou o corpo de cinco pessoas assassinadas brutalmente. O principal suspeito é Michael Perry."

NÃO ERA A PRIMEIRA VEZ que eu ouvia esse nome. Michael Perry foi um dos milhares de perseguidores com transtornos mentais que minha empresa avaliou, mas foi um dos poucos que colocamos na categoria de altíssimo risco. A chamada de rádio era para mim porque a figura pública com quem Perry tinha obsessão não era apenas uma cliente de longa data, mas uma amiga querida.

A cliente pela qual Perry estava obcecado é uma artista musical de fama internacional e também atriz de cinema. Uma equipe de agentes da PSD já fazia a segurança de sua casa havia cerca de um ano. Ter guarda-costas em tempo integral foi uma precaução tomada, em certa medida, porque prevíamos que Perry apareceria lá e também por causa de outro stalker violento (Ralph Nau). O rádio chiava com a troca de informações entre minha empresa e a segurança da casa da minha cliente em Malibu. Alguém da Avaliação e Administração de Ameaças (TAM) já estava falando com a polícia e marcou de eu me reunir com agentes de campo do FBI.

Relatórios alarmantes não são incomuns quando cuidamos de grandes figuras midiáticas, mas geralmente quanto mais sabemos sobre uma situação, menos grave ela se prova. O exato oposto era verdadeiro no caso Michael Perry. Enquanto uma pessoa da minha empresa examinava nossos arquivos sobre Perry, outra colhia informações com a polícia do Condado de Jennings.

Para proteger os clientes da gestão cotidiana das questões de segurança, minha política é só discutir com eles sobre casos específicos se houver alguma atitude que eles mesmos precisem tomar. A questão Perry chegou a esse ponto e o que eu pretendia dizer à minha cliente era o seguinte: Perry estava obcecado por ela havia cerca de dois anos. Era um daqueles sujeitos que se preparam para sobreviver a uma grande catástrofe armazenando alimentos e armas. Já tinha ido a Los Angeles várias vezes à procura dela. Os pais de Perry tinham sido vítimas de homicídio, e um rifle de alta potência e pelo menos dois revólveres tinham desaparecido da casa deles. Perry já tinha tido tempo de sobra para chegar a Los Angeles. Havia pouco tempo ele dissera a um psiquiatra que minha cliente era "maligna e precisava ser assassinada".

Antes de dar esse telefonema, no entanto, fui informado de mais um detalhe que mudou tudo. Com base nas poucas palavras que Perry tinha escrito em um papel encontrado na cena do crime, tomei uma atitude que nunca havia tomado e nunca mais repeti, mesmo quando meus clientes enfrentaram riscos gravíssimos. Liguei para minha cliente e pedi a ela que fizesse uma mala para passar alguns dias fora. Prometi buscá-la dali a meia hora para levá-la a um hotel. Com o que eu já sabia àquela altura, não achei que pudéssemos protegê-la devidamente em casa, nem contando com uma equipe de guarda-costas.

Quando cheguei ao bairro da minha cliente, a rua já tinha sido fechada pela polícia e o helicóptero sobrevoava a casa, zumbindo alto. Poucos minutos depois, eu respondia às perguntas angustiadas da minha cliente enquanto deixávamos sua casa para trás, seguidos pelo carro reserva da nossa escolta. Seríamos recebidos no hotel por mais dois agentes nossos. Entraríamos por uma plataforma de carga e subiríamos pelo elevador de serviço. Um quarto perto da suíte da minha cliente estava sendo transformado num centro de comando.

Duas pessoas da minha empresa já tinham saído de Los Angeles rumo a Louisiana. Quando chegaram à cena do crime, na manhã do dia seguinte, os corpos já tinham sido recolhidos, mas as fotos revelaram um aspecto terrível dos homicídios: Perry atirara nos olhos dos próprios pais com uma espingarda. Também tinha matado o sobrinho bebê que estava na casa, depois invadira outra casa e matara mais duas pessoas.

Na sala, vimos que ele havia disparado vários tiros de espingarda contra um aquecedor de parede. O aquecedor estragado era um mistério que resolveríamos no dia seguinte, além da razão para os tiros nos olhos das vítimas, mas, naquele momento, ignorávamos esses detalhes porque nosso objetivo era encontrar uma folha de papel.

Perto de onde os corpos foram achados havia um bloquinho que era o brinde de uma empresa local de lavagem a seco. Na primeira folha via-se uma lista de nomes, alguns riscados e depois escritos outra vez, alguns com linhas que os ligavam a outros nomes, alguns circulados, outros sublinhados, alguns em uma coluna, outros separados em grupos de três ou quatro. Os nomes e os traços eram as tentativas de Perry de restringir a 10 o número de pessoas que pretendia matar. Alguns estavam na Louisiana, um no Texas, um em Washington, D.C., e uma em Malibu (a que mais me preocupava). Essas pessoas não tinham como saber que faziam parte de uma competição bizarra entre os inimigos de Michael Perry. Não tinham como saber que, em uma casinha suja na Louisiana, um homem estava sentado junto ao corpo de três parentes nos quais acabara de atirar, avaliando com bastante calma e cuidado se eles deveriam viver ou morrer.

Perry escreveu a palavra "céu" ao lado do nome de quem já tinha matado e riscou alguns outros que não estavam nos seus 10 primeiros. Quando terminou, o nome da minha cliente ainda estava na lista. Agora eu precisava encontrar Michael Perry.

Sua lista não apenas nos levou à baía pantanosa, mas também ensejou minha escavação da história de Perry. Nas semanas seguintes, eu conheceria muito bem sua família e a população do Condado de Jennings, conheceria sua irmã esquizofrênica, os médicos aos quais ele tinha contado seus planos de matar pessoas em "grupos de 10", o legista que mais tarde nos enviaria por FedEx moldes de gesso das pegadas de Perry colhidas na cena do crime, o vizinho que nos contou que Perry tinha decapitado seu cachorro, o bibliotecário que emprestou a Perry os livros sobre sobrevivência no apocalipse que fizeram dele um sujeito tão difícil de capturar. Eu logo conheceria Michael Perry melhor do que qualquer pessoa gostaria de conhecê-lo.

ENQUANTO ALGUMAS PESSOAS do meu escritório começavam o segundo dia na Louisiana, outras corriam com a minha cliente do hotel para um local seguro que alugamos fora do estado. Outros seguiam pistas na Califórnia, no Texas, em Nevada, Washington, D.C., Nova York e até na África. Na Louisiana, a pequena delegacia de polícia do Condado de Jennings incumbia seus três investigadores do caso Michael Perry; minha empresa pôs mais 14 pessoas na busca.

Fazia muito tempo que Grace e Chester Perry previam que um dia o filho os mataria. Sempre que ele estava na cidade, a mãe se trancava dentro de casa e ele raramente podia entrar sem que o pai estivesse presente. As armas da família ficavam escondidas, eles pagavam a Perry para que fosse embora sempre que os visitava e dormiam melhor quando o filho fazia uma de suas viagens à Califórnia (para procurar minha cliente). Não se sabe exatamente quando ele ficou com tanta raiva a ponto de querer se tornar órfão, mas talvez tenha sido aos 7 anos, quando, segundo ele, a mãe o empurrou contra o aquecedor da casa. Não há dúvida de que a deformação e as queimaduras vergonhosas (para ele) nas pernas eram um lembrete diário do incidente. Os tiros de espingarda no aquecedor foram uma vingança pequena demais, tardia demais, que ele esperava havia mais de 20 anos.

À medida que Michael Perry crescia, as histórias sobre ele estavam sempre circulando, e os vizinhos desistiram de tentar entender por que ele fazia as bizarrices que fazia. Por exemplo, ele gostava de ser chamado pelo apelido de Crab (Caranguejo), mas depois contratou um advogado para alterar oficialmente seu nome para Eye (Olho). Todo mundo pensou que aquela era só mais uma de suas ideias absurdas, mas fazia sentido. Michael Perry não foi o único menino de 6 anos cujo pai voltava do trabalho e o questionava sobre as diversas transgressões que tinha cometido naquele dia, como andar de bicicleta na rua. Mas provavelmente era o único com um pai que conhecia a fundo cada um de seus delitos. O pai de Perry era de uma precisão impressionante porque uma vizinha que entrevistamos tinha concordado em vigiar o menino da varanda e relatar suas atividades para Chester. O pai disse a Michael: "Quando vou para o trabalho, eu deixo meus olhos em casa." Perry passou 28 anos tentando se esconder do escrutínio desses olhos; ele até tentou se tornar simbolicamente um Eye. Então, em 19 de julho de 1983, ele fechou os olhos do pai para sempre.

A casa da família Perry era construída sobre palafitas bem altas, e é de imaginar que uma criança tema o que há embaixo dela, assim como muitas temem o que há embaixo da cama. Mas, ao contrário do que acontece com a maioria das crianças, os receios de Perry não eram apaziguados, e só se intensificaram, criando a complexa ilusão de que cadáveres emergiam de uma câmara embaixo do chão.

Com tanta coisa para ocupar sua patologia dentro de casa, por que a cabeça de Perry se desviou para uma mulher famosa que vivia a 2.400 quilômetros de distância? Por que ele acreditava que ficaria em paz caso a matasse? Eu saberia em breve.

Havia outra mulher importante em sua lista: Sandra Day O'Connor, que acabara de ser indicada para a Suprema Corte dos Estados Unidos. Por que ela chamou a atenção de Perry? "Porque nenhuma mulher deveria estar acima de um homem", explicou ele depois.

Ele estava acostumado a mulheres fortes; fora criado, como quase todas as crianças são, pela mulher mais forte do mundo: sua mãe. A força dela era mal-empregada, ele sentia, e sua raiva passou a consumi-lo. Embora as queimaduras do aquecedor já tivessem cicatrizado havia tempos, Perry ainda enrolava as pernas em ataduras e nunca as deixava à mostra. Ao voltar de uma das viagens que fez a Malibu para levar a cabo sua perseguição, ele espancou tanto a mãe que foi preso e internado em um hospital psiquiátrico. Mas não demorou a escapar e voltou à casa dela. Os policiais o encontraram lá, mas a mãe se recusou a deixar que levassem Perry de volta para a cadeia. Eles insistiram, porém ela resistiu e venceu. Quando os policiais retornassem à sua casa, a mulher forte e autoritária já estaria morta.

Um dia depois dos assassinatos, o sociólogo Walt Risler, pensador pioneiro no campo da previsão de violências e consultor em período integral da nossa empresa por mais de uma década, já estava a caminho de Louisiana. Lá ele entrevistou membros da família, analisou os escritos de Perry e estudou outros indicadores. Risler descobriu que a cena do crime era um terreno fértil para desvendar o tipo de loucura que era sua especialidade. Num berço na sala de estar, Perry empilhara vários objetos: um crucifixo, um travesseiro, três fotos de família viradas para baixo, uma placa da Virgem Maria e um caranguejo de cerâmica. Esse santuário só fazia sentido para Michael Perry até o momento em que Risler começou a juntar as peças do quebra-cabeça.

Era de presumir que Perry estivesse em um destes três lugares ou em algum ponto entre eles: ainda na Louisiana, em busca de vítimas locais de sua lista; em Washington, D.C., no encalço de Sandra Day O'Connor; ou em Malibu, provavelmente num dos milhares de hectares de matagal nos fundos da casa da minha cliente. Prever que ele pudesse agir com violência era básico; já tínhamos feito isso antes mesmo dos assassinatos. A pergunta difícil de responder era como ele tentaria encontrar as vítimas e até onde iria sua paciência.

Certa noite, quando eu estava no escritório analisando o material sobre o caso pela milésima vez, reparei em um relatório dizendo que um livro escrito pelo especialista em monitoramento Tom Brown havia sumido da Biblioteca do Condado de Jennings. Sabíamos que Perry já tinha pegado emprestado outro livro de Brown, chamado *The Search* (A busca). Será que Perry tinha usado as informações dos livros para não ser detectado enquanto vivia às escondidas nas colinas atrás da casa da minha cliente? Será que estava a poucos metros de uma trilha enquanto passávamos desavisados por ele? Eu sabia a quem perguntar.

Tom Brown já tinha publicado mais de uma dúzia de livros sobre rastreamento e sobre a natureza e participado de buscas por homens perigosos. Ele não estava morrendo de vontade de fazer isso de novo, mas com um telefonema de uma hora convenci o cauteloso e relutante rastreador a ir para Los Angeles nos ajudar a encontrar Michael Perry. Eu o busquei no aeroporto – era um homem magro com a seriedade silenciosa de Clint Eastwood. Enquanto eu o levava a um helicóptero que nos esperava, ele fazia perguntas sobre Perry: De que tipo de comida ele gosta? Ele come carne? Fuma? Me fale dos sapatos dele. Que tipo de roupa ele usa? Como é o cabelo?

Pouco depois de chegar a Los Angeles, Brown já estava no alto das colinas de Malibu que rodeavam a casa da minha cliente, à procura de algum sinal de Perry. Alguns bombeiros que viram a foto de Perry nos falaram de um acampamento improvisado onde o tinham visto alguns meses antes, e Tom sobrevoou a área, apontando locais que nossos agentes verificaram a pé ou a cavalo. Quando ele procurou em terra, foi acompanhado por agentes armados da minha empresa, e nos poucos dias que passaram juntos, ele lhes ensinou parte do que sabia sobre rastreamento. Brown era um prodígio. Ele poderia dizer por onde a pessoa tinha caminhado, onde tinha dormido e até onde tinha feito uma pausa para descansar. Sua intuição era acionada por uma série de sinais sutis e às vezes estranhos: ervas daninhas tombadas, seixos soltos, sombras na poeira e outros detalhes que à maioria das pessoas passariam despercebidos.

Brown me explicou: "Quando alguém tira alguma coisa do lugar na sua casa, você percebe. Quando alguém tira alguma coisa do lugar no mato, eu percebo."

Numa mochila, um dos agentes da PSD transportava um molde de gesso de uma pegada colhida da terra nas redondezas da cena do crime. Vez por outra Brown pedia que o pegassem e o comparava com um sulco ou depressão na terra.

Certa tarde, depois que deixei Brown no hotel para um breve descanso, fui informado pelo rádio que um morador de Malibu a cerca de um quilômetro e meio da casa da minha cliente tinha relatado que um homem estranho havia batido à sua porta e feito perguntas sobre "a estrela de cinema mágica". E depois subira a colina a pé. Voltei correndo para a casa da minha cliente, ciente de que estaria no local antes de alguém que estivesse a pé. Quando cheguei, vários policiais haviam se juntado aos dois agentes da minha empresa. Passamos cerca de 30 minutos esperando, e então os cachorros começaram a latir e correr pela encosta de uma colina.

Todos seguiram os cães e logo vimos um homem rastejando no mato. Alguns policiais correram por trás dele e um helicóptero da polícia desceu sobre ele. Numa onda de adrenalina geral, o intruso já estava no chão, algemado, se debatendo. Subi a colina correndo para identificá-lo para os policiais, na expectativa de que a busca por Michael Perry tivesse acabado. Ele foi levantado e o colocaram sentado no chão, olhando nos meus olhos, e eu o reconheci na mesma hora – mas não se tratava de Michael Perry. Era Warren P., *outro* perseguidor com transtornos mentais que tínhamos entrevistado anos antes e sobre o qual ouvíamos falar de vez em quando. Era um homem apaixonado que esperava se casar com a minha cliente.

Embora valesse uma avaliação, Warren não tinha intenções sinistras: era uma figura mais trágica do que perigosa. Seu azar o tinha levado a se esforçar por anos a fio e cruzar milhares de quilômetros, enfim indo parar na casa da minha cliente, a meca de seus delírios românticos, só que na pior tarde possível para uma visitinha. Enquanto era conduzido a um dos carros da polícia, ele repetia sem parar: "Eu não fazia ideia de que a segurança era tão rígida."

No dia seguinte, tarde da noite, três agentes da minha empresa vasculharam os entornos da casa da minha cliente usando algumas das técnicas de Tom Brown e encontraram uma trilha suspeita. Eles me levaram até lá e acenderam suas lanternas rente ao chão para que eu visse os rastros. Confesso que não vi o que eles viram, mas todos os acompanhamos, atravessando uma ravina e o mato escuro. Ficamos em silêncio, na esperança de achar Perry e ao mesmo tempo na esperança de não o achar. À nossa frente havia o que até eu poderia identificar como um abrigo construído com lenha e galhos. Caminhamos naquela direção e, à medida que nos aproximávamos, constatamos que não havia ninguém.

Lá dentro encontramos indícios de que era realmente a casa de alguém que perseguia minha cliente: em meio às roupas imundas, descobrimos o encarte de um de seus álbuns. Havia também um garfo, fósforos e uma arma rudimentar chamada boleadeira, feita de duas pedras amarradas nas pontas de uma corda. Ao deixarmos o abrigo, ainda nos arrastando, vimos uma clareira bem em frente ao local por onde minha cliente passava todos os dias ao sair e voltar para casa. Se Michael Perry estava morando ali, era provável que a vigiasse daquele ponto.

Não demorou muito e ouvimos o barulho de alguém cruzando o mato e vindo em nossa direção. Ao luar, prendemos o fôlego e vimos um homem se aproximar. Seu cabelo escuro estava desgrenhado e tinha crescido muito mais do que eu imaginava possível no tempo em que ele estava à solta. O homem usava uma coroa de galhos e folhas. Atacado por todos os lados, ele gritou "Eu sou o rei, eu sou o rei!" enquanto era algemado. Não era Perry, e sim *mais um* perseguidor com transtornos mentais. Esse estava ali para cuidar da minha cliente, sua "rainha".

(Esses dois homens obcecados que estavam vivendo na órbita da minha cliente durante o caso Perry deixam claro o lado ameaçador da vida pública. Da próxima vez que você vir uma daquelas matérias frequentes nos tabloides sobre uma estrela perseguida por um "fã maluco", vai saber quanto daquilo é puro sensacionalismo – você pode escolher uma estrela qualquer, num dia qualquer, que a mesma história seria verdadeira. Isso só virou "notícia" porque o tabloide precisava de uma manchete.)

Assim como poderíamos nos deparar a qualquer momento com Michael Perry em Malibu, Walt Risler e nosso investigador poderiam encontrá-lo perto dos juncos que margeavam os canais pantanosos do Condado de Jennings. Algum policial estadual sortudo (ou, se não tivesse cuidado, azarado) poderia encontrá-lo acelerando na estrada com o Oldsmobile de

Chester Perry, ou a polícia da Suprema Corte dos Estados Unidos poderia encontrá-lo vagando pelos corredores do edifício histórico à procura de Sandra Day O'Connor.

Walt Risler, que nadava fundo nas águas dos delírios de Perry, concluiu que Washington e Malibu eram a Sodoma e Gomorra de Perry. Ao ponderar tudo o que sabia sobre o caso, Risler previu que Perry estivesse a caminho da capital do país para matar a juíza O'Connor. Com base nisso, entrei em contato com um investigador de homicídios experiente de Washington, D.C., chamado Tom Kilcullen, e lhe contei do caso e da opinião de Risler. Kilcullen, um pensador criativo, seguiu várias pistas na área de Washington.

Continuamos nossas operações em Malibu fazendo entrevistas diárias com pessoas que poderiam ter visto Perry. Pedimos aos lojistas locais que nos informassem sobre qualquer pessoa que perguntasse sobre minha cliente e solicitamos atenção especial na biblioteca de Malibu. Isso porque uma pesquisa nos registros telefônicos de Grace e Chester Perry revelaram que o filho havia telefonado algumas vezes para eles a cobrar usando o telefone da biblioteca, em uma de suas idas à Califórnia. Mas uma outra ligação que havia nesses registros era mais assustadora. Seis meses antes, houvera uma reportagem em um jornal pequeno que falava que minha cliente frequentava determinada loja de Beverly Hills. Os registros telefônicos revelaram que Perry havia usado a cabine telefônica que ficava em frente à loja para ligar para os pais. Estávamos lidando com um perseguidor habilidoso.

Para saber o que Perry poderia descobrir a respeito de sua própria caçada, analisei matérias de jornal sobre o caso. Examinar o *USA Today* naquelas semanas foi interessante, pois me deparava com manchetes como "Suspeito de cinco assassinatos...", e a matéria não era sobre Perry; "Assassino em massa ainda à solta...", tampouco era Perry; "Homem procurado por massacre da família...", também não era Perry. Somente nos Estados Unidos uma coisa dessas é possível.

Durante 11 dias, equipes de diversas partes do país procuraram um homem que odiava ser alvo de olhares, até que chegou 31 de julho e a previsão de Risler se mostrou certeira. A polícia de Washington, D.C., recebeu um chamado de um hotel decadente: um hóspede teria roubado o rádio de outro hóspede. Um policial foi enviado para interrogar os dois excêntricos que estavam tentando irritar um ao outro e concluiu que nada ilegal tinha acontecido. O chamado banal terminaria assim que o policial completasse a etapa rotineira de verificar se algum deles tinha algum mandado de prisão em aberto. Ele pediu que os dois esperassem um momento porque os resultados da busca computadorizada seriam enviados pelo rádio. A questão desimportante se tornou a mais importante da carreira do policial, porque quem estava parado na frente dele, esperando sem perder a paciência, era o assassino em massa Michael Perry.

Em menos de uma hora, o detetive Kilcullen me ligou e me ofereceu a possibilidade de conversar com Perry, agora sob custódia. Num piscar de olhos, o assassino e perseguidor que dominava meus pensamentos havia duas semanas estava do outro lado da linha, pronto para conversar.

Sem preparo, me vi em uma entrevista com o assassino mais procurado do país. Como sabíamos que ele tinha estado na casa da minha cliente, minha primeira pergunta foi sobre isso. Ele mentiu sem hesitação, parecendo um trapaceiro de fala rápida, cheio de manha.

PERRY: Acho que nunca estive na casa dela, senhor. Acho que não. Acho mesmo que não.
EU: Sério?
PERRY: É. Eu acho mesmo que não.
EU: Você já esteve na Califórnia?
PERRY: Bem, eu fui nadar na praia, sabe, e acampei um pouco, mas foi só isso.

Então, sem que eu pedisse, ele me contou como minha cliente se encaixava em suas razões para matar.

PERRY: Quando ela fez aquele filme, e sempre que ela se virava, o rosto dela estava diferente, sabe? Ficava parecida com minha mãe em 1961, sabe, estava a cara da minha mãe. Em 1961, minha mãe entrou no quarto, e eu estava de pé muito antes de todo mundo acordar. E minha mãe entrou e ela estava com uma cara horrível, e eu olhei para ela, ela virou a cabeça e esfregou o ombro. E o rosto no filme me lembrou 1961. Estragou tudo, sabe?

Talvez estivesse se lembrando do dia do incidente com o aquecedor, gravado na memória assim como havia ficado gravado na pele. Então ele foi logo mudando de assunto e de novo negou ter estado na casa da minha cliente. É normal que criminosos evitem dar as informações que alguém quer, muitas vezes justamente por ser uma informação desejada, mas ele acabou simplesmente desistindo da mentira e descrevendo com precisão a entrada da casa da minha cliente.

PERRY: Sabe, eles têm uma espécie de cinema drive-in [o interfone do portão], e você aperta o botão. E tem uma luz vermelha [parte do esquema de segurança]. E eu fiquei com a impressão de que a casa deve ter um abrigo subterrâneo e que deve ser um espaço grande. E eu toquei a campainha, e havia uma câmera na frente e tudo. Eu não chamei a atenção da garota e ela também não chamou a minha. Eu só falei: "Este não deve ser o lugar certo", sabe, porque essa casa é muito antiga. Foi uma sensação forte, muito forte.

Perry se calou. Quando voltou a falar, foi sobre a natureza da obsessão. À sua maneira pouco sofisticada, ele descreveu o conteúdo de sua experiência com toda a precisão que um psiquiatra poderia almejar.

PERRY: Eu não quero falar desse assunto. Passou pela minha cabeça. Ela meio que foi entrando, e *nada, nada jamais grudou na minha cabeça desse jeito*. E ainda hoje, sabe, ainda hoje, ainda hoje, ainda hoje…

Ele se calou e eu fiquei quieto, esperando que se pronunciasse de novo.

PERRY: No especial dela, na HBO, eu vi que os olhos dela mudam de cor. Os olhos dela vivem mudando de cor.
EU: O que você sentiu?
PERRY: Eu não gostei nada. Pode ser que a garota seja uma bruxa, sabe? Ela pode me fazer mal se me ouvir dizendo isso. Estou falando do que eu vi. Parecia a minha mãe. Eu não quero mexer nisso porque era um alívio sempre que me esquecia disso. Pensei no fato de ela ser uma estrela de cinema e, sendo realista, o endereço dela aparecer numa revista não é

correto. Então eu estou meio que... tenho medo de encontrar a garota. Claro que eu não sei como seria. Eu sei que a situação dela é delicada. Passei muitas noites em claro pensando nisso.
EU: E se você a tivesse visto em casa?
PERRY: Nunca vi. Além do mais, ela tem namorado. Mas sabe como é, ela me pediu e eu fiz, então é isso, mas não quero entrar nesses assuntos muito pessoais. Estou sob custódia no momento, só queria que você soubesse disso. Eles ligaram para os meus velhos lá em casa e aconteceu algum acidente grande, um roubo ou coisa assim, que não foi obra minha.

Perry se calou de novo. Estava claro que o homem que tentara exorcizar um de seus demônios atirando no rosto da mãe ainda não se livrara deles.

EU: Você não gosta desse assunto, não é?
PERRY: Não, não gosto. O ruim foi que ela se virou e estava com aquela cara feia. O rosto dela estava completamente diferente de antes. Quer dizer, é um desastre que ela estivesse parecida com ela. Foi horrível, e eu desliguei a TV e saí. Eu não quero falar muito disso porque, cara, eu passei um bom tempo pensando nisso depois do que eu vi. Eu disse: "Foi além da conta." Isso me ocupou muito tempo e eu não queria mais pensar.

Sua voz sumiu e ele desligou o telefone. Fiquei sentado à minha mesa, incrédulo.

A emergência que havia consumido quase o tempo todo de todas as pessoas da minha empresa chegara ao fim, não com uma vigilância, um tiroteio ou uma equipe da SWAT, mas com um telefonema. O homem que tentei conhecer e compreender por todos os meios ao meu alcance me disse, sem rodeios, por que perseguiu minha cliente e por que queria matá-la. Entrei no escritório da TAM, movimentado por atividades relacionadas ao caso, e disse: "Acabei de falar ao telefone com Michael Perry." Isso não fez sentido para ninguém ali, mas não era engraçado a ponto de ser uma piada.

Viajei para a capital na manhã seguinte para descobrir tudo que pudesse ser relevante para o caso e conseguir informações capazes de ajudar no processo. Como nossa missão seguinte seria garantir que Perry fosse condenado, mantive contato com o promotor do Condado de Jennings, que ia me encontrar em Washington.

Quando cheguei, Kilcullen me disse que o carro de Perry havia sido encontrado e estava em um pátio de veículos rebocados ali perto. Fomos até lá para dar uma olhada e ver que indícios continha.

O Oldsmobile verde de Chester Perry estava sujo devido à longa viagem. Um policial olhou para o banco da frente pela janela e estremeceu. "Está coberto de sangue", disse. Havia mesmo um líquido escuro, denso, grudado no estofamento. Assim que abrimos a porta, vi sementes de melancia no piso; o que havia no banco não era sangue, era suco de melancia. Em vez de parar para comer em algum lugar, Perry comprou uma melancia e segurou a fruta com a mão direita enquanto acelerava pela rodovia em direção a Washington.

Perry havia optado por ficar em um estabelecimento barato chamado Annex Hotel, que ficava a cerca de 1 quilômetro da Suprema Corte. Quando fomos lá, ficou claro em que ele havia gastado a maior parte de seu dinheiro. Tinha transformado o quarto 136 em algo que surpreendeu todos nós: um museu bizarro da era midiática, uma obra de arte pop que unia violência, loucura e televisão. Naquele quarto apertado, Perry tinha enfiado nove aparelhos de televisão, todos ligados à tomada, todos sintonizados na estática. Em um deles, tinha rabiscado as palavras "Meu Corpo" com marcador vermelho. Ele havia desenhado olhos gigantes em vários dos televisores. Em um deles o nome da minha cliente estava escrito em negrito.

O detetive da Louisiana encarregado dos homicídios cometidos por Perry, Irwin Trahan, foi a Washington para conduzi-lo de volta para seu julgamento na terra natal. É normal que prisioneiros como ele sejam transportados em aviões comerciais ou no "Con Air" – apelido da frota de jatos dos U.S. Marshals –, mas Trahan e seu parceiro tinham decidido levar Perry de volta para Louisiana de carro. Esse trio incomum acelerava pelas mesmas rodovias que Perry havia percorrido para chegar a Washington. Hospedando-se em hotéis de beira de estrada pelo caminho, os detetives se revezavam para dormir e vigiar Perry, que não dormiu nada. Ao final dos dois dias de viagem, Perry pediu que eles me transmitissem um recado. Era sobre minha cliente: "É melhor você ficar de olho nela 24 horas por dia."

Numa ironia que eu levaria muitos anos para perceber, Perry também disse aos detetives que, se o caso dele fosse levado à Suprema Corte e à juíza Sandra Day O'Connor, ele "não teria chance alguma porque ela é mulher". (Seu caso acabou indo mesmo parar na Suprema Corte.)

Um tempo depois de Perry voltar para a Louisiana, providenciamos para que Walt Risler o entrevistasse na prisão para que falasse mais sobre suas advertências sinistras em relação à minha cliente. Agitado, Perry explicou: "Diga a ela que fique longe da Grécia. É só isso que quero dizer agora, cara. Eu estou me sentindo mal, muito mal; minha cabeça está cheia de vômito."

Para evitar que a entrevista terminasse, Risler fez perguntas sobre um dos assuntos favoritos de Perry: televisão. Perry respondeu: "Cara, a TV está uma droga ultimamente. Eu não sei o que eles querem dizer. Depois de um tempo, cheguei a um ponto em que eu só conseguia entender a lógica da televisão assistindo aos canais de estática. Eu conseguia ler e entender melhor o que estava acontecendo do que nos programas."

Então ele pediu a seu advogado que saísse para que ele pudesse falar a sós com Risler. Ele segurou as mãos de Risler e explicou que, se ele não saísse da prisão, as consequências seriam infernais. Sua possível execução desencadearia a explosão de um míssil atômico escondido nos pântanos nos arredores da cidade. "Então, veja você, me tirar daqui é importante para todo mundo. Só estou tentando salvar vidas."

Perry se levantou para encerrar a entrevista: "Ah, cara, minha cabeça está cheia de vômito. Dá para ver como minha cabeça está fodida, não dá, pelas coisas que eu penso?"

Perry não estava fingindo loucura – era genuína.

QUANDO VOLTEI PARA LOS ANGELES, recebi uma carta gentil da juíza O'Connor me agradecendo pela ajuda e lamentando o fato de que "há pessoas neste país que de tão instáveis representam uma ameaça genuína aos outros".

Alguns anos mais tarde, depois que a Suprema Corte adotou o programa MOSAIC, encontrei-me com a juíza O'Connor em seu gabinete. Michael Perry, a essa altura condenado por cinco homicídios e sentenciado à pena capital, tinha voltado à vida dela de um jeito interessante. As autoridades penitenciárias haviam mandado que os médicos dessem remédios que garantissem que Perry estivesse lúcido no dia da execução. Os médicos se recusaram, pois argumentaram que, como a medicação seria dada só para ele morrer, tomá-la não era benéfico para o paciente. O assunto chegou à Suprema Corte, e, em uma das decisões mais imparciais da história, os juízes decidiram que o assassino que já tinha perseguido um de seus membros não poderia ser obrigado a tomar um remédio só para ser executado. Michael Perry continuou vivo por muitos anos por causa dessa decisão.

O CASO DE PERRY demonstra que mesmo os crimes de mais repercussão são motivados por questões pessoais. Embora seja muitíssimo improvável que você venha a aparecer na lista de alvos de um assassino em massa, discuti o caso aqui para aumentar sua compreensão sobre a violência e revelar a faceta humana das histórias sensacionalistas que vemos nos jornais. Relatos de tais assassinatos na TV, apresentados como algo unidimensional, sem perspectiva e sem os tipos de detalhes que você acabou de ler, geralmente só servem para causar um medo injustificado nas pessoas. E é bem pouco provável que as pessoas precisem de ainda mais medo.

15

A virtude do medo

"Os medos nos são incutidos pela educação e podem, se assim desejarmos, ser extirpados pela educação."
– Karl A. Menninger

Todos sabemos que não nos faltam razões para temermos as pessoas de tempos em tempos. A questão é: que tempos são esses? Pessoas demais andam em constante estado de vigilância, a intuição mal informada sobre o que realmente representa perigo. Não precisa ser assim. Quando você acata sinais intuitivos precisos e os avalia sem negá-los (acreditando que tanto o resultado favorável quanto o desfavorável são possíveis), você não precisa ser cauteloso, pois passa a confiar que será avisado caso surja alguma coisa merecedora de sua atenção. O medo ganha credibilidade porque não é desperdiçado. Quando você aceita os sinais de alerta como uma mensagem de boas-vindas e avalia rapidamente o ambiente e a situação, o medo cessa em um instante. Portanto, confiar na intuição é o exato oposto de viver com medo. Na verdade, o papel do medo na sua vida diminui à medida que a mente e o corpo entendem que você vai estar atento aos sinais e que não precisa de mais alertas.

O medo genuíno é um sinal que deve ser muito breve, um mero servo da intuição. Mas, embora alguns argumentem que o medo prolongado e sem resposta é destrutivo, milhões escolhem permanecer nesse estado. Podem ter esquecido ou nunca ter aprendido que o medo não é um sentimento como a tristeza ou a felicidade, que podem durar muito tempo. Não é um estado, como a ansiedade. O medo genuíno é um sinal de alerta que dispara apenas diante do perigo, mas o medo injustificado adquiriu um poder sobre nós que não tem sobre nenhuma outra criatura na face da Terra. Em *A negação da morte*, Ernest Becker explica que "os animais, para sobreviver, tiveram que ser protegidos pela reação de medo". Alguns darwinistas acreditam que os primeiros humanos mais medrosos tinham maior probabilidade de sobreviver. O resultado, diz Becker, "é o surgimento do homem tal como o conhecemos: um animal hiperansioso que inventa motivos para ficar ansioso mesmo quando não há nenhum". Mas não precisa ser assim.

Redescobri isso numa visita a Fiji, onde há menos medo na república inteira do que em alguns cruzamentos de Los Angeles. Certa manhã, numa ilha pacífica e acolhedora chamada Vanua Levu, percorri alguns quilômetros da estrada principal a pé. Os dois lados da pista eram margeados por samambaias baixas. De vez em quando o barulho de um carro ou caminhão se aproximando se sobrepunha ao do mar sereno. Voltando para a fazenda onde estava hospedado, fechei os olhos por um momento enquanto caminhava. A princípio sem pensar, eu os mantive fechados porque minha intuição me garantia que caminhar no meio da estrada de olhos fechados era seguro. Ao analisar esse sentimento estranho, descobri que estava certo: a ilha não tem animais perigosos nem crimes violentos; eu sentiria as samambaias roçarem minhas pernas se fosse para qualquer margem da estrada, e, se um veículo se aproximasse, eu o ouviria com tempo de sobra para abrir os olhos. Para minha surpresa, antes de outro carro passar, caminhei mais de 1 quilômetro de olhos fechados, confiando que meus sentidos e minha intuição estariam silenciosamente vigilantes.

No que diz respeito a sinais de alerta, quando começamos a tentar descobrir as coisas, nossa mente já deu o melhor de si. Na verdade, alcançamos a linha de chegada e vencemos a corrida com folga antes mesmo de ouvirmos o tiro de largada – basta ouvir sem contestar.

É bem verdade que a caminhada às cegas ocorreu em Fiji, mas e se fosse numa cidade grande dos Estados Unidos? Não faz muito tempo eu estava em um elevador com uma idosa que ia para o estacionamento subterrâneo após o horário comercial. Suas chaves estavam entre os dedos, formando uma arma (o que também era uma demonstração de medo). Era visível que ela sentiu medo de mim quando entrei no elevador, e provavelmente tem medo de todos os homens que vê quando está nesse tipo de situação vulnerável.

Compreendo o medo dela e me entristece que milhões de pessoas sintam esse medo com tamanha frequência. O problema, porém, é que se alguém tem medo de todas as pessoas o tempo todo, não existe sinal reservado para os momentos em que ele seria de fato necessário. Um homem que entra no elevador em outro andar (e que, portanto, não a estava seguindo), um homem que não lhe dirige uma atenção indevida, que aperta o botão de um andar diferente daquele que ela apertou, que está vestido adequadamente, que está calmo, que guarda uma distância conveniente dela, provavelmente não lhe fará mal sem antes dar algum sinal. Sentir medo dele é um desperdício, então não crie esse medo.

Recomendo fortemente cautela e precaução, mas muita gente acredita – e assim é ensinada – que devemos nos manter em estado de alerta extremo para nos protegermos. Na verdade, isso geralmente diminui nossa probabilidade de perceber o perigo e, portanto, reduz a nossa segurança. Olhar ao redor com atenção enquanto pensa "alguém pode brotar de trás *daquela* cerca viva; pode ser que alguém esteja escondido *naquele* carro" substitui a percepção do que realmente está acontecendo pela imaginação sobre o que poderia acontecer. Ficamos muito mais abertos a todos os sinais quando não nos concentramos na expectativa por sinais específicos.

Você pode pensar que um animal de pequeno porte que atravessa um campo correndo em zigue-zague está assustado, apesar de não haver nenhum perigo. Na verdade, correr é uma estratégia, uma precaução, não a reação a um sinal de medo. Precauções são construtivas, ao passo que continuar com medo é destrutivo. Isso também pode levar ao pânico, e o pânico costuma ser ainda mais perigoso do que o resultado que tememos. Alpinistas e praticantes de natação de longa distância no mar aberto podem lhe confirmar que não é a montanha ou o mar que mata – é o pânico.

Meg é uma mulher que trabalha todos os dias com pacientes psiquiátricos com tendência à violência. É raro que sinta medo no trabalho, mas, fora dele, ela me diz que sente pânico todas as noites, ao caminhar do carro até seu apartamento. Quando faço a insinuação incomum de que ela estaria mais segura se relaxasse durante a caminhada, ela diz: "Que ridículo. Se eu relaxasse, provavelmente alguém me mataria." Ela argumenta que precisa estar bem alerta a todos os riscos possíveis. Eu explico que as possibilidades estão na mente, mas a segurança é aumentada pela percepção do que está fora da mente, pela percepção do que *está* acontecendo, não do que *pode* acontecer.

Meg, porém, insiste que o pavor noturno vai salvar sua vida, e, embora faça uma defesa veemente do valor de seu medo, eu sei que ela gostaria de se ver livre dele.

EU: Quando você sente medo?
MEG: Enquanto estaciono o carro.
EU: É a mesma coisa toda noite?
MEG: É, e se eu escuto um barulho, alguma coisa, a situação fica 10 vezes pior. Então tenho que me manter extremamente atenta. Morando em Los Angeles, tenho que estar alerta o tempo todo.

(Repare na referência a Los Angeles: um satélite, um detalhe extra.)
Explico que se toda noite ela morre de medo, concentrada no que pode acontecer, nenhum sinal fica reservado para quando de fato houver um risco que mereça sua atenção. O ideal é que, diante do medo, olhemos em volta, sigamos o medo, questionemos o que estamos percebendo. Se estamos à procura de um perigo específico, esperado, é menos provável que vejamos o perigo inesperado. Peço que ela relaxe e preste atenção no entorno em vez de prestar muita atenção em sua imaginação.

Sei que Meg sente ansiedade e que isso é sinal de alguma coisa, embora neste caso não seja de perigo. Pergunto quais riscos ela enfrenta ao sair do carro.

MEG: Não é uma pergunta idiota, vinda de você? São tantos os riscos! Los Angeles é uma cidade muito perigosa, não é um lugar que eu escolheria para viver.
EU: Mas você escolheu viver aqui.
MEG: Não, eu preciso viver aqui. Não tenho alternativa, por causa do meu trabalho. Eu preciso viver aqui, e é muito perigoso, as pessoas são assassinadas aqui o tempo todo, e eu sei disso. Então, quando estou andando para casa, eu sinto medo, pavor, na verdade, e tenho razão para isso!
EU: É claro que qualquer coisa pode acontecer a qualquer um a qualquer momento, mas, como você já fez esse trajeto mais de mil vezes sem que nada acontecesse, o pavor que sente deve ser sinal de outra coisa que não um risco. Como você costuma se comunicar consigo mesma?

Agitada, Meg diz não entender minha pergunta, mas declara não querer mais falar do assunto – ela diz que vai pensar até amanhã. Quando liga, na tarde seguinte, ela não só diz ter entendido minha pergunta sobre como se comunica consigo mesma, como ter encontrado a resposta. Ela concorda que a intuição está de fato lhe comunicando alguma coisa, e não é um perigo iminente; é que ela não quer ficar em Los Angeles ou no emprego que tem. A caminhada noturna do carro até o apartamento é simplesmente o espaço em que sua voz interior fala mais alto.

TODO DIA MEU TRABALHO me coloca em contato com pessoas que estão com medo, ansiosas ou preocupadas. Meu primeiro dever é descobrir o que sentem. Se é medo genuíno, tenho informações importantes a colher, que podem ser relevantes para a segurança delas.

Existem duas regras sobre o medo que, se aceitas, podem melhorar o uso que você faz dele, reduzir sua frequência e literalmente transformar sua vida. É uma alegação grandiosa, eu sei, mas não fique "com medo" de pensar nela de mente aberta.

Regra nº 1. O próprio fato de você temer uma coisa é um grande indício de que ela não está acontecendo.

O medo evoca recursos preditivos potentes que nos dizem o que pode vir a seguir. E é justamente o que pode vir a seguir que nós tememos – o que pode acontecer, não o que está acontecendo agora. Um exemplo absurdamente literal ajuda a demonstrar a questão: ao chegar perto da borda de um penhasco, talvez você tema chegar perto demais. Ao ficar bem na beirada, você já não sente medo de chegar perto demais, você sente medo de cair. Edward Gorey usa seu humor sombrio mas preciso para dizer que, se cair, você já não vai ter medo de cair – vai ter medo de aterrissar:

> *A Suicida, em queda-livre agora,*
> *A lua iluminando sua vida torta,*
> *Lamenta seu ato, e se apavora*
> *Com a ideia de que logo estará morta.*

O pânico, esse grande inimigo da sobrevivência, pode ser visto como um caleidoscópio incontrolável de medos. Mas pode ser apaziguado com a adoção da segunda regra:

Regra nº 2. O que você teme raramente é o que você pensa temer – é o que você *associa* ao medo.

Pense em qualquer coisa que já lhe causou um medo profundo e a associe a cada uma de suas possíveis consequências. Quando o medo for genuíno, ele estará diante do perigo ou estará associado à dor ou à morte. Quando recebemos um sinal de medo, nossa intuição já fez diversas associações. Para reagir da melhor forma, traga as associações à consciência e as acompanhe até o destino de alto risco – se elas a conduzirem até lá. Quando nos concentramos em apenas uma associação, como o medo de alguém vir em nossa direção em uma rua escura, em vez de medo de ser agredido por alguém vindo em nossa direção em uma rua escura, o medo é desperdiçado, já que muitas pessoas vão se aproximar de nós – e só algumas poucas seriam capazes de nos fazer mal.

Pesquisas mostraram que, numa escala de medos, o de falar em público está muito próximo do medo da morte. Por que alguém sentiria um medo profundo, na boca do estômago, de falar em público, algo tão distante da morte? Porque não é tão distante da morte quando fazemos associações. Quem teme falar em público na verdade teme a perda de identidade associada ao mau desempenho, e isso está totalmente enraizado na nossa necessidade de sobrevivência. Para todos os animais sociais, das formigas aos antílopes, a identidade é o caminho para a inclusão, e a inclusão é crucial para a sobrevivência. Se um bebê perder sua identidade como filho de seus pais, uma consequência possível é o abandono. Para uma criança humana, isso significa a morte. Como adultos, sem nossa identidade como membros da tribo, da aldeia, da comunidade ou da cultura, um resultado provável é o banimento e a morte.

Portanto, o medo de se levantar e falar para 500 pessoas na convenção anual de profissionais da sua área não é apenas o medo do constrangimento – é o medo de ser visto como incompetente, o que está ligado ao medo de perder o emprego, a casa, a família, de ser incapaz de contribuir para a sociedade, ligado à autoestima, em suma, sua identidade e sua vida. Associar um medo injustificado a seu destino final pavoroso geralmente nos ajuda a mitigá-lo. Embora talvez ache que o ato de falar em público pode estar associado à morte, você verá que isso seria improvável.

Aplique essas duas regras ao medo de que um ladrão irrompa na sala da sua casa. Primeiro, o próprio medo pode ser considerado algo bom, porque confirma que o resultado temido não está se desenrolando agora. Como a vida tem muitos perigos que nos aparecem sem aviso, poderíamos acolher o medo com um "Obrigada, meu Deus, por um sinal que eu possa seguir". Mas em geral nós aplicamos primeiro a negação, tentando ver se não dá para esquecer o medo pensando em outra coisa.

Lembre-se de que o medo diz que algo pode acontecer. Se acontecer, paramos de temer e começamos a reagir, a lidar com o problema, a nos render a ele; ou começamos a temer o próximo resultado que imaginamos que possa estar por vir. Se um ladrão aparecer na sala de casa, já não temos essa possibilidade; agora tememos o que ele pode fazer a seguir. Independentemente do que seja, enquanto temos medo, o que tememos não está acontecendo.

VAMOS DAR UM PASSO além nesta exploração do medo: na década de 1960, foi feito um estudo que procurava determinar qual palavra causava o maior impacto psicológico nas pessoas. Pesquisadores testaram a reação a palavras como *aranha, cobra, morte, estupro, incesto, assassinato*. Foi a palavra *tubarão* que provocou a maior reação de medo. Mas por que os tubarões, com os quais os seres humanos raramente têm contato, nos amedrontam tanto?

A aparente aleatoriedade do seu ataque é uma das justificativas. Assim como a falta de aviso, o fato de que uma criatura tão grande pode se aproximar devagar e separar o corpo da alma de forma tão calma. Para o tubarão, não temos identidade, não somos nada além de carne, e, para os seres humanos, a perda de identidade é por si só uma morte. No livro *Great White Shark* (O grande tubarão-branco), Jean-Michel Cousteau chama o tubarão de "o animal mais assustador do planeta", mas é claro que existe um animal muito mais perigoso.

Os cientistas se maravilham com a habilidade predatória do tubarão-

-branco, elogiando sua velocidade, sua força bruta, sua acuidade sensorial e sua aparente determinação, mas o homem é um predador de habilidade bem mais espetacular. O tubarão não tem destreza, astúcia, falsidade, esperteza ou dissimulação. Também não tem a nossa brutalidade, pois o homem faz coisas que os tubarões nem sonhariam fazer. No fundo, nós sabemos disso, portanto o medo ocasional de outro ser humano é natural.

Tal como acontece com o ataque de tubarão, a aleatoriedade e a falta de aviso são as características da violência humana que mais tememos, mas agora você já sabe que a violência humana raramente é aleatória e raramente acontece sem aviso prévio. É verdade que o perigo que os humanos representam é mais complicado do que o dos tubarões; afinal, tudo o que você precisa saber para se proteger de tubarões pode ser dito em quatro palavras: não entre no mar. O que você precisa saber para se proteger de pessoas também está dentro de você, reforçado pela experiência de uma vida inteira (e torço para que esteja mais organizado depois de ler este livro).

Podemos escolher ir ao cinema e nos entregarmos ao medo de perigos improváveis de vez em quando, mas nosso medo de pessoas, que pode ser uma bênção, muitas vezes é infundado. Como convivemos todos os dias com o animal mais assustador do planeta, entender como o medo funciona pode melhorar significativamente nossa vida.

As pessoas usam a palavra *medo* de maneira um tanto imprecisa, mas, para contrastá-la com o pânico, a preocupação e a ansiedade, lembre-se do medo avassalador que tomou conta de Kelly quando ela entendeu que o estuprador pretendia matá-la. Embora, ao se referir a uma experiência assustadora, as pessoas digam "fiquei petrificado", afora os momentos em que ficar quieto é uma estratégia, o medo genuíno não é paralisante – é energizante. Foi o que Rodney Fox descobriu quando enfrentou um dos medos mais arraigados no homem: "De repente, tive consciência de que estava atravessando a água mais rápido do que nunca. Então me dei conta de que estava sendo puxado por um tubarão que segurava meu peito." Enquanto o predador o arrastava da superfície da água, uma força muito mais poderosa obrigava Rodney a acariciar a cabeça e o rosto do tubarão, buscando seus olhos. Ele enfiou os polegares no único tecido mole que encontrou. O tubarão o soltou imediatamente, mas Rodney o abraçou e segurou com força para que não pudesse se virar e tentar outro golpe. Depois do que pareceu uma longa descida, ele se afastou do tubarão chutando a água e nadou em meio a uma nuvem vermelha rumo à superfície.

O medo bombeava sangue para os braços e pernas de Rodney e os usava para fazer coisas que ele nunca teria feito sozinho. Ele jamais teria tomado a decisão de lutar contra um tubarão-branco, mas, porque o medo não o fez pensar duas vezes, ele sobreviveu.

A atitude selvagem e imprudente de Rodney e a atitude silenciosa e apreensiva de Kelly foram ambas alimentadas pela mesma energia: o medo genuíno. Reserve um instante para evocar esse sentimento e pensar em como ele é diferente da preocupação, da ansiedade e do pânico. Nem a maior das preocupações o faria lutar contra um tubarão ou seguir seu futuro assassino por um corredor sem fazer barulho.

CERTA VEZ FUI CONVIDADO para conversar com um grupo de funcionários de uma empresa sobre sua segurança, mas, como frequentemente acontece, a conversa logo se tornou uma discussão sobre medo. Antes de eu começar, várias pessoas disseram: "Por favor, fale com a Celia, faz semanas que ela está esperando esse encontro." Descobri que Celia estava ansiosa para me contar sobre seu pavor de ser seguida, assunto sobre o qual os colegas de trabalho já tinham ouvido muito. Quando as pessoas me procuram com medo (de um estranho, de um colega de trabalho, do cônjuge, de um fã), meu primeiro passo é sempre analisar se realmente se trata de um medo, e não de uma preocupação ou fobia. Fazer isso é bastante simples, pois, conforme observei, o medo genuíno ocorre quando se está diante do perigo e sempre será facilmente associado à dor ou à morte.

Para saber se Celia estava reagindo a um sinal de medo (que não é voluntário) ou se estava preocupada (o que é voluntário), perguntei se ela temia estar sendo seguida naquele instante, na sala onde estávamos.

Ela riu. "Não, claro que não. Eu tenho medo quando estou andando sozinha do escritório até o meu carro, à noite. Eu paro o carro em um estacionamento grande, com portão, e o meu carro é sempre o último a sair porque trabalho até mais tarde, e aí o estacionamento já está vazio e em silêncio absoluto." Como ela não me deu nenhum sinal de risco verdadeiro, seu pavor não era o sinal de medo da natureza, mas uma preocupação a que apenas os seres humanos se entregam.

Para fazê-la associar o medo a algum elemento, perguntei o que tanto a assustava na ideia de ser seguida. "Bom, o que me assusta não é ser seguida, é ser pega. Tenho medo de que alguém me agarre por trás e me arraste para dentro de um carro. A pessoa poderia fazer qualquer coisa comigo, já que sou a última a sair daqui." Ela lançou esse satélite, de que era a última a sair do trabalho, várias vezes.

Como a preocupação é uma escolha, as pessoas se preocupam porque isso lhes convém de alguma maneira. A preocupação sobre falar em público pode ser útil a quem a tem por servir de desculpa para nunca falar em público, ou de desculpa para a pessoa cancelar ou se sair mal ("porque eu estava morrendo de medo"). Mas que serventia a preocupação de Celia tinha para ela? As pessoas sempre lhe dirão qual é a verdadeira questão e, de fato, Celia já tinha dito.

Perguntei por que ela não podia sair do trabalho mais cedo: "Se eu saísse, todo mundo me acharia preguiçosa." Então Celia estava preocupada com a ideia de perder sua identidade como a funcionária que sempre trabalhou mais. Suas frequentes discussões sobre perigo sempre desviavam qualquer conversa para o fato de que ela trabalhava até tarde. E era essa a utilidade que sua preocupação tinha.

As sábias palavras de Franklin Delano Roosevelt, "A única coisa a se temer é o próprio medo", podem ser emendadas pela natureza para: "Não há nada a temer até você sentir medo." Preocupação, cautela, ansiedade e inquietação: todos esses estados têm um propósito, mas são distintos do medo. Portanto, sempre que for complicado associar o resultado temido à dor ou à morte e ele não for um sinal de alerta para algum perigo, não devemos confundi-lo com o medo. Pode muito bem se tratar de algo digno de compreensão e gerenciamento, mas a preocupação não trará soluções. É mais provável que ela o distraia e o impeça de encontrar soluções.

Na forma original da palavra, preocupar significava assediar, reprimir ou sufocar alguém. Da mesma forma, preocupar-se é uma forma de autoassédio. Para diminuir a importância que essa preocupação tem na nossa vida, precisamos entender o que ela é de fato.

A preocupação é o medo que fabricamos – não é autêntica. Se você escolhe se preocupar com algo, preocupe-se, mas saiba que é uma escolha. Na maioria das vezes, nos preocupamos porque isso nos dá uma recompensa secundária. Existem muitas variações dela, mas vejamos a seguir algumas das mais populares:

- A preocupação é uma forma de evitar mudanças. Quando nos preocupamos, não tomamos nenhuma atitude.
- A preocupação é uma forma de evitar admitir impotência em relação a alguma coisa, já que, ao nos preocuparmos, temos a sensação de que estamos agindo. (A oração também nos dá a sensação de que estamos agindo, e até mesmo o agnóstico mais ferrenho seria capaz de admitir que é mais produtivo orar do que se preocupar.)
- A preocupação é uma forma enfastiante de estabelecer relações com os outros, pois existe a ideia de que se preocupar com alguém é uma demonstração de amor. O outro lado da moeda é a crença de que não se preocupar com alguém é não se importar com essa pessoa. Como muitos objetos de preocupação poderiam lhe dizer, a preocupação é um péssimo substituto do amor ou de gestos amorosos.
- A preocupação é uma proteção contra decepções futuras. Depois de fazer uma prova importante, por exemplo, um aluno talvez se preocupe com a possibilidade de ter se saído mal. Se ele puder ter a experiência do fracasso agora, ensaiá-la, por assim dizer, ao se preocupar com isso, o fracasso não será tão dolorido quando se concretizar. Mas existe nisso um conflito interessante: como ele já não pode fazer mais nada em relação à prova, seria melhor passar dois dias se preocupando e depois descobrir que se saiu mal ou passar os mesmos dois dias *sem* se preocupar e depois descobrir que se saiu mal? Talvez mais importante seja outra questão: ele gostaria de descobrir que se saiu bem no teste e passou dois dias aflito a troco de nada?

Em *Inteligência emocional*, Daniel Goleman conclui que a preocupação é um "amuleto mágico" que algumas pessoas acreditam afastar o perigo. Elas acreditam que se preocupar com algo vai impedir o fato de acontecer. Ele também tece a certeira observação de que a maioria dos motivos de preocupação das pessoas tem uma probabilidade baixa de ocorrer, porque nossa tendência é tomar uma atitude em relação a coisas que achamos prováveis. Ou seja, muitas vezes o simples fato de você estar preocupado com algo é indicativo de que esse algo não deve acontecer!

A RELAÇÃO ENTRE medo genuíno e preocupação é análoga à relação entre dor e sofrimento. Dor e medo são elementos necessários e valiosos da vida. Sofrimento e preocupação são elementos destrutivos e desnecessários. (Lembre-se de que grandes humanitários trabalham para acabar com o sofrimento, não com a dor.)

Após décadas vendo a preocupação em todas as suas formas, concluí que ela faz mais mal do que bem às pessoas. Ela nubla o pensamento, é um desperdício de tempo e encurta a vida. Quando estiver preocupado, pergunte-se: "Que utilidade isso tem para mim?", e talvez você descubra que o custo da preocupação é maior do que o custo da mudança. Para se ver mais livre do medo e ainda assim transformá-lo em virtude, é preciso lutar por três objetivos. Alcançá-los não é fácil, mas vale a pena tentar:

1. Quando sentir medo, ouça.
2. Quando não sentir medo, não o invente.
3. Se você se pegar inventando uma preocupação, investigue para descobrir o porquê.

ASSIM COMO ALGUMAS PESSOAS vão logo prevendo o pior, há outras que relutam em aceitar que podem realmente estar correndo perigo. Muitas vezes isso se deve à falsa crença de que, se identificarmos e dermos nome ao risco, nós o atraímos ou fazemos com que se concretize. Esse pensamento significa o seguinte: se não vemos algo e não o aceitamos, evitamos que aconteça. Só os seres humanos são capazes de olhar algo, absorver todas as informações necessárias para fazer uma previsão certeira, talvez até fazer a previsão certeira momentaneamente e depois dizer que não é bem assim.

Um dos meus clientes é uma empresa cuja sede em Nova York tem um excelente esquema de segurança e proteção. Todas as portas do conjunto de escritórios ficam trancadas. Ao lado de cada porta existe uma placa, e os funcionários têm que encostar um cartão magnético para que a porta se abra. O presidente da empresa me pediu que falasse com uma funcionária, Arlene, que se recusava a usar o cartão de acesso. Ela reclamava que os cartões assustavam as pessoas porque traziam à mente a necessidade de segurança (podemos chamar isso de medo do medo). Sim, já que muitos funcionários trabalham até tarde da noite, ela concordava com a necessidade de um programa de segurança, mas os cartões e as portas trancadas deveriam ser substituídos por um guarda no saguão, porque "os cartões dão a impressão de que o escritório é um campo armado e assustam as pessoas".

Tentando associar esse medo dos cartões à dor ou à morte, perguntei a Arlene o que as pessoas temem. "Os cartões aumentam o perigo", ela explicou, "porque a presença deles mostra aos criminosos que existe alguma coisa aqui que vale o risco."

Será, perguntei, que os cartões na verdade não diminuem o medo e o risco, visto que seu uso significa que os escritórios não são acessíveis a qualquer pessoa da rua? Não, ela me disse, as pessoas não pensam assim. "Elas preferem não ser lembradas do risco." Arlene explicou que detectores de metais em aeroportos evocam o espectro do sequestro do avião e não tranquilizam as pessoas. Embalagens à prova de adulteração não nos dão mais conforto, mas apreensão, segundo ela, que observou: "É só um convite à adulteração."

No final de sua explicação convicta sobre a natureza humana e por que os cartões assustavam as pessoas, perguntei se ela concordava que havia risco para os funcionários se as portas ficassem destrancadas. "É claro que concordo. Fui agredida no meu emprego anterior, quando fiquei trabalhando até tarde. As portas não ficavam trancadas e um sujeito entrou direto. Não havia mais ninguém no prédio. Então não venha me falar em risco!"

Com essa história, Arlene revelou quem tinha medo dos cartões. Ela também declarou abertamente sua filosofia para administrar o medo: *"Não venha me falar em risco!"* Mais tarde, depois de me fazer inúmeras perguntas sobre a segurança de seu apartamento, no metrô, enquanto fazia compras e em encontros românticos, ela concordou em usar o cartão.

DE VEZ EM quando reagimos a medos que não existem; em outros momentos, ignoramos os que existem, e às vezes, como o médico Bill McKenna, ficamos entre um ponto e outro.

"Minha esposa, Linda, estava viajando a negócios, então levei as meninas para jantar fora. Chegamos em casa tarde; pus as duas para dormir e fui para a cama. Quando estava quase pegando no sono, ouvi um barulho lá embaixo que por algum motivo me assustou. Não foi um barulho alto e nem lembro exatamente o que parecia ser, mas eu não conseguia me livrar daquela sensação ruim. Então me levantei da cama e desci para ter certeza de que estava tudo bem. Fiz uma vistoria rápida pela casa e voltei para o quarto. Meia hora depois, ouvi um som tão baixo que nem sei como ele me acordou: era a respiração de uma pessoa. Acendi a luz e tinha um sujeito parado no meio da sala com a minha arma na mão e nosso aparelho de som embaixo do braço."

Se a missão de Bill ao descer a escada era "ter certeza de que estava tudo bem", como ele disse, então ele teve um sucesso admirável. Porém, se foi para reagir ao sinal de alerta – para aceitar a virtude do medo –, ele se saiu muito mal. Ao ouvir o barulho no andar de baixo, se ele tivesse associado conscientemente o medo que sentia a seus possíveis desenlaces perigosos – como sua intuição já havia feito –, teria reconhecido que o risco era alto e poderia ter feito sua busca com o objetivo de encontrar o risco e não com o objetivo de não encontrar nada.

Caso tivesse reagido ao medo com respeito, Bill teria descoberto o intruso antes que ele encontrasse sua arma. Caso tivesse dito "Como estou sentindo medo, sei que existe algum motivo para isso, então qual é?", poderia ter trazido à consciência o que sua intuição já sabia e o que ele me contou mais tarde: a luz da sala estava acesa quando ele chegou em casa, o gato tinha conseguido sair e estava esperando na varanda, um carro velho e desconhecido estava estacionado perto da entrada de sua garagem, o motor estalando enquanto esfriava, e assim por diante. Só no contexto de todos esses fatores aquele barulho, que seria insignificante em outro momento, lhe causou medo.

Bill McKenna e as filhas (de 4 e 5 anos) ficaram mais de uma hora sob a mira de uma arma de fogo na mão do intruso. O homem deixou as meninas ficarem sentadas no chão do quarto principal assistindo *A Bela e a*

Fera. Ele disse a Bill que precisava de tempo para tomar o que chamou de "a decisão mais difícil da minha vida". Ele perguntou: "Você já teve algum problema muito difícil?", e Bill fez que sim.

Bill me disse que se manteve alerta até o invasor ir embora, mas que não sentiu medo. "Quando alguém já colocou você sob a mira de uma arma, é tarde demais para ter medo. Eu tinha coisas mais importantes nas quais me concentrar, como manter as meninas calmas mostrando a elas que eu estava bem, e acalmar o sujeito. Bom, o medo tinha vindo e ido embora, e depois de um tempo aquele homem também foi embora."

O fato de Bill não ter ficado apavorado, assim como seu medo ao ouvir o barulho, fazia sentido. Primeiro, o ladrão não havia levado a arma, portanto não tinha a intenção prévia de matar. Em segundo lugar, seu objetivo era um roubo bastante trivial, como fica claro pelo aparelho de som que pegou. Por fim, ele expôs o que se passava em sua consciência quando disse estar pesando "a decisão mais difícil" de sua vida. Um homem disposto a matar teria pouca necessidade de discutir suas reflexões sobre certo e errado com suas potenciais vítimas. Na verdade, ele as desumanizaria e se distanciaria delas e jamais tentaria incluí-las em suas deliberações.

O invasor não só foi embora como deixou o aparelho de som. Também fez outro favor à família: levou a arma, que agora não estará à disposição de um invasor mais perigoso no futuro (Bill não vai comprar outra). Bill deixou as meninas terminarem de assistir ao filme antes de colocá-las de volta na cama. Elas ainda se lembram da noite em que o "policial armado" fez uma visita e a história que contam não é traumática. Não pressentiram medo no pai porque, assim como o próprio Bill me disse, ele não o sentiu.

O medo genuíno é objetivo, mas está claro que nós não somos. Meg tinha medo de ser morta e Celia tinha medo de ser seguida, mesmo quando não havia ninguém. Arlene tinha medo de cartões de acesso embora eles aumentassem sua segurança. Bill não teve medo do invasor nem quando o homem estava em seu quarto com uma arma. Isso tudo prova, como observei no início do livro, que temos maneiras estranhas de avaliar riscos. Fumar mata mais pessoas todos os dias do que raios matam em uma década, mas há quem acalme o medo de ser atingido por um raio durante uma tempestade fumando um cigarro. Não é lógico, mas a lógica e a ansiedade raramente andam de mãos dadas.

Certa vez, conheci um casal de meia-idade da Flórida que tinha acabado de obter licença para porte oculto de armas. O homem explicou o porquê: "Porque se alguém entrar em um restaurante e abrir fogo, como aconteceu no Luby's, no Texas, quero poder salvar vidas."

Claro que existem muito mais coisas que ele poderia carregar no cinto que salvariam vidas em um restaurante. Uma injeção de adrenalina trataria o choque anafilático (uma reação alérgica letal a certos alimentos). Ou ele poderia carregar um pequeno tubo afiado para realizar traqueostomias de emergência em pessoas que estão morrendo asfixiadas. Quando perguntei se ele carregava algum desses objetos, ele disse: "Eu jamais conseguiria enfiar alguma coisa na garganta de alguém!" Mas seria capaz de disparar um pedaço de chumbo contra alguém como se fosse um foguete.

Do ponto de vista estatístico, é muito mais provável o homem e sua esposa trocarem tiros entre si do que atirarem em um criminoso, mas a angústia que ele sentia não era causada pelo medo da morte – se fosse, ele daria um jeito de perder os 20 quilos extras que contribuíam para um maior risco de infarto. Sua ansiedade é causada pelo medo de pessoas e pela crença de que não tem como prever a violência. *A ansiedade, ao contrário do medo genuíno, é sempre causada pela incerteza.*

Ela é causada, em última análise, por previsões nas quais temos pouca confiança. Quando você prevê que vai ser demitido e tem certeza de que a previsão está certa, você não tem ansiedade quanto à possibilidade de ser demitido. Você pode ficar ansioso com coisas que tem como prever com certeza, como as ramificações de perder o emprego. As previsões nas quais você tem grande confiança lhe dão a liberdade de reagir, se adaptar, sentir tristeza, aceitar, se preparar e fazer o que for necessário. Consequentemente, a ansiedade é reduzida quando aprimoramos nossas previsões, aumentando nossas certezas. Vale a pena fazer isso, porque, assim como a preocupação, a ansiedade nos dá a sensação de "sufocar".

Nossa imaginação pode ser um solo fértil em que as sementes da preocupação e da ansiedade se transformam em ervas daninhas, mas, quando presumimos que o resultado imaginado é uma certeza, entramos em conflito com o que Proust chamou de lei inexorável: "Só o que está ausente pode ser imaginado." Em outras palavras, o que você imagina – assim como o que teme – não vai acontecer.

DONNA É UMA cineasta de 29 anos, de Nova York, que teve a coragem de largar o emprego e dirigir até Los Angeles na esperança de fazer documentários de relevância. Usou sua inteligência e seu entusiasmo para conseguir marcar uma reunião com um executivo de cinema proeminente. A cerca de 16 quilômetros do local da reunião, o carro velho decidiu que não ia mais levá-la e ela ficou empacada bem no meio da rua. Na mesma hora, ela associou o atraso a todos os piores desenlaces possíveis: "Eu vou faltar à reunião e eles não vão aceitar remarcar. Quando você deixa alguém assim esperando, suas chances de ter uma carreira acabaram, então eu não vou conseguir pagar o aluguel, vou ser despejada do meu apartamento, vou acabar dependendo de ajuda do governo", e assim por diante. Como esse tipo de imaginação associativa constrói uma situação um passo de cada vez, tudo parece lógico, mas trata-se apenas de um simulacro de lógica. Também é um dos exercícios criativos mais idiotas que fazemos.

Um carro que passava por ali desacelerou para que o casal lá dentro olhasse para Donna, e o homem ofereceu ajuda. Donna acenou para que seguissem em frente. Muito estressada, ela saiu do carro à procura de um posto de gasolina e no caminho foi acrescentando capítulos inventivos à história de sua ruína financeira. Ela reparou que aquele mesmo carro dirigia a seu lado, mas continuou correndo. Ao chegar a um telefone público, ela ligou para o escritório do executivo do estúdio e explicou que se atrasaria. Como havia previsto, eles disseram que não poderiam remarcar a reunião. A carreira que ela imaginara terminaria naquela cabine telefônica.

Donna desmoronou e começou a chorar quando o mesmo carro parou em frente à cabine telefônica. Ainda que estivesse sendo seguida pelas pessoas do carro, ela não sentiu medo. O homem ficou no veículo, enquanto a mulher desceu, bateu no vidro e disse: "É você mesmo?" Em meio às lágrimas, Donna ergueu os olhos e viu o rosto de Jeanette, a amiga com quem ela dividira apartamento na época da faculdade.

Jeanette e o namorado levaram Donna para a reunião (ela não conseguiu o emprego) e depois os três foram almoçar. Poucas semanas depois, Donna e Jeanette viraram sócias de um novo negócio de procura de obras de arte e antiguidades mundo afora para revenda nos Estados Unidos. Fizeram tanto sucesso que em dois anos Donna já tinha dinheiro suficiente para cofinanciar o seu primeiro documentário.

Em meio a todas as projeções criativas de Donna quando seu carro quebrou, ela não havia incluído a possibilidade de um reencontro com uma amiga de longa data com quem abriria um negócio que a levaria em viagens pelo mundo e lhe daria recurso para fazer seus filmes.

São poucas as pessoas que preveem que acontecimentos inesperados e indesejados as levarão a grandes coisas, mas muitas vezes seríamos mais certeiros se fosse essa nossa previsão. A história das invenções está cheia de falhas que se tornaram sucessos imprevistos (como James Watt, que não conseguiu fazer uma bomba funcionar e acabou virando um sucesso ao inventar a máquina a vapor). Eu obtive grandes benefícios ao adotar o ceticismo que aplicava à minha intuição e aplicá-lo aos temidos resultados que imaginava estarem por vir. A preocupação quase sempre desmorona quando questionada com veemência.

Se você conseguir usar sua imaginação para encontrar possíveis resultados favoráveis para acontecimentos indesejados, mesmo que apenas como exercício, verá que isso é um estímulo à criatividade. A sugestão não é apenas tentar achar o lado positivo das coisas, como nossas avós nos incentivavam a fazer. Eu a incluí neste livro porque a criatividade está ligada à intuição, e a intuição é a saída para os desafios mais sérios que se pode enfrentar. Albert Einstein disse que quando se segue a intuição, "as soluções chegam e você não sabe nem como nem por quê".

Um jovem chamado Andrew havia prometido levar uma garota com quem queria muito sair para ver um filme que ela escolheu. No começo ele não conseguiu achar um cinema onde o filme estivesse em cartaz e, quando descobriu onde estava sendo exibido, não conseguiu comprar ingressos. Ele e a garota que até então não estava impressionada esperaram na fila para ver o filme que seria a segunda opção deles e, depois de 40 minutos, descobriram que a sessão também estava esgotada. O encontro de Andrews foi um fiasco, e as esperanças que tinha foram frustradas. Como seria de esperar, ficou muito decepcionado, e também irritado com o aborrecimento de tentar ver algum filme. Ele não disse a si mesmo: "Talvez esta noite desanimadora me obrigue a desenvolver um novo sistema informatizado por meio do qual os espectadores poderiam escolher o filme que querem ver, saber onde ele está passando e comprar os ingressos com antecedência."

Mas foi exatamente isso que Andrew Jarecki fez com a fundação da Moviefone, um serviço na época inovador usado por milhões de pessoas nos Estados Unidos (e ele se casou com a moça do encontro).

Depois de contar tantas histórias de riscos e danos, compartilho algumas com desenlaces mais favoráveis para defender o seguinte argumento: a preocupação é uma escolha, e o gênio criativo que aplicamos a ela pode ser usado de outra forma, também por escolha. Esse fato é razoavelmente interessante quando os riscos são baixos, como ao nos preocuparmos com uma entrevista de emprego ou um encontro, mas, em situações de alto risco, essa mesma verdade pode salvar sua vida.

PASSEI BOA PARTE da minha carreira tentando fazer previsões certeiras sobre quais coisas ruins poderiam acontecer a seguir. É bem verdade que esse talento tem sido um trunfo poderoso, porque as pessoas ficam loucas para ouvir previsões de todas as tragédias possíveis. Prova disso é o fato de os canais de televisão das cidades grandes dedicarem 40 horas por dia a falar daqueles que foram vítimas de desastres e explorar as calamidades que podem estar por vir: "NOVO ESTUDO REVELA QUE TELEFONES CELULARES PODEM MATAR. DESCUBRA MAIS ÀS ONZE!" "PERU SERVIDO NO JANTAR MATA TRÊS! SUA FAMÍLIA PODE SER A PRÓXIMA!?"

Notícias tolas e alarmantes não são apenas um interesse passageiro para mim, pois entender como elas funcionam é fundamental para entender como funciona o medo na nossa cultura. Assistimos a essas notícias com atenção porque precisamos saber de coisas que podem nos fazer mal a fim de sobrevivermos. É por isso que desaceleramos ao passar por um acidente de carro. Não é devido a uma perversão anormal, é para aprender. Na maioria das vezes, tiramos uma lição: "Ele devia estar bêbado"; "Eles devem ter tentado ultrapassar"; "Esses carrinhos esportivos são perigosos mesmo"; "Esse cruzamento é cego". Nossa teoria é guardada num cantinho, talvez para salvar nossa vida algum dia.

Ernest Becker explica que "os medos do homem são formados a partir de suas maneiras de perceber o mundo". Os animais sabem o que temer por instinto, "mas um animal que não tem instinto [o homem] não tem medos programados". Bem, o noticiário local os programou para nós, e a audiência é praticamente garantida por uma das maiores forças da natureza: nossa vontade de sobreviver. Os noticiários locais raramente nos dão informações novas ou relevantes sobre segurança, mas a sua urgência dá a sensação de importância e assim chama a nossa atenção. É como se alguém invadisse sua casa e gritasse: "Se você sair, vão te matar! Se quiser se salvar, você tem que me escutar!" É assim que os noticiários locais funcionam como um negócio. O medo tem um lugar de direito na nossa vida, mas não precisa ser a mídia.

(Pelo lado pessoal, apesar do interesse profissional em perigos e riscos, não assisto ao noticiário local há anos. Experimente fazer isso e você provavelmente encontrará coisas melhores para fazer antes de dormir do que assistir a meia hora de imagens perturbadoras apresentadas com uma urgência artificial e a insinuação geralmente falsa de que é fundamental vê-las.)

As táticas para amedrontar as pessoas quanto a aparelhos eletrônicos assume diversas formas. Quando as notícias estão escasseando, os jornais lançam uma atualização sobre alguma história antiga. Certa vez houve o sequestro bizarro de um ônibus cheio de crianças em idade escolar em uma cidade da Califórnia chamada Chowchilla. Os criminosos enterraram o ônibus – com as crianças dentro – em uma vala enorme em uma pedreira. A história terminou com o resgate das 26 crianças e a prisão dos sequestradores. Um ano depois veio a atualização: a filmagem antiga foi mostrada, o incidente original foi recontado na íntegra e um repórter caminhou por uma rua de Chowchilla oferecendo esta conclusão agourenta: "Mas as pessoas desta pequena cidade ainda acordam no meio da noite, preocupadas com a possibilidade de acontecer tudo de novo."

Acordam? Preocupadas com a possibilidade de acontecer tudo de novo – outro sequestro em massa com um ônibus cheio de seus filhos enterrados em uma pedreira? Duvido muito. Essas conclusões muitas vezes ridículas são usadas para dar relevância às notícias ou deixar ares de incerteza e assim criar a possibilidade de outras histórias, por exemplo: "Veremos se mais pessoas vão morrer por causa disso." No universo das notícias locais, as histórias assustadoras nunca chegam ao fim. Raramente ouvimos as palavras "E é só isso".

Os noticiários locais têm várias fórmulas favoritas, e uma delas é "A polícia fez uma descoberta macabra hoje em [nome de uma cidade]". A era digital aumentou a gama de imagens chocantes disponíveis, de modo que agora, não havendo algo horrível em sua cidade, você pode ouvir: "A polícia fez uma descoberta macabra hoje em..." alguma cidade distante ou outro país. Pode não ser local, mas é horrível e existem imagens, então que se dane. Voltando no tempo para encontrar alguma notícia chocante ou dando a volta no planeta, a informação não é necessariamente importante ou relevante para a sua vida. As notícias locais tornaram-se pouco mais do que o autor de *Ansiedade de informação*, Richard Saul Wurman, chama de "uma lista de mortes, acidentes e catástrofes inexoráveis – o papel de parede violento da nossa vida".

Discuto tudo isso não só por implicância. Entender como os telejornais funcionam e o que eles fazem com você tem uma relevância direta para sua segurança e seu bem-estar. Primeiro que o medo do crime é uma forma de vitimização. Mas existe uma questão muito mais prática em jogo: ser exposto a sustos e urgências constantes nos deixa tão neuróticos que fica impossível separarmos o sinal de alerta da frase de efeito. Porque é sensacionalismo e não informação, temos uma visão distorcida do que de fato representa um perigo para nós.

Imagine uma reportagem amplamente televisionada: "Golfinho ataca nadador!" Tal matéria criaria uma associação na mente de literalmente milhões de pessoas: os golfinhos são perigosos para o homem (não são). Embora ataques incomuns de animais rendam notícias, os seres humanos não são as presas favoritas de nenhum predador (somos meio ossudos, temos pouca carne e somos muito inteligentes). A questão é que nossa inteligência para a sobrevivência é desperdiçada quando nos concentramos em riscos improváveis.

Infelizmente, basta dar nome a um perigo deplorável para que ele ganhe espaço na nossa mente e nos dê mais uma razão para sentirmos um medo injustificado das pessoas. Por exemplo: os incidentes que ficaram conhecidos como tiroteios nas autoestradas de Los Angeles. Embora os noticiários estivessem cheios de entrevistas com motoristas apontando buracos de bala no para-brisas dos carros, a verdade é que menos balas foram disparadas em rodovias naquele ano do que no anterior. Não houve nenhuma tendência, nenhuma onda de ataques, nenhum crime da moda, nada diferente do que acontecia antes ou do que aconteceu desde então. Mas há períodos em que não ouvimos nada sobre tiroteios em autoestradas. Não existem mais dias calorentos e motoristas furiosos armados presos no trânsito lento? Os tiroteios nas autoestradas realmente param ou as reportagens são interrompidas porque essa história é um episódio da temporada passada?

A única tendência verdadeira é a maneira como os noticiários locais encontram duas histórias semelhantes com algumas imagens impressionantes ou uma entrevista com excesso de animação, dão nome ao risco e o repetem durante um tempo com diversas vítimas. Quando tal crime for bem-sucedido, os noticiários locais dirão às pessoas como ele foi executado. Assim, formas supostamente novas de violência podem de fato se tornar modas passageiras – através do mesmo método que regem outros modismos: a publicidade.

Uma celebridade do jornalismo que parece séria fala sobre o perigo mais corrente de que precisamos saber para salvar nossa vida: "Estou aqui na frente do cenário do último tipo de roubo que atingiu este elegante bairro, parte de uma tendência crescente de ataques fortuitos. Como evitar esse terror?" A isso se seguirá uma lista de precauções, algumas tão óbvias que chegam a ser cômicas (por exemplo: "Não deixe estranhos entrarem no seu carro"). Haverá uma entrevista com alguém que ganhará o título sério de "especialista nesse tipo de roubo". Então, de repente, você um dia vai pensar que esses roubos não acontecem mais, porque os noticiários locais já passaram para o próximo perigo em termos de crimes. Em breve será "Ladrões que se escondem na sua bolsa até você chegar em casa!", seguido por uma lista de sinais de alerta a serem observados: "A bolsa parece estar pesada demais; a bolsa está difícil de fechar; barulhos incomuns vêm de dentro da bolsa..."

Embora os noticiários televisivos queiram que a gente pense outra coisa, a questão importante não é como podemos morrer, mas "Como viver?", e isso depende de nós.

NA VIDA E NO TRABALHO, vi as partes mais sombrias da alma humana (pelo menos espero que sejam). Isso me ajudou a enxergar com mais nitidez o brilho do espírito humano. Sentir a pontada da violência na pele me ajudou a experimentar de forma mais intensa a mão da bondade humana.

Dado o frenesi e o poder das diversas indústrias da violência, o fato de a maioria das pessoas viver sem ser violenta é sinal de algo maravilhoso em nós. Ao resistir tanto aos lados mais sombrios da nossa espécie quanto aos lados mais sombrios da nossa origem, são as pessoas comuns, não os ícones das vinganças da tela de cinema, os verdadeiros heróis. Abraham Lincoln referiu-se aos "melhores anjos da nossa natureza", e eles sem dúvida existem, pois a maioria de nós consegue viver todos os dias com honestidade e cooperação.

Depois de passar anos me preparando para o pior, finalmente consegui chegar à seguinte conclusão: embora seja um lugar perigoso, o mundo também é um lugar seguro. Você e eu sobrevivemos a alguns riscos extraordinários, sobretudo se levarmos em consideração que todos os dias nos movemos dentro, ao redor e por meio de máquinas poderosas que poderiam nos matar sem perder nem um cilindro: aviões, metrôs, ônibus, escadas rolantes, elevadores, motocicletas, automóveis – meios de transporte que lesionam alguns, mas de modo geral nos levam aos destinos que temos em mente. Somos rodeados por substâncias químicas tóxicas e nossas casas são ligadas a gases explosivos e correntes elétricas letais.

O mais assustador é que vivemos entre pessoas armadas e compatriotas muitas vezes irados. Juntas, essas coisas fazem do dia a dia uma grande corrida de obstáculos diante da qual nossos ancestrais estremeceriam, mas o fato é que geralmente sobrevivemos. Ainda assim, em vez de ficar surpresas com a maravilha que é isso tudo, milhões de pessoas ficam procurando coisas com que se preocupar.

Já no fim da vida, Mark Twain disse sabiamente: "Tive um monte de problemas, mas a maioria deles nunca aconteceu."

AGORA VOCÊ SABE muito sobre como prever e evitar a violência, desde os perigos representados por estranhos à brutalidade infligida a amigos e parentes, desde a violência cotidiana que pode atingir qualquer um aos crimes extraordinários que afetam apenas alguns. Com sua intuição já mais treinada, espero que você sinta menos medos injustificados das pessoas. Espero que aproveite e respeite sua capacidade de reconhecer sinais de alerta. E, acima de tudo, espero que enxergue o perigo apenas naquelas nuvens carregadas onde ele existe e leve a vida mais plenamente sob o céu claro que surge entre elas.

Epílogo

No momento em que escrevo isto, faz quase um ano que *A virtude do medo* foi publicado, quase um ano que me vi sentado ao lado de Oprah Winfrey enquanto ela dizia a seus espectadores que "todas as mulheres deveriam ler este livro". E acrescentou: "Um dia ele pode salvar sua vida." Eu tinha esperança, talvez até a expectativa, de que fosse verdade. No entanto, não esperava milhares de cartas de leitores – mulheres e homens, pais e mães, professores, policiais, promotores, crianças. Não esperava que em todos os cantos do país houvesse leitores que se saíram bem ao enfrentar riscos pessoais aplicando as ideias que leram em *A virtude do medo*. Suas cartas foram presentes para mim, e continuam sendo.

Uma das pessoas que resolveu comprar o livro com base na sugestão de Oprah foi uma mulher da Califórnia chamada Janet. Antes que tivesse a oportunidade de comprá-lo, no entanto, ela ganhou um exemplar da filha, Blair, que fazia faculdade no Arizona. Algumas semanas depois de lê-lo, as duas passaram por um teste prático: Blair corria perigo.

Blair morava em uma casa alugada perto do campus com duas outras jovens, Amanda e Cheryl. De modo geral, as três se davam bem, mas a carta que Blair me enviou narrava um problema constante: Nick, um fuzileiro naval que namorava Cheryl. Blair e Amanda não queriam que Nick frequentasse a casa e por uma boa razão: tinham medo dele. No começo do ano, ele havia tentado o suicídio na casa que dividiam e elas ficavam apreensivas com sua instabilidade geral.

Devido à relação dele com Cheryl, as duas se consideravam obrigadas a permitir as visitas de Nick, mas, quando ele "largou o Exército" e se alojou na casa delas, Blair ficou assustada. Amanda, que sempre dissera que não suportaria a presença de Nick, de repente perdeu a coragem de insistir que ele fosse embora, provavelmente por medo. Blair era a única que se recusava a negar o óbvio: Nick não iria sair dali; ele não estava procurando emprego nem estava procurando apartamento. Era preciso tomar alguma providência.

Blair discutiu a situação com a mãe e, como tinham acabado de ler o livro, não demoraram a notar alguns dos sinais de alerta de violência doméstica do Capítulo 10: o comportamento controlador de Nick em relação a Cheryl (não deixando que ela visse os amigos, decidindo o que ela deveria vestir, etc.) e seu ciúme implacável (ligando para Cheryl o tempo todo, exigindo saber o que ela estava fazendo, com quem estava). Elas também perceberam que Cheryl se recusava a enxergar tudo isso.

Blair tentava fazer com que Amanda se concentrasse no fato de que Nick estava praticamente vivendo na casa delas. Na carta, ela descreve como se sentia: "Eu não conseguia dormir, não conseguia me sentir à vontade na casa, e uma voz na minha cabeça não parava de me dizer que saísse dali, que alguma coisa ia acontecer."

Ela fez uma última tentativa de instigar a determinação das companheiras de casa, mas a reunião foi um fiasco. "Na hora de ser direta com Cheryl, Amanda me deixou perplexa ao falar que não tinha problema algum com o Nick. Isso depois de passar mais de um ano me dizendo que tinha medo dele! Quando chegou a hora de defender o ponto de vista dela, Amanda recuou. Eu não. Eu tinha certeza de que você, seu livro e minha voz interior sabiam mais do que qualquer um naquela sala."

Ao longo desse período, Blair manteve a mãe a par da situação, e Janet decidiu entrar em contato com os pais das outras jovens para discutir a questão.

Todos os pais disseram a Janet que também não gostavam de Nick e que gostariam que o rapaz fosse embora (mas desejar não contribui muito para que algo se concretize). Um deles tinha chegado a pedir que Nick fosse embora naquele mesmo dia (mas pedir foi tão eficaz quanto desejar). Janet concluiu que os outros pais não estavam dispostos a intervir.

O tema dessas conversas por telefone com os pais era que Janet estava exagerando diante de uma questão que a filha era capaz de enfrentar sozinha. Sem dúvida, Janet estava dividida entre agir como uma amiga de sua filha adulta e proteger alguém que já tinha saído do ninho, e estava sem saber o que fazer em seguida – se é que deveria fazer alguma coisa. Os outros pais tinham graus diversos de preocupação e diferentes soluções a propor, mas até os pais de Cheryl concordavam firmemente em um ponto: Nick não era perigoso.

Enquanto isso, Cheryl contava a Nick todos os detalhes dessas discussões, e no dia seguinte ao telefonema de Janet aos outros pais, Nick entrou no quarto de Blair e vociferou: "É tudo culpa sua! É bom que você esteja disposta a arcar com as consequências no futuro."

Janet adoraria ter a paz que a negação da realidade dava aos outros pais, mas não se o preço a pagar fosse a segurança da filha. Então Blair lhe contou do aviso de "arcar com as consequências". Em seguida, Janet soube que agora as outras duas se referiam a Nick como "psicopata".

Alguns dias depois, Nick surpreendeu a todos saindo da casa, mas o que para as outras garotas pareceu uma notícia boa para Blair pareceu um problema. Ela sentia que Nick não era do tipo que desistia simplesmente. Porém o mais importante é que sua intuição estava lhe enviando um aviso de emergência: "Ele vai matar a Cheryl, eu tenho certeza", ela disse à mãe.

Janet ouviu e, sem pestanejar, foi até lá tirar Blair da casa. (Mais tarde, ela me disse: "Você pode deixar de ser responsável pelo filho, mas nunca deixa de ser mãe.")

Janet não parou nem um segundo para descansar depois de dirigir por 10 horas até a casa de Blair. Em silêncio, mãe e filha encaixotaram os pertences de Blair às pressas. Partilhavam uma forte sensação de urgência que não conseguiam explicar, e nem precisavam explicar, a ninguém. Pouco depois, as coisas de Blair estavam no carro, assim como a própria Blair, e pela primeira vez em semanas as duas se sentiram seguras. Esse é o final anticlimático da história de Blair, mas não da história de Cheryl.

Uma hora depois de Blair sair, Nick apareceu na casa com uma arma e sequestrou Cheryl. Amarrou as mãos dela e então dirigiu sem rumo, primeiro para uma região distante e deserta, depois para o hotelzinho onde estava hospedado. Nick estacionou o carro e, enquanto berrava várias ameaças a Cheryl, alguns funcionários de uma loja próxima ficaram olhando e concluíram que o casal estava apenas "brigando". Uma cliente cheia de coragem e sem nem um pingo de negação correu até os funcionários e gritou: "Ele tem uma arma no carro! Chamem a polícia!"

Os medos da própria Cheryl (já não possíveis de negar) agora estavam livres para a empoderar. Ela lutou com Nick, conseguiu sair do carro e correu até a loja. Os funcionários, agindo rápido, trancaram Cheryl no almoxarifado no momento em que Nick chegou. Frustrado por perdê-la de vista, tomado de ódio e raiva de si mesmo, Nick pegou um produto de limpeza de uma prateleira. Choramingando "Eu quero morrer", bebeu o líquido (uma tentativa de suicídio bizarra para um homem armado).

Ao se dar conta de que não conseguiria chegar até Cheryl, Nick fugiu da loja e foi detido pela polícia no dia seguinte. Ele respondeu por diversos crimes, inclusive sequestro.

É fácil entender e perdoar as ex-companheiras de casa de Blair e os pais delas pela incapacidade de enxergar a verdade sobre o perigo. Mas, mesmo depois de um sequestro a mão armada, os outros pais continuaram como especialistas em negação até o fim, optando por botar em Blair a culpa por "provocar" o comportamento de Nick. Felizmente, Blair sabe muito bem que não foi ela quem o transformou em um homem violento. Botariam nela a culpa por sua tentativa de suicídio, meses antes, seus problemas no Exército, seu comportamento abusivo e obsessivo com Cheryl? As forças que operavam dentro de Nick já existiam muito antes de ele conhecer Blair.

Como Janet e Blair escutaram a intuição, apesar das críticas alheias, não precisaram descobrir o que aconteceria se Blair estivesse na casa quando Nick apareceu com a arma.

UMA SEMANA DEPOIS de conhecer a história de Janet, recebi uma carta de outra mãe extraordinária. Melanie e seu filho de 13 anos, Brian, estavam viajando pelo país. Fazia alguns meses que o pai de Brian havia falecido e essas férias eram uma viagem de cura. Correu tudo bem até Los Angeles, onde tiveram um problema no hotel. Mas o problema acabou durando um ano.

Na recepção, eles foram informados de que os quartos só estariam prontos dali a pelo menos uma hora. Como confiava na reputação do hotel, Melanie concordou em deixar as malas aos cuidados do recepcionista (bem, pelo menos perto do recepcionista). Ela e Brian foram dar uma volta pelas lojas nos arredores. Quando voltaram, uma hora depois, ficaram confusos com a mensagem do recepcionista: "Seus quartos estão prontos, mas, se as malas que estavam aqui eram de vocês, sem querer elas foram parar na nossa van de cortesia, foram levadas ao aeroporto e descarregadas lá. Estamos tentando localizá-las. E, ah, sim, desculpe pela confusão."

O recepcionista não parecia ter muitas ideias para solucionar tamanha inconveniência e, na verdade, visto que ele basicamente não abria a boca, Melanie pediu para falar com outra pessoa. "O Sr. Hudson, o subgerente, já está cuidando do problema", disse o recepcionista, apontando para o sujeito que falava com Brian. Que esquisito, pensou Melanie, ele está conversando com o meu filho, e não comigo. Bem, pelo menos ele está conversando.

Quando atravessou o saguão para ir ao encontro deles, Melanie ouviu o subgerente dizer: "Acho que consigo te arrumar uma raquete de tênis assinada pelo Andre Agassi." Tudo indicava que Brian tinha falado de sua paixão pelo tênis com o homem, mas, embora uma raquete assinada fosse um ótimo presente, não atendia às suas necessidades mais urgentes. No entanto, o Sr. Hudson estava preparado para ajudá-los nesse aspecto também. Providenciou uma suíte com dois quartos, forneceu escovas de dentes, pasta de dentes, duas escovas de cabelo e, mais útil ainda, um crédito de 250 dólares em uma loja de departamentos vizinha ao hotel. Como último gesto, conseguiu um upgrade na passagem de avião deles, que garantiria a volta a Chicago de primeira classe. No final das contas, não era um desfecho ruim para a viagem – só que a generosidade do Sr. Hudson não parou por aí.

Uma tarde, algumas semanas depois de chegarem em casa, Melanie deparou com Brian sentado à mesa da cozinha ao telefone, num papo amistoso com alguém. Ela se orgulhava do dom especial que muitas mães têm, de ouvir só um lado da conversa e saber exatamente com quem o filho fala. Mas a conversa não tinha um andamento normal. Seria um dos amigos? Brian era reservado demais para isso. Seria um estranho? O tom era familiar demais. A conversa era sobre os assuntos de sempre – esportes, computadores, a internet –, mas também incluía alguns temas incomuns, como roupas e viagens, além de um esquisitíssimo: turismo local. Por fim, a maior especialista mundial em tudo o que dizia respeito a Brian admitiu estar perdida. Então balbuciou:

– Quem é?

Brian tampou o bocal com a mão e disse:

– O Eddie.

– Que Eddie?

– Lembra do cara que ajudou a gente no hotel de Los Angeles? A gente conversou na semana passada e ele disse que estava vindo para cá. Veio mesmo e está querendo saber se eu não posso mostrar a ele as praias que ficam perto do lago Michigan.

Melanie se recordou da solicitude do Sr. Hudson (agora Eddie), e estava claro que Brian gostava dele. Talvez não fosse um problema o filho ver o sujeito, mas ela não gostava da ideia de irem passear pelos lagos.

Ela disse a Brian que Eddie poderia visitá-los, mas nada além disso.

Eddie foi à casa deles no dia seguinte com uma raquete de tênis para Brian (não era assinada, mas era uma bela raquete). Ficou conversando com Brian na sala de estar e Melanie apareceu brevemente para cumprimentar a visita.

Semanas depois, Eddie tornou a visitá-los. Nessa viagem, ele passou um tempinho com Brian e alguns de seus amigos. Depois que Eddie foi embora, Brian chegou para a mãe com um pedido grandioso: Eddie tinha se oferecido para levá-lo a um torneio de tênis em Atlanta. Por causa da perda do pai, Melanie achava que passar um tempo com um homem poderia fazer bem a Brian, mas não um homem que mal conheciam, e não fazendo uma viagem a outra cidade. Melanie disse ao filho frustradíssimo que eles teriam que dizer não. Entretanto, atendeu às súplicas do filho de pelo menos conversar com Eddie sobre a questão.

Eddie defendeu a ideia da viagem com argumentos de peso: era uma oportunidade raríssima, Brian ama tênis, e ele conheceria muitas outras crianças da mesma idade interessadas no esporte. A viagem duraria apenas um dia e meio – e sairia totalmente de graça. Justamente quando Melanie estava pensando que a proposta era generosa demais, Eddie lhe ofereceu duas passagens de ida e volta a qualquer lugar dos Estados Unidos, para que ela mesma fizesse uma viagem.

Melanie disse a Eddie que pensaria, e de fato pensou. Ela também conversou com alguns amigos, que a aconselharam a aceitar a oferta. (É óbvio que a amiga mais favorável à ideia era a que acompanharia Melanie na viagem.) Melanie considerou o fato de que Brian realmente gostava da companhia de Eddie. Acima de tudo, considerou que Eddie parecia ser – não, ele era – um sujeito muito legal.

Mas alguma coisa estava esquisita.

Lembra da história do Capítulo 4, sobre Billy, o homem do avião que tentou conquistar uma adolescente? Ela demonstra que algumas previsões podem ser feitas com base apenas no contexto. Melanie tinha acabado de ler o Capítulo 4 quando recapitulou sistemática e objetivamente o contexto da situação: um homem que conheceu em âmbito profissional (o subgerente de um hotel) tinha guardado seu número de telefone e ligado diretamente para seu filho de 13 anos. Tinha feito duas longas viagens para visitar o menino que mal conhecia e depois convidado o menino para fazer uma viagem. Melanie não precisava de nenhuma outra informação.

Apesar da insistência e da grande frustração de Brian, Melanie disse não à viagem. Também tomou outra decisão que desagradou ainda mais o filho e Eddie. Uma noite, depois de Eddie levar Brian e dois amigos do menino ao cinema, ela pediu para conversar a sós com o subgerente.

"Não estou confortável com a sua presença na vida do Brian e decidi que acabou por aqui. Obrigada por tudo o que você fez. Vou explicar minha decisão ao meu filho."

Por mais estranho que pareça, Eddie não perguntou o porquê, não tentou negociar, na verdade não disse muita coisa. Simplesmente foi embora. Melanie desconfiou da aceitação imediata de Eddie. Mais tarde, no entanto, ao ver a tristeza de Brian, ela questionou se sua intuição não a teria enganado. Não precisou se questionar por muito tempo.

Algumas semanas depois de sair da vida deles, Eddie continuava na cabeça de Brian – e por uma boa razão. Apesar de relutar em contar à mãe, ela acabou descobrindo que Eddie frequentemente discutia sexo e pornografia com ele. Uma noite, quando Brian estava com dois amigos em casa, Melanie deu uma saída de uma hora. Nesse meio-tempo, Eddie aparecera com uma fita de vídeo que mostrou aos meninos. Era pornografia *hardcore*.

Melanie sabia que, se tivesse dado permissão para Brian viajar com Eddie, sem dúvida haveria muito mais situações como essa. Ela tinha salvado o filho do pior tipo de estrago, aquele que frequentemente é causado por homens "legais".

Eu ouvi outras histórias dignas de nota ao longo deste ano, como a que me foi contada em uma carta escrita por uma mulher chamada Barbara. Ela perdeu duas amigas assassinadas por serial killers diferentes. A primeira foi uma das cinco mulheres mortas no Condado de San Mateo, na Califórnia, em 1976. Barbara não sabe quem matou essa amiga, pois os homicídios nunca foram solucionados. No segundo caso, entretanto, Barbara sabe muito bem quem foram os assassinos. A bem da verdade, ela soube antes de os crimes acontecerem.

Ela explicou na carta: "A princípio, eu não fazia ideia de que as duas pessoas que a amiga com quem eu morava levou para a nossa casa acabariam por matá-la. Mas reagi à presença delas como se ela tivesse botado o diabo encarnado dentro da nossa casa. E de fato foi o que ela fez. Karyn queria que elas ficassem com a gente, argumentou que não tinham onde morar, mas eu insisti que elas saíssem imediatamente. O triste é que Karyn decidiu ir junto."

As duas pessoas que Karyn conheceu eram Suzan e Michael Carson, os serial killers mencionados no Capítulo 12. "Sei que Karyn poderia ter evitado o próprio assassinato se tivesse tido aquela reação de medo aos Carsons que eu tive. Consegui proteger a mim mesma e as outras pessoas que moravam com a gente, mas não consegui proteger Karyn. Escutar minha intuição salvou a minha vida, talvez mais vezes do que eu mesma seja capaz de imaginar."

Eu também soube de uma mulher chamada Sarah: "Foi só quando comecei a ler o seu livro que me dei conta do tanto que minha intuição tentou me alertar no passado." Ela se refere a Bonnie, sua melhor amiga desde os 14 anos. Bonnie era a amiga com que Sarah ia para o trabalho todo dia depois da escola, a amiga com quem frequentou a faculdade. Ela conta de sua hesitação inicial e depois desconfiança total em relação ao namorado de Bonnie, Tom. Lembra que ele se assegurou de que Sarah e Bonnie se vissem cada vez menos. Recorda que acabou se afastando da amiga de infância e que, por fim, recebeu a notícia terrível: Bonnie tinha levado 10 facadas e seu corpo tinha sido queimado. A pessoa detida e processada pelo homicídio foi, como era de imaginar, Tom. "Eu penso nas coisas que senti na época e agora elas fazem mais sentido."

A carta de Sarah foi uma das muitas que recebi de mulheres que tiveram amigas assassinadas pelo marido ou pelo namorado. Todas elas receberam sinais da intuição que não fizeram sentido na época, sinais que passaram a vida inteira sendo treinadas para ignorar.

JANET E MELANIE escutaram a intuição para proteger os filhos mesmo quando outros lhes diziam que sua intuição estava errada. Blair e Barbara deram ouvidos a um sinal mais claro, o medo, e isso as salvou. Mas nem sempre é isso que acontece: já conheci muita gente cujo medo não foi conveniente. Ao viajar pelos Estados Unidos para divulgar este livro, notei um padrão interessante: quase todas as jornalistas com quem conversei paravam a entrevista formal a certa altura para me contar uma história pessoal de medo de alguém. Uma estava tendo problemas com um vizinho intimidante e "esquisito". Outra tinha um ex-namorado que se recusava a virar a página. Algumas temiam colegas de trabalho. Eu me acostumei a ouvir as palavras: "O senhor se importa se eu pedir um conselho?"

As pessoas ligavam para os programas de rádio em que eu dava entrevistas para me fazer perguntas sobre perigos; membros da plateia esperavam para conversar comigo após a gravação de programas de TV; centenas de pessoas me escreviam pedindo conselhos. Alguns medos eram fundamentados, outros não, mas, de qualquer forma, o medo causava ansiedade, e as pessoas queriam conversar sobre ele. Dava para perceber que falar fazia bem às pessoas. A maioria sentia vergonha do medo e ficava aliviada ao enxergá-lo por um novo prisma, como parte da experiência humana. Uma mulher chamada Andrea Rodrigue me escreveu sobre seu medo:

> Antes de ler seu livro, eu deixava minha imaginação e tudo o que via nos jornais me atingir. Andava por aí sempre esperando que alguma coisa acontecesse. Agora entendo que minha cabeça estava tão cheia do que poderia acontecer que eu não percebia o que estava acontecendo. Por exemplo, quando atravesso o estacionamento escuro para ir do meu carro até o supermercado, ouço um zumbido constante no meu ouvido. Ele é causado pelo medo de ser atacada, mas provavelmente me impediria de ouvir alguém se aproximando. Aliás, eu dirijo um carro de apenas dois lugares por vários motivos certos (inclusive por achar divertido) e um motivo errado: porque antes de comprar um desses eu vivia confe-

rindo o banco de trás do meu carro antigo para ver se não havia alguém ali. Acho que vi filmes demais da franquia *Sexta-feira 13*.

Recebi a carta de Andrea bem no meio de uma das maiores ondas de medo nos Estados Unidos: o caso do homicida Andrew Cunanan (assassino do estilista Gianni Versace e de muitas outras pessoas). Lembre-se de que Cunanan foi a estrela dos jornais televisivos por semanas a fio: a programação regular era toda hora interrompida por um novo e assustador fragmento de especulação. Ouvimos, por exemplo, que todos os americanos corriam risco enquanto Cunanan estivesse à solta.

O fato é que, se continuasse matando no mesmo ritmo por uma década, Andrew Cunanan não chegaria ao número de pessoas mortas pelo tabagismo em uma hora, nem ao número de crianças mortas por um dos pais em uma semana. Em outras palavras, Andrew Cunanan *não* era um risco para todos os americanos. Porém fomos avisados de que ele era um camaleão, um mestre dos disfarces (na verdade era apenas uma questão de estar *de óculos/sem óculos*).

Por causa da cobertura midiática, no país inteiro as pessoas estavam comprando a paranoia de que Andrew Cunanan poderia bater à sua porta. Isso, junto com a carta de Andrea, me instigou a refletir sobre o porquê de os americanos se inquietarem com perigos tão improváveis. Parece ser porque temos tempo para isso. Ao contrário da maioria das pessoas do mundo, temos tanta segurança, tanta prosperidade, que podemos nos dar ao *luxo* de nos afligir com o que não vai acontecer.

Imagine uma mãe de um país em guerra ou extremamente pobre tentando proteger a si mesma e aos dois filhos. Ela tem tempo para acalentar os medos com que muitos americanos são obcecados? Acho que não.

Vamos fazer uma lista dos medos dos americanos. Os dados obtidos em uma pesquisa nacional conduzida pela Opinion Research Corporation e publicada na *USA Today* são basicamente uma tabela das catástrofes tiradas dos noticiários locais. Por exemplo, um em cada cinco entrevistados declarou ter medo de estar em um avião que cair. Não surpreende, já que sempre que um avião cai na terra, seja qual terra for, ficamos sabendo. O resultado é que algumas pessoas a caminho do aeroporto ficam obcecadas com a ideia de sofrer um acidente aéreo. A ironia é que, nesse momento, estão fazendo uma das coisas mais arriscadas que os americanos fazem: dirigir sem prestar atenção. (Você imagina o piloto de um Boeing 747 distraído, com medo de acidentes de trânsito? É pouco provável que isso aconteça, mas, do ponto de vista estatístico, sua preocupação seria bem mais válida.)

Um em cada três americanos teme ser vítima de um crime violento, embora isso só vá acontecer com um em cada 150. O medo de pessoas é compreensível – embora às vezes infundado –, mas que tal o medo de campos eletromagnéticos (16% dos americanos) ou o medo de intoxicação alimentar por carne (36%)? Este último medo é tão rico em ironia quanto a carne é em colesterol, pois é a carne não contaminada ou a suposta carne segura que causa um número maior de mortes (colesterol alto = infarto).

O que nos resta temer? Bom, existe o medo de estar em um edifício inseguro (24%) ou de exposição a um vírus estrangeiro (30%). Na verdade, eu conheci uma pessoa com esse medo. Um programa de TV estava fazendo um segmento especial sobre uma nova doença letal que sem dúvida mataria todos nós em pouco tempo. Tratava-se de uma doença assustadora, difícil de ignorar, do tipo "essa você não pode perder", "Amor, vem ver isso!", "feita para a TV". Como você já deve ter imaginado, era uma doença que corroía a pele. Sem achar ninguém acometido por ela, o canal exibiu uma mulher preocupada com *a possibilidade* de tê-la. Fui apresentado a essa mulher no corredor, quando ela estava a caminho do estúdio, e, ao assistir à sua entrevista, me passou pela cabeça que ela poderia ter me falado tudo aquilo antes de apertar minha mão. Mas não tinha importância, pois ela não tinha a doença, eu não fui contaminado e você tampouco vai ser.

Discuti todo esse medo com vários produtores de jornais, e um deles me garantiu que "um pouco de preocupação nunca fez mal a ninguém". Na verdade, preocupação e ansiedade fazem mal a muita gente – sob a forma de pressão alta, doenças cardíacas, depressão e hábitos atribuídos ao nervosismo, como fumar. Essas coisas matam centenas de milhares de pessoas por ano, muito mais do que a soma de todos os vírus estrangeiros, campos eletromagnéticos e acidentes de avião.

Enquanto observo como as matérias são apresentadas nos noticiários locais, me vem à cabeça que todos os jornais noturnos deveriam começar com o anúncio "Bem-vindo ao nosso noticiário! Estamos surpresos que você tenha sobrevivido a mais um dia."

De modo geral, não é nenhum espanto que 90% dos americanos que responderam à pesquisa digam se sentir menos seguros hoje do que quando eram crianças. Mas vamos dar uma olhada no mundo "mais seguro" da nossa infância. Para a maioria dos participantes, era um mundo sem airbag, sem uso obrigatório de cinto de segurança, antes do declínio do tabagismo, antes do diagnóstico precoce do câncer. Você deve se lembrar dos anos 1950, tão alegres, antes da tomografia computadorizada, do ultrassom, dos transplantes de órgãos, da amniocentese, antes das cirurgias de ponte de safena. (É verdade que não existia aids naquela época, mas existia a pólio.) Você deve se lembrar dos anos 1960, tão seguros, em que as potências mundiais raivosas planejavam ataques nucleares e nas escolas as crianças tinham treinamento para reagir a ataques aéreos.

Este livro aborda a violência, e está claro que a violência que vemos na era midiática é mais horripilante do que na nossa infância. Mas é justamente essa a questão: a violência que *vemos*. Anos atrás, tínhamos um catálogo menor de medos para acionar. Isso acontece porque na era dos satélites não vivenciamos apenas as calamidades da nossa vida: vivenciamos as calamidades da vida *de todo mundo*. Não é de estranhar que tantas pessoas tenham medo de tantas coisas.

Você deve conhecer alguém seriamente preocupado com a ideia de que uma tragédia letal vá se abater sobre ele. Existe uma forma de demonstrar que, no fundo, essa pessoa não acha que algo vai acontecer de verdade. Eis como: trace uma reta em um papel. À esquerda da reta, escreva a palavra *nascimento*, e na outra ponta escreva a palavra *morte*. Peça à pessoa que marque o ponto da vida em que acredita estar. Teste você mesmo:

Conforme você verá, quase todo mundo marca um ponto que demonstra que sua expectativa é de sobreviver até a velhice. Portanto, ainda nos resta muito tempo. Queremos desperdiçá-lo com preocupações? É claro que não temos pleno controle do que pode nos acontecer, mas podemos escolher nosso foco. Andrea Rodrigue me lembrou isso na carta, ao falar do impacto que este livro teve sobre ela:

Não estou dizendo que vou andar às cegas por becos escuros, me fiando apenas na intuição para me proteger, mas vou fazer um esforço consciente para desanuviar a cabeça, apagar dela os pensamentos implacáveis sobre o que pode acontecer.

Obrigado, Andrea. Fico muito feliz em saber que este livro ajudou você e outras pessoas a se sentirem mais seguras e menos amedrontadas. Você não está sendo imprudente, mas ao mesmo tempo não está se afligindo. Você sabe que o medo vai chamar a sua atenção caso seja necessário, e de resto ele a deixará em paz.

Gavin de Becker,
maio de 1998

Agradecimentos

Quando se aprende do jeito que aprendi, você tem muitos professores a agradecer pelas muitas lições. Por conta do espaço, não vou enumerar tudo o que aprendi com minha agente e amiga querida Kathy Robbins, ou meu excepcional editor e incentivador, Bill Phillips. Digo apenas que o que me ensinaram é evidente para as pessoas que leram e comentaram meus primeiros rascunhos: a fervorosa Erika Holzer, o lógico Ted Calhoun, o intuitivo Eric Eisner, o incentivador Sam Merrill, o alegre Harvey Miller, a protetora Victoria Principal, o sincero Rod Lurie, Madeline Schachter e seu pensamento jurídico, os solidários Kate Bales, Lara Harris, David Joliffe, Allison Burnett, e minha pesquisadora-chefe, que tem compulsão por exatidão, Connie Michner. Agradeço a todos vocês.

Obrigado a Charles Hayward, cujo apoio eu senti do início ao fim, e a Sarah Crichton e Peter Benedek.

No que diz respeito a disparar a lança dentro da mata, fui abençoado com três guias incríveis: Park Dietz, Walt Risler e John Monahan. Agradeço a cada um de vocês pela luz do seu intelecto e sua experiência.

Obrigado a Bryan Vosekuill e ao Dr. Robert Fein do Serviço Secreto dos Estados Unidos por me permitirem acompanhá-los ao explorar novas ideias. Seu *Exceptional Case Study Project* (Projeto de Estudo de Caso Excepcional) é por si só excepcional e vai reduzir os riscos para o trabalho mais perigoso do mundo: o de presidente dos Estados Unidos.

Obrigado à procuradora-geral Janet Reno e ao diretor Eduardo Gonzalez, dos U.S. Marshals, pelo incentivo ao MOSAIC, e a Steve Weston e sua equipe do Departamento de Investigação da Polícia Especial do Estado da

Califórnia, a Robert Ressler, Jim Wright e Roy Hazlewood da Unidade de Ciências Comportamentais do FBI, aos vários colegas anônimos da CIA, a Dennis Chapas e sua equipe na Suprema Corte dos Estados Unidos, ao xerife Sherman Block, ao xerife-assistente Mike Graham e à tenente Sue Tyler do Departamento de Polícia do Condado de Los Angeles, pelo entusiasmo e apoio, a John White e Jim MacMurray da Polícia de Los Angeles, a Steven Devlin da Universidade de Boston, a Jim Perotti da Universidade Yale, a William Zimmerman e Richard Lopez da Polícia do Capitólio dos Estados Unidos. Agradeço a Robert Martin, que concebeu e fundou a Unidade de Controle de Ameaças da Polícia de Los Angeles.

A quem compareceu à primeira conferência de Avaliação e Controle de Ameaças da minha empresa, nos idos de 1983: Walt Risler, Mike Carrington, Cappy Gagnon, Bill Mattman, Burton Katz e Pierce Brooks. Vocês me fizeram cursar uma espécie de faculdade, e sou grato por isso.

Obrigado aos amigos extraordinários cujas lições se encontram ao longo deste livro: Linda Shoemaker, Arthur Shurlock, Rosemary Clooney; Miguel, Gabriel, Monsita, Raphael e Maria Ferrer; Jeanne Martin, Gina Martin, Stan Freberg, Donna & Donna Freberg, Michael Gregory, Pamela, Portland e Morgan Mason, Peter, Alice, Andrea e Tom Lassally, Cortney Callahan, Gregory Orr, Cher, Joan Rivers, Allan Carr, Brooke Shields, Victoria Principal, Dr. Harry Glassman, Jennifer Grey, Michael Fox e Tracy Pollan, Ren, Ed Begley Jr., Tom Hanks e Rita Wilson, Tony e Becky Robbins, Nina Tassler, Jerry Levine, Jeff Goldblum, Lesley Ann Warren, Laura Dern, Ron Taft, Jaime Frankfurt, Jim Miller, David Viscott, Tom Nolan, Mark Bryan, Lisa Gordon, Garry Shandling. Tom & Lynne Scott, Eric e Tanya Idle, Andrew e Nancy Jarecki.

E a outros professores que me deram lições de vida: Beatriz Foster, Jeff Jacobs, Norman Lear, Walt Zifkin, Norman Brokaw, Darrell Wright, Bill Sammeth, Bruce King, Sandy Litvak, Harry Grossman, Bob Weintzen, Michael Cantrell, Roger Davies, Jim Chafee, Gary Beer, Linden Gross, John Wilson, Walt DeCuir, James "Chips" Stewart, Francis Pizzuli, Stephen Pollan, Peggy Garrity, Donna Kail, Lisa Gaeta e Barbara Newman. Agradeço sobretudo a Richard Berendzen, pela coragem e o encorajamento.

E obrigado àqueles que, em minha vida adulta, me ensinaram sobre violência familiar e que se empenham tanto para diminuir esses casos: Scott

Gordon, Marcia Clark, Chris Darden, Gil Garcetti, Bill Hodgman, Carol Arnett, Casey Gwinn, Tom Sirkel, Betty Fisher e todos os membros do Victory Over Violence Board (Conselho Vitória Sobre a Violência). À família Goldman, Peter Gelblum e Daniel Petrocelli: agradeço por me deixarem fazer parte de sua equipe.

E a alguns amigos que são importantes exemplos de vida para mim e para muitas outras pessoas: Oprah Winfrey, Robert Redford, Tina Turner, Michael Eisner. Cada um de vocês me ensinou muito sobre honra, integridade e responsabilidade.

Obrigado a Steven Spielberg, Barbra Streisand, Meryl Streep, Steve Martin, Tom Hanks e aos poucos outros que provaram que o cinema pode ensinar mais do que jeitos astutos de matar vilões que fazem reféns em arranha-céus, porta-aviões, aeroportos, aviões, trens, metrôs ou ônibus.

E a Theresa Saldana, Cheryle Randall, Ruben e Lisa Blades, Jackie Dyer e Olivia Newton-John – obrigado por sua coragem.

Obrigado a meus colegas da Gavin de Becker & Associates: Michael LaFever, Jeff Marquart, Josh Dessalines, Josh Gausman, Robert Martin, Ryan Martin. E àqueles cujo trabalho não é público: RNI, EPR, BNI, FAL, GCO, MDE, REA, KKE, CBC, SGA, BDU, BCA, JJC, JVD, JTI, RMO. Vocês e suas equipes fazem parte de algo importante, e seu talento, profissionalismo, dedicação e resultados me impressionam. Acima de tudo tenho orgulho de fazer parte da mesma equipe que vocês.

Aos meus amigos em Fiji: fui estudá-los e acabei me apaixonando por vocês.

Este livro não teria sido escrito sem Charlie Rose, que me apresentou a Richard Berendzen e Sherwin Nuland, e que apresenta todos nós a inúmeros escritores extraordinários.

Finalmente, minha gratidão e amor a Michelle Pfeiffer, que ou é minha amiga querida ou é a melhor atriz do mundo (ou ambos), a Shaun Cassidy (*mi hermano*), por 24 anos de amizade e incentivo, e a Carrie Fisher, que no final de um dos seus livros me agradeceu dizendo: "sem o qual esses agradecimentos jamais teriam sido possíveis". Carrie: sem você, esses agradecimentos jamais teriam sido possíveis.

E, claro, obrigado, Kelly.

APÊNDICE UM

Sinais de alerta e recursos preditivos

- IPIs (indicadores pré-incidente)
- VÍNCULO FORÇADO
- AGIOTAGEM
- EXCESSO DE DETALHES
- PROMESSAS NÃO SOLICITADAS
- ESTEREOTIPAGEM
- DESCONSIDERAÇÃO PELA PALAVRA "NÃO"
- A ENTREVISTA
- REGRA DOS OPOSTOS
- LISTAR TRÊS PREVISÕES ALTERNATIVAS
- QUATRO ELEMENTOS GERAIS DA VIOLÊNCIA (justificativa, alternativas, consequências e capacidade)
- AVALIAÇÃO DE RISCOS (confiabilidade, importância, custo e eficácia)

OS MENSAGEIROS DA INTUIÇÃO

Sensações incômodas
Pensamentos insistentes
Humor
Espanto
Angústia
Curiosidade
Pressentimentos
Instinto
Dúvida
Hesitação
Desconfiança
Apreensão
Medo

APÊNDICE DOIS

Como obter ajuda em caso de violência

LIGUE 180: CENTRAL DE ATENDIMENTO À MULHER
Iniciativa do governo federal brasileiro, o serviço recebe denúncias e as encaminha aos órgãos competentes, além de fornecer informações sobre os direitos das mulheres e orientar quanto aos locais de atendimento mais próximos e apropriados para cada caso.

Também é possível realizar denúncias de violência contra a mulher pelo aplicativo Direitos Humanos Brasil e na página da Ouvidoria Nacional de Diretos Humanos (ONDH) do Ministério da Mulher, da Família e dos Direitos Humanos (MMFDH), responsável pelo serviço. No site está disponível o atendimento por chat e com acessibilidade para a Língua Brasileira de Sinais (Libras).

A ligação é gratuita e o serviço funciona 24 horas por dia, todos os dias da semana. O contato pode ser feito também pelo WhatsApp, pelo número (61) 99656-5008. Para acessar o serviço através do Telegram, digitar "Direitoshumanosbrasilbot" na busca do aplicativo.

DELEGACIAS DE ATENDIMENTO À MULHER (DEAM)
Procure a Delegacia de Atendimento à Mulher mais próxima. O atendimento é feito 24 horas por dia, inclusive em feriados.

X VERMELHO NA MÃO
O X vermelho desenhado na palma da mão faz parte de uma campanha mundial para amparar mulheres em situação de violência doméstica. É uma forma discreta para que mulheres possam pedir socorro em farmácias

ou repartições públicas. Ao mostrar o sinal vermelho na palma da mão, a polícia é acionada para proteger a vítima e encaminhá-la a equipes de acolhimento e assistência especializados.

Centro de Valorização da Vida (CVV)
É uma entidade reconhecida de Utilidade Pública Federal que promove apoio e aconselhamento emocional. Pioneiro no Brasil, começou em 1962, em São Paulo, e é um trabalho integrado por voluntários, cuja atitude é de confiança, aceitação, compreensão e respeito à pessoa humana em aflição, vítima de qualquer tipo de violência. Ligue 188 ou acesse cvv.org.br.

DISQUE DIREITOS HUMANOS
Vinculado ao Ministério das Mulheres, da Família e dos Direitos Humanos, recebe denúncias de violência contra crianças e adolescentes diariamente, 24 horas por dia, inclusive nos fins de semana e feriados. Ligue 100.

APÊNDICE TRÊS
Segurança com armas

Para algumas pessoas, proibir o porte de armas é o equivalente psicológico à castração química, então quero deixar uma coisa bem clara: não estou defendendo nem condenando o direito de portar armas. Sou a favor de algo muito mais prático, que poderíamos chamar de *controle de balas*.

Proponho que seja exigido dos fabricantes de armas o mesmo padrão de responsabilidade imposto a muitos outros produtos de consumo. Imagine se a soda cáustica fosse vendida em embalagens de fácil derramamento, com tampa articulada e suporte anatômico, chamando a atenção principalmente das crianças? Soda cáustica pode ferir pessoas, mas não é utilizada com esse propósito. As armas, sim. Nesse caso, todos os fabricantes não deveriam ser obrigados a colocar travas de segurança nelas? Isso já é tecnologicamente viável há décadas! Até furadeiras elétricas têm essas travas, mas os revólveres, não.

Armas poderiam ter componentes que bloqueassem o disparo, ou tecnologias que permitissem o uso apenas pelo proprietário (por meio de um anel codificado ou uma pulseira, por exemplo, ou um cadeado). Enquanto isso não acontece, é mais fácil disparar a maioria das armas do que abrir um frasco de vitaminas.

Por falar em medidas de segurança, o design de bilhões de frascos de produtos de consumo foi alterado após a morte de oito pessoas que consumiram Tylenol adulterado – uma tragédia completamente fora do controle do fabricante –, enquanto os fabricantes de armas produzem conscientemente produtos que matam milhares de pessoas no mundo a cada semana, sem que se exija um único recurso de segurança. Faz sentido que produtos projetados especificamente para causar danos físicos de maneira eficiente, rápida e letal tenham menos requisitos de segurança do que praticamente todos os outros produtos que você usa?

As empresas de armas podem argumentar que os compradores conhecem e aceitam os riscos relativos ao porte de armas de fogo, mas isso não responde pelos inúmeros mortos por balas perdidas ou por todas as outras pessoas que se tornarão consumidores involuntários de munição.

Para garantir que os fabricantes de armas não me entendam mal, vou fazer agora o que espero que mais pessoas façam, que é avisá-los:

> Eu, de minha parte, não aceito os riscos evitáveis impostos por seus produtos. Como potencial vítima, não concordo com nenhum acordo implícito com Colt, Smith & Wesson ou Ruger, e responsabilizo-os integralmente por não implementarem travas à prova de crianças e outros bloqueios que reduziriam mortes.

Alguns proprietários explicam que não precisam travar suas armas porque não têm crianças em casa. Entendo, mas acontece que outras pessoas têm filhos, e eles podem visitá-lo um dia. O encanador que atende seu chamado urgente em um fim de semana leva junto o filho entediado de 9 anos, que vai encontrar sua arma.

Outro motivo frequentemente citado para o não travamento das armas é o fato de elas precisarem estar prontas para disparos imediatos em caso de emergência, às vezes no meio da noite. Os defensores das armas de fogo insistem vigorosamente em mantê-las sempre a postos; a ideia é poder acordar e começar a disparar no escuro sem precisar desativar um bloqueio de segurança. A Associated Press certa vez noticiou que uma proprietária de arma nem precisou se sentar na cama; ela apenas a alcançou sob o travesseiro, pegou seu .38 e, pensando que era seu remédio para asma, atirou no próprio rosto.

Se você possui uma arma, pode fazer algo que os fabricantes se negligenciaram a fazer: não apenas trancar o armário, o closet ou a gaveta, mas colocar uma trava nela. Este parágrafo é um chamado à segurança de alguma criança, pois é ela quem deve encontrar a arma que o proprietário achava que estava fora do alcance ou muito difícil de disparar.

Essas travas estão disponíveis em lojas de armas e muitas lojas de artigos esportivos. Embora não sejam comercializados especificamente para armas, muitos tipos de cadeado podem ser colocados passando pelo guarda-mato e pelo gatilho. Um tipo excelente para esse propósito é o modelo Sesamee, fabricado pela Corbin. Uma vantagem dele é que, se a arma for encontrada por outra pessoa e apontada para você, o cadeado fica bastante visível para que você o reconheça. Ele também permite que o comprador estabeleça a própria combinação, facilitando o desbloqueio rápido.

APÊNDICE QUATRO

Preparando a mente para o combate

The Bulletproof Mind: Prevailing in Violent Encounters... and After, com introdução de Gavin de Becker, é um treinamento em vídeo dividido em cinco partes, totalizando cinco horas.

Policiais e soldados sabem tudo sobre se manterem fisicamente aptos ao combate, mas a primeira coisa que deve ser preparada é a mente, que controla os braços, as mãos, os olhos e os ouvidos.

Esta série de vídeos foi gravada ao vivo durante uma reunião com agentes da lei e militares. Eles se reuniram para discutir sobre apenas uma coisa – matar – com um grande especialista no assunto.

Você vai aprender como o corpo responde ao combate letal, ou o que acontece com o fluxo sanguíneo, os músculos, a percepção, memória, visão e audição quando alguém está tentando matá-lo. Você saberá como continuar mesmo se for atingido por um tiro e como preparar a mente para a sobrevivência em vez da derrota.

O treinamento de Dave Grossman não é apenas informação, é um escudo que você carregará ao longo da vida.

Para mais informações, visite:
www.gdba.com

APÊNDICE CINCO

Gavin de Becker & Associates

Desde 1977, a Gavin de Becker & Associates é pioneira no desenvolvimento de estratégias para proteger figuras públicas, órgãos do governo, empresas e outras instituições que enfrentam problemas complexos de segurança e privacidade. Hoje, seus 200 colaboradores oferecem segurança e prestam consultoria a partir de escritórios em Los Angeles, Nova York, Washington, D.C., Chicago, Seattle, São Francisco, Santa Barbara e Havaí.

Para mais informações, visite:
www.gdba.com/how-we-serve-clients

APÊNDICE SEIS

Os elementos da previsão

1. *MENSURABILIDADE DO RESULTADO*
    4 óbvio, claro
    3 definição detectável e compartilhada
    1 detectável, porém fluido ou inconsistente
    0 não mensurável/indetectável

2. *VANTAGEM*
    3 perspectiva clara
    2 visualização por procuração
    0 obstruído ou sem visão

3. *IMINÊNCIA*
    4 iminente
    2 previsível
    0 remoto

4. *CONTEXTO*
    3 totalmente revelado
    0 oculto

5. *INDICADORES PRÉ-INCIDENTE (IPIs)*
    5 vários, confiáveis, detectáveis
    3 poucos, confiáveis, detectáveis
    0 não confiável ou indetectável

6. *EXPERIÊNCIA*
    5 ampla com ambos os resultados
    3 com ambos os resultados
    2 com um resultado
    0 básica/parcial/irrelevante

7. *ACONTECIMENTOS COMPARÁVEIS*
    4 substancialmente comparável
    1 comparável
    0 não comparável

8. *OBJETIVIDADE*
    2 acredita na possibilidade de qualquer um dos resultados
    0 acredita na possibilidade de apenas um resultado ou nenhum

9. *INVESTIMENTO*
    3 interesse no resultado
    1 interesse emocional no resultado
    0 não houve interesse no resultado

10. *REPLICABILIDADE*
    5 facilmente replicável
    2 replicável por amostra ou por procuração
    0 impraticável ou não replicável

11. *CONHECIMENTO*
    2 relevante e preciso
    0 parcial ou impreciso

Essa escala ajuda a determinar se uma previsão pode ser feita com sucesso (o que não quer dizer que *será* feita com sucesso). Para avaliar uma previsão, entenda melhor os 11 elementos no Capítulo 6 e escolha uma das respostas possíveis da escala. Em seguida, some o total de pontos.

22 ou menos: Não é possível fazer uma previsão confiável; é uma questão de acaso
23 a 27: Baixa probabilidade de sucesso
28 a 32: Previsível
32 ou mais: Altamente previsível

Observação: A pergunta da vantagem questiona se a pessoa que faz a previsão tem condições de observar os indicadores pré-incidente e o contexto. Se tiver uma visão clara da situação e dos indicadores pré-incidente, você tem uma perspectiva clara, mas se só puder observá-los indiretamente (por meio de relatórios ou outras evidências, por exemplo), escolha visualização por procuração.

A seguir, vejamos algumas previsões populares, pontuadas com base na suposição de que a pessoa que responde ao questionário se preocupa com o resultado e é o mais objetiva possível:

Quem vai ganhar o Oscar? (previsto pelo historiador de cinema Rod Lurie)	22	mero acaso
Uma pessoa conhecida e identificada por fazer ameaças vai aparecer no entorno do presidente com uma arma? (previsto por Bryan Vosekuill e Robert Fein do Serviço Secreto dos Estados Unidos)	33	altamente previsível
Um bom amigo vai me dar calote se eu fizer um empréstimo? (previsto pelo credor, que frequentemente empresta dinheiro a amigos)	33	altamente previsível
O cão que está na minha frente vai me atacar? (previsto pelos especialistas em comportamento canino Jim e Leah Canino)	34	altamente previsível

Um editor vai se interessar por determinada ideia para um livro? (previsto pela agente literária Kathy Robbins)	37	altamente previsível
Qual será o desempenho comercial de determinado livro? (previsto pelo editor Bill Phillips ao pagar o adiantamento ao autor)	29	previsível
Um convidado vai se sair bem em um talk show na próxima semana? (previsto por Peter Lassally, produtor executivo do *Tonight Show*, estrelado por Johnny Carson, e do *Late Show*, estrelado por David Letterman)	30	previsível
Um comediante de stand-up vai se sair bem em um talk show na próxima semana? (previsto por Peter Lassally)	36	altamente previsível

(Essa previsão é superior à de um convidado regular porque todos partilhamos uma definição comum do que significa um comediante se sair bem: o público rir. A definição do que significa para um convidado regular se sair bem é mais fluida – o público poderia ficar informado, comovido ou se divertir. Esta previsão também pontua mais alto porque o desempenho de um comediante pode ser replicado com outro público primeiro.)

Vai haver um grande terremoto em Los Angeles este ano? (previsto pelo geólogo Gregory Dern)	22	mero acaso
O avião em que estou vai cair? (previsto por Tom Nolan, membro do Million Mile Club, durante um voo tranquilo de um litoral ao outro do país)	24	baixa probabilidade de sucesso

Meu filho de 6 anos vai gostar de um alimento específico? 34 altamente previsível
   (previsto por Lisa Gordon, a mãe)

Vou parar de fumar na próxima semana? 35 altamente previsível
   (previsto por um fumante que já parou, mas voltou a fumar)

Qual passageiro que está embarcando no avião, caso haja algum, vai tentar sequestrar o voo (se é que algum tentará fazer isso)? 19 mero acaso
   (previsto pelo vendedor de passagens)

Qual pessoa na primeira fila vai tentar subir ao palco durante o show (caso alguma vá fazer isso)? 33 altamente previsível
   (previsto durante o show por Jeff Marquart, guarda-costas profissional treinado em AMMO – Gestão, Monitoramento e Observação de Plateias)

Um determinado funcionário que sabe que vai ser demitido vai sair disparando contra todo mundo? 35 altamente previsível
   (previsto por David Batza, diretor da TAM na empresa Gavin de Becker Inc.)

Um marido abusivo vai se tornar ainda mais abusivo quando souber que a esposa entrou com um pedido de divórcio? 35 altamente previsível
   (previsto por sua esposa)

APÊNDICE SETE

Perguntas para a escola do seu filho

- Vocês têm um manual de diretrizes ou manual do professor? Vocês podem me dar uma cópia ou me deixar lê-lo?
- A segurança dos alunos é o primeiro tema abordado nas diretrizes ou no manual? Se não é, por quê?
- A segurança dos alunos é abordada de alguma forma?
- Existem diretrizes relativas a violência, armas, uso de drogas, abuso sexual, abuso sexual entre crianças, visitantes não autorizados?
- Todos os funcionários têm seus antecedentes investigados?
- Que áreas são analisadas durante essas investigações de antecedentes?
- Quem reúne as informações?
- Quem na administração analisa as informações e determina a aptidão para o emprego?
- Quais são os critérios para desclassificar um candidato?
- O processo de triagem se aplica a todos os funcionários (professores, faxineiros, pessoal do refeitório, pessoal da segurança, etc.)?
- Há uma enfermeira no local o tempo todo enquanto as crianças estão presentes (inclusive antes e depois das aulas)?
- Qual é a formação ou o treinamento da enfermeira?
- Meu filho pode me ligar a qualquer hora?
- Posso visitar meu filho a qualquer hora?
- Quais são os seus critérios para entrar em contato com os pais?
- Quais são os procedimentos de notificação dos pais?
- Quais são os procedimentos ao buscar os alunos?
- Como se decide que alguém além de mim pode buscar meu filho?

- Como a escola aborda situações especiais (disputas de custódia, preocupações com sequestro de crianças, etc.)?
- As crianças mais velhas são separadas das mais novas durante o recreio, o almoço, pausas para ir ao banheiro, etc.?
- Os atos de violência ou criminalidade na escola são documentados? Existem estatísticas?
- Posso olhar as estatísticas?
- Que tipo de violência ou criminalidade ocorreu na escola nos três últimos anos?
- Existe uma reunião regular de professores e administradores para discutir questões de segurança e proteção?
- Os professores são formalmente avisados quando uma criança com histórico de má conduta grave é inserida na turma?
- Qual é a proporção aluno-professor na sala de aula? Durante o recreio? Durante as refeições?
- Como os alunos são supervisionados durante as idas ao banheiro?
- Serei informado sobre uma má conduta de professores que possa ter impacto na segurança ou no bem-estar do meu filho?
- Há pessoal de segurança nas instalações?
- O pessoal de segurança recebe diretrizes e orientações por escrito?
- A segurança dos alunos é o primeiro tema abordado nas diretrizes de segurança e no material de orientação? Se não, por quê?
- Existe uma investigação especial dos antecedentes do pessoal de segurança, e o que ela abarca?
- Existe algum controle da entrada nas instalações?
- Se houver uma emergência em sala de aula, de que forma o professor pode pedir ajuda?
- Se houver uma emergência no pátio, de que forma o professor pode pedir ajuda?
- Quais são as diretrizes e procedimentos em caso de emergências (incêndio, motim civil, terremoto, intruso violento, etc.)?
- Com que frequência são realizados exercícios de emergência?
- Qual é o protocolo a ser seguido quando uma criança se fere?
- Para qual hospital meu filho seria levado em caso de lesão grave?
- Posso apontar outro hospital? Um médico de família específico?

- Qual delegacia de polícia atende a escola?
- Quem é o contato da escola na delegacia de polícia?

A escola deve ter uma resposta pronta para todas essas questões. O mero processo de fazer essas perguntas (que podem ser feitas por escrito) já vai servir para identificar as áreas que não foram consideradas ou não foram completamente abordadas pelas autoridades escolares.

Leituras recomendadas

Abbott, Jack Henry. *In the Belly of the Beast: Letters from Prison.* Nova York: Random House, 1991.
Becker, Ernest. *A negação da morte.* Rio de Janeiro: Record, 1991.
Berendzen, Richard e Laura Palmer. *Come Here: A Man Copes with the Aftermath of Childhood Sexual Abuse.* Nova York: Random House, 1993.
Bingham, Roger e Carl Byker. *The Human Quest.* Princeton, NJ: Films for the Humanities and Sciences, 1995. Série em vídeo.
Branden, Nathaniel. *Honoring the Self: The Psychology of Confidence and Respect.* Nova York: Bantam, 1985.
Bremer, Arthur. *The Assassin's Diary.* Nova York: Harper's Magazine Press, 1973.
Burke, James. *The Day the Universe Changed.* Boston: Little, Brown, 1995.
_____. *Connections.* Boston: Little, Brown, 1978.
Clinton, Hillary Rodham. *It Takes a Village: And Other Lessons Children Teach Us.* Nova York: Simon and Schuster, 1996.
Dutton, Donald e Susan K. Golant. *The Batterer: A Psychological Profile.* Nova York: Basic, 1995.
Faludi, Susan. *Backlash: The Undeclared War Against American Women.* Nova York: Crown, 1991.
Fein, Ellen e Sherrie Schneider. *The Rules.* Nova York: Warner, 1995.
Goleman, Daniel. *Inteligência emocional: A teoria revolucionária que redefine o que é ser inteligente.* Rio de Janeiro: Objetiva, 2012.
Gorey, Edward. *Amphigorey.* Nova York: Putnam, 1980.
Gross, Linden. *To Have or To Harm: True Stories of Stalkers and Their Victims.* Nova York: Warner, 1994.
Hare, Robert D. *Sem consciência: O mundo perturbador dos psicopatas que vivem entre nós.* Porto Alegre: Artmed, 2013.
Konner, Melvin. *Why the Reckless Survive: And Other Secrets of Human Nature.* Nova York: Viking, 1990.

Larson, Erik. *Lethal Passage: The Journey of a Gun.* Nova York: Crown, 1994.
Miller, Alice. *Banished Knowledge: Facing Childhood Injury.* Nova York: Doubleday, 1990.
_____. *The Drama of the Gifted Child: The Search for the True Self.* Nova York: Basic, 1994.
_____. *Thou Shalt Not Be Aware: Society's Betrayal of the Child.* Nova York: NAL-Dutton, 1991.
_____. *The Untouched Key: Tracing Childhood Trauma in Creativity and Destructiveness.* Nova York: Doubleday, 1990.
Monahan, John. *Predicting Violent Behavior: An Assessment of Clinical Techniques.* Beverly Hills, CA: Sage, 1981.
Mones, Paul. *When a Child Kills.* Nova York: Pocket, 1992.
Morris, Desmond. *Bodytalk: The Meaning of Human Gestures.* Nova York: Crown, 1995.
Peck, M. Scott. *A trilha menos percorrida.* Rio de Janeiro: Imago, 1994.
Pipher, Mary. *Reviving Ophelia: Saving the Selves of Adolescent Girls.* Nova York: Ballantine, 1995.
Ressler, Robert e Tom Schachtman. *Whoever Fights Monsters... A Brilliant FBI Detective's Career-Long War Against Serial Killers.* Nova York: St. Martin's, 1993.
Schaum, Melita e Karen Parrish. *Stalked!: Breaking the Silence on the Crime Epidemic of the Nineties.* Nova York: Pocket, 1995.
Schickel, Richard. *Intimate Strangers: The Culture of Celebrity.* Nova York: Doubleday, 1985.
Snortland, Ellen. *Beauty Bites Beast: Awakening the Warrior Within Women and Girls.* Pasadena, CA: Trilogy Books, 1996.
Sulloway, Frank J. *Born to Rebel.* Nova York: David McKay, 1996.
Wrangham, Richard e Dale Peterson. *Demonic Males: Apes and the Origins of Human Violence.* Boston: Houghton Mifflin, 1996.
Wright, Robert. *The Moral Animal.* Nova York: Random House, 1995.
Wurman, Richard Saul. *Ansiedade de informação.* São Paulo: De Cultura, 2005.
Zunin, Leonard e Natalie Zunin. *Contact: The First Four Minutes.* Ballantine, 1986.

CONHEÇA ALGUNS DESTAQUES DE NOSSO CATÁLOGO

- Augusto Cury: Você é insubstituível (2,8 milhões de livros vendidos), Nunca desista de seus sonhos (2,7 milhões de livros vendidos) e O médico da emoção
- Dale Carnegie: Como fazer amigos e influenciar pessoas (16 milhões de livros vendidos) e Como evitar preocupações e começar a viver
- Brené Brown: A coragem de ser imperfeito – Como aceitar a própria vulnerabilidade e vencer a vergonha (900 mil livros vendidos)
- T. Harv Eker: Os segredos da mente milionária (3 milhões de livros vendidos)
- Gustavo Cerbasi: Casais inteligentes enriquecem juntos (1,2 milhão de livros vendidos) e Como organizar sua vida financeira
- Greg McKeown: Essencialismo – A disciplinada busca por menos (700 mil livros vendidos) e Sem esforço – Torne mais fácil o que é mais importante
- Haemin Sunim: As coisas que você só vê quando desacelera (700 mil livros vendidos) e Amor pelas coisas imperfeitas
- Ana Claudia Quintana Arantes: A morte é um dia que vale a pena viver (650 mil livros vendidos) e Pra vida toda valer a pena viver
- Ichiro Kishimi e Fumitake Koga: A coragem de não agradar – Como se libertar da opinião dos outros (350 mil livros vendidos)
- Simon Sinek: Comece pelo porquê (350 mil livros vendidos) e O jogo infinito
- Robert B. Cialdini: As armas da persuasão (500 mil livros vendidos)
- Eckhart Tolle: O poder do agora (1,2 milhão de livros vendidos)
- Edith Eva Eger: A bailarina de Auschwitz (600 mil livros vendidos)
- Cristina Núñez Pereira e Rafael R. Valcárcel: Emocionário – Um guia lúdico para lidar com as emoções (800 mil livros vendidos)
- Nizan Guanaes e Arthur Guerra: Você aguenta ser feliz? – Como cuidar da saúde mental e física para ter qualidade de vida
- Suhas Kshirsagar: Mude seus horários, mude sua vida – Como usar o relógio biológico para perder peso, reduzir o estresse e ter mais saúde e energia

sextante.com.br